Jan Eric Hellbusch

Barrierefreies Webdesign

Praxishandbuch für Webgestaltung und grafische Programmoberflächen

Herausgegeben von Christian Bühler

dpunkt.verlag

Aktionsbündnis für
b@rrierefreie
Informationstechnik

Jan Eric Hellbusch
hellbusch@online.de

http://www.barrierefreies-webdesign.de
http://2bweb.de (Beispiele aus dem Buch)
http://www.dvbs-online.de
http://www.bitvtest.de
http://abi-projekt.de

Das Buch kann im DAISY-Format (Audiofassung) bestellt werden beim
DVBS e.V. · Textservice · Frauenbergstraße 8 · D-35039 Marburg
Tel.: (0 64 21) 9 48 88-24 · Web: http://www.dvbs-online.de
Buchkäufer mit einer Behinderung, die eine elektronische Version des
Buchs benötigen, können eine PDF-Version gegen Vorlage entsprechender
Nachweise ebenfalls beim DVBS bestellen.

Lektorat: Dr. Michael Barabas
Copy-Editing: Rudolf Krahm, Troisdorf
Satz & Herstellung: Birgit Bäuerlein
Umschlaggestaltung: Helmut Kraus, Düsseldorf
CD-Erstellung: Xplain GmbH, Hamburg
Druck und Bindung: Koninklijke Wöhrmann B.V., Zutphen, Niederlande

Bibliografische Information Der Deutschen Bibliothek
Die Deutsche Bibliothek verzeichnet diese Publikation in
der Deutschen Nationalbibliografie; detaillierte bibliografische
Daten sind im Internet über <http://dnb.ddb.de> abrufbar.

ISBN 3-89864-260-7

1. Auflage 2005
Copyright 2005 dpunkt.verlag GmbH
Ringstraße 19b
69115 Heidelberg

0 1 2 3 4 5

Vorwort des Herausgebers

Das Web als Medium für alle ist heute unmittelbar mit der Forderung nach Barrierefreiheit verbunden. Dieses Buch bietet den Webmachern und Spezialisten der Informationstechnik Hintergründe, Hilfestellung und praktische Anleitung für die Umsetzung der Barrierefreiheit. Neben den bestehenden vielfältigen Online-Informationen soll es als Referenzwerk, Handbuch und Skript verlässliche und praktische Informationen für besser nutzbare Internetanwendungen bereitstellen.

Vertreten wird eine nutzerorientierte Perspektive als Grundlage für Kommunikation und Interaktion im Web, denn: »Nur wer sich auf seine Kundschaft einstellt, wird sie schließlich auch erreichen«. Da wir im Web so vielfältig wie das Leben selbst sind, dürfen wir die Angebote nicht auf ein enges, bestimmtes, durchschnittliches Kenntnis- und Geschicklichkeitsniveau auslegen. Die Breite der möglichen Fähigkeiten der Anwenderinnen und Anwender fordert flexible Lösungen mit Wahl- und Anpassungsoptionen. Ein universelles Design für möglichst alle wird damit zum Qualitätsaspekt eines Webauftrittes. Und solche Qualität zahlt sich aus: Das Angebot funktioniert in unterschiedlichen Anwendungsumgebungen und wird für mehr Menschen nutzbar. Denkt man an die wachsende Gruppe der älteren Menschen, die das Internet benutzen, wird die Herausforderung und die Chance sehr deutlich: Wer beim Webdesign altersbedingte Einschränkungen beim Sehen, Hören, Erinnern und Bedienen vor Augen hat, wird ein Angebot entwickeln, das für diese Menschen und fast alle anderen geeignet ist.

Diese bessere Nutzbarkeit (*usability*) ist eng verknüpft mit der Barrierefreiheit. Sie setzt voraus, dass unterschiedliche Menschen in vielfältigen Situationen über verschiedene Zugänge auf das Web zugreifen können. Der Zugang zum Web mit Bildschirm und Maus im Büro ist eben bei weitem nicht die einzige Variante für die Nutzung des Web. Und das barrierefreie Webdesign bedient diese breite Anwendung sicher und ohne Mehrkosten. Mit ihren eigenen technischen Hilfsmitteln können auch Menschen mit schweren Behinderungen barrierefreie Angebote nutzen.

Die moderne Kundschaft ist durchaus anspruchsvoll und aufgeklärt. Dienste für alle Bürger sind für die öffentliche Hand ein klarer Auftrag und für private Anbieter ein echter Wettbewerbsvorteil: Da, wo sich wer um mich kümmert, da fühle ich mich wohl und verweile!

Zunehmend sprechen wir von der Vision einer globalen Informations- und Wissensgesellschaft: jede/r soll jederzeit und überall Zugang zu Informationen und Wissen haben. Genau dafür benötigen wir Barrierefreiheit im Web. Die Maxime »Global denken und lokal handeln« führt uns direkt zur Übernahme globaler Standards und Richtlinien und zur lokalen Umsetzung in unserem Anwendungsbereich. So hat die europäische Union vorgeschlagen, die Richtlinien der Web Accessibility Initiative (WAI) innerhalb des World Wide Web Consortium (W3C) in den Ländern der EU zu übernehmen. Die Deutsche Bundesregierung hat dies mit der *Barrierefreien Informationstechnik-Verordnung* (BITV) umgesetzt und verschiedene Bundesländer sind gefolgt. Parallel dazu hat sich das *Aktionsbündnis für barrierefreie Informationstechnik* (AbI) formiert, um die praktische Implementierung zu unterstützen. Die Verbände der Menschen mit Behinderungen beteiligen sich hier aktiv mit dem Ziel, die barrierefreie Informationstechnik in Deutschland umzusetzen.

Das Programm »A-Prompt« ist auf der CD-ROM zum Buch zu finden.

AbI bringt Akteure aus Interessenverbänden, öffentlicher Hand, Wirtschaft und Wissenschaft zusammen, um die Entwicklung des barrierefreien Webs zu unterstützen. Es hebt das Thema ins öffentliche Bewusstsein, fördert den Erfahrungsaustausch und stellt Know-how zur Verfügung. Die rund 50 Organisationen, die sich bis heute dem AbI angeschlossen haben, beteiligen sich an der Harmonisierung, der Qualitätssicherung und der Weiterentwicklung des barrierefreien Webdesigns. Mit dem Portal http://wob11.de wurde ein Informationsangebot zum Thema aufgebaut und mit der lokalisierten Version des Test- und Korrekturwerkzeuges A-Prompt eine kostenlose Hilfe zur Verfügung gestellt, die ebenso wie das Modul »Barrierefreies E-Government« (E-Government-Handbuch des BSI) elektronisch verfügbar sind. In den Arbeitskreisen zu den Bereichen Test und Kriterien, Schulung und Öffentlichkeitsarbeit tragen die AbI-Teilnehmer aktiv zur Weiterentwicklung bei.

So ist auch dieses Buch auf Initiative und mit Unterstützung des AbI-Arbeitskreises Öffentlichkeitsarbeit auf den Weg gebracht worden. Über diesen Arbeitskreis konnten mit Jan Eric Hellbusch als Redakteur und Hauptautor und weiteren Autorinnen und Autoren Experten in Sachen barrierefreies Internet gewonnen werden. Dem Autorenteam und den Organisationen, die dessen Mitwirkung ermöglicht haben, gilt unserer besonderer Dank (siehe Autorenliste ab Seite 353). Ohne ihren engagierten Einsatz wäre das Entstehen dieses Werkes nicht möglich gewesen.

Beim dpunkt.verlag und seinen Mitarbeitern bedanken wir uns für die konstruktive und gute Zusammenarbeit. Das Vertrauen, das uns bei dieser etwas ungewöhnlichen Konstellation entgegengebracht wurde, hat uns sehr bei der Verwirklichung geholfen.

Schlussendlich gilt unser Dank dem Ministerium für Gesundheit und Soziale Sicherung, das als Finanzier des AbI-Projektes diese Arbeit überhaupt erst ermöglichte. Auch hier war die konstruktive Begleitung durch die Verantwortlichen besonders hilfreich.

Nun wünschen wir allen Webmachern und anderen IT-Spezialisten viel Spaß und Erfolg auf dem Weg zu besseren Webauftritten für möglichst viele Benutzer.

Christian Bühler, Professor Dr.-Ing.
AbI-Herausgeber, AbI-Mitglied FTB (Forschungsinstitut Technologie-
Behindertenhilfe der Evangelischen Stiftung Volmarstein), Wetter

Stefan Berninger
AbI-Mitglied WEB for ALL im VbI e.V., Heidelberg

Wolfgang Tigges
AbI-Mitglied BAGH
(Bundesarbeitsgemeinschaft Hilfe für Behinderte e.V.), Düsseldorf

Juli 2004

Inhaltsverzeichnis

1 Einführung

Frauen, die Wert auf die Einbeziehung der femininen Form (z. B. »Benutzerin« statt »Benutzer«) legen, bitte ich um Verständnis. Das »-in« fehlt – nicht weil ich es vergessen hätte, sondern weil es mir nicht gelungen ist, eine akzeptable Darstellungsform zu finden.

Es werden in diesem Buch immer wieder einzelne Produkte erwähnt, um den Bezug zur Praxis herzustellen. Die Erwähnung bzw. Nicht-Erwähnung ist in keinem Zusammenhang mit einer Empfehlung oder Nicht-Empfehlung eines Produktes zu werten.

1.1 Einleitung

Das Thema »Barrierefreies Webdesign« ist nicht ganz so alt wie das World Wide Web selbst. Angesichts der sehr jungen Geschichte des Webs ist die Barrierefreiheit jedoch fast ein »alter Hut« und integrativer Bestandteil der Entwicklung in diesem Bereich. Bereits 1999 wurden umfangreiche Empfehlungen für die Gestaltung von Webseiten vom World Wide Web Consortium (W3C) als die »Web Content Accessibility Guidelines 1.0« (WCAG1) veröffentlicht. Es folgten weitere Zugänglichkeitsrichtlinien des W3C und anderer Organisationen für Software verschiedener Art.

Gleichzeitig flossen die Inhalte der WCAG1 in die Legislative ein. Amerikanische Behörden müssen die Barrierefreiheit umsetzen. Auch britische und australische Behörden sind verpflichtet, ihre Informationsangebote für jeden zugänglich zu machen. Wie viele andere Länder folgte auch Deutschland den EU-Richtlinien zur Umsetzung der Barrierefreiheit in der Informationstechnik. Die Verabschiedung des Behindertengleichstellungsgesetzes durch den Bundestag sowie der Erlass, der vor allem für dieses Buch relevanten Barrierefreien Informationstechnik-Verordnung (BITV) erfolgten bereits im Jahr 2002. Einige Landesgleichstellungsgesetze wurden eben-

Die BITV regelt im Gegensatz zur WCAG auch grafische Programm-oberflächen.

falls auf den Weg gebracht und 2004 wurden die ersten dazugehörigen Verordnungen zur Informationstechnik erlassen.

Im Gegensatz zu den WCAG1 schließt die BITV nicht nur das barrierefreie Webdesign ein, sondern auch grafische Programmoberflächen, also Software. Mit diesem Aspekt im Hinterkopf wird dieses Buch auch einige neue Kriterien der Barrierefreiheit darstellen, die von der Gebrauchstauglichkeit von Software allgemein über eingesetzte Webtechniken (z.B. PDF) bis hin zum standardkonformen Einsatz von Multimedia- und anderen Software-Anwendungen reichen, und Lösungen für die Barrierefreiheit bieten.

Bei dieser Veröffentlichung handelt es sich eigentlich um eine Weiterentwicklung der im Oktober 2001 im KnowWare-Verlag erschienenen Schrift »Barrierefreies Webdesign«. »Eigentlich« deswegen, weil das nur zum Teil stimmt. »Damals« ging es mir nur um die HTML-Techniken. Außerdem war noch nichts über die BITV bekannt. Als der Arbeitskreis Öffentlichkeitsarbeit des Aktionsbündnisses für barrierefreie Informationstechnik (AbI) mich Ende 2003 fragte, ob ich »Barrierefreies Webdesign« entsprechend überarbeiten würde, war klar, dass das neue Buch den Charakter eines Standardwerkes erhalten sollte.

Seit dem Inkrafttreten der BITV haben in Deutschland viele Experten ihre Erfahrungen im Bereich »Barrierefreie Informationstechnik« gesammelt, auf diversen Webauftritten umgesetzt und in Projekten wie AbI u.v.a. kommuniziert. Um ein hohes Niveau der Inhalte zu gewährleisten und der Komplexität des Themas gerecht zu werden, fließen das Wissen und die Erfahrungen der renommiertesten Fachleute Deutschlands in dieses Werk ein. Eine komplette Liste der Autoren mit kurzen Angaben zu Person und Institution finden sich in *»Informationen zur Autorenschaft«* auf Seite 353. An dieser Stelle möchte ich mich bei allen Beteiligten für die gute Zusammenarbeit herzlich bedanken.

Aufbau des Buchs

Das Buch geht im Wesentlichen auf die Techniken zur Umsetzung einer barrierefreien Informationstechnik ein. Selbstverständlich ist zum Verständnis der Buchinhalte Hintergrundwissen notwendig. Einige der wichtigsten Aspekte werden in der Einführung thematisiert, so unter anderem Hintergrundinformationen zu Arbeitsweisen und Hilfsmitteln behinderter Menschen und Regelwerke für die barrierefreie Informationstechnik.

Kapitel 2 des Buchs behandelt in sieben Abschnitten die »klassischen« Webtechniken (X)HTML, CSS und JavaScript. Die Abschnitte gehen auf folgende Themen ein:

1. **Texthinterlegung**: Vor allem blinde Menschen als Nutzer von Sprachausgaben und Braille-Zeilen benötigen Texte für die Informationsgewinnung.

2. **Kontraste, Farben und Schriftbild**: Die Wahrnehmbarkeit am Bildschirm wird durch ein grafisches Design bestimmt.

3. **Verständlichkeit, Navigation und Orientierung**: Dieser größte Abschnitt behandelt diverse Anforderungen, die für das allgemeine Verständnis einer Website durch alle Nutzergruppen erfüllt sein müssen.

4. **Skalierbarkeit**: Dieser Aspekt der Barrierefreiheit betrifft Sehbehinderte, Senioren und viele andere, die nicht mit Standardbildschirmen arbeiten.

5. **Linearisierbarkeit und Layout**: Nutzer von Sprachausgaben und anderen eindimensionalen Ausgabemedien benötigen strukturierte Inhalte.

6. **Geräteunabhängigkeit und Dynamik**: Menschen mit körperlichen Behinderungen und viele andere verwenden möglicherweise keine Maus und benötigen einen geräteunabhängigen Zugang zu allen Inhalten, auch den interaktiven.

7. **Strukturen und Validierung**: Die vollständige Anwendung der BITV ermöglicht weitere Navigationshilfen und Orientierung im Inhalt durch die Anwendung formaler Semantik.

Diese Gliederung hat sich aus unserer täglichen Beratungspraxis als didaktisch wertvoll erwiesen. Sie spiegelt im Wesentlichen die Anforderungen der noch nicht verabschiedeten *Web Content Accessibility Guidelines 2.0* (WCAG2) wider. Die WCAG2 bestehen derzeit aus vier Prinzipien: Wahrnehmbarkeit, Bedienbarkeit, Verständlichkeit und Robustheit der Technik.

Beispielsweise zielt die Wahrnehmbarkeit insbesondere auf die Erfassung von Informationen durch blinde Nutzer, also auf das Erfordernis nach textlichen Inhalten. Für sehbehinderte Nutzer stellt die Wahrnehmbarkeit ebenso ein grundsätzliches Problem dar, allerdings arbeiten sie im Gegensatz zu blinden Nutzern meist am Bildschirm.

Die Frage, wie Menschen mit anderen Sinnesbehinderungen, etwa Gehörlose, in dieser Aufteilung berücksichtigt werden, ist durchaus berechtigt. Die in der BITV geforderten Maßnahmen im Zusammenhang mit Gehörlosen werden im Multimedia-Abschnitt behandelt.

Die Bedienbarkeit ist eine eher technische Angelegenheit, die ebenso verschiedene Aspekte des Zugangs anspricht. In diesem Buch finden Sie tastaturorientierte Techniken unter »Geräteunabhängigkeit und Dynamik« und bildschirmorientierte Aspekte unter »Skalierbarkeit«. Hier fließen auch nutzerorientierte Aspekte der Barrierefreiheit ein. In »Linearisierbarkeit und Layout« werden besondere Aspekte der Bedienbarkeit in Screenreadern behandelt.

Im Bereich »Verständlichkeit« wird insbesondere auf Anforderungen eingegangen, die zum Beispiel für Menschen mit geringerer Sprachkompetenz in der Schriftsprache wichtig sind. Aber es geht natürlich wieder um verschiedene Aspekte wie zum Beispiel technische Probleme bei der Verwendung von Sprachausgaben.

Schließlich wird die Robustheit der Technik unter »Struktur und Validierung« behandelt, wo es vor allem um die Einhaltung von Standards zum Vorteil von Nutzer und Anbieter geht.

Ausgehend von dieser Gliederung bieten wir dem Leser im Hauptteil des Buchs die verschiedenen Techniken der Barrierefreiheit in zusammenhängenden und überschaubaren Blöcken an.

Die Möglichkeiten für multimediale Webtechniken, die bei der Gestaltung von Webauftritten zunehmend eingesetzt werden, werden in Kapitel 3 vorgestellt. Dabei geht es vor allem um den Einsatz von Filmen, Flash-Dateien und PDF-Dokumenten.

Die Forderung der BITV, Inhalte von CD-ROMs, DVDs und vergleichbaren Medien barrierefrei zu gestalten, wird in Kapitel 4 behandelt. Hierzu werden die einschlägigen Richtlinien von IBM herangezogen und exemplarisch dargestellt.

Kapitel 5 ist der alltäglichen und praktischen Umsetzung der Barrierefreiheit gewidmet. Neben der Vorstellung verschiedener Werkzeuge und Testverfahren zur Überprüfung der Barrierefreiheit werden Vorteile für Webanbieter diskutiert und von Erfahrungen bei der Umsetzung eines barrierefreien Webauftritts berichtet.

Die CD-ROM zum Buch

Im Buch wird regelmäßig auf die CD-ROM verwiesen.

Die Beispiele im Web:
http://2bweb.de

Dem Buch ist eine CD-ROM beigelegt. Der Leser mag sich fragen, warum einem Buch über Webdesign ein solches Medium beigefügt wird, die Leser werden doch über einen Internetzugang verfügen und die Inhalte können auch online zur Verfügung gestellt werden. Das ist auch passiert: Auf http://2bweb.de wurden die Inhalte der CD-ROM weitestgehend online gestellt. Auch auf dem Portal des Herausgeberg, http://wob11.de, sind viele Inhalte der CD-ROM abgelegt. Es gibt jedoch zwei wesentliche Gründe, warum die CD-ROM dennoch als Teil des Buchs erstellt wurde:

1. Es gibt auf der CD-ROM Medien-Clips, die sehr groß sind. Diese sind im Web nur mit einem Breitbandanschluss sinnvoll nutzbar.
2. Eine CD-ROM ist etwas »Handfestes« und lässt sich auf jedem beliebigen Rechner nutzen. Der Zugang zu den Informationen ist somit flexibel.

Die CD-ROM enthält verschiedene Informationen. Zunächst sind darauf alle Beispiele aus dem Buch zu finden. Sowohl Code-Beispiele als auch Screenshots und andere Bilder sind in der Reihenfolge ihres Erscheinens im Buch abgelegt. Auch mehrere Medien-Clips, die bestimmte Barrieren am Computer verdeutlichen sollen, sind in der Rubrik »Beispiele zum Buch« zu finden.

Darüber hinaus gibt es in den Rubriken »Tutorials« und »Richtlinien« Zusatzmaterial zum Buch. Es handelt sich dabei um weiterführende Informationen wie Anleitungen und Demonstrationen. Zu finden sind auch einige Gesetzestexte und Richtlinien zur Barrierefreiheit in der Informationstechnik, zum Beispiel die eigens für dieses Buch übersetzten »IBM Software Guidelines« (Leitlinien zur Entwicklung zugänglicher Software).

Die CD-ROM ist mit einem beliebigen Browser nutzbar, wobei die mit der Erstellung betraute Agentur Xplain sich an die Richtlinien zur Barrierefreiheit gehalten hat. Somit erhalten alte Browser wie z. B. Netscape 4.x nur die reinen Information ohne Layout. Ansonsten entspricht der Inhalt einem Webauftritt. Gegebenenfalls ist zur Darstellung der Medien-Clips die Installation eines Multimedia-Players erforderlich. Die Angaben hierzu sind an den entsprechenden Stellen auf der CD-ROM gekennzeichnet.

1.2   Barrierefreiheit am Computer

Wenn über Barrierefreiheit in der Informationstechnik gesprochen wird, werden oft nur Teilaspekte behandelt. In Wahrheit bedeutet Barrierefreiheit in Webauftritten, auf CD-ROMs, DVDs oder, ganz allgemein, in Software, dass kein Nutzer von der Nutzung ausgeschlossen wird. Diese Forderung wurde und wird vor allem von den Behindertenverbänden gestellt, jedoch profitieren weitaus mehr Nutzer davon. Es ist auch richtig, dass bestimmte Nutzergruppen mit Behinderung mehr als andere Nutzergruppen von der Barrierefreiheit profitieren. Was aber für manche Nutzer eine Verbesserung der Nutzbarkeit bedeutet, ist für andere Nutzergruppen die Voraussetzung, dass sie überhaupt mit einem Medium arbeiten können.

1.2.1   Was ist barrierefreie Informationstechnik?

Barrierefreie Informationstechnik bedeutet die technische Zugänglichkeit der Software verbunden mit grundlegenden Prinzipen der Software-Ergonomie.

Den Text der BITV finden Sie auf der CD-ROM.

Seit 2001, als die Barrierefreie Informationstechnik-Verordnung (BITV) in Kraft trat, wird zunehmend von »Barrierefreiem Webdesign« gesprochen. Es hat heute in vielen Organisationen eine feste Bedeutung. Der Bezug alleine auf Webdesign ist auch gerechtfertigt, denn obwohl die BITV die Barrierefreiheit allgemein in der Informationstechnik fordert, so liefert sie in ihrer Anlage Kriterien »nur« für die Gestaltung von Webinhalten.

Die Anlage 1 der BITV ist technisch orientiert, enthält jedoch auch Kriterien zur Verständlichkeit und Gebrauchstauglichkeit. Spätestens, wenn man die Definition der Barrierefreiheit aus dem Behindertengleichstellungsgesetz heranzieht, wird deutlich, dass die Technik nur die »Spitze des Eisbergs« ist:

http://www.behindertenbeauftragter.de /gesetzgebung/ behindertengleichstellungsgesetz

»Barrierefrei sind [...] Systeme der Informationsverarbeitung, akustische und visuelle Informationsquellen [...] sowie andere gestaltete Lebensbereiche, wenn sie für behinderte Menschen in der allgemein üblichen Weise, ohne besondere Erschwernis und grundsätzlich ohne fremde Hilfe zugänglich und nutzbar sind.« (§ 4 BGG)

Es wird vor allem deutlich, dass die Barrierefreiheit in der Informationstechnik eine nutzerorientierte Gestaltung von elektronischen Informationen bedeutet.

Im Englischen wird beim Thema »Barrierefreiheit« von *accessibility* gesprochen, was mit »Zugänglichkeit« übersetzt werden kann. Auf einer eher technischen Ebene ist dieser Begriff vollkommen zutreffend, jedoch umfasst er nicht den Aspekt Nutzbarkeit in der »allgemein üblichen Weise«. Daher kommt dem Begriff »Barrierefreiheit« eine viel größere Bedeutung zu als die Zugänglichkeit als solche, er schließt Aspekte der Gebrauchstauglichkeit (*usability*) ein.

Bei der technischen Zugänglichkeit kann es sich um sehr unterschiedliche Dinge handeln, beispielsweise:

- Die größten Zugangsprobleme beim Umgang mit der Informationstechnik haben Benutzer von textorientierter Software, darunter Hilfsmittel wie Sprachausgaben für blinde Nutzer.
- Software kann eine unüberwindbare Barriere enthalten, wenn sie nur oder überwiegend nur mit der Maus bedienbar ist, nicht jedoch mit der Tastatur oder anderen Eingabegeräten.

Die Trennung von Inhalt und Struktur einerseits und Präsentation andererseits ermöglicht der Zugangssoftware die Navigation innerhalb von Dokumenten und Anwendungen.

Diese Liste kann beliebig fortgesetzt werden. Ebenso können »weiche« Barrieren aufgeführt werden:

Wenn die Verständlichkeit von Texten einen Hochschulabschluss erfordert, dann ist mit Sicherheit die Mehrheit der Nutzer nicht bereit und in der Lage, das Informationsangebot zu verwenden und benötigt eine Alternative, um an die gewünschten Informationen zu gelangen.

Ein unübersichtlich wirkender Navigationsmechanismus verhindert die Nutzung des kompletten Informationsangebots, wenn keine geeigneten Maßnahmen getroffen sind, auf anderem Wege zu den gewünschten Inhalten zu kommen.

Ein Angebot mit einer besonderen Art der Informationsvermittlung, wie zum Beispiel ein Film in der Deutschen Gebärdensprache, ermöglicht es einem Teil der gehörlosen Menschen erst, Zugang zu komplexen Inhalten zu bekommen.

Insgesamt kann festgestellt werden, dass barrierefreie Informationstechnik sehr unterschiedlich geartet ist und dabei viele Bereiche der Informationsvermittlung angesprochen werden. Eine hundertprozentige Barrierefreiheit ist wegen der vielen weichen und somit sehr individuell geprägten Barrieren, vor denen bestimmte Nutzergruppen stehen, nicht erreichbar. Gleichzeitig ist jedoch das Streben nach einer nutzerorientierten Gestaltung von elektronischen Informationen ein großer Schritt in Richtung barrierefreie Informationstechnik.

1.2.2   Ausgabe ohne Bildschirm

Alternative Ausgabegeräte zum Bildschirm oder Drucker erfordern die Beachtung einer textorientierten und linearisierbaren Informationsgestaltung.

Barrierefreie Informationstechnik kann für viele Menschen mit Behinderungen durch den Einsatz besonderer Hard- und Software erreicht werden. Allerdings haben diese Computerhilfsmittel ihre Grenzen, und für den barrierefreien Zugang muss der Informationsanbieter bestimmte Aspekte bei der Gestaltung von Informationen berücksichtigen.

Screenreader, Sprachausgabe und Braillezeile

Ohne Zweifel stehen blinde und stark sehbehinderte Menschen bei der Arbeit am Computer vor den größten *technischen* Barrieren. Das liegt daran, dass sie spezielle Computerhilfsmittel einsetzen, um sich die Informationen, die normalerweise am Bildschirm angezeigt werden, vorlesen oder auf tastbaren Ausgabemedien »anzeigen« zu lassen.

Am Computer benötigen blinde und viele sehbehinderte Menschen Software, die Informationen für den Bildschirm »abfängt« und neu interpretiert. Das häufigste Computerhilfsmittel dieser Art ist der so genannte Screenreader. Das Programm bezieht seine Informationen zur Bedienung von Anwendungen und Aufbereitung der Inhalte von Schnittstellen des Betriebssystems und hat nur bedingt mit dem Bildschirm zu tun, auch wenn die Bezeichnung etwas anderes impliziert. Welche Verfahren Screenreader nutzen, um an Inhalte und Funktionen heranzukommen, wird in Kapitel 4 dieses Buchs beschrieben.

Auf der CD-ROM befinden sich einige Beispiele, wie der Screenreader JAWS Webinhalte mit Sprachausgabe vorliest.

Screenreader stellen Informationen entweder in synthetischer Sprache, zum Beispiel über eine Sprachausgabe, oder in Blindenpunktschrift (Braille) über die Braillezeile dar.

Die Braillezeile ist ein spezielles Ausgabegerät, das Inhaltsausschnitte in der Blindenpunktschrift auf einem taktilen Display wiedergibt und mit einer normalen PC-Tastatur als Eingabegerät kombiniert ist.

Abb. 1-1
Braillezeile:
Die taktilen Zeichen unterhalb der Tastatur stellen Zeichen im Braille-Alphabet dar. Braille-Zeichen bestehen aus sechs Punkten. Für die Computernutzung wurden viele Sonderzeichen ergänzt und die Schrift auf acht Punkte erweitert.

Braillezeilen können bis zu 80 Zeichen in einer Zeile anzeigen. Mit 8 beweglichen Stiften wird jedes einzelne Zeichen in ein tastbares Punktemuster entsprechend dem Braille-Alphabet umgesetzt.

Selbstverständlich ist der Computerzugang via Screenreader mit Einschränkungen verbunden – Inhalte von Bildern und Grafiken bleiben nach wie vor verborgen. Auch bedeutet die eindimensionale Betrachtung beispielsweise per Sprachausgabe eine Einschränkung gegenüber der zweidimensionalen Betrachtung am Bildschirm.

Spezialsoftware für das Web

Die Verwendung von Webreadern ist eine besondere Möglichkeit des akustischen Zugangs zum Web. Damit werden Inhalte und Strukturen ähnlich wie mit Screenreadern rein akustisch ausgegeben.

Die Notwendigkeit solcher Spezialsoftware ist dann gegeben, wenn der eingesetzte Screenreader nicht gut mit dem verwendeten Browser zusammenarbeitet. Screenreader wurden in erster Linie zur Bedienung des gesamten Betriebssystems und seiner Anwendungen entwickelt. Dabei stellt der Browser nur eine von vielen Anwendungen dar und die Optimierung der Screenreader auf die aktuellen Browser erfolgt nur schrittweise. So wird in Deutschland häufig der Webreader »Webformator« in Kombination mit einem Screenreader und dem Microsoft Internet Explorer eingesetzt. Diese kostenlose Software bereitet Webseiten so auf, dass sie mit Screenreadern besser ausgegeben werden können. Frames werden untereinander dargestellt, Spaltensatz wird linearisiert und Alternativtexte zu Bildern werden angezeigt.

Der Webformator ist auch für sehende Webgestalter eine große Hilfe, um einen Eindruck von der eigenen Webseite, wie sie Blinde wahrnehmen, zu bekommen.

Der Webformator wurde kostenlos für das Buch von der Audiodata GmbH zur Verfügung gestellt. Er läuft mit dem Microsoft Internet Explorer ab der Version 5.01 und nur unter Windows 98, ME, 2000 und XP sowie NT 4 ab Service Pack 4 (empfohlen SP 6). Die aktuelle Version kann stets auf www.webformator.de heruntergeladen werden.

Der Webformator ist als Installationsdatei auf der CD-ROM zu finden.

Sonderlösungen mit integrierter Sprachausgabe

Die großen Software-Hersteller von eigenen Formaten, etwa Macromedia mit Director und Flash oder Adobe mit PDF, sind vor allem in den USA angehalten, barrierefreie Produkte zu schaffen. Weil Director keine eigene Schnittstelle für Computerhilfsmittel bietet und die entsprechenden Schnittstellen des Betriebssystems nicht unterstützt, wird eine alternative Möglichkeit der Sprachausgabe mit Text-to-Speech als Lösung angeboten. Auch andere im Hinblick auf Barrierefreiheit problematische Formate wie Flash oder PDF bieten Möglichkeiten einer »internen Sprachausgabe«. Generell sind diese Lösungen besser als gar keine Lösung, jedoch stehen die integrierten Sprachmodule in Konkurrenz mit dem gewohnten Screenreader des Nutzers, einschließlich deren Bedienung. Insofern ist derzeit die Entwicklung in diesem Bereich noch abzuwarten, bevor Text-to-Speech als Lösung für den Zugang durch Blinde und stark Sehbehinderte empfohlen werden kann.

Generell gelten alle Sonderlösungen, seien es Plug-ins für den Browser oder serverseitige Anwendungen in einem Webauftritt, die Inhalte in Audiodateien umwandeln, als problematisch für Screenreader-Nutzer.

Auf der CD-ROM befindet sich eine Stellungnahme des Präsidiums des Deutschen Blinden- und Sehbehindertenverbands zu Vorlesediensten auf Webauftritten.

Informationen zu Hilfsmitteln blinder und stark sehbehinderter Nutzer finden Sie:

- in der Datenbank des Technischen Jugendfreizeit- und Bildungsvereins (tjfbv) e.V.: www.barrierefrei-kommunizieren.de,
- in der Datenbank der REHADAT, dem Informationssystem zur beruflichen Rehabilitation: www.rehadat.de

1.2.3   Kontraste und Vergrößerung

Sehbehinderungen sind sehr heterogen. Entsprechend vielfältig sind auch die Bildschirmeinstellungen.

Eine Einteilung der Grade von Sehbehinderung in Kategorien ist fast unmöglich. Eine grobe Unterscheidung kann beispielsweise zwischen hochgradiger Sehbehinderung, Sehbehinderung und Sehbeeinträchtigung gemacht werden. Dabei ist die Abgrenzung zwischen den einzelnen Kategorien nicht eindeutig. So gelten zum Beispiel Personen als sehbehindert, wenn sie auf dem besseren Auge weniger als 30% sehen. Trotzdem kann sich jemand mit einer größeren Sehschärfe als »sehbehindert« empfinden und umgekehrt auch. Neben der individuellen Wahrnehmung spielen auch situative Bedingungen eine wichtige Rolle für das Sehen. So können Blendempfindlichkeit oder Farbenblindheit medizinisch festgestellt werden, dennoch kann das Sehen des Einzelnen – je nach Lichtverhältnissen, Kontrasten und anderen äußeren Bedingungen – stark, leicht oder gar nicht beeinträchtigt sein. Schließlich gibt es Hunderte von Erkrankungen, die auch das Sehen beeinflussen und zu einer verminderten Sehkraft bis hin zu einem eingeschränkten Gesichtsfeld führen. Genauso vielfältig wie Sehbehinderung ist, sind auch die Einstellungen und Konfigurationen der von Sehbehinderten genutzten Computer.

Unterschiedliche Arten der Farbfehlsichtigkeit

Immerhin 8% der männlichen Bevölkerung haben eine Farbschwäche oder sind partiell farbenblind. Der Anteil der Frauen ist dabei mit weniger als einem halben Prozent erheblich geringer, da sich die angeborene Farbfehlsichtigkeit rezessiv auf dem X-Chromosom vererbt.

Der Anteil derer, die tatsächlich vollständig »farbenblind« sind (Monochromaten), ist überraschend gering: Weniger als ein Hundertstel Prozent der Bevölkerung kann gar keine Farben unterscheiden und orientiert sich nur an Helligkeitswerten.

Normalfarbsichtige können das gesamte Farbspektrum wahrnehmen, indem sie, sehr vereinfacht dargestellt, die Grundfarben Rot, Grün und Blau (RGB) mischen. Entsprechend funktioniert die additive Farbmischung nach dem RGB-Modell (Rot, Grün, Blau) am Bildschirm. Wenn nun einzelne Bereiche der Wahrnehmung des Spektrums entfallen, entstehen Schwierigkeiten bei der Unterscheidung bestimmter Farben:

- Protanope können Rot nicht oder nur schlecht wahrnehmen. Sie haben eine Rotschwäche (Protanomalie) bzw. Rotblindheit (Protanopie).
- Deuteranope können Grün nicht oder nur schlecht wahrnehmen. Sie haben eine Grünschwäche (Deuteranomalie) bzw. Grünblindheit (Deuteranopie).
- Tritanope können Blau nicht oder nur schlecht wahrnehmen. Sie haben eine Blauschwäche (Tritanomalie) bzw. Blaublindheit (Tritanopie). Die Häufigkeit der Blauschwäche als Erbkrankheit ist jedoch relativ gering. Sie tritt eher als Folge von Diabetes auf.

Menschen mit Rot- oder Grünschwäche, also fast alle Farbfehlsichtigen, verwechseln Rot und Grün, aber auch Beige, Gelb und Orange miteinander. Weiterhin können sie Violett nicht von Blau unterscheiden. Bei Rotschwäche wird Dunkelrot außerdem als Schwarz gesehen. Menschen mit Blauschwäche haben Schwierigkeiten in der Unterscheidung von Blau und Grün, sowie Gelbgrün und Grau.

Es ist noch nicht abschließend geklärt, wie genau Farben von Farbfehlsichtigen wahrgenommen werden. Schwierigkeiten bereitet dabei vor allem die unzureichende Vergleichbarkeit der unterschiedlichen Wahrnehmung, die eigentlich nur von Menschen beschrieben werden könnten, die nur auf einem Auge farbfehlsichtig wären. Joel

Pokorny (Universität Chicago, Visual Science Center), eine der führenden Wissenschaftlerinnen im Bereich der Farbwahrnehmung, und andere Fachleute sind sich insoweit einig: Menschen mit Rot- oder Grünschwäche nehmen anstelle von Rot oder Grün Farbabstufungen von Beige, Gelb oder Orange wahr. Deshalb muss man sich bei der Verwendung dieser Farben im Klaren darüber sein, dass sie bei Farbfehlsichtigkeit nicht eindeutig voneinander zu unterscheiden sind.

Kontrasteinstellungen

Sehbehinderte arbeiten oft mit sehr individuellen Einstellungen.

Ein Grundproblem bei Sehbehinderung ist die Farbwahrnehmung und die Blendempfindlichkeit. Für sehbehinderte Menschen stellen nicht veränderbare Hintergrund- und Schriftfarben die größte Barriere dar. Die individuelle Einstellung von Farben erfolgt zunächst im Betriebssystem und wird normalerweise von Standard-Software wie Office-Anwendungen und Browsern übernommen. Dieses Thema wird ausführlich in Abschnitt 2.2 behandelt.

Abb. 1-2

Darstellung von google.de mit normalen Farbeinstellungen (siehe auch Farbtafel Seite 78)

Die Möglichkeit der individuellen Farbeinstellung bietet Microsoft seit Windows 95 in den Anzeige-Optionen und in der Eingabehilfe. Andere Betriebssysteme wie Mac OS und verschiedene Linux-Desktops wie KDE und Gnome stellen diese ebenfalls über die Systemeinstellungen zur Verfügung. Neben der Farbgebung können auch Schriftgröße und Schriftart vom Nutzer bestimmt werden.

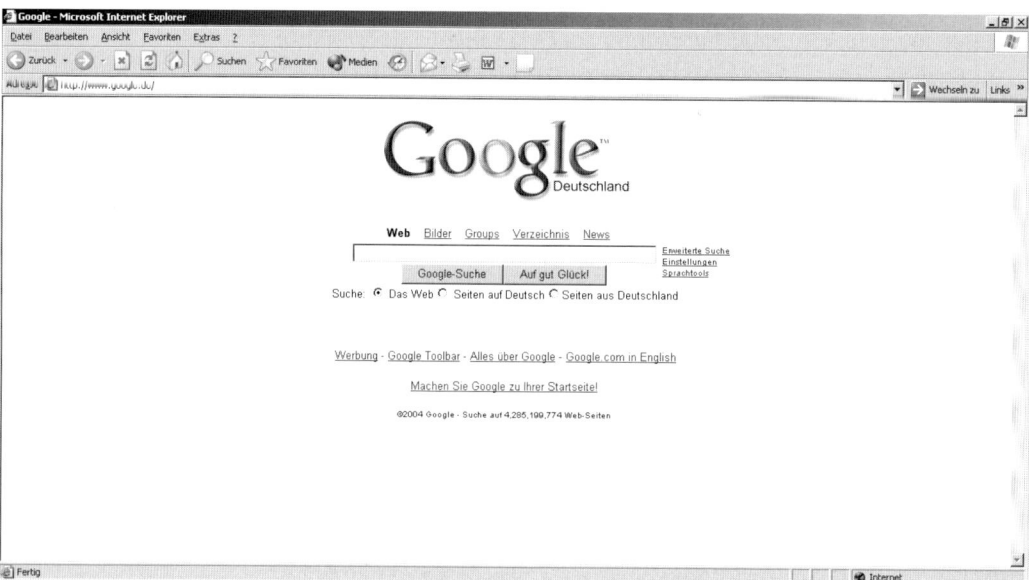

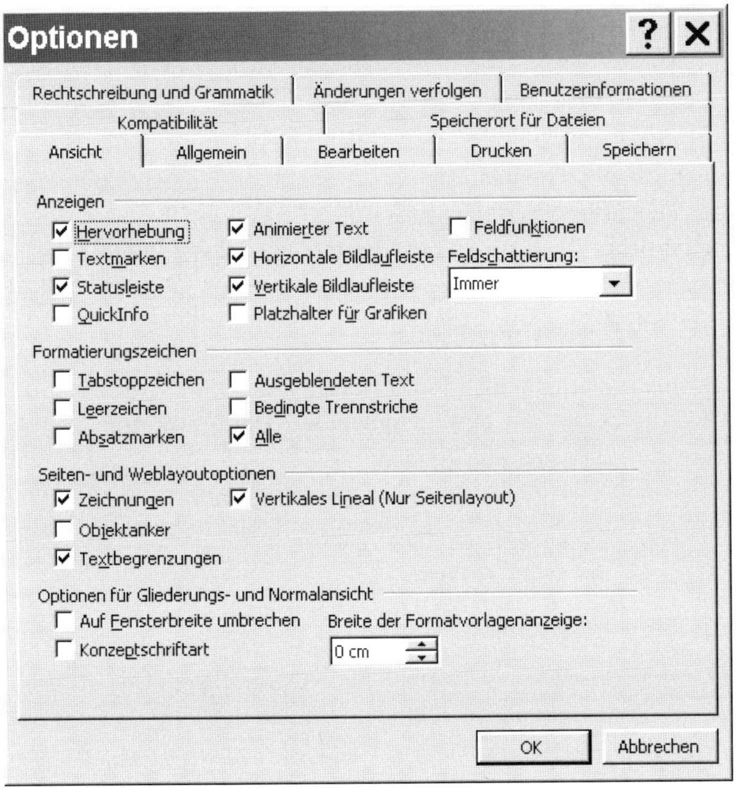

Abb. 1-3
Darstellung von google.de mit benutzerdefinierten Farben
(siehe auch Farbtafel Seite 78)

Abb. 1-4
Darstellung eines Word-Dialogfeldes mit normalen Farbeinstellungen
(siehe auch Farbtafel Seite 78)

Abb. 1-5
Darstellung eines
Word-Dialogfeldes
mit benutzer-
definierten Farben
(siehe auch Farbtafel
Seite 78/79)

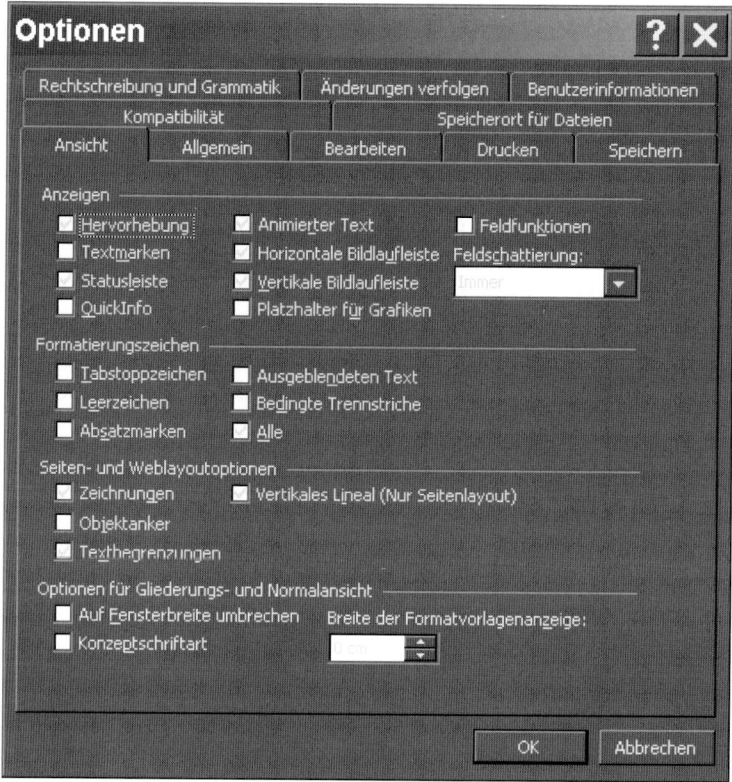

Grundsätzlich sollten alle benutzerdefinierten Einstellungen auch in allen Anwendungen nutzbar sein. Aus Abbildung 1-5 wird deutlich, dass manche Texte unter bestimmten Voraussetzungen – hier die Texte der Ausklappmenüs – »verschwinden«. Im Gegensatz dazu ist der Webzugang von Google auch mit individuellen Farben gut bedienbar.

Dem Problem der Blendempfindlichkeit kann beispielsweise durch die Vermeidung von strahlend weißen Hintergründen begegnet werden.

Zu beachten ist dabei auch die Schriftstärke: Je dünner die Schrift, desto größer wird der Effekt der Überstrahlung durch helle Hintergründe.

Vergrößerungssysteme

Für viele Sehbehinderte besteht die Notwendigkeit, Inhalte zu vergrößern. Dies kann auf verschiedene Weise vorgenommen werden. Zum einen können die Schriften im Betriebssystem oder in der jeweiligen Anwendung vergrößert werden. Dies funktioniert aber nur bedingt – gerade im Web ist deshalb die Forderung nach Skalierbarkeit der Schrift wichtig. Da die Wahrnehmbarkeit des Schriftbildes bei Sehbehinderung von sehr vielen Faktoren abhängt, ist die Einhaltung gewisser Mindestschriftgrößen bei der Gestaltung bei Standardeinstellungen ebenfalls sinnvoll. Zum anderen kann die Bildschirmauflösung verringert werden, zum Beispiel auf 800×600 Pixel und weniger. Für die Barrierefreiheit in der Informationstechnik ist es deswegen auch nötig, die vollständige Wahrnehmbarkeit und Bedienbarkeit unter diesen Voraussetzungen zu gewährleisten.

Ist der Vergrößerungsbedarf höher, als es mit der Veränderung von Systemeinstellungen möglich ist, kann ein Vergrößerungssystem eingesetzt werden. Ein Vergrößerungssystem stellt einen Teil der »normalen« Darstellung vergrößert dar. Das bedeutet, dass der Benutzer jeweils nur einen kleinen Ausschnitt des Bildschirms wahrnehmen kann. Ist er auf eine vierfache Vergrößerung angewiesen, ist nur 1/16 der ursprünglichen Inhalte sichtbar (vgl. Abb. 1–6 und 1–7).

Auf der CD-ROM befinden sich zwei Medien-Clips zur Darstellung von Vergrößerungssystemen.

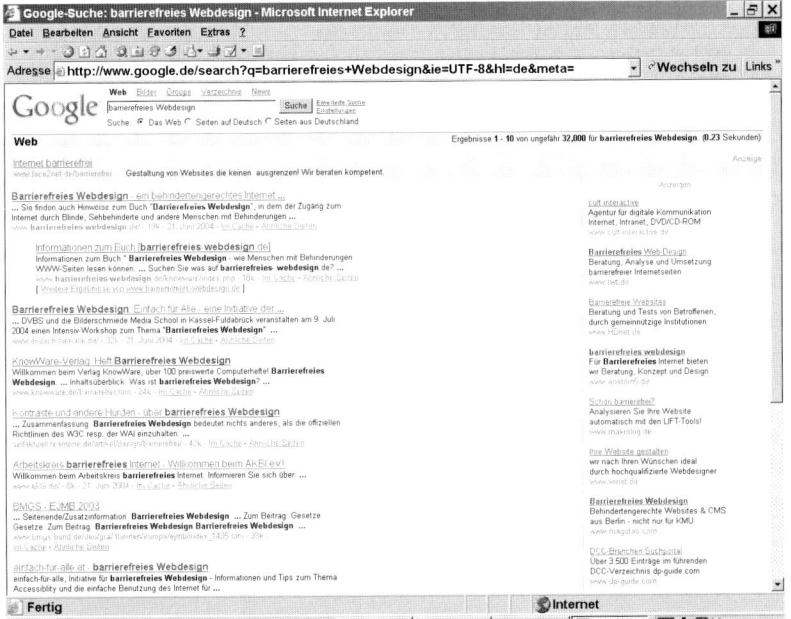

Abb. 1–6
Normale Ansicht einer Webseite.

Trotz vieler Funktionen wie Systemfokus-Verfolgung, Kantenglättung oder integrierter Sprachausgabe bedeutet der Einsatz eines solchen Computerhilfsmittels immer einen Verlust an Übersichtlichkeit und somit auch an Orientierung.

Abb. 1-7

Ausschnitt einer
Webseite bei 8facher
Vergrößerung

1.2.4   Textabschriften und Gebärdensprache

Bei Menschen mit Beeinträchtigung des Hörvermögens wird noch heute häufig danach gefragt, ob sie denn nichts hören, also gehörlos sind oder ob sie noch über Hörreste verfügen und damit schwerhörig sind. Diese grobe Unterscheidung wird bei gehörlosen Menschen noch weiter untergliedert in Gehörlose, die ihr Gehör vor oder nach dem Spracherwerb verloren haben.

Bei schwerhörigen Menschen wiederum erfolgte bisher eine Unterteilung in leicht, mittel- oder hochgradige Schwerhörige. Diese Unterscheidungen wurden getroffen, um beispielsweise eine Einteilung in die entsprechenden Schulen vorzunehmen. So wurden bislang Kinder ungeachtet ihrer sprachlichen Fähigkeiten mit einem geringen oder ohne Hörrest grundsätzlich in Schulen für Gehörlose eingewiesen. Die anderen Kinder kamen in die dafür eingerichteten Schwerhörigen-Schulen. Neu zur Gruppe der hörgeschädigten Menschen hinzugekommen sind Menschen, die mit einem so genannten Cochlear Implant, also eine operativ ins Gehör implantierte Hörhilfe, versorgt werden.

Auditive und visuelle Wahrnehmung

Diese Betrachtungsweise gerät inzwischen mehr und mehr in den Hintergrund. Heute treten verstärkt soziologische Aspekte in den Vordergrund und man orientiert sich an den auditiven und visuellen Fähigkeiten der einzelnen Betroffenen. Auch die kategorische Einteilung in die Gehörlosen- oder in die Schwerhörigen-Schule gibt es so nicht mehr, weil sich die meisten dieser speziellen Schulen allen Gruppierungen der Hörschädigung öffnen und sich in Schulen für Hörgeschädigte umwandeln.

Aus dieser neuen Betrachtungsweise resultiert, dass dem Grad einer Hörschädigung nicht mehr die Bedeutung zukommt wie jahrzehntelang zuvor. Stattdessen gelangen die auditiven oder visuellen Fähigkeiten und Fertigkeiten des Einzelnen in den Blickpunkt. Es wird nun untersucht und festgehalten, wie der einzelne Hörgeschädigte am besten kommunizieren kann. Sind für ihn die Augen für die Kommunikation wichtiger als die Ohren, ist er demnach visuell orientiert. Oder kann der Hörgeschädigte trotz seiner Einschränkung dennoch ausreichend über seine Ohren aufnehmen, ist er folglich auditiv orientiert und benötigt für die Kommunikation keine oder wenig visuelle Unterstützung.

Auditiv orientierte Menschen können mit technischen Hörhilfen heutzutage so versorgt werden, dass sie in unserer Gesellschaft als behinderte Menschen kaum wahrgenommen werden. Anders sieht es dagegen bei visuell orientierten Hörgeschädigten aus: Für sie sind optische Hilfen wichtig und zumeist steht bei ihnen die Gebärdensprache im Mittelpunkt ihrer Kommunikation.

Da die Gebärdensprache anders strukturiert ist als die Lautsprache, die von den meisten Menschen genutzt wird, hat das neben den Auswirkungen auf die Kommunikation in der Lautsprache auch Auswirkungen auf ihre schriftsprachlichen Kompetenzen. Durch die heutige bilinguale Erziehung (Gebärdensprache und Lautsprache) können visuell orientierte Gehörlose mit Hilfe der Gebärdensprache einen höheren Bildungsgrad erreichen und einen vollwertigeren Zugang zum gesellschaftlichen Leben haben als früher. Für die heute fertig ausgebildete Generation der gehörlosen Menschen bleibt dies allerdings ohne Konsequenz.

Da jede Hörschädigung wie jede andere Behinderung auch je für sich individuell zu betrachten ist, bleibt obige Klassifizierung grob und erhebt nicht den Anspruch auf Vollständigkeit.

Unterstützungsmöglichkeiten für Gehörlose in der Informationstechnik

> Für beide herausgestellten Gruppen der Hörgeschädigten sind technische Unterstützungen wichtig, nur die Form ist unterschiedlich.

Anforderung 1 — Für die Gruppe der auditiv orientierten Menschen werden in der
Bedingung 1.3 BITV bereits viele Aspekte berücksichtigt. So heißt es dort unter der Anforderung 1: »Für jeden Audio- oder visuellen Inhalt sind geeignete äquivalente Inhalte bereitzustellen, die den gleichen Zweck oder die gleiche Funktion wie der originäre Inhalt erfüllen« (z.B. durch die Bereitstellung einer Textabschrift). In Bedingung 1.3 ist nachzulesen, dass für »jede zeitgesteuerte Multimedia-Präsentation (insbesondere Film oder Animation) [...] äquivalente Alternativen (z.B. Untertitel oder Audiobeschreibungen der Videospur) mit der Präsentation zu synchronisieren« sind. Auf multimediale Anwendungen bezogen bedeutet das, dass handlungsrelevante Geräusche optisch gekennzeichnet werden müssen. In der Regel sind damit die Bedürfnisse der Gruppe der auditiv orientierten Menschen abgedeckt.

Bedingung 14.1 — Anders sieht hingegen die Situation bei der Gruppe der visuell orientierten hörgeschädigten Menschen aus: Die BITV deckt sehr
Auf der CD-ROM viele technische Aspekte der Barrierefreiheit ab, gibt aber zu inhalt-
befindet sich eine lichen oder sprachlichen Gesichtspunkten nur wenige konkrete
Stellungnahme des Anhaltspunkte. Unter Bedingung 14.1 wird zum Thema Verständlich-
Deutschen Gehör- keit lediglich genannt, dass für »jegliche Inhalte [...] die klarste und
losen-Bundes vom einfachste Sprache zu verwenden« ist. Diese Beschreibung ist für
24.03.04 zur BITV visuell orientierte Hörgeschädigte nicht präzise genug, da die
und die Anforde- Gebärdensprache nicht ausdrücklich erwähnt wird.
rungen gehörloser — Wichtig ist dabei festzustellen, dass mittels Gebärdensprache
Menschen. auch komplexe Sachverhalte kommuniziert werden können. Grundsätzlich helfen zwar einfache schriftsprachliche Formulierungen den Benutzern zum besseren Verstehen. Aber viele gehörlose Menschen haben generell mit schriftlichen Texten Schwierigkeiten. Für Menschen, die auf Basis der Gebärdensprache kommunizieren, ist ein vollständiger Zugang zu den Informationen oft nur möglich, wenn diese in Gebärdensprache aufbereitet und angeboten werden.

1.2.5   Verständlicher Text

> Die Aufnahme von Informationen am Bildschirm erfolgt langsamer als bei den klassischen Printmedien.

Neue Medien versus Printmedien

Lesen am Bildschirm wird von den meisten Menschen als anstrengend empfunden. Das Auge ermüdet schnell, die Lesegeschwindigkeit nimmt im Vergleich zu einem Buch um 25 % ab. Da Monitore Licht emittieren, ist das Lesen insbesondere für lichtempfindliche Nutzer ermüdend. Am Computer kann sich der Anwender schlechter konzentrieren. Untersuchungen haben gezeigt, dass Texte am Computer häufig zuerst überflogen werden, bevor sie vollständig gelesen werden. Texte vom Papier zu erfassen, ist weniger anstrengend, da der Helligkeitskontrast zwischen Papier und Umgebung weniger stark ausgeprägt ist.

Häufig werden die Texte von den Printmedien direkt in das Web übernommen, obwohl eine Anpassung an das Medium »Web« und an die Online-Lesegewohnheiten erforderlich wäre. Viele Texte sind zu lang und unstrukturiert. Mit der Benutzung englischer Ausdrücke soll Weltoffenheit und Modernität, mit der Verwendung von Fachbegriffen Kompetenz vermittelt werden. Nutzer ohne Fremdsprachen- und Fachkenntnisse werden hierdurch jedoch ausgeschlossen.

Wer braucht verständliche Texte?

Grundsätzlich profitieren alle Leser von verständlichen Texten. Es gibt viele unterschiedliche Gründe für die Schwierigkeiten mit der deutschen Schriftsprache. Fremdsprachler haben Deutsch nicht als erste Sprache gelernt, wie zum Beispiel Migranten, Touristen oder aber gehörlose Menschen, deren erste Sprache oft die Gebärdensprache ist. Menschen mit geringer Bildung haben ebenfalls Probleme mit dem Lesen.

Besonders wichtig ist eine einfache Sprache für Menschen mit Lernbehinderungen.

»Was für Rollstuhlfahrer die Treppen sind, ist für uns Menschen mit Lernschwierigkeiten eine schwere Sprache, die wir nicht verstehen können. Daher fordern wir, dass Informationen leichter verständlich geschrieben und dargestellt werden. Auch hier müssen dringend Barrieren abgebaut werden.« (Stefan Göthling, Bundesgeschäftsführer des Netzwerks People First Deutschland)

Zu bedenken ist, dass außerdem viele Menschen auch ohne eine spezifische Lernbehinderung Leseschwierigkeiten haben. In Deutschland leben nach Angaben des Bundesverbandes Alphabetisierung 4 Millionen Analphabeten, das sind 6,3% der erwachsenen Bevölkerung über 15 Jahren. In Deutschland haben bis zu 10% der Einwohner Lese-Rechtschreibschwächen. Bei der isolierten Lese-Rechtschreibschwäche (Legasthenie) haben normal Begabte dieselben Probleme, Lesen zu lernen wie allgemein lernbehinderte Kinder. Das logische Denkvermögen und ihre konstruktiv-technischen Begabungen sind im Durchschnitt sogar höher entwickelt als die ihrer Mitmenschen. Nach Schätzungen weisen in Großbritannien zwischen 1,2 und 1,5% der Studenten im Bereich der höheren Bildung eine Lese-Rechtschreibschwäche auf.

Für Menschen, die von Geburt an gehörlos sind und sich mit der Gebärdensprache verständigen, ist die Lautsprache gewissermaßen eine Fremdsprache. Das Lernen von Lautsprache ist für sie sehr schwierig, da keine Wahrnehmung über das Gehör möglich ist. Das Verstehen von kompliziert geschriebenen Texten fällt ihnen schwerer als Hörenden.

Anglizismen sind für einen großen Teil der Nutzer nicht verständlich, da Englisch von 45% der Deutschen und 80% der in Deutschland lebenden Ausländer kaum oder nicht gesprochen wird. Ähnliches gilt auch für lateinische Begriffe und andere Lehnwörter, beispielsweise aus dem Französischen.

Verständlich geschriebene Texte sind aber auch für alle anderen Webnutzer von Vorteil. Für die effektive Nutzung des Webs sind verständliche Navigationspunkte und Texte eine Grundvoraussetzung. Wenn die Konzentration am Arbeitsplatz durch Geräusche oder schlechte Lichtverhältnisse gemindert wird, erleichtern gut strukturierte und gut lesbare Seiten mit gut verständlichen Inhalten auch nichtbehinderten Nutzern die Aufnahme von Informationen.

1.2.6   Eingabegeräte: Mehr als Maus und Tastatur

> Auch Mäuse sind Hilfsmittel für den Umgang mit dem Computer, aber noch lange nicht die einzigen.

Menschen mit motorischen Einschränkungen können je nach Art und Schwere ihrer Behinderung die übliche Hard- und Software für die Eingabe von Befehlen und Bedienung von Programmen nur eingeschränkt oder überhaupt nicht nutzen. Für Computernutzer, die auf Grund einer motorischen Einschränkung die Standardeingabegeräte nicht bedienen können, gibt es spezielle Hard- und Software, die diese Einschränkungen teilweise oder ganz kompensieren kann.

Um Menschen mit motorischen Einschränkungen eine uneingeschränkte Nutzung des Computers zu ermöglichen, ist es zunächst wichtig, sich mit der Funktionsweise dieser Techniken auseinander zu setzen. Dazu gehören unter anderem Kopfmäuse, Groß- und Kleinfeldtastaturen und Spracherkennungssoftware.

Im Folgenden werden einige dieser behinderungskompensierenden Computerhilfsmittel kurz beschrieben.

Mausersatz – IntegraMouse und Augen-Steuerungssysteme

Die IntegraMouse ist ein vollwertiger Mausersatz, die mit dem Mund bedienbar ist. Mit diesem Gerät können die Funktionen, die mit einer Standardmaus möglich sind, ausgeführt werden. Dazu gehören die Positionierung des Mauszeigers auf dem Bildschirm sowie die Funktionen der linken und rechten Maustaste. Die Zeigerpositionierung erfolgt dabei durch eine leichte horizontale Bewegung des Mundstückes mit dem Mund. Durch Saugen und Blasen werden die linke und rechte Maustaste ausgelöst.

Auf der CD-ROM finden Sie auch ein Video, in dem die Bedienung des Computers mit der IntegraMouse zu sehen ist.

Abb. 1–8
Bedienung der IntegraMouse

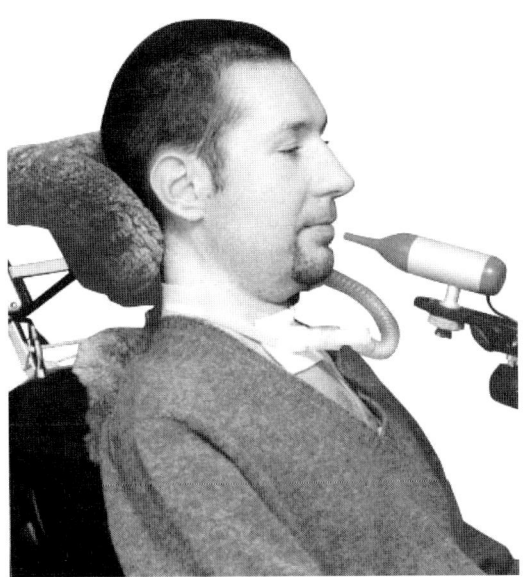

Eine weitere Möglichkeit der Computernutzung ist die Steuerung mit den Augen. Dabei kommen Augen-Steuerungssysteme (*eye tracking systems*) zum Einsatz. Mit dieser speziellen Hard- und Software stehen dem Nutzer die Funktionen einer Standardmaus zur Verfügung. Augen steuern über einen Sensor den Mauszeiger. Über den Mauszeiger kann zum Beispiel eine Bildschirmtastatur bedient werden.

Mit solchen Eingabegeräten, die die Bedienung von Maus und Tastatur ersetzen, können zum Beispiel Menschen mit einer Schädigung im Bereich der Halswirbelsäule den Computer ohne fremde Hilfe nutzen.

Großfeldtastatur

Die Großfeldtastatur mit integrierter Tastaturmaus kann Menschen, die auf Grund von motorischen Einschränkungen und Koordinationsproblemen ihre Finger nur unkontrolliert steuern können, helfen, die Tasten zu treffen.

Über die Tastaturmaus können der Mauszeiger und Funktionen der linken und rechten Maustaste gesteuert werden. Außerdem können mehrere Tasten frei belegt werden, wodurch die Nutzung von Tastaturkürzeln bei der Bedienung des Computers für viele erst möglich wird.

Der Anschluss an den Computer erfolgt wie bei einer Standardtastatur und ist damit zu jedem Standardcomputer kompatibel.

Abb. 1-9
Darstellung einer Großfeldtastatur

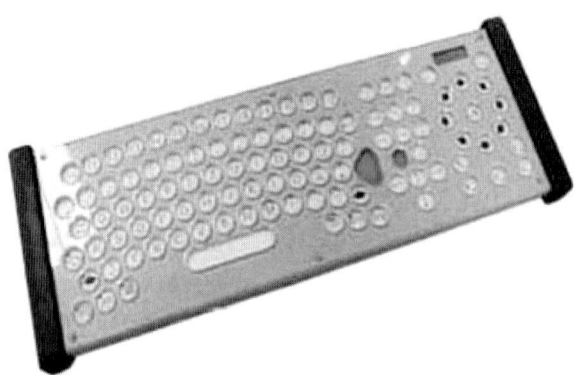

Spracherkennung- Dragon NaturallySpeaking

Auf der CD-ROM befindet sich ein Medien-Clip mit der Bedienung des Computers durch eine Spracheingabe.

Dragon NaturallySpeaking ist eine Spracherkennungssoftware, die es Menschen, die weder ihre Hände noch ihre Füße zur Bedienung des Computers nutzen können, ermöglicht, mit Hilfe von gesprochener Sprache den Computer zu steuern und Texte einzugeben. Die Software konvertiert Sprache in Text. Nach einer Übungsphase ist es möglich, durch die Spracheingabe Dokumente zu erstellen, Anwendungen zu steuern und den Rechner zu verwalten.

Geräteunabhängigkeit als Voraussetzung

Menschen mit motorischen Beeinträchtigungen fällt die ruhige und punktgenaue Steuerung von Eingabegeräten wie der Maus oder der

Tastatur besonders schwer. Auch die Ausführung von Befehlen über einen Mehrfachtastendruck ist oft nicht möglich. Damit auch Menschen mit motorischen Einschränkungen die Informationstechnik uneingeschränkt nutzen können, sollte jegliche Software so programmiert und gestaltet sein, dass sie zum Beispiel sowohl mit alternativen Zeigegeräten als auch mit einer Tastatur zu bedienen ist.

1.2.7   Vielfältige Ursachen für Barrieren

Traue keiner Statistik ...

Weder genaue Messmethoden über verwendete Browser noch Statistiken über Behinderungsformen und -häufigkeiten sagen etwas über die Fähigkeiten oder Bedürfnisse des Nutzers am Computer aus. Das betrifft nicht nur »Menschen mit Behinderungen«, sondern ebenso die Nutzer anderer, von der Standardausstattung abweichender Geräte. Die unbezifferbare Zahl an Kombination von Hardware, Software, Behinderung und Fähigkeit lässt keine Aussage darüber zu, wer ein »durchschnittlicher« Benutzer ist. Genauso schwierig ist es zu definieren, welche Barrieren für welche Nutzergruppen zu welcher Zeit auftreten.

Viele Barrieren ergeben sich zum Beispiel durch das individuelle Sehvermögen des Anwenders. Unterschiedliche Arten von Farbenblindheit, Kurz- oder Weitsichtigkeit bringen sehr unterschiedliche Probleme mit sich. Beispielsweise können mitunter blinkende Elemente zur völligen Ablenkung von den Inhalten führen und zum Teil auch gesundheitliche Gefahren nach sich ziehen (vgl. Abschnitt 2.6.4).

Barrieren ergeben sich auch durch behinderungskompensierende Computerhilfsmittel, welche selbstverständlich auf die technischen Standards ausgerichtet sein müssen. Dass nicht jedes Produkt in diesem Bereich standardkonform ist, muss bei der Umsetzung der Barrierefreiheit ebenfalls berücksichtigt werden. Parallel dazu sind die Abweichungen der Browser und anderer Software von den Standards zu nennen.

Eine Studie von Microsoft von Anfang 2004 belegt den Nutzen der Barrierefreiheit in der Berufswelt. Demnach profitieren 57 % der Berufstätigen von der barrierefreien Informationstechnik. Insbesondere im Hinblick auf die Zunahme der Senioren im Netz bekommt die Berücksichtigung der Barrierefreiheit zusätzliches Gewicht. Generell kann gesagt werden, dass die Einhaltung der Richtlinien, und dazu zählt auch die Barrierefreie Informationstechnik-Verordnung in Deutschland, die Verbesserung der Gebrauchstauglichkeit in der Informationstechnik unterstützt.

*http://www.
microsoft.com/
enable/aging/*

Weitere Informationen:

The Wide Range of Abilities and Its Impact on Computer Technology. A Research Study Commissioned by Microsoft Corporation and Conducted by Forrester Research, Inc., in 2003. Forrester Research, Inc. [http://www.microsoft.com/enable/research/computerusers.aspx.]

1.3   Bedeutung der Informationstechnik für Menschen mit Behinderungen

1.3.1   Die allgemeine Tendenz

> Barrieren in der Informationstechnik behindern die Nutzer.

Die Bedeutung der Informationstechnik hat für alle Menschen in den letzten Jahren enorm zugenommen. Beispielsweise besteht das Web als öffentliches Angebot seit 1993 und in Deutschland nutzen es über 50% der Bevölkerung. In der Zukunft wird dieser Prozentsatz noch größer werden. In allen Bereichen, in denen Kommunikation und Informationsbeschaffung eine hohe Bedeutung haben, wird das Web zu einem der wichtigsten Medien werden.

Mit dem Ausbau der Angebote verknüpfen die Anbieter von Webauftritten oft auch den Abbau traditioneller Informationsangebote: Vorlesungen werden vom Hörsaal in das Web verlagert, der Professor führt den Dialog mit den Studenten in einem Diskussionsforum, Städte und Kommunen bieten ihre Dienstleistungen im Web an, während gleichzeitig die Öffnungszeiten der Behörden reduziert werden. Öffentliche Ausschreibungen sollen in Zukunft über das Web verteilt werden, die schriftlichen Unterlagen kosten dagegen eine hohe Gebühr.

Diese Kostenaspekte sind nicht alleine in Verbindung mit Webauftritten zu sehen. Auch CD-ROMs mit Datenbanken und Software dienen der kostengünstigeren Verteilung von Informationen. Software jeder Art ist zur Normalität im Beruf und in der Privatnutzung geworden und ersetzt viele traditionelle Medien.

Wer die Informationstechnik nicht oder nur ungenügend nutzen kann, kommt schlechter an Information heran. Er wird mehr Zeit aufbringen und mehr Geld investieren müssen oder er wird – im schlechtesten Fall – die Information oder die Dienstleistung nicht nutzen können.

Die Techniken werden sich weiterentwickeln oder sie werden sich mit anderen Techniken verknüpfen. So gehen Prognosen davon aus, dass die Medien Fernsehen, Rundfunk und Web miteinander verschmelzen werden. Die Verknüpfung von Telekommunikation und Informationstechnik im Computer ist in vollem Gange und immer mehr Steuerungselemente zu Hause und bei der Arbeit sind mit dem Web verknüpft.

1.3.2   Von der Barrierefreiheit profitieren alle

Wie groß der Kreis »behinderter Menschen« ist, der von Barrieren in der Informationstechnik behindert wird, wurde bisher nicht umfassend untersucht. Die Anzahl von Schwerbehinderten in Deutschland (8,1% oder 6,7 Millionen) liefert nur ein Indiz für den Umfang der betroffenen Gruppe. Unter ihnen wird es einen Anteil geben, der keine behinderungsspezifischen Barrieren erlebt. In Wahrheit aber sind wesentlich mehr Menschen von Barrieren in der Informationstechnik betroffen.

In der auf Seite 23 genannten Microsoft-Studie wurde festgestellt, dass 9% der einbezogenen Computernutzer starke und 17% der Nutzer leichte Schwierigkeiten beim Sehen haben. 5% der Nutzer haben große und 19% leichte Schwierigkeiten mit der Feinmotorik. Weitere 2% haben große und 18% leichte Schwierigkeiten beim Hören. 16% haben kognitive Einschränkungen. Die Studie geht davon aus, dass fast 60% der Berufstätigen von barrierefreier Informationstechnik profitieren könnten.

Da die Anzahl der älteren Menschen in unserer Gesellschaft stetig ansteigt und die Einschränkungen mit Zunahme des Alters vermehrt auftreten und stärker ausgeprägt sind, wird der Prozentsatz auf die gesamte Bevölkerung bezogen deutlich höher sein.

Informationstechnik als Ersatz für Mobilität

Insbesondere das Web liefert behinderten Menschen besondere Chancen. Da zahlreiche behinderte Menschen in ihrer Mobilität eingeschränkt sind, können sie mit dem Medium Web vielen Aktivitäten nachgehen, die ihnen sonst verschlossen bleiben würden.

Rollstuhlfahrer können von zu Hause aus einkaufen, Kontakte knüpfen oder auf dem Webauftritt der Behörde ein Formular ausfüllen. Das Web kann so dazu beitragen, Barrieren in der Architektur oder Schwierigkeiten, die aufgrund von Einschränkungen in der Mobilität vorhanden sind, zu kompensieren.

Silver-Surfer – ein vergessenes Potenzial

Viele schwerbehinderte Menschen sind gehbehindert. Insbesondere ältere Menschen haben oft Einschränkungen bei der Fortbewegung. Das Web kann diesem Personenkreis vieles erleichtern oder erst ermöglichen. Anweisungen an eine Bank werden zu Hause erledigt oder man nimmt zu Hause am Computer an einem E-Learning-Kurs teil.

Die meiste Zeit seines Lebens ist der Mensch nicht auf dem Höhepunkt seiner Fähigkeiten.

Das Durchschnittsalter in der Gruppe der Schwerbehinderten ist wesentlich höher als in der allgemeinen Bevölkerung. Aufgrund der Altersentwicklung in Deutschland wird der Anteil der Bevölkerung, der von Angeboten und Dienstleistungen im Web profitieren kann, ansteigen. Gleichzeitig nehmen aber die Fähigkeiten, zu sehen, zu hören oder auch eine Maus zu bedienen, mit zunehmendem Alter ab. Dieser Prozess beginnt nicht erst mit 60 Jahren, sondern lange davor. Traditionell verwenden wir in Deutschland hierfür nicht den Begriff Behinderung, da die meisten Menschen damit etwas Negatives verbinden. Egal wie man es nennt, ob »Silver-Surfer« oder »Senioren im Netz«, der Sachverhalt ist allen klar: Die meiste Zeit seines Lebens ist der Mensch nicht auf dem Höhepunkt seiner Fähigkeiten.

Unterstützung für Menschen mit großen Einschränkungen in der Motorik und Mobilität

Besonders für stark behinderte Menschen kann die Informationstechnik enorme Vorteile bringen. Zum Beispiel kann eine Querschnittslähmung dazu führen, dass jemand seine Arme und Hände nicht bewegen und deshalb auch keine handelsübliche Tastatur oder Maus benutzen kann. Er kann aber mit speziellen Eingabegeräten den Computer gleichwertig bedienen. Damit wird es ihm möglich, mit anderen Menschen außerhalb der eigenen vier Wände zu kommunizieren.

Für Menschen, die ihre Stimme nicht nutzen können, kann die elektronische Kommunikation am Computer zum einzigen Kommunikationsmittel werden. Durch die Unterstützung mit Computerhilfsmitteln kann sowohl mit Verwandten, Freunden oder Assistenzpersonal ein »direktes« Gespräch geführt werden. Auf diese Weise kann der Behinderte mit Kollegen kommunizieren, im Internet per E-Mail Informationen austauschen oder in einem Chat mit einem Politiker über das Gesundheitswesen diskutieren.

Auch der Autor dieses Kapitels nutzt eine spezielle Software, die es ermöglicht, mit einer Daumenbewegung von nur 2 bis 3 cm einen Text zu schreiben. Er mailt einer Freundin, die Kinderlähmung hat und den Computer mit einer IntegraMouse bedient (vgl. Abschnitt 1.2.6). Der Nutzen der barrierefreien Informationstechnik kann also nicht hoch genug eingeschätzt werden. Solche Computerhilfsmittel tragen dazu bei, ein menschliches Grundbedürfnis zu erfüllen.

Hoher Zugewinn für blinde Menschen

»Ich saß in einem kleinen engen Wohnzimmer, der Computer mitten-
drin, und ich hatte auf einmal das Gefühl von unendlicher Weite.« Mit
diesen Worten beschrieb eine blinde Mitarbeiterin von *WEB for ALL*
ihre ersten Schritte im Internet.

Blinde Menschen können Gedrucktes nicht lesen. Bevor Computer und Scanner bzw. das Web existierten, war ein Großteil der vorhandenen Texte für blinde Menschen nicht zugänglich. Nur mit relativ großem Aufwand wurde Gedrucktes auf Tonband gesprochen
oder in Blindenschrift übertragen. Die große Mehrzahl an Texten
blieb blinden Menschen verschlossen. Geschäftliche oder private
Briefe waren kaum möglich, Zeitungen auf Tonband standen in
geeigneter Form nur begrenzt zur Verfügung. Mit der Entwicklung
des Computers und des Webs hat sich das schlagartig geändert. Die
Fähigkeit der Computer, digitale Informationen über einen Screenreader hörbar bzw. über die Braillezeile fühlbar zu machen, ermöglicht blinden Menschen einen relativ einfachen Zugang zu vielen
Informationen. Die barrierefreie Darstellung multimedialer Elemente
stellt in diesem Zusammenhang eine neue Herausforderung.

Barrierefreiheit als Voraussetzung für Bildung und Beruf

Einen Arbeitsplatz zu besitzen bedeutet in unserer Gesellschaft viel.
Er bringt soziale Anerkennung und finanzielle Unabhängigkeit. Menschen ohne Arbeit haben viel Zeit, doch gleichzeitig größere Schwierigkeiten, soziale Kontakte aufrecht zu erhalten. Von der Gesellschaft
werden sie als diejenigen betrachtet, die von der Arbeit anderer
leben. Für behinderte Menschen bedeutet der Arbeitsplatz noch
mehr. Sie leben oft weniger integriert in der Gesellschaft als andere
Menschen ohne Behinderung. Soziale Anerkennung und finanzielle
Eigenständigkeit zu erlangen ist für behinderte Menschen besonders wichtig, da sie ohnehin als nicht leistungsfähig betrachtet werden. Die Arbeitslosenquote bei Menschen mit Behinderungen liegt
ca. 50 % über der allgemeinen Arbeitslosenquote.

Die Bedeutung der Informationstechnik für die Berufswelt nimmt
immer weiter zu: An jedem zweiten Arbeitsplatz steht ein Computer,
Großunternehmen schreiben einen Großteil ihrer Stellen über das
Web aus und Menschen, die die Informationstechnik nicht beherrschen, sind im Durchschnitt länger arbeitslos.

Wenn Informationen barrierefrei gestaltet werden, bringen Computer und entsprechende Computerhilfsmittel besondere Chancen
für behinderte Menschen. Ein großer Teil der Kommunikation in
Betrieben wird über Netzwerke organisiert, die Ablage kann in vielen

Bereichen digital getätigt werden und Telearbeitsplätze können für schwerbehinderte Menschen zu Hause neue Arbeitsfelder eröffnen.

Viele Firmen schaffen mittlerweile gezielt Arbeitsplätze für schwerbehinderte Menschen, die mit barrierefreier Informationstechnik gekoppelt sind. Hier werden sowohl Arbeitsplätze in hochqualifizierten Bereichen, wie zum Beispiel der Programmierung, als auch Arbeitsplätze für Menschen mit Behinderungen und niedrigerer Qualifikation, zum Beispiel in Call-Centern, geschaffen. Die wirtschaftlichen Folgen der Barrierefreiheit sind also durchaus positiv zu bewerten.

Weitere Informationen zu »Computer und Behinderung«:

Angela Brauch, Hannelore Brehm: Licht am Ende des Tunnels? Eine aktuelle Analyse der Situation schwerbehinderter Menschen am Arbeitsmarkt. IAB Werkstattbericht. Diskussionsbeiträge des Instituts für Arbeitsmarkt- und Berufsforschung der Bundesanstalt für Arbeit, Nr. 6, 17.4.2003.

1.4   Grundlagen für die barrierefreie Informationstechnik

> Es gibt keine Anwenderfehler. Die Software-Ergonomie bestimmt, dass Anwendungen dem Nutzerverhalten angepasst werden müssen.

1.4.1   Softwareergonomie

Die Schnittstelle zwischen Mensch und Computer

Die Interaktion mit einem Computer erfolgt über eine Mensch-Maschine-Schnittstelle (*user interface*). Zur Interaktion kann der Anwender alle Sinne einsetzen, die ihm zur Verfügung stehen, um in Kombination mit verschiedenen Ein- und Ausgabegeräten eine Computer-Anwendung zu nutzen. Sie ist mit ihrer Bedienoberfläche Teil eines komplexen Computersystems. Die Bedienoberflächen sind in der Regel grafische Programmoberflächen. Sie stellen als *graphical user interface* (GUI) die Schnittstelle zur visuellen Verarbeitung von Desktop-Anwendungen, Webauftritten und Applikationen dar. Die Befolgung softwareergonomischer Erkenntnisse und Normen können Gradmesser dafür sein, in welchem Maße die Benutzerführung einer Anwendung oder eines Webauftritts anwenderfreundlich gestaltet ist. Im Mittelpunkt softwareergonomischer Überlegungen hat die Anpassung der Software an die Erfordernisse des Anwenders zu stehen.

Gesetzliche Grundlagen

Unterschiedlich motiviert und vor verschiedenen Hintergründen sind unabhängig voneinander Anforderungen entstanden, die die allgemeine Zugänglichkeit von Hard- und Software verbindlich regeln sollen. Noch besteht kein einheitliches Regelwerk, sodass der Anschein entstehen könnte, es handele sich um unabhängig voneinander zu betrachtende Standards, Normen und Richtlinien. Während die Grundsätze der Softwareergonomie ihre rechtliche Wirkung über die Bildschirmarbeitsverordnung in den Arbeitsstätten entfaltet, hat der Begriff der Barrierefreiheit, ein Terminus aus der Welt mobilitätsbeeinträchtiger Menschen, Einzug über das Behindertengleichstellungsgesetz und die BITV in die Welt der neuen Medien genommen. Mit dem Erlass der BITV hat die Bundesregierung die Vorgabe der EU befolgt, die WCAG1 in nationales Recht umzusetzen.

BGG, BITV und SGB IX

Das Behindertengleichstellungsgesetz (BGG) fordert einen allgemein üblichen und uneingeschränkten Zugang zu Systemen der Informationsverarbeitung. Der Zugang soll ohne fremde Hilfe erfolgen können. Forderungsgrundlage ist die Zielsetzung des BGG, die Teilhabe behinderter Menschen in der Gesellschaft zu fördern. Die Zugänglichkeit (*accessibility*) von Informationssystemen bestimmt die Nutzbarkeit von Webauftritten und Anwendungen für Menschen mit unterschiedlichsten Voraussetzungen, Bedürfnissen oder Behinderungen. Man kann sagen, die Summe aller Zugänglichkeit bedeutet Barrierefreiheit. Damit schließt die barrierefreie Gestaltung von Lebensbereichen alle Formen von Behinderung ein.

Schließlich ist die Benutzerfreundlichkeit (*usability*) eines Webauftritts oder einer Anwendung die Ausrichtung von Inhalt, Layout und Benutzerführung auf Anwenderfähigkeiten. Barrierefreiheit berührt Teilaspekte der Benutzerfreundlichkeit.

Das BGG fordert auch die barrierefreie Gestaltung von grafischen Programmoberflächen (Desktop- und anderen Anwendungen). Entsprechende Richtlinien fehlen jedoch in der Barrierefreien Informationstechnik-Verordnung (BITV). Allgemeine softwareergonomische Grundsätze sind Thema anderer Rechtsquellen.

In der Begründung zum BGG wird ausdrücklich darauf hingewiesen, dass eine barrierefreie Gestaltung von Intranets und anderen innerbetrieblich genutzten IT-Anwendungen in den Wirkungsbereich der Arbeitgeber nach dem Sozialgesetzbuch IX (Schwerbehindertenrecht) fällt. Im Rahmen von Integrationsvereinbarungen kann u. a. der Bezug zur BITV und anderen Richtlinien sowie Standards zur barrierefreien Gestaltung von Intranets und betriebsinternen IT-Anwendungen hergestellt werden.

Die Bildschirmarbeitsverordnung

Der Text der BildschArbV befindet sich auf der CD-ROM.

Die *Bildschirmarbeitsverordnung* (BildschArbV) konkretisiert seit 1996 die Bestimmungen des Arbeitsschutzgesetzes hinsichtlich der Bildschirmarbeit. Sie dient dem Arbeits- und Gesundheitsschutz. Diesem Ziel folgend werden alle Komponenten des Bildschirmarbeitsplatzes und seines Umfeldes in Gestaltungs- und Prüfschritte einbezogen und auf das Zusammenwirken von Mensch, Hard- und Software sowie Arbeitsaufgaben ausgerichtet. Für die Darstellung von Informationen am Bildschirm sowie im Bereich der Software existieren formale Richtlinien als Anhang zur Verordnung. Damit ist die ergonomische Gestaltung von Programmoberflächen eine gesetzlich verbindliche Anforderung für Bildschirmarbeitsplätze. Arbeitgeber haben nach diesen Vorgaben bei der Entwicklung und der Änderung von Software insbesondere auf Benutzerfreundlichkeit zu achten. Entsprechende Anforderungen befinden sich im Anhang Nr. 20 – 22 zu § 4 BildschArbV in Verbindung mit der DIN EN ISO 9241 Teil 10 ff.

Benutzerfreundlichkeit: DIN 66234 und ISO 9241

In der DIN 66234, Teil 8 werden Kriterien für die Benutzerfreundlichkeit von Programmoberflächen definiert. Die DIN 66234 ist inzwischen in der DIN EN ISO 9241 aufgegangen.

Die Teile 10 bis 17 der DIN EN ISO 9241, enthalten konkrete Anforderungen an die ergonomische Softwaregestaltung. Das betrifft zum Beispiel die Gestaltungskriterien von Benutzeroberflächen wie Schriftgröße, Zeichenanordnung, Farben, Menüs, Eingabemasken und insbesondere die Dialoggestaltung (Teil 10). Von einer softwareergomischen Dialoggestaltung wird Aufgabenangemessenheit, Selbstbeschreibungsfähigkeit, Erwartungskonformität, Steuerbarkeit, Fehlertoleranz, Individualisierbarkeit und Lernförderlichkeit erwartet. Es wird empfohlen, auch Webauftritte den Qualitätsanforderungen eines »ergonomischen Dialogsystems« nach DIN zu unterwerfen. Die Normenreihe DIN EN ISO 9241 »Ergonomische Anforderungen für Bürotätigkeiten mit Bildschirmgeräten« besitzt den Charakter einer Richtlinie. Allerdings wird kein bestimmtes Verfahren zur Überprüfung der Anforderungen vorgeschrieben.

Multimedia: ISO 14915 und ISO 23973

In drei Teilen werden in der Norm ISO 14915 Gestaltungsprinzipien für multimediale Anwendungen beschrieben. Unterschieden werden ergonomische Designprinzipien zur Eignung für das Kommunikationsziel, für die Wahrnehmung und für das Verständnis sowie für die Exploration und für die Benutzungsmotivation. Darüber hinaus gibt es Richtlinien zur Navigation und zur Mediensteuerung sowie Regeln zur Auswahl und Kombination unterschiedlicher Medien.

Für Mitte 2004 ist die Veröffentlichung einer weiteren Norm angestrebt. Sie wird sich speziell mit Anforderungen für webbasierte Applikationen befassen. Es handelt sich um die Norm ISO 23973 »Software ergonomics for World Wide Web user interfaces«. Mit der ISO 23973 soll ein neuer internationaler Standard für die Gebrauchstauglichkeit von Multimedia-Benutzerschnittstellen im Web entwickelt werden.

Insgesamt ist eine Neustrukturierung der Normen für Bildschirmarbeitsplätze unter dem Titel »Ergonomics of human system-interaction, ergonomic requirements and measurement techniques for electronic visual displays« getrennt nach ergonomischen Gesichtspunkten der Benutzerfreundlichkeit sowie nach Prüf- und Messverfahren in Vorbereitung. Ersetzt werden sollen dann die Normen ISO 9241, Teile 3, 7, 8 und ISO 13406.

Gebrauchstauglichkeit und Behinderung: ISO Technical Specification 16071

Im Januar 2003 wurde die ISO/TS 16071 herausgegeben, die auf der Norm ISO 9241 basiert. Sie gibt vorrangig Designkriterien für eine zugängliche Gestaltung von Büro- und Lern-Software sowie Webauftritten vor. Mit ihr sollen die allgemeinen Gestaltungsanforderungen um solche der Gebrauchstauglichkeit ergänzt werden (vgl. Abschnitt 1.4.6). Grundlage für diese Kriterien sind bestehende Kenntnisse über ein breites Spektrum an Systemen sowie über Fähigkeiten und Vorlieben verschiedenster Anwender. Es geht auch um motorisch, kognitiv und sensorisch beeinträchtigte – also behinderte – Anwender. Die Norm befasst sich außerdem mit »unterstützenden Zugriffstechnologien« (Computerhilfsmitteln), wenn sie vom Anwender angefordert werden. Sie befasst sich allerdings nicht mit Behindertenhilfsmitteln als solchen oder deren Verhalten.

IBM Software-Guidelines

Auf der CD-ROM finden Sie eine Übersetzung der IBM Software-Guidelines.

IBM hat drei Richtlinien zur Barrierefreiheit veröffentlicht. Die Web-richtlinien können als Teilmenge der WCAG1 betrachtet werden (vgl. Abschnitt 1.4.2). In der »IBM Software Accessibility Checklist« werden konkrete Hinweise zur barrierefreien Gestaltung allgemeiner Software gegeben. Eine Spezialisierung dieser Richtlinien für Java-Anwendungen kann ebenfalls bei IBM nachgelesen werden. Wie die WCAG1 sind die Software-Guidelines von IBM mit konkreten Beispielen belegt.

Web Content Accessibility Guidelines 1.0 und 2.0

Beim aktuellen Stand der WCAG2 handelt es sich noch nicht um ein stabiles Dokument, und der aktuelle Stand ist als vorläufig einzustufen. Da die weitere Entwicklung noch nicht abzusehen ist, sollte mit den Vorgaben der WCAG2 mit entsprechender Vorsicht umgegangen werden.

Die Web Content Accessibility Guidelines 1.0 (WCAG1) richten sich an Entwickler von Webseiten. Sie bieten sehr technisch gehaltene, detailliert und konkret verfasste Richtlinien und Checkpunkte für die zugängliche Gestaltung speziell von HTML-Dokumenten an. Zwar stammen die WCAG1 aus dem Jahr 1999, sie entsprechen aber weitgehend dem aktuellen Stand der zurzeit vorherrschend verwendeten Webtechniken (HTML 4.01 und XHTML 1.0/1.1).

Seit 1999 wird an den Web Content Accessibility Guidelines 2.0 (WCAG2) gearbeitet. Die WCAG2 sollen sich nicht nur an Entwickler und Autoren richten, sondern an ein breiteres Publikum, zum Beispiel auch an Entscheidungsträger und andere Webverantwortliche. Deshalb wird versucht, das Dokument so verständlich wie möglich und weniger technisch zu fassen.

Fast alle Kriterien der WCAG1 werden in die WCAG2 aufgenommen und einem von vier Gestaltungsprinzipien zugeordnet. Diese vier Prinzipien lauten: Wahrnehmbarkeit, Bedienbarkeit, Verständlichkeit und Robustheit der Technik.

Die Designprinzipien sind technikübergreifend. Das heißt, sie sind nicht mehr nur auf HTML oder auf bestimmte andere Techniken beschränkt. Dieses Prinzip soll sicherstellen, dass auch andere verwendete Webtechniken und noch nicht existierende Techniken zugänglich umgesetzt werden können.

Was hat das nun alles mit Softwareergonomie zu tun? In den WCAG2 werden bewusst Gestaltungsprinzipien herangezogen, die allgemeinen ergonomischen Grundsätzen folgen. Damit werden die Fähigkeiten und Erwartungen verschiedenster Anwendergruppen (einschließlich behinderter Nutzer), in unterschiedlichen Nutzungssituationen und Erwartungen an unterschiedlichste Systeme und Techniken ausgewertet und zusammengeführt.

Trotz vieler positiver Ansätze ist es noch ein langer Weg zu einem allgemein akzeptierten, einheitlichen softwareergonomischen Regel-

werk, das alle Aspekte der Benutzerfreundlichkeit und Zugänglichkeit im Sinne eines universellen Designs zusammenführt.

1.4.2   Barrierefreiheit als Ziel des W3C

Das Web ist nur einer von vielen Software-Bereichen. Die Erfolge der
Barrierefreiheit sind in diesem Bereich besonders groß.

World Wide Web Consortium

Das World Wide Web Consortium (W3C) ist die höchste Instanz für
Entwicklungen im Web. Dem Konsortium gehören über 370 zum Teil
sehr namhafte Vertreter der Software-Industrie an, etwa Microsoft
oder SAP, aber auch Vertreter vieler anderer Bereiche wie der Telekommunikation, etwa T-Online. Das W3C hat seit seiner Gründung
im Jahr 1994 mehr als 50 Spezifikationen und 40 Empfehlungen für
webbasierte Anwendungen veröffentlicht.
   Die Ziele des W3C lassen sich in folgenden 7 Punkten zusammenfassen:

1. Universelle Zugänglichkeit: Eines der grundlegenden Ziele des
    W3C ist es, die Vorteile des Internet für alle Menschen nutzbar zu
    machen. Die Nutzung soll unabhängig von verwendeter Hard-
    und Software, sowie Netzinfrastruktur und Technik sein. Des wei-
    teren darf es keine Diskriminierung aufgrund von Sprache, Kul-
    tur, geografischen Positionen oder körperlichen beziehungs-
    weise geistigen Fähigkeiten des Anwenders geben.

2. Das semantische Web: Damit ist eine Erweiterung des Internet
    gemeint, in dem jede Information eine klar definierte Bedeutung
    hat, sodass Mensch und Computer besser miteinander kommu-
    nizieren und zusammenarbeiten können. Es sollen Richtlinien
    und Techniken entwickelt werden, um Daten im Web so zu be-
    schreiben und zu verknüpfen, dass sie effektiver in Such-, Auto-
    matisierungs- und Integrationsprozessen genutzt und über ver-
    schiedene Anwendungen hinweg verwendet werden können.

3. Vertrauen: Um den aktiven und interaktiven Grundgedanken des
    Internet zu forcieren soll ein vertrauenswürdiges Web (*Web of
    Trust*) aufgebaut werden. Unter aktiven und interaktiven Grund-
    gedanken des Internet wird die Teilnahme an Ausbau und Ge-
    staltung durch Bereitstellung von Informationen durch möglichst
    viele Nutzer verstanden. Der aktive Nutzer muss dabei darauf
    vertrauen können, dass seine Informationen nicht missbraucht
    werden.

*Ausführliche Informa-
tionen über die Arbeit
des W3C finden Sie
auf
http://www.w3.org/
Consortium/.*

4. Kompatibilität: Das W3C entwirft ausschließlich offene, nicht proprietäre Computersprachen und Techniken. Standards werden
   unabhängig von Hard- und Software sowie bestehenden Produkten definiert. Festlegungen auf Systemumgebungen werden bewusst vermieden. Beispiele für derartige Standards sind Hypertext Mark-up Language (HTML), Cascading Style Sheets (CSS),
   Scalable Vektor Graphics (SVG) und die Synchronized Multimedia Integration Language (SMIL).
5. Entwicklungsfähigkeit: Das W3C definiert Standards, die einfach
   an zukünftige Anforderungen und Entwicklungen angepasst
   werden können. Die Prinzipien der Einfachheit, der Modularität,
   der Kompatibilität und der Erweiterbarkeit sind richtungweisend
   für die Arbeit der einzelnen Gremien des W3C.
6. Dezentralisierung: Jede Information kann über unzählige Wege
   und Möglichkeiten ans Ziel gelangen; dadurch wird die Anfällig-
   keit des Mediums reduziert und eine hohe Ausfallsicherheit gewährleistet.
7. Attraktiveres Multimedia: Immer größere Bandbreiten ermöglichen eine schnelle Übertragung von immer größeren Daten-
   mengen. Der Einsatz von multimedialen Techniken soll gefördert
   werden, um die Attraktivität des Mediums zu erhöhen.

Die universelle Zugänglichkeit oder auch »Barrierefreiheit« enthält
die Selbstverpflichtung des W3C, das gesamte Potenzial des Web für
jeden gebrauchstauglich zu machen. Es handelt sich dabei auch um
Gebrauchstauglichkeit für Menschen mit Behinderungen.

Das W3C hat zu verschiedenen Themen selbstständige Arbeits-
gruppen, um die verschiedenen Spezifikationen und Empfehlungen
zu erarbeiten. Diese sind in vier Bereiche (*domains*) gegliedert:
»Architecture«, »Interaction«, »Technology & Society« und »Web
Accessibility« (siehe Abb. 1–10; Diese Grafik finden Sie als Scalable
Vector Graphic [SVG] auf der CD-ROM mit eingebauten Links zu den
Homepages der einzelnen Arbeitsgruppen.).

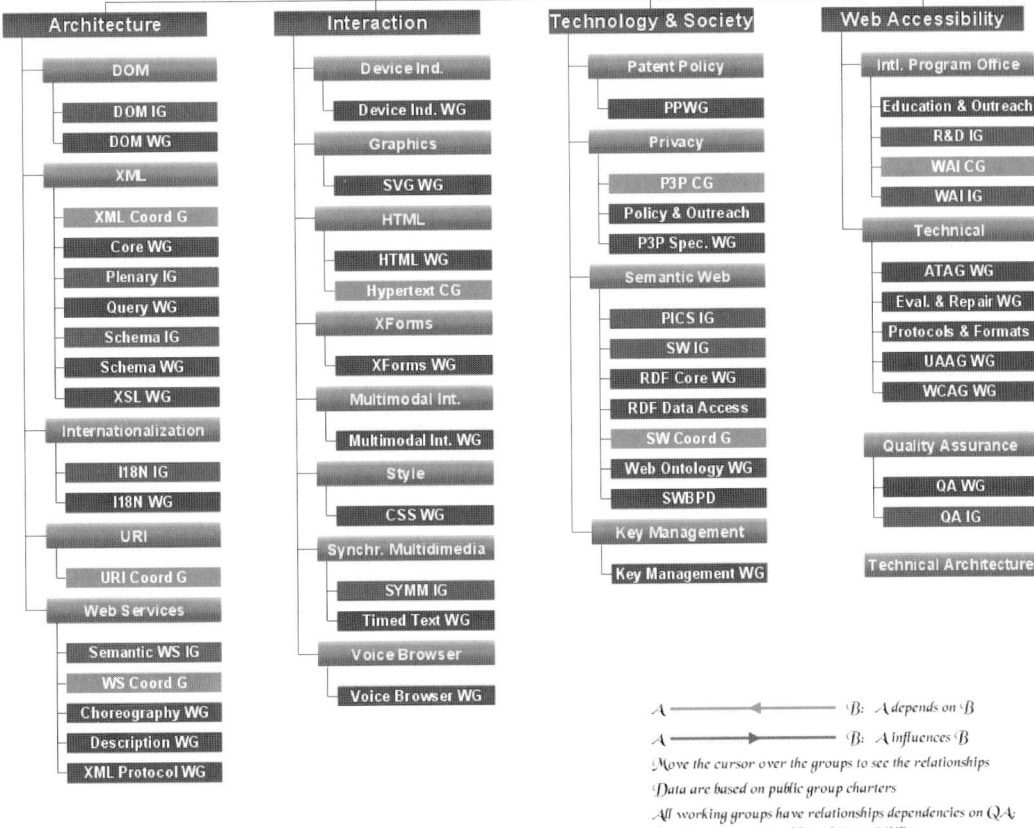

W3C *W3C Groups and their Dependencies*

Abb. 1-10
*Aufbauorganisation
des W3C«*

Web Accessibility Initiative

Die *Web Accessibility Initiative* (WAI) ist der Teil des W3C, der für die Berücksichtigung von Zugänglichkeitsaspekten in den W3C-Standards zuständig ist. Barrierefreies Webdesign ist dabei ein Schwerpunkt und wurde erstmals in der Spezifikation für HTML 4.0 im Jahr 1997 in einer Internet-Norm umgesetzt und in HTML 4.01 im Jahr 1999 erweitert. Beispiele für die Ergebnisse der Arbeit der WAI sind:

- Verbesserte Strukturierung: Neue Elemente und Attribute in der HTML-Spezifikation ermöglichen auch Nutzern von Computerhilfsmitteln den effektiveren Zugang zu den Inhalten einer Seite.
- Style Sheets: Mitte der 90er Jahre zeichnete sich die Entwicklung grafisch ansprechender Webauftritte ab. Die Gestaltung wurde durch damals vorhandene Strukturelemente von HTML vorge-

Die Handschrift der WAI ist in vielen Veröffentlichungen des W3C zu erkennen.

nommen. Die Präsentation von Inhalten – also die Gestaltung – wurde Formatvorlagen wie Cascading Style Sheets (CSS) zugeordnet. Obwohl solche Style Sheets kein integrativer Teil von HTML 4 sind, werden sie in vollem Umfang berücksichtigt.

- Textorientierung: Ein Bild kann mehr als tausend Worte sagen – für manche Leute sind aber einige wenige Worte notwendig, damit sie im Bilde sind! Es gibt genügend Gründe, Grafiken und Multimedia mit Text zu hinterlegen (vgl. Abschnitt 2.1). Alternativtexte für Grafiken sind Teil der HTML-Spezifikation.

- Navigation und Orientierung: Mit HTML 4 wurden Elemente zur besseren und einfacheren Navigation auf Webseiten eingeführt, die insbesondere auch die Bedienung mit der Tastatur ermöglichen.

Die WAI bringt Unternehmen, Behindertenorganisationen, Wissenschaft und Regierungen in einem Prozess zusammen, um Anforderungen an die Barrierefreiheit zu erarbeiten. Als Teil ihrer Bemühungen, Barrierefreiheit im Web zu etablieren, hat die WAI eine Vielzahl von Dokumenten veröffentlicht. Darunter befinden sich auch vier umfangreiche Empfehlungen, die die Barrierefreiheit im Web insbesondere für Menschen mit Behinderungen fördern sollen:

- Im Zentrum des WAI-Engagement stehen die 14 Richtlinien der *Web Content Accessibility Guidelines 1.0* (WCAG1) vom 5. Mai 1999. Diese Empfehlungen erklären detailliert, wie Webauftritte barrierefrei gestaltet werden. Diese Empfehlungen werden derzeit als Version 2.0 überarbeitet (vgl. Abschnitt 1.4.5).

- Die *Authoring Tool Accessibility Guidelines 1.0* (ATAG1) vom 3. Februar 2000 sind an Hersteller und Entwickler von Werkzeugen zur Erstellung und Publikation von Webinhalten gerichtet und erklären in 7 Richtlinien, was solche Software leisten muss, um barrierefreie Seiten zu produzieren. Die ATAG1 betreffen ein weites Spektrum von Werkzeugen. Der Bogen spannt sich von WYSIWYG-Editoren und HTML-Konvertierungsprogrammen über Tools, die dynamisch Inhalte aus Datenbanken generieren, und Bildeditoren bis hin zu Content-Management-Software. In den ATAG1 wird auch erklärt, wie die Software selbst barrierefrei gestaltet werden kann. Diese Empfehlungen werden derzeit in der Version 2.0 überarbeitet.

- Auch die *User Agent Accessibility Guidelines 1.0* vom 17. Dezember 2002 sind an Softwareentwickler gerichtet. Sie beschreiben in 12 Richtlinien, welche Anforderungen durch Browser, Multimedia-Player, Plug-ins und Computerhilfsmittel, die Netzwerkdienste nutzen, erfüllt sein müssen, um barrierefrei gestaltete Inhalte auch für alle zugänglich wiedergeben zu können. Wenn in diesem Buch von Zugangssoftware die Rede ist, dann ist die Kombination aus Computerhilfsmitteln mit Browsern, Plug-ins bzw. Multimedia-Player gemeint.

▪ Die *XML Accessibility Guidelines* (XAG) vom 3. Oktober 2002 sind an Entwickler XML-basierter Anwendungen gerichtet und beschreiben, wie diese Barrierefreiheit unterstützen können.

Web Content Accessibility Guidelines 1.0

Die WCAG1 enthalten 66 Checkpunkte, die in 14 Themengebiete (*themes*) gegliedert sind. Die Themengebiete bestehen jeweils aus einer Richtlinie und den zugeordneten Checkpunkten. Jeder Checkpunkt hat eine Priorität 1, 2 oder 3, je nach dem wie schwerwiegend die Nichterfüllung des Checkpunktes für Menschen mit Behinderung ist. Eine Beschreibung dieser Prioritäten wird in Abschnitt 1.4.4 geliefert. Eine Zusammenfassung der WCAG1-Checkpunkte und deren Prioritäten liefert Tabelle 1-1:

	Bezeichnung	Anzahl der Checkpunkte	Priorität 1/2/3
1	Textäquivalente und Alternativen	5	4/0/1
2	Farben und Kontraste	2 (+1)	1/1/1
3	Trennung von Inhalt und Layout	7	0/7/0
4	Sprachliche Besonderheiten	3	1/0/2
5	Tabellen	6	2/2/2
6	Allgemeine Rückwärtskompatibilität	5	3/2/0
7	Dynamische Inhalte	5	1/4/0
8	Benutzerschnittstellen	1	1/0/0
9	Geräteunabhängigkeit	5	1/2/2
10	Kompatibilität zu Hilfsmitteln	5	0/2/3
11	W3C-Techniken	4	1/2/1
12	Kontextuelle Hilfen	4	1/3/0
13	Navigation und Orientierung	10	0/4/6
14	Verständlichkeit	3	1/0/2

Tab. 1-1
Übersicht der Web Content Accessibility Guidelines 1.0

Die vollständige WCAG1-Fassung finden Sie auf http://www.w3.org/ TR/WCAG10/.

Barrierefreiheit in der Informationstechnik bedeutet einerseits die reine Zugänglichkeit, die auf technischer Ebene eindeutig definiert werden kann. Die Zugänglichkeit als solche wird oft von dem Ausgabemedium, also zum Beispiel einem Screenreader, oder der geräteunabhängigen Bedienung bestimmt. Viele Checkpunkte der WCAG1 sind technischer Natur und können auf technischer Ebene formuliert und auch geprüft werden.

Andererseits gibt es viele Barrieren im Web, die individuell sehr unterschiedlich wahrgenommen werden, auch bei vermeintlich homogenen Nutzergruppen. Wann ist ein Webauftritt gebrauchstauglich? Wann sind Navigationsmechanismen kompliziert? Wann sind Farben wahrnehmbar? Wann ist der logische Aufbau einer Seite universell nutzbar? Bestimmte Themen, wie etwa Kontraste oder Verständlichkeit, können nicht präzise spezifiziert werden, um sowohl der Barrierefreiheit als auch der Gestaltungsfreiheit gerecht zu werden. Diese Aspekte der Barrierefreiheit werden in den WCAG1 zwar angesprochen, aber nicht ausführlich beschrieben oder mit Beispielen belegt.

Wer behauptet, sein Webauftritt sei 100% barrierefrei, hat Barrierefreiheit nicht verstanden.

Soll die Barrierefreiheit von Webauftritten garantiert werden, reicht es nicht aus, wenn die technischen Barrieren behoben werden. Die meist vielfach vorkommenden weichen und nicht objektiv prüfbaren Kriterien müssen genauso berücksichtigt werden. Hier muss der Nutzer das letzte Wort haben.

Die WCAG1 waren ihrer Zeit weit voraus, auch wenn es heute einige kritische Stimmen dazu gibt. Teilweise beziehen sich diese auf veraltete technische Gegebenheiten und teilweise auf Kriterien der WCAG1, die zu allgemein gehalten wurden bzw. technisch nicht prüfbar sind und deshalb bei der Gestaltung von Webseiten zu selten umgesetzt werden. Der wesentliche Nachteil dieser Empfehlungen ist jedoch, dass sie nur auf HTML bzw. XHTML anwendbar sind. Viele Techniken, die heute im Web eingesetzt werden, zum Beispiel Flash oder PDF, werden von den WCAG1 nur indirekt oder gar nicht erfasst.

1.4.3   BGG und BITV

Im Sinne des Aktionsplans eEurope 2002, eine Informationsgesellschaft für alle zu verwirklichen, hat auch in Deutschland ein politischer Wandel im Bereich Behinderung eingesetzt. Mit dem Neunten Buch Sozialgesetzbuch (SGB IX) und dem Gesetz zur Gleichstellung der Menschen mit Behinderung (BGG), hier vor allem § 11 zur Informationstechnik, ist die Grundlage gebildet, dieses Ziel zu erreichen. Auch die im Rahmen des Aktionsplans empfohlene Übernahme der internationalen Richtlinien zur barrierefreien Gestaltung von Webinhalten ist bereits auf Bundesebene umgesetzt worden und findet jetzt weiter auf Länderebene Anwendung.

Behindertengleichstellungsgesetz

Das Gesetz zur Gleichstellung behinderter Menschen, kurz Behindertengleichstellungsgesetz (BGG) trat am 1. Mai 2002 in Kraft. Das Gesetz hat sich aus der Umsetzung des Benachteiligungsverbots im Grundgesetz (Art. 3, Abs. 3) entwickelt. Die zentrale Forderung des BGG ist die Vermeidung von Barrieren, also die Herstellung von »Barrierefreiheit«. Barrierefreiheit wird in § 4 BGG wie folgt definiert:

> »Barrierefrei sind bauliche oder sonstige Anlagen, Verkehrsmittel, technische Gebrauchsgegenstände, Systeme der Informationsverarbeitung, akustische und visuelle Informationsquellen und Kommunikationseinrichtungen sowie andere gestaltete Lebensbereiche, wenn sie für behinderte Menschen in der allgemein üblichen Weise, ohne besondere Erschwernis und grundsätzlich ohne fremde Hilfe zugänglich und nutzbar sind.«

Barrierefreiheit wird hier im Sinne eines universellen Designs verstanden. Damit ist gemeint, dass die verschiedenen angesprochenen Lebensbereiche nicht speziell für behinderte Menschen gestaltet sein sollen, sondern so, dass sie von möglichst vielen Menschen genutzt werden können. Nicht barrierefrei im Sinn des BGG sind damit alle Sonderlösungen wie: Zugänge zu Gebäuden über Neben- oder Hintereingänge, über Rampen, Treppenlifte oder Zugänge, die längere Umwege erfordern.

Diese Lösungen ermöglichen nicht die geforderte Nutzung in der »allgemein üblichen Weise«. Der Gedanke des Universellen Designs muss einer barrierefreien Gestaltung immer zugrunde liegen. Eine allgemeine und von vornherein barrierefreie Lösung ist meist günstiger zu realisieren, als eine Gestaltung, die eine zusätzliche Sonderlösung vorsieht. Außerdem hat sich gezeigt, dass Sonderlösungen häufig die qualitativ schlechtere Lösung darstellen. Anzuwenden ist diese Forderung auf alle »gestalteten Lebensbereiche« im Gegensatz zu den natürlichen Lebensbereichen.

Neben diesen physischen Barrieren, die zum Beispiel Gebäude betreffen, regelt das BGG auch andere Bereiche, in denen Barrieren für behinderte Menschen auftreten können.

- Kommunikative Schranken versucht das Gesetz abzubauen, indem die Deutsche Gebärdensprache (DGS) als eigenständige Sprache anerkannt wird. Die Verwendung der DGS und anderer Kommunikationshilfen im Umgang mit Behörden wird in § 6 und § 9 BGG geregelt.
- Die barrierefreie Gestaltung von Bescheiden und Vordrucken für blinde und sehbehinderte Menschen ist in § 10 BGG geregelt.

Aufgrund der ständig wachsenden Bedeutung der Informationstechnik im Umgang mit Behörden wird die barrierefreie Gestaltung dieses Bereichs in § 11 BGG gefordert.

Einzelheiten zur barrierefreien Gestaltung der in §§ 9-11 BGG genannten Bereiche sind in den dazugehörigen Rechtsverordnungen geregelt. Hier wird auf die für dieses Buch relevante Rechtsverordnung zu § 11 BGG, die Barrierefreie Informationstechnik-Verordnung (BITV), eingegangen.

Das BGG und die Rechtsverordnungen sind anwendbar im öffentlichen Raum, dazu zählt insbesondere nach § 7 Abs. 1 BGG:

Dienststellen und sonstige Einrichtungen der Bundesverwaltung, einschließlich

- der bundesunmittelbaren Körperschaften und
- Anstalten und Stiftungen des öffentlichen Rechts.

Landesverwaltungen, einschließlich

- der landesunmittelbaren Körperschaften und
- Anstalten und Stiftungen des öffentlichen Rechts, soweit sie Bundesrecht ausführen.

Weitere Informationen zu Zielvereinbarungen finden Sie auf: http://wob11.de/ links/initiativen_infos. html#zielvereinbarung

Zwar wird die Privatwirtschaft nicht direkt zur Barrierefreiheit verpflichtet, aber die Bundesregierung hat nach § 5 BGG darauf hinzuwirken, dass gewerbsmäßige Anbieter im Wege von Zielvereinbarungen ihre öffentlich zugängliche Informationstechnik barrierefrei gestalten. Barrierefreie Informationstechnik für die Länder und Kommunen muss, da diese außerhalb des Verantwortungsbereichs des Bundes liegen, in Landesgleichstellungsgesetzen geregelt werden

Barrierefreie Informationstechnik-Verordnung

Die Verordnung zur Schaffung barrierefreier Informationstechnik nach dem Behindertengleichstellungsgesetz oder kurz Barrierefreie Informationstechnik-Verordnung (BITV) ist am 24. Juli 2002 in Kraft getreten.

Der vollständige Originaltext der Verordnung ist im Anhang und auf der CD-ROM zu diesem Buch zu finden.

Die Verordnung besteht aus drei Teilen. Einem allgemeinen Teil, in dem der sachliche Geltungsbereich, die einzubeziehenden Gruppen behinderter Menschen, die anzuwendenden Standards, die Umsetzungsfristen für die Standards und eine Folgenabschätzung geregelt sind. Die einzelnen Paragraphen sind jeweils mit einer Begründung erläutert. Die technischen Einzelheiten sind in Teil 1 der Anlage 1 zur Verordnung festgehalten. Ergänzt wird diese durch Teil 2 der Anlage 1, ein Glossar der verwendeten technischen Fachbegriffe.

Die Verordnung ist anwendbar auf:

- Webauftritte und -angebote,
- Intranetauftritte und -angebote, die öffentlich zugänglich sind, und
- mittels Informationstechnik realisierte grafische Programmober-flächen, die öffentlich zugänglich sind,

die von Behörden der Bundesverwaltung angeboten werden. Aus-genommen sind also lediglich Intranetangebote, die ausschließlich intern genutzt werden. Einbezogen werden aber ausdrücklich CD-ROMs, DVDs oder vergleichbare Medien. Bei den Umsetzungsfristen für die in Anlage 1 beschriebenen Standards orientiert sich die BITV an den Vorgaben der BundOnline-Initiative. Unterschieden wird zwi-schen bestehenden, neu gestalteten und speziell an behinderte Menschen gerichteten Angeboten, für die unterschiedliche Umset-zungsfristen gelten. Alle diese Angebote müssen schrittweise bis spätestens zum 31. Dezember 2005 barrierefrei gestaltet werden.

Die folgende Aufzählung der Umsetzungsfristen für Angebote des Bundes entspricht § 4 BITV:

1. Sofort barrierefrei gestaltet werden müssen:
   Angebote, die nach Inkrafttreten der BITV neu gestaltet oder in wesentlichen Bestandteilen oder größerem Umfang verändert oder angepasst werden.

   Im Einzelnen gilt:

   Unter einer Veränderung oder Anpassung wesentlicher Bestand-teile wird hier jede Änderung, die über rein redaktionelle Ände-rungen hinausgeht, verstanden.

   Die unter Priorität I der Anlage der BITV aufgeführten Anfor-derungen und Bedingungen müssen erfüllt werden, zentrale Navigations- und Einstiegsangebote müssen zusätzlich die unter Priorität II aufgeführten Anforderungen und Bedingungen berücksichtigen. Zusätzlich soll mindestens ein Zugangspfad zu den genannten Angeboten mit der Freischaltung dieser Ange-bote die Anforderungen und Bedingungen der Priorität I der BITV erfüllen.

2. Bis zum 31.12.2003 barrierefrei gestaltet sein mussten:
   Angebote, die vor Inkrafttreten dieser Verordnung im Web bzw. Intranet veröffentlicht wurden, wenn diese Angebote sich spe-ziell an behinderte Menschen im Sinn des § 3 Behinderten-gleichstellungsgesetz richten.

3. Bis zum 31.12.2005 barrierefrei gestaltet sein, müssen:
   Angebote, die vor Inkrafttreten der BITV im Web oder Intranet veröffentlicht wurden, sofern sie sich nicht direkt an behinderte

Menschen im Sinne des § 3 Behindertengleichstellungsgesetz richten. Außerdem müssen alle Zugangspfade zu den unter 1. genannten Angeboten die Anforderungen und Bedingungen der Priorität I der Anlage 1 der BITV erfüllen.

Um die Verordnung den technologischen Entwicklungen und eventuellen Veränderungen internationaler Standards anpassen zu können, ist in § 5 BITV eine Folgenabschätzung der Gestalt geregelt, dass die Verordnung spätesten 3 Jahre nach Inkrafttreten, also bis Juli 2005, auf ihre Wirkung überprüft werden muss. Wenn die technische Entwicklung es notwendig macht, findet eine Überprüfung eventuell auch schon früher statt.

Grundlage für die BITV sind die internationalen WCAG1 (vgl. Abschnitt 1.4.2). Anlage 1 der BITV enthält eine deutschsprachige Übertragung der WCAG1. Die 14 Richtlinien der WCAG1 wurden in der BITV als 14 Anforderungen aufgenommen, die eine Zielvorgabe formulieren. Die den Anforderungen zugeordneten 66 Bedingungen entsprechen den technischen konkretisierenden Checkpunkten der WCAG1. Während die WCAG1 drei Prioritätsstufen unterscheiden, unterscheidet die BITV nur zwei Stufen (vgl. Abschnitt 1.4.4).

Landesgleichstellungsgesetze und Verordnungen

Der Anwendungsbereich des BGG und der BITV ist auf den Verantwortungsbereich des Bundes beschränkt. Die Länder werden bzw. haben teilweise bereits Landesgleichstellungsgesetze (LGGs) verabschiedet, in denen (sofern sie nicht schon vor dem BGG existiert haben) auch die Informationstechnik berücksichtigt ist bzw. sein wird. Ob die einzelnen Gesetze auch für Kommunen und Gebietskörperschaften gelten, ist in den Bundesländern unterschiedlich geregelt. Die meisten Länder, die bereits ein LGG verabschiedet haben bzw. Entwürfe vorliegen haben, sehen parallel zum BGG vor, dass eine Verordnung für die Informationstechnik erlassen werden muss.

Die aktuellen Diskussionen zur Verabschiedung einzelner Landesgleichstellungsgesetze zeigen Unsicherheiten hinsichtlich des Stellenwertes der BITV bzw. der WCAG1. Auch wenn die WCAG1 zur Zeit überarbeitet wird (vgl. Abschnitt 1.4.5), geschieht dies auf der Grundlage der WCAG1. Somit ist die Wahrung zukunftsfähiger Rechtsgrundlagen sichergestellt. Für die Sicherheit bei der Entwicklung der Barrierefreiheit in der Informationstechnik sowie bei der Qualitätssicherung in der Barrierefreiheit ist das Heranziehen der WCAG1 bzw. BITV essenziell. Ein anderer Weg würde die Abkopplung von der internationalen Entwicklung mit allen damit verbundenen Nachteilen bedeuten.

Verweise und weiterführende Informationen:

- Übersichten über den aktuellen Stand der Landesgleichstellungsgesetze http://www.einfachfueralle.de/artikel/bitv/lgg/
  oder http://wob11.de/gesetze/landesgleichstellungsgesetz.html
- Broschüre »Das Gesetz zur Gleichstellung behinderter Menschen«, Hrsg. Bundesministerium für Gesundheit und Soziale
  Sicherung (BMGS)
- Informationsseiten der Initiative »BundOnline«
  http://www.bundonline2005.de

1.4.4   Prioritäten und Konformitätsstufen

> Die Prioritäten der BITV unterscheiden sich von den Prioritäten der
> WCAG1, um die Nutzerorientierung besser zu berücksichtigen.

Die 66 Checkpunkte der WCAG1 werden in drei Prioritäten eingestuft. Priorität 1 bedeutet, dass bei Nichteinhaltung des Checkpunktes mindestens eine Nutzergruppe mit einer unüberwindbaren Barriere konfrontiert ist und somit das Informationsangebot nicht nutzen
kann. Die Checkpunkte der Priorität 2 können als »Soll«-Kriterien verstanden werden, deren Erfüllung den Zugang zu Webseiten von
bestimmten Benutzergruppen erheblich erleichtert. Die Empfehlungen der Priorität 3 können berücksichtigt werden, um nachrangige
Zugangsprobleme aufzuheben (»Darf«-Kriterien).

   Die Erfüllung der Prioritäten wird mit entsprechenden Konformitätsstufen ergänzt: Die Erfüllung aller Checkpunkte der Priorität 1
wird als Konformitätsstufe A bezeichnet. Konformitätsstufe AA impliziert die Erfüllung der Checkpunkte mit den Prioritäten 1 und 2 und
Konformitätsstufe AAA sagt aus, das alle Checkpunkte der WCAG1
in einem Webauftritt umgesetzt wurden.

   Im Vorfeld des Erlasses der BITV wurden die WCAG1 als einziges
umfassendes Werk zur Barrierefreiheit im Web auf ihre Praxisrelevanz
geprüft. Eine Abfrage bei den Behindertenverbänden, inwieweit die
Anwendung der WCAG1 den praktischen Bedürfnissen behinderter
Menschen entsprechen, sowie praktische Tests durch blinde und
sehbehinderte Nutzer bestätigten,

1. dass der Zugang zum Web mit Computerhilfsmitteln nur bei Einhaltung der WCAG1 möglich ist und
2. dass erst mit Erreichung der Konformitätsstufe AA der WCAG1
   die Barrierefreiheit für Menschen mit Behinderungen erreicht
   werden kann.

Diese Ergebnisse führten zur veränderten Prioritätensetzung der BITV gegenüber der WCAG1. Die in den WCAG1 aufgeführten Prioritäten 1 und 2 wurden zu Priorität I in der BITV zusammengefasst. Die Priorität 3 wurde in der BITV entsprechend in Priorität II umbenannt. Durch die Verpflichtung der Bundesverwaltung zur Einhaltung mindestens der Priorität I (vgl. Abschnitt 1.4.3) soll sichergestellt werden, dass der Zugang zum Web für Menschen mit Behinderungen grundsätzlich uneingeschränkt hergestellt werden kann. Die Unterschiede zwischen WCAG1 und BITV sind der folgenden Tabelle zu entnehmen.

Tab. 1-2
Zusammenhang von Prioritäten und Konformitätsstufen

Priorität (WCAG1)	Priorität (BITV)	Konformitätsstufe
Priorität 1 (»Muss«-Kriterien)	–	A Erfüllung aller »Muss«-Kriterien.
Priorität 2 (»Soll«-Kriterien)	Priorität I (»Muss«- und »Soll«-Kriterien)	AA Erfüllung aller »Muss«- und »Soll«-Kriterien.
Priorität 3 (»Darf«-Kriterien)	Priorität II (»Darf«-Kriterien)	AAA Erfüllung aller »Muss«-, »Soll«- und »Darf«-Kriterien.

Bedingung 2.2
Bedingung 2.3
Bedingung 11.3
Bedingung 11.4

Durch die veränderten Prioritäten kam es zu zwei Änderungen in der Ordnung der BITV gegenüber den WCAG1, die aus formalen Gründen notwendig wurden. Um die Trennung der Prioritäten in den Anlagen der BITV vornehmen zu können, wurde der Checkpunkt 2.2 aus der WCAG1 in zwei einzelne Bedingungen der BITV aufgeteilt (2.2 und 2.3). Ebenso wurden wegen der Prioritätensetzung in der BITV-Anlage die Bedingungen 11.3 und 11.4 der WCAG1 getauscht. Darüber hinaus gab es einige Ungenauigkeiten bei der Übersetzung. Diese Ungenauigkeiten sind jedoch nicht gravierend, weil sie sich auf Techniken beziehen, die nicht Teil der Richtlinien selbst sind. Jedoch sind beispielsweise im englischen Original die mehrfachen Hinweise auf den vorläufigen Charakter bestimmter Checkpunkte nicht in der BITV berücksichtigt worden.

1.4.5 Fortschreibung der Web Content Accessibility Guidelines

Zielvorgaben für WCAG2

Seit 1999 werden die Web Content Accessibility Guidelines in der Version 2.0 (WCAG2) weiterentwickelt. Bei den WCAG2 handelt es sich derzeit um eine Arbeitsversion (*working draft*), und das W3C weist ausdrücklich darauf hin, dass nach wie vor die WCAG1 die einzige offizielle und zitierfähige Empfehlung zur barrierefreien Gestaltung von Webauftritten ist. Die folgenden Ausführungen lehnen sich an die Arbeitsversion der WCAG2 vom 30. Juli 2004 an.

Die Ziele und die Techniken beider Richtlinien bleiben die gleichen, jedoch:

1. wird die Anwendbarkeit der Richtlinien in den WCAG2 ausgeweitet. Diese sind nunmehr nicht ausschließlich auf (X)HTML, sondern auch auf alle anderen Webtechniken anwendbar.
2. Zusätzlich soll die Verständlichkeit der Richtlinien erhöht werden, um sie einem breiteren Publikum zugänglich zu machen. Dazu gehört die Übersetzbarkeit in andere Sprachen.

Des weiteren sollen die WCAG2 in jedem Land in geltendes Recht umgewandelt werden können, was natürlich eine gewisse Universalität der Richtlinien selbst erfordert.

Wann die WCAG2 endgültig verabschiedet werden, ist noch nicht bekannt. In der Vergangenheit gab es mehrfache Ankündigungen für »Last Calls«, die dann doch nicht stattfanden.

WCAG2 und BITV

Im Gegensatz zu den WCAG1, die einen Ansatz zur korrekten Verwendung von HTML und CSS verfolgen, wird in den WCAG2 angestrebt, die Prinzipien und Richtlinien unabhängig von heutigen und zukünftigen Techniken zu formulieren. Das heißt nicht, dass die WCAG1 verworfen werden, im Gegenteil: Die WCAG1 werden vorausgesetzt, indem die Kriterien der WCAG1 weitgehend in den WCAG2 aufgenommen sind und einer der nachfolgenden vier Prinzipien zugeordnet werden.

Designprinzip der WCAG2 mit Anzahl der Richtlinien	Bedingungen der BITV bzw. Checkpunkte der WCAG1
Wahrnehmbarkeit (5 Richtlinien)	1.1, 1.2, 1.3, 1.4, 1.5, 2.1, 2.2, 2.3 (nur BITV), 3.3, 3.5, 3.6, 5.1, 5.2, 5.6, 6.1, 6.2, 9.1, 12.1, 12.4
Bedienbarkeit (5 Richtlinien)	3.3, 3.5, 5.3, 6.4, 7.1, 7.2, 7.3, 7.4, 7.5, 9.1, 9.3, 9.4, 9.5, 10.2, 12.1, 12.2, 12.3, 13.2, 13.3, 13.5, 13.6, 13.7, 13.9, 13.10
Verständlichkeit (2 Richtlinien)	4.1, 4.2, 4.3, 5.5, 7.5, 10.1, 13.1, 13.4, 13.8, 14.1, 14.2, 14.3
Robustheit der Technik (2 Richtlinien)	3.1, 3.2, 3.5, 3.6, 3.7, 5.4, 6.3, 6.4, 6.5, 8.1, 9.2, 11.1, 11.2, 11.3 (BITV) bzw. 11.4 (WCAG1)

Tab. 1-3

Zuweisung der BITV-Bedingungen zu den WCAG2-Prinzipien

Bedingung 3.4
Bedingung 10.3
Bedingung 10.4
Bedingung 10.5
Bedingung 11.4

Die Zuweisung in
Tabelle 1–3 beruht auf
der Arbeitsversion
der WCAG2 vom
30. Juli 2004.
Weitere Informa-
tionen finden Sie auf
http://bf-w.de/
wcag2/.

Die Zuweisung der 14 Anforderungen der BITV kann nicht 1:1 erfolgen, denn die einzelnen Bedingungen der Anforderungen sprechen verschiedene Designprinzipien an. Fünf Bedingungen der BITV werden nicht unmittelbar der WCAG2 zugeordnet. Bedingung 3.4 (relative Einheiten) wird für die Zukunft als Aufgabe des Browsers eingestuft. Dass es heute kaum einen Browser gibt, der bei der Skalierung von Text und Grafik eine befriedigende Lösung liefert, zeigt, wie langfristig die WCAG2 angelegt ist. Bedingungen 10.3 (Alternative für Text in Tabellenspalten), 10.4 (Vorbelegung in Formularen) und 10.5 (Zeichen zwischen Textlinks) werden ebenso nicht aufgeführt, weil sie vermutlich nicht mehr erforderlich sein werden. Auch bei Bedingung 11.4 (Individualisierbarkeit von Dokumenten) ist es derzeit unklar, ob sie erforderlich ist.

1.4.6   Usability und Barrierefreiheit

Usability und Barrierefreiheit – das eine geht nicht ohne das andere.

Was ist Usability?

Der Begriff »Usability« lässt sich mit Begriffen wie »Benutzbarkeit«, »Benutzerfreundlichkeit«, »Bedienungsfreundlichkeit« oder »Bedienbarkeit« umschreiben. Die am häufigsten verwendete deutsche Übersetzung für »Usability« ist »Gebrauchstauglichkeit«.

Gebrauchstauglichkeit wird in Teil 11 der DIN EN ISO 9241 zur Gestaltung von Bildschirmarbeit definiert:

»›Gebrauchstauglichkeit‹ ist das Ausmaß, in dem ein Produkt durch bestimmte Benutzer in einem bestimmten Nutzungskontext genutzt werden kann, um bestimmte Ziele effektiv, effizient und zufrieden stellend zu erreichen.«

Effektiv bedeutet hier, die Aufgabe möglichst exakt und vollständig erledigen zu können. Dies soll möglichst effizient, also ohne unnötigen Aufwand und für den Nutzer zufrieden stellend möglich sein, also mit einer positiven Einstellung des Nutzers gegenüber dem Produkt. Der Nutzungskontext umfasst in diesem Zusammenhang den Nutzer, seine Ziele und Aufgaben, seine Ausrüstung am Arbeitsplatz sowie seine physische und soziale Umgebung, in der er das System nutzt.

Diese allgemeine Begriffsdefinition lässt sich auch auf alle Formen der Informationstechnik einschließlich des Webs anwenden. Nutzer einer Anwendung oder Besucher einer Website haben ein Ziel, das sie möglichst effizient, effektiv und zufrieden stellend erreichen möchten. Ist das Angebot gebrauchstauglich gestaltet, werden sie dieses Ziel erreichen und das Angebot weiterhin nutzen. Je mehr Wert bei der Gestaltung auf die Usability des Informationsangebots gelegt worden ist, desto zufriedener werden die Nutzer sein. Oder wie Jakob Nielsen es bezogen auf das Web vereinfacht formuliert: »Wenn der Kunde ein Produkt nicht findet, wird er es nicht kaufen.«

Zusammenhang zwischen Web-Usability und Barrierefreiheit

Web-Usability lässt sich in 3 Bereiche einteilen:

1. Gestaltung einzelner Webseiten,
2. Gestaltung des Inhalts der Seite und
3. Gestaltung des gesamten Webauftritts, das heißt übergreifende Elemente, die für das gesamte Angebot von Bedeutung sind, beispielsweise die Navigation.

Betrachtet man die einzelnen Usability-Richtlinien für diese Bereiche genauer, fallen Gemeinsamkeiten mit den Richtlinien zur Barrierefreiheit auf. Im Folgenden wird dies mit Hilfe der zu Beginn der Abschnitte genannten Usability-Richtlinien beispielhaft verdeutlicht. Die Usability-Regeln sind den am Ende des Abschnitts angegebenen Quellen entnommen.

Der Zusammenhang wird in Tabelle 1–4, 1–5 und 1–6 zusammengefasst und jeweils anschließend erläutert.

Usability-Kriterium aus ISO 9241	BITV-Kriterium
Seite gut lesbar	Bedingung 3.4: Relative Einheiten
Verwendung von kontrastreichen Farben	Anforderung 2: Farben und Kontraste
Auf unterschiedlichsten Ausgabemedien darstellbar	Bedingung 3.3: Stylesheets verwenden

Tab. 1-4

Usability und Barrierefreiheit: Gestaltung einer Webseite

Eine benutzerfreundlich gestaltete Seite muss gut lesbar sein. Dazu gehört, dass sie beispielsweise im verfügbaren Bildschirmausschnitt des Nutzers ohne horizontales Scrollen lesbar ist. Diese Usability-Regel entspricht der Bedingung 3.4 der BITV, die die Verwendung von relativen Größenangaben vorschreibt. Ebenso wichtig für eine gute Lesbarkeit der Seite ist die Verwendung von kontrastreichen Farben. Diese Usability-Regel spiegelt sich in den Bedingungen 2.2 und 2.3 wieder, die genau diesen Punkt für Bilder und Texte regeln.

Eine gebrauchstaugliche Seite muss natürlich auch auf unterschiedlichsten Ausgabemedien darstellbar sein, zum Beispiel unab-

Bedingung 3.4
Bedingung 2.2
Bedingung 2.3

Bedingung 3.3

hängig von den Nutzereinstellungen, und plattformunabhängig entworfen sein. Um dies zu erreichen, wird die Trennung von Inhalt und Präsentation empfohlen; parallel zu der Bedingung 3.3, die den Einsatz von Cascading Style Sheets fordert.

Usability-Richtlinien zur Gestaltung des Inhalts zielen auf schnelle Lesbarkeit und Verständnis des Inhalts. Eine Usability-Empfehlung hierzu ist das »umgekehrte Pyramidenprinzip«. Dieses Prinzip besagt, dass der wichtigste Informationsgehalt am Anfang einer Seite zusammengefasst und das Informationsangebot umso differenzierter und detaillierter werden sollte, je weiter der Nutzer liest.

Tab. 1-5
Usability und
Barrierefreiheit:
Gestaltung des
Inhalts der Seite

Usability-Kriterium	BITV-Kriterium
»Umgekehrtes Pyramidenprinzip«	Bedingung 14.1: Klarste und einfachste Sprache
Pro Abschnitt nur einen Gedanken aufgreifen	Bedingung 12.3: Unterteilung von Informationsblöcken
Einfachen, prägnanten Schreibstil wählen	Bedingung 14.1: Klarste und einfachste Sprache
Linkbezeichnungen kurz und eindeutig formulieren	Bedingung 13.1: Eindeutige Linkziele

Bedingung 14.1
Bedingung 12.3

Andere Usability-Empfehlungen beruhen auf der Beobachtung, dass Benutzer Absätze häufig nur kurz anlesen. Daher sollte pro Abschnitt auf einer Webseite nur ein Gedanke aufgegriffen werden und ein einfacher, prägnanter Schreibstil gewählt werden. Diese Anforderungen sind vergleichbar mit Bedingung 14.1, die besagt, dass für jegliche Inhalte die klarste und einfachste Sprache zu verwenden ist, die angemessen ist. Auch Bedingung 12.3, die fordert, dass große Informationsblöcke in leichter handhabbare Gruppen zu unterteilen sind, fördert das Verständnis des Inhalts.

Bedingung 13.1

Eine weitere Forderung, die in der BITV genauso zu finden ist wie in Usability-Richtlinien ist die Forderung, Linkbeschreibungen kurz und eindeutig zu formulieren (vgl. Bedingung 13.1). Formulierungen wie »Klicken sie hier!« sind zu vermeiden, da Linktexte für einen Benutzer einen Bezugspunkt innerhalb des Artikels darstellen und solche Texte nicht ausgewählt werden, wenn sie nicht aussagekräftig sind.

Tab. 1-6
Usability und
Barrierefreiheit:
Gestaltung des
gesamten Webaufritts

Usability-Kriterium	BITV-Kriterium
Verwendung eines einheitlichen Stils	Bedingung 14.3: Konsistenter Präsentationsstil
Einheitliche Navigationselemente, Farbwahl und Typografie verwenden	Anforderung 13: Navigation und Orientierung

Für die Gestaltung des Webauftritts wichtige Usability-Richtlinien enthalten Empfehlungen zur Verwendung eines einheitlichen Stils im gesamten Auftritt, um den Nutzern Orientierung und Navigation zu erleichtern. Unterstützt werden soll dies durch einheitliche Navigationselemente, Farbwahl und Typografie.

Diese Usability-Empfehlungen spiegeln sich in den Anforderungen 13 (übersichtliche und schlüssige Gestaltung der Navigationsmechanismen) und der Bedingung 14.3 (gewählten Präsentationsstil durchgängig beibehalten) wieder. Eine weitere Überschneidung von Barrierefreiheits- und Usability-Richtlinien ist die Forderung, dass die aktuelle Position innerhalb eines Webangebots immer erkennbar ist (Anforderung 13).

Anforderung 13
Bedingung 14.3

Trotz vieler Überschneidungen wird eine Seite, die streng nach BITV entworfen wird, noch nicht alle Anforderungen der Usability erfüllen. Ein Beispiel ist die Ladezeit einer Seite, die nach Usability-Richtlinien eine gewisse Dauer nicht überschreiten sollte. Im Zusammenhang mit Barrierefreiheit wird dies jedoch nicht speziell erwähnt, sondern ist höchstens eine Folge der Verwendung von CSS und kurzen übersichtlichen Seiten. Es ist also immer zu empfehlen, sich zusätzlich auch mit den Usability-Anforderungen für Webauftritte auseinander zu setzen.

Umgekehrt lässt sich sagen, dass ein Webauftritt, der gemäß den Usability-Richtlinien entworfen wurde, einige wichtige Anforderungen der Barrierefreiheit erfüllen wird. Einige sehr spezielle Punkte wie die Auszeichnung von Sprachwechseln oder das korrekte Auszeichnen von Bildern mit Alternativtexten werden jedoch noch nicht berücksichtigt. Das zusätzliche Einbeziehen dieser Barrierefreiheitsaspekte wird die Usability des Webauftritts jedoch in keiner Weise einschränken, sondern weiter verbessern, da die Webseiten nun für mehr Menschen »gebrauchstauglich« werden.

Eindimensionale Usability

Mit »Universal Design« ist eine weitestgehende Barrierefreiheit auch auf Medien wie Sprachausgabe möglich.

Dem von Jakob Nielsen geprägten Begriff der »eindimensionalen Usability« liegt der Gedanke des Universellen Designs zugrunde, d.h. ein Webangebot, das von allen Menschen genutzt werden kann.

Die großen Gemeinsamkeiten von Usability- und Anforderungen der Barrierefreiheit machen noch einmal deutlich, wie wichtig es ist, *ein* Webangebot für alle anzubieten. Würden für Menschen mit

Behinderungen Sonderlösungen angeboten, würde das Angebot selbst nicht hinsichtlich der Usability und somit auch nicht der Barrierefreiheit verbessert werden. Zu bedenken ist beispielsweise, dass der Webanbieter nicht wissen kann, wie der Nutzer in den Webauftritt einsteigt.

Damit ein Webangebot auch mit alternativen eindimensional ausgerichteten Medien wie Sprachausgabe genutzt werden kann, muss der Informationsarchitekt und Konzeptionierer bereits beim Strukturieren des Webauftritts bestimmte Aspekte der Barrierefreiheit berücksichtigen, die für die Nutzung auf visuellen (2-dimensionalen) Ausgabegeräten wie Bildschirmen nicht relevant sind.

Wenn die zweidimensionale visuelle Präsentation einfach nur laut vorgelesen würde, wäre dies nicht das gleiche wie ein optimierter linearer Zugang, bei dem der Konzeptionierer von Anfang an eine mögliche eindimensionale Ausgabe berücksichtigt. Von dieser auditiven Präsentation profitieren neben blinden Menschen auch alle, die ausschließlich mit der Tastatur arbeiten, und Anwender in Autos oder anderen Umgebungen, in denen ein auditiver Zugang zu den Webinhalten genutzt wird. Mehr zu diesem Thema erfahren Sie in den Abschnitten 2.3.5 und 2.5.2.

Verweise und weiterführende Informationen zum Thema »Usability«:

- 10 wichtige Leitlinien für die Gestaltung von ergonomischen WWW-Informationssystemen (1997), http://vsys-www.informatik.uni-hamburg.de/ergonomie/index.html
- Alternative Interfaces for Accessibility, 2003, http://www.useit.com/alertbox/20030407.html
- DIN EN ISO 9241 – Gestaltung von Bildschirmarbeit
- DIN EN ISO 9241-10 – Grundsätze der Dialoggestaltung
- DIN EN ISO 9241-12 – Informationsdarstellung
- Jakob Nielsen und Marie Tahir, Homepage Usability, 2002
- Jakob Nielsen, Designing Web Usability, 2001
- Jakob Nielsens Website, http://www.useit.com/jakob/webUsability/
- Software Ergonomische Gestaltung von WWW-Seiten, http://www.sozialnetz-hessen.de
- Informationsangebot des FTB zum Thema »Universelles Design« mit weiterführenden Links zum Thema: http://www.ftb-net.de/intro/unides.html

1.5   Barrierefreie Informationstechnik im Überblick

Dieser Überblick hilft denjenigen, die sich weniger mit der grafischen Gestaltung und Programmierung beschäftigen und mehr an den Inhalten und kommunikativen Anteilen interessiert sind. Anhand von neun Punkten werden die wichtigsten Aspekte der Barrierefreiheit in der Informationstechnik deutlich gemacht.

1. Grafiken und Bilder sind nur visuell wahrnehmbar. Alternative Texte für deren Inhalt und/oder Funktion sind von größter Bedeutung in Ausgabemedien wie zum Beispiel der Sprachausgabe.

2. Dem Informationsanbieter ist in der Regel nicht bekannt, mit welchen Bildschirmfarben und -auflösungen der Nutzer arbeitet. Eine letztendliche Entscheidung über die Darstellung der Inhalte soll dem Nutzer überlassen werden, um eine größtmögliche Zugänglichkeit zu gewährleisten.

3. Das Verständnis der Funktion und Navigation ist Voraussetzung für die Nutzung eines Informationsangebots. Objektinformationen oder eingesetzte Begriffe für Navigationselemente (im Web: Links) sollen selbsterklärend sein.

4. Die Orientierung innerhalb eines Informationsangebots wird durch Titel und Bezeichnungen unterstützt. Jeder Inhalt und jedes Fenster soll geeignete Orientierungshilfen aufweisen.

5. Nicht jeder verwendet eine Maus zur Bedienung des Computers. Die Informationstechnik muss geräteunabhängig realisiert werden, also auch zum Beispiel mit der Tastatur bedienbar sein.

6. Manche Ausgabemedien bereiten Inhalte linearisiert auf. Standardelemente (im Web: Strukturelemente) helfen bei der Navigation, weil Computerhilfsmittel diese erkennen, zusammenfassen und bedienbar machen.

7. Multimedia kann aus vielen Gründen eine Barriere bedeuten. Deshalb sollten die Möglichkeiten der Untertitelung und Audiodeskription genutzt werden, oder – falls die multimediale Anwendung selbst nicht zugänglich gestaltet werden kann – Textzusammenfassungen bereitgestellt werden.

8. Da jedes Informationsangebot anders ist, unterscheiden sich auch Funktionen und Bedienung. Eine zugängliche Dokumentation und ausreichende Hilfe sollte zur Beschreibung der Nutzung bereitgestellt werden.

9. Die Empfehlungen des W3C und von IBM haben sehr viele Aspekte der Barrierefreiheit integriert. Verwenden Sie Werkzeuge wie z.B. Validatoren zur Überprüfung von Code.

Die vollständige Checkliste der WCAG1-Empfehlungen finden Sie unter: http://www.w3.org/TR /WCAG/full-check-list.html

Die IBM Software Guidelines finden Sie auf der CD-ROM.

Diese Anforderungen geben einen ungefähren Überblick über die Inhalte des Buchs, wobei die einzelnen Themen in verschiedenen Abschnitten immer wieder angesprochen werden.

2   (X)HTML, CSS und JavaScript

Es werden regelmäßig Bedingungen und Anforderungen der Bar-
rierefreien Informationstechnik-Verordnung angegeben. Die voll-
ständigen Angaben finden Sie im Anhang.

Zur Darstellung von Barrieren wurden Screenshots zur Erläute-
rung herangezogen. Die gezeigten Webauftritte sind teilweise bis
zum Erscheinen des Buchs überarbeitet worden. Das Heranzie-
hen eines bestimmten Webauftritts als Beispiel lässt keine Aus-
sage darüber treffen, inwieweit die Barrierefreiheit derzeit gege-
ben ist.

Bei der Umsetzung der Barrierefreien Informationstechnik-Verordnung (BITV) müssen zahlreiche Bereiche der Webgestaltung berücksichtigt werden. Dies betrifft die Informationsarchitektur ebenso, wie
grafisches Design und Aspekte der Ergonomie. Auch Redakteure,
die mit einem Content Management System (CMS) arbeiten, sind für
die Barrierefreiheit verantwortlich. Jede der im Prozess der Planung,
Umsetzung und Pflege eines Webauftritts beteiligten Personen kann
für den Abbau von Barrieren sorgen.

Die verschiedenen Akteure eines solchen Prozesses sind nicht
zuletzt deswegen angesprochen, weil es bei Barrierefreiheit um sehr
unterschiedliche Dinge geht. Zum einen geht es um Wahrnehmbarkeit. Jeder mit einer Sinnesbehinderung oder -einschränkung hat
dabei unterschiedliche Barrieren in der Informationstechnik zu über-
winden. Es geht aber auch um Verständlichkeit – nur wenn ein Informationsangebot den Nutzer zufrieden stellt, erfüllt das Angebot die
Anforderungen. Anders sieht es aus, wenn die Navigation nicht
bedient werden kann oder Inhalte nicht klar formuliert sind – dann
steht der Nutzer ebenfalls vor Barrieren.

Dieser erste technische Teil des Buchs umfasst vor allem auch die
standardkonforme Verwendung von (X)HTML, CSS und JavaScript.
Mit (X)HTML sind die beiden aktuellen Spezifikationen des World

Wide Web Consortium (W3C) angesprochen: HTML 4.01 und XHTML 1.0. Die Verwendung von CSS wird in den meisten Kapiteln angesprochen, weil mit CSS nicht nur einige wichtige gestalterische Aspekte umgesetzt werden können, sondern gleichzeitig die Umsetzung der Barrierefreiheit große Schritte nach vorne gebracht werden kann. JavaScript kann, sofern es ergänzend zu (X)HTML und CSS eingesetzt wird, die Gebrauchstauglichkeit fördern. Allerdings darf man sich auf die JavaScript-Funktionalität nicht verlassen. Mit Beispielen und Erläuterungen sowie den auf der CD-ROM zum Buch verfügbaren Medien-Clips und weitergehenden Tutorials soll der Leser ein Gefühl für die Barrierefreiheit erlangen und notwendige Techniken für die barrierefreie Umsetzung von Webdokumenten und -anwendungen lernen.

Im Anhang finden Sie eine Übersicht der Richtlinien mit Prioritäten und Seitenangaben.

Die BITV hat insgesamt 14 Anforderungen mit 66 Bedingungen, deren Erfüllung ein Höchstmaß an Barrierefreiheit sicherstellt. Eine Wiedergabe der Richtlinien in der Reihenfolge, wie sie in der BITV erscheinen, ist aus Sicht des Lesers oft nicht nachvollziehbar. Die sieben Abschnitte zu den Webtechniken behandeln die Barrierefreiheit in nachvollziehbaren Schritten und erlauben die schrittweise bzw. prozessorientierte Umsetzung der Richtlinien.

2.1   Texthinterlegung

Die Texthinterlegung umfasst viele Aspekte der barrierefreien Informationstechnik, die in engem Zusammenhang mit dem Einsatz nicht-grafischer Ausgabemedien wie zum Beispiel Screenreadern zu sehen sind. Zum einen geht es um Bilder jeder Art: Bilder im »klassischen« Sinne mit einem Abbild oder einer sonstigen Darstellung, Layoutgrafiken und vieles mehr. Der Inhalt eines Bildes kann von einem Screenreader nicht erkannt werden, es sei denn, es ist mit einem sinnvollen alternativen Text hinterlegt. Diese Voraussetzung gilt natürlich genauso für die visuellen Aspekte in Filmen und bei multimedialen Darstellungen.

Zum anderen geht es aber auch um die Bedienbarkeit als solche. Beispielsweise benötigen Frames sinnvolle Bezeichnungen und Elemente, die am Bildschirm in einem offensichtlichen Zusammenhang stehen, bedürfen möglicherweise einer Beschreibung, wenn sie in eindimensionalen Ausgabemedien wie der Sprachausgabe bedient werden sollen.

Mit der Texthinterlegung wird aber auch Zugänglichkeitsproblemen begegnet, die sich aufgrund einer Einschränkung der auditiven Wahrnehmung des Nutzers ergeben. Hörgeschädigte benötigen ebenfalls textbasierte Informationen, wenn Informationen lediglich akustisch vermittelt werden. Diese Aspekte werden in Kapitel 3 des Buchs behandelt.

2.1.1   Nicht nur Bilder müssen mit Text hinterlegt werden

Für jedes Element eines (X)HTML-Dokuments, das kein Text ist, muss ein Text mit gleichem Inhalt bereitgestellt werden.

Die Nutzer von Screen- und Webreadern oder anderer textorientierter Zugangssoftware haben grundsätzlich keine Möglichkeit, den Inhalt eines Bildes oder einer Grafik zu betrachten. Der einzige Weg, etwas über den Inhalt eines solchen gestalterischen oder informativen Elements zu erfahren, ist über den Alternativtext, der jeder Grafik im (X)HTML-Quellcode beigefügt werden sollte. Ein Screenreader, der beim Übersetzen einer Webseite auf eine Grafik trifft, gibt lediglich die Angabe »Grafik« sowie den Alternativtext aus. Fehlt diese textliche Alternative, kann das dazu führen, dass der Screenreader auf einer Seite nur: »Grafik Grafik Grafik ...« vorliest. Es versteht sich, dass Alternativtexte die Nutzung grafisch orientierter Informationsangebote im Web erst möglich machen (vgl. Abb. 2-1 und 2-2).

Der Webformator ist auf der CD-ROM zu finden und kostenlos unter www.webformator.de in der aktuellen Version erhältlich und ist ein gutes Werkzeug, um die Linearisierbarkeit und Textorientierung einer Seite zu testen.

```
Seite Stadt Gaggenau http://www.gaggenau.de/
Frame  1 Stadt Gaggenau ]
Besuchter Link www.gaggenau.de
Besuchter Link www.gaggenau.de
Grafik bild_1 ] Grafik bild_3 ] Grafik bild_4 ] Grafik bild_5 ] Grafik bild_6 ] Grafik bild_7 ]
Frame  2 Stadt Gaggenau - Navigation ]
Grafik grau ] Grafik I ] Grafik navi_kreis_rot ]
Besuchter Link Stadtverwaltung
Grafik navi_kreis_rot ]
Besuchter Link Bürgerservice
Grafik navi_kreis_rot ]
```

Abb. 2-1
Screenshot im Webformator von gaggenau.de

Die Darstellung mit dem Webformator zeigt statt der (fehlenden) Alternativtexte den Dateinamen der Grafik an.

In diesem Abschnitt geht es vor allem – aber nicht nur – um Alternativtexte für Grafiken. In der BITV wird die Notwendigkeit für den Einsatz von Alternativtexten in Anforderung 1 wie folgt formuliert: »Für jeden Audio- oder visuellen Inhalt sind geeignete äquivalente Inhalte bereitzustellen, die den gleichen Zweck oder die gleiche Funktion wie der originäre Inhalt erfüllen.« Für den Inhalt eines Alternativtextes wird auf den Zweck abgehoben. Bilder mit Informationsgehalt müssen die gleiche Information im Alternativtext enthalten. Es geht aber auch um die Funktion nichtvisueller Elemente. Werden zum Beispiel Grafiken als Link genutzt, dann ist vor allem eine Information über das Ziel des Links im Alternativtext der Grafik erforderlich.

Anforderung 1

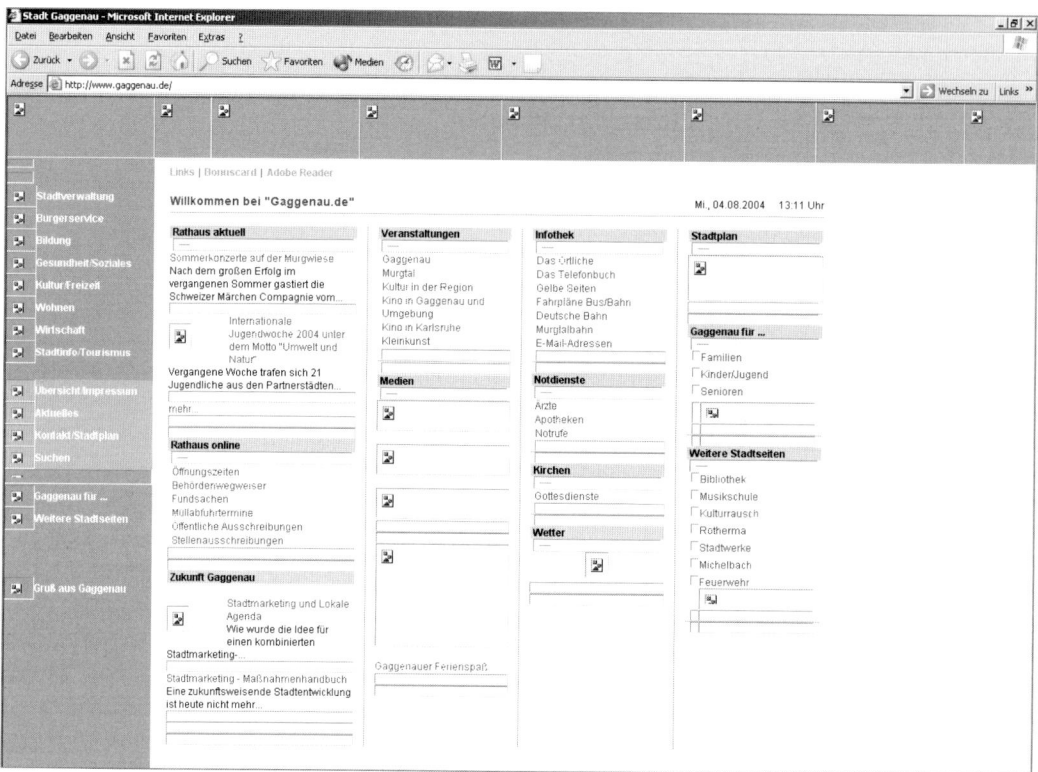

Abb. 2-2

Screenshot im

Internet Explorer

von gaggenau.de

bei abgeschalteten

Bildern

In der ersten Bedingung der BITV, Bedingung 1.1, wird die Erfordernis nach Alternativtexten für den nichtvisuellen Zugang konkretisiert. Aufgrund des alternativen Zugangs zu Informationen zum Beispiel mit einer Sprachausgabe können nur reine Textinformationen gelesen werden. Neben Bildern bieten viele weitere Webtechniken jedoch ungeahnte Barrieren: grafisch dargestellter Text, Imagemaps, Animationen, programmierte Objekte, ASCII-Zeichnungen, Frames, Scripte, grafische Punkte in Listen, Layout-Grafiken, grafische Schaltflächen und vieles mehr. Alle diese Elemente, die bei jedem Webauftritt auftreten können, benötigen entsprechende Alternativtexte.

Bedingung 1.1

Anforderung 3

In Bezug auf Alternativtexte für Grafiken ist auch Anforderung 3 zu erwähnen, wo auf die Verwendung von (X)HTML entsprechend der Spezifikation eingegangen wird. Streng genommen entspricht eine Grafik ohne Alternativtextattribut nicht der (X)HTML-Spezifikation und führt dazu, dass eine Seite nicht validiert werden kann (vgl. Abschnitt 2.7.4).

Bedingung 14.2

Dabei geht es keinesfalls darum, die Verwendung von Grafiken zu vermeiden. Wenn Grafiken eingesetzt werden, dann sollten sie jedoch barrierefrei sein. Die BITV geht an verschiedenen weiteren Stellen auf den Einsatz von Grafiken ein und fordert beispielsweise in

Bedingung 14.2 auch den Einsatz von Bildern, um die Verständlichkeit von Inhalten zu unterstützen.

2.1.2 Alternativtexte für Bilder und Abbildungen

Das IMG-Element und das alt-Attribut

Das IMG-Element dient der Einbindung von Grafiken jeder Art und gehört zum Urgestein von HTML. Das Element ist nicht besonders flexibel, hat jedoch alle bisherigen Versuche überlebt, es durch andere leistungsfähigere Elemente zur Einbindung von Grafiken zu ersetzen. Beispielsweise wurde in HTML 3.2 das FIG-Element eingeführt und in HTML 4 das OBJECT-Element, das wiederum das FIG-Element ersetzte. Bis heute lässt die Browser-Unterstützung des OBJECT-Elements für die Einbindung von Grafiken zu wünschen übrig. Andere Möglichkeiten, Bilder in einen Webauftritt einzubinden, etwa mit SVG oder Flash funktionieren auf vielen Systemen, jedoch muss der Einsatz dieser Techniken hinsichtlich der erforderlichen Plug-ins gut überlegt sein.

Das erste, was viele im Zusammenhang mit barrierefreiem Webdesign lernen, ist, dass Bilder einen Alternativtext brauchen. Der Quelltext für eine Grafik sieht dann wie folgt aus:

```
<img src="bueroklammer.jpg" alt="B&uuml;roklammer, liegend"
width="400" height="350" />
```

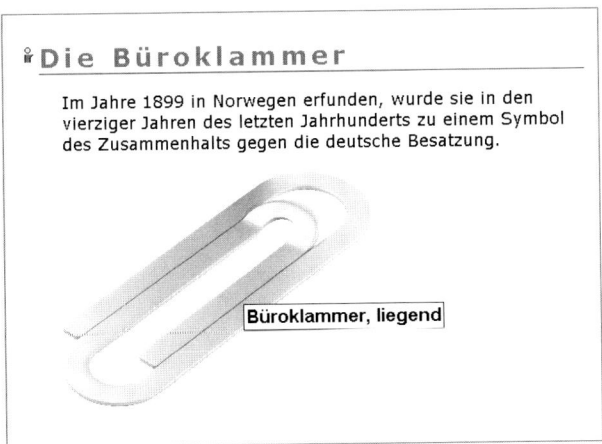

Abb. 2-3
Alternativtexte werden im Internet Explorer als Tooltipp dargestellt.

Bei der Vergabe von Alternativtexten für Bilder sollten zwei Fragen gestellt werden:

1. Was ist die Funktion des Bildes?
2. Welchen Inhalt bietet das Bild?

Bedingung 3.3   Alternativtexte müssen also Funktion und/oder Inhalt von Bildern ersetzen oder beschreiben. In den meisten Webauftritten kann zwischen drei verschiedenen Arten von Bildern unterschieden werden:

- Informationsgrafiken (z. B. mit grafischem Text, mit einem eindeutigen Symbol oder einem Logo): Der in der Grafik enthaltene Text muss im Alternativtext wiedergegeben werden. Auch beispielsweise eine Grafik mit einem Druckersymbol, die als Link zur Druckversion einer Seite führt, muss einen alternativen Text wie »Druckversion« enthalten. Wenn der Text zu lang wird, muss eine geeignete Zusammenfassung bereitgestellt werden. Dabei gelten maximal 150 Zeichen als Richtwert für die Länge eines Alternativtextes.
- Darstellungsbilder (Fotos, Zeichnungen, grafische Darstellungen von Zusammenhängen usw.): jedes Bild braucht einen kurzen beschreibenden Text. Hier ist die Beschreibung wichtiger als die Funktion. Mit knappen Worten ist der wesentliche Inhalt des Bildes im Alternativtext wiederzugeben.

Bedingung 3.3
- Layout-Grafiken, also zur Positionierung eingesetzte, unsichtbare, einfarbige und sonstige Layout-Grafiken: wenn keine Information oder sonstige Darstellungen enthalten ist, benötigen sie als Alternativtext ein leeres alt-Attribut (alt="", ohne Leerzeichen). Der leere Alternativtext kann auch für solche Bilder eingesetzt werden, die für eine Stimmung oder »Emotion« sorgen sollen oder aus anderen rein optischen Gründen eingesetzt werden. Generell sollten jedoch Grafiken, die der Präsentation dienen und keinerlei Informationsgehalt besitzen, entsprechend der Bedingung 3.3 mittels Cascading Style Sheets (CSS) in eine Seite eingebunden werden. Sollten jedoch Layout-Grafiken verwendet werden, so ermöglicht der leere Alternativtext den Screenreadern, das Bild vollständig zu ignorieren, anstatt dem Nutzer eine für ihn überflüssige Information zu vermitteln.

Für bestimmte Grafiken, die auf jeder Seite eines Webauftritts an derselben Stelle angezeigt werden, sollte der Alternativtext möglichst knapp gehalten werden. Dies betrifft vor allem Grafiken in Kopfzeilen oder sonstigen Bereichen des Layouts, die in der linearisierten Ausgabe (vgl. Abschnitt 2.5) vor dem Inhalt ausgegeben werden.

Was nicht in einen Alternativtext gehört, sind Angaben wie »Bild« oder »Dies ist eine Grafik«, da Grafiken ohnehin von Screenreadern erkannt und entsprechend angekündigt werden.

Ergänzungen zum Alternativtext

Je nach Art der Grafik kann es sinnvoll sein, weitere Maßnahmen zu ergreifen, um Funktion bzw. Inhalt einer Grafik in äquivalenter Weise wiederzugeben. Hierzu zählen das title- und das longdesc-Attribut für Grafiken.

Das title-Attribut ist ein Universalattribut und kann auf fast jedes (X)HTML-Element angewandt werden, also auch auf das IMG-Element. Die Berücksichtigung des title-Attributs hat für die Bildschirmdarstellung zur Folge, dass es bei Mausberührung als »Tooltipp« oder Text in der Statusleiste des Browsers angezeigt wird. Somit können Informationen, die für die Bedienung oder für das Verständnis der Seite hilfreich sein könnten, ergänzend zum Alternativtext berücksichtigt werden:

```
<a href="http://www.barrierefreies-webdesign.de">
   <img src="bf.gif" alt="Barrierefreiheit" title="Weitere
Informationen zum Thema sowie Quellcodebeispiele" />
</a>
```

Abb. 2-4
Ein title-Attribut wird in vielen grafischen Browsern als Tooltipp angezeigt.

Denkbar ist zum Beispiel für eine verlinkte Grafik mit dem abgebildetem Text »Barrierefreiheit« zunächst ein Alternativtext alt="Barrierefreiheit" als Ersatz für den Inhalt der Grafik. Mit dem title können weitere Information zur Funktion der Grafik gegeben werden. Das title-Attribut sollte streng genommen in diesem Beispiel auf den Link selbst angewandt werden, denn es erklärt den Link. Generell sollte das title-Attribut für Grafiken im Gegensatz zum alt-Attribut nicht die einzigen essenziellen Informationen liefern, sondern nur für zusätzliche, dem Verständnis dienende Angaben verwendet werden. Für Screenreader-Nutzer ist die Berücksichtigung des title-Attributs nur bedingt hilfreich: Der Nutzer muss die optionale Auswertung dieser Information aktivieren.

Das Buch von Joe Clark ist, allerdings ohne die enthaltenen Grafiken, komplett im Netz zu finden: http://www.joe-clark.org/book/

Der Kanadier Joe Clark, der eines der wenigen Bücher zum Thema »barrierefreies Webdesign« geschrieben hat, gibt einige Beispiele für den sinnvollen Einsatz dieses Universalattributs. Aus Sicht der Barrierefreiheit ist title beispielsweise für einen »mehr«-Link notwendig, um dem Link auch dann einen Sinn zu geben, wenn er aus seinem Kontext herausgenommen wird (vgl. Abschnitt 2.3.5). Andere Beispiele sind die Auszeichnung von Abkürzungen und Akronymen (vgl. Abschnitt 2.7.3) oder die Vermittlung von Informationen bei Grafiken, die per CSS erzeugt werden (vgl. Abschnitt 2.1.5).

Das longdesc-Attribut gehört zu den eher unbekannten Attributen für Grafiken, vor allem weil sein Inhalt mit »üblichen Mitteln« kaum auffindbar ist. Bis auf den Internet Explorer können alle Browser das longdesc-Attribut anzeigen. Mozilla-basierte Browser bieten beispielsweise den Inhalt mit den Bildeigenschaften an, die über das Kontextmenü für ein Bild erreichbar sind. Der Inhalt des longdesc-Attributs ist ein URI, der das Bild mit der angegebenen Datei verknüpft. Diese verknüpfte Datei kann eine (X)HTML-Seite oder eine einfache Textdatei sein. Empfohlen wird der Einsatz einer Textdatei oder (X)HTML-Seite ohne besonderes Layout.

Soundbeispiel auf der CD-ROM: Dieses Beispiel wird von einer Sprachausgabe vorgelesen.

```
<img src="wien.png" alt="Wegeskizze Wien" longdesc="wien.txt" />
```

In einer per longdesc-Attribut verknüpften Beschreibungsdatei sollten nur ausführliche Erläuterungen zu einem Bild – sofern erforderlich – eingebunden werden. Nur wenn Beschreibungen nicht im Kontext – zum Beispiel der Erläuterungstext zu einem Diagramm – zu lesen sind, sollten die Erläuterungen in einer gesonderten und verknüpften Datei bereitgestellt werden. Die meisten Screenreader unterstützen longdesc; alternativ kann jedoch der so genannte »D«-Link eingesetzt werden (vgl. Seite 72)

2.1.3 Navigationselemente

Funktion des Links

Besondere Bedeutung kommt dem Alternativtext zu, wenn Text als Grafik auf einer Seite eingebunden wird, z.B. Navigationselemente mit abgebildetem Text. Vor allem als Link eingesetzte Grafiken bedürfen aus der Sicht von Screenreader-Nutzern und anderen Benutzern nicht-grafischer Browser eine präzise Textbelegung. Ein »Bitte hier klicken« in gleich mehrfacher Ausführung oder ein »NAV1024.GIF (4KB)« als Alternativtext stellt keinen äquivalenten Text für eine Grafik dar. Vielmehr müssen Alternativtexte für solche Bedienelemente den Sinn der Grafik widerspiegeln. Wird eine Grafik als Navigationselement eingesetzt, sollte der Alternativtext auf die grafisch vermittelte Funktion schließen lassen. Beispiele, wie Alternativtexte nicht auszusehen haben, sind:

Abb. 2-5

Vier Negativbeispiele für Alternativtexte

Es kann in einem Webdesign vorgesehen sein, bestimmte Farben und Schriftarten zu nutzen, zum Beispiel weil so die Corporate Identity einer Firma gestärkt und ein Wiedererkennungseffekt erreicht werden soll. Obwohl nach Bedingung 3.1 generell Text und nicht Grafik für die Darstellung von Text verwendet werden soll, gibt es immer wieder Anlässe, beispielsweise eine Navigation mit Hilfe von Grafiken einzubinden. Eine Navigation bildet jedoch das Rückgrat eines Webauftritts und es muss dabei – und das gilt natürlich auch für jedes andere Bedienelement einer Seite – besonders auf Zugänglichkeit geachtet werden. Bei solchen Elementen muss die Funktion – also das, was der sehende Besucher versteht – in geeigneter Weise im Alternativtext einer Grafik formuliert werden. Beispiel: Eine Navigationsgrafik, die den Text »Produkte« enthält, muss als Alternativtext »Produkte« enthalten. Genauso muss das Symbol eines Einkaufswagens den Alternativtext »Einkaufswagen« haben. Bei anderen verlinkten Grafiken (Logo mit Link zur Startseite) kann ebenfalls die Funktion, also »Startseite« als Alternativtext verwendet werden.

Bedingung 3.1

Alternativtexte und redundante Textlinks für Imagemaps

Eine Imagemap ist barrierefrei, wenn alle ihre Funktionen ohne Maus bedienbar und alle Links als Textlinks zur Verfügung stehen.

Grafiken können auch als so genannte Imagemaps abgelegt werden. Dabei werden einzelne Regionen der Grafik als unterschiedliche Links definiert. Bei der Verwendung von Imagemaps muss die Texthinterlegung besonders beachtet werden.

Bedingung 9.1   Grundsätzlich muss zwischen serverseitigen und clientseitigen Imagemaps unterschieden werden. Serverseitige Imagemaps sind sehr rar geworden und bei der Recherche für dieses Buch konnten wir kein Beispiel finden, in dem diese Art der Imagemap für die Navigation eines Webauftritts genutzt wird. Serverseitige Imagemaps erfordern eine zusätzliche Skriptprogrammierung, während clientseitige Imagemaps relativ einfach mit Links versehen werden können. Hinsichtlich der Bedienbarkeit unterscheiden sich die beiden Typen im Wesentlichen durch die Übergabeparameter: Eine serverseitige Imagemap übermittelt die Koordinaten eines Mausklicks in einer Grafik, die dann vom Server entsprechend der Skriptprogrammierung ausgewertet werden muss, eine clientseitige Imagemap übermittelt einen URI unmittelbar. Weil die serverseitige Imagemap nur mit einem Zeigegerät und nicht mit der Tastatur bedienbar ist, ist nach Bedingung 9.1 auf clientseitige Imagemaps auszuweichen. Aber nicht nur wegen der fehlenden Geräteunabhängigkeit sind serverseitige Imagemaps problematisch: Es gibt keine Möglichkeit, den einzelnen Koordinaten (Punkten) voneinander unterscheidbare Alternativtexte zuzuweisen.

Bei clientseitigen Imagemaps hingegen können Alternativtexte für die einzelnen verlinkten Bereiche (AREA) vergeben werden:

```
<map id="wohin" name="wohin">
   <area href="#" shape="rect" coords="183,3,269,62" title="der
hohe Norden ist nur einen Tastendruck entfernt" alt="Norden" />
   <area href="#" shape="rect" coords="0,179,56,255" title="Hier
ist kein wilder Westen zu erwarten" alt="Westen" />
   <area href="#" shape="rect" coords="181,371,246,428" title="Ab
in den S&uuml;den" alt="S&uuml;den" />
   <area href="#" shape="rect" coords="366,176,442,257" title="Mit
Vollgas in den Osten" alt="Osten" />
</map>
<p><img src="kompass.png" width="445" height="430" alt="klassischer
Kompass" usemap="#wohin" /></p>
```

Über das MAP-Element werden die einzelnen Bereiche für die Grafik »vordefiniert«; mit dem usemap-Attribut werden diese Definitionen auf die Grafik angewandt und die Bereiche lassen sich anklicken. Sehr wichtig ist hierbei, dass die einzelnen AREA-Elemente mit einem geeigneten Alternativtext belegt sind. Nur dann ist es im Screenreader möglich, die einzelnen Links zu identifizieren.

Bedingung 1.2   Wird eine Imagemap als Navigationselement eingesetzt, müssen
Bedingung 1.5   redundante Textlinks angeboten werden. Diese Erfordernis ergibt sich aus den Bedingungen 1.2 und 1.5. Wenn in der Zugangssoftware keine Grafiken angezeigt werden, so können die aktiven Berei-

che der Imagemap nicht bedient werden. Wenn es keine Links mit demselben Ziel auf der Seite gibt, können ganze Bereiche eines Webauftritts unerreichbar sein. Das obige Beispiel für eine Imagemap könnte wie folgt ergänzt werden:

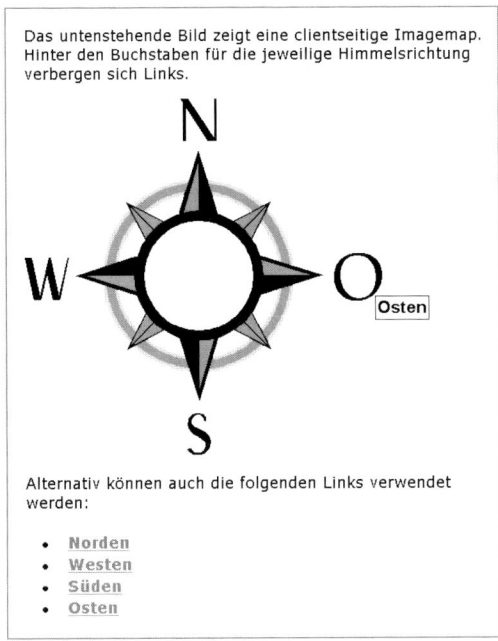

Abb. 2-6
Redundante Textlinks
für eine Imagemap

2.1.4 Alternativtexte für das OBJECT-Element

Wie bereits erwähnt, sieht die (X)HTML-Spezifikation das OBJECT-Element für den Einsatz externer Objekte vor. Zu diesen Objekten zählen Grafiken, Audio- und Videodaten – also alles was als »Multimedia« bzeichnet werden kann. Dass es mit diesem Element Kompatibilitätsprobleme mit verschiedener Zugangssoftware gibt, ist kein Geheimnis. Aus diesem Grund muss teilweise auf das nicht mehr spezifizierte EMBED-Element zurückgegriffen werden. Ein ausführliches Beispiel hierzu wird in Abschnitt 2.3.4 bzw. im Tutorial zur Einbindung von Filmen in Gebärdensprache auf der beiliegenden CD-ROM behandelt. Die Bedingung 11.1 kann somit beim heutigen Stand der Technik für Multimedia nicht erfüllt werden.

Bedingung 11.1

Im Folgenden soll am Beispiel von Imagemaps dargestellt werden, wie das OBJECT-Element verwendet werden kann.

Der Vorteil von OBJECT gegenüber IMG zur Einbindung von Grafiken liegt darin, dass das OBJECT-Element beliebig viel Text als Alternativtext enthalten kann und dieser Text außerdem in (X)HTML ausgezeichnet werden kann. So gesehen, ist das `OBJECT`-Element als Alternative zum `longdesc`-Attribut zu sehen.

Im Gegensatz zum `IMG`-Element wird der Alternativtext zwischen dem öffnenden und schließenden `OBJECT`-Tag eingebunden. Dieser Text wird bei ausgeschalteten Grafiken an Stelle der Grafik dargestellt. Der Alternativtext kann dabei ausgeweitet werden und zum Beispiel auch (X)HTML enthalten, um die Funktion des `OBJECT`-Elements in einer alternativen Form anzubieten. Das Beispiel der Imagemap könnte anstatt der per `IMG` eingebundenen Grafik folgenden Code aufweisen:

```
<object data="kompass.gif" type="image/gif" width="500"
height="500" usemap="#wohin">
<p>Klassischer Kompass.</p>
</object>
```

Das `OBJECT`-Element kann auch als Imagemap verwendet werden, indem das `usemap`-Attribut auf das `OBJECT`-Element angewandt wird.

Bei der Verwendung von `OBJECT` kann die Gestaltung einer Imagemap nochmal verfeinert werden, indem das `MAP`-Element in das `OBJECT` gelegt wird und anstatt der `AREA`-Elemente die einzelnen verlinkten Bereiche der Grafik innerhalb des `OBJECT`-Elements als »normale« Links eingebunden werden. Dabei müssen die Angaben zum verlinkten Bereich zusätzlich angegeben werden:

Dieses Beispiel funktioniert nicht in allen Browsern.

```
<object data="kompass.gif" type="image/gif" width="445"
height="430" usemap="#wohin">
<p>Klassischer Kompass.</p>
<map id="wohin" name="wohin">
<ul>
   <li><a href="#" shape="rect" coords="183,3,269,62" title="der
hohe Norden ist nur einen Tastendruck entfernt">Norden</a></li>
   <li><a href="#" shape="rect" coords="0,179,56,255" title="Hier
ist kein wilder Westen zu erwarten">Westen</a></li>
   <li><a href="#" shape="rect" coords="181,371,246,428" title="Ab
in den S&uuml;den">S&uuml;den</a></li>
   <li><a href="#" shape="rect" coords="366,176,442,257" title="Mit
Vollgas in den Osten">Osten</a></li>
</ul>
</map>
</object>
```

Bedingung 1.2
Bedingung 1.5

Die Auswahlbereiche der Imagemap werden nun innerhalb des `OBJECT`s definiert und die alternativen Links werden nur angezeigt, wenn – aus welchem Grund auch immer – die Grafik nicht angezeigt wird. Damit wird auch den Erfordernissen aus Bedingungen 1.2 und 1.5 Rechnung getragen.

Wenn das OBJECT-Element für Multimedia- und andere Anwendungen auf ähnliche Weise eingesetzt wird, so kann für diese Techniken ebenfalls eine zugängliche – und damit vor allem textorientierte – Alternative angeboten werden, um beispielsweise Bedingung 6.3 zu erfüllen. Generell stößt diese Methode an ihre Grenzen, wenn über das Objekt dynamische und nutzungsabhängige Inhalte angeboten werden.

Bedingung 6.3

2.1.5   Besondere Fälle bei der Verwendung von Grafiken

Grafische Formular-Schaltflächen

Bei Formularschaltflächen, die als Grafik abgelegt werden, müssen einige Besonderheiten beachtet werden. Wie bei allen Navigationselementen sind natürlich auch hier geeignete Alternativtexte auszuwählen. Um Browser-übergreifende, textorientierte grafische Schaltflächen bieten zu können, sind neben der Vergabe eines sinnvollen Alternativtextes auch »sprechende« name- und value-Attribute erforderlich.

Weiterführende Informationen auf http://bf-w.de/ knowhow/formulare/ image.html

```
<form action="http://www.centralstore.de/">
<p><input type="image" src="bf.gif" alt="Barrierefreiheit"
name="barrierefreiheit" value="barrierefreiheit" /></p>
</form>
```

Ein anderer Aspekt bei grafischen Formularschaltflächen ist die Möglichkeit, Imagemaps zu verwenden. Theoretisch können auch Koordinaten an das verarbeitende Script übermittelt werden, was wiederum nur mit der Maus zu bedienen wäre. Auch ein solches Beispiel haben wir bei der Recherche nicht gefunden und der Hinweis dient an dieser Stelle lediglich der Vollständigkeit.

Schriftgrafiken

Was die Textorientierung von Grafiken angeht, so finden sich immer wieder »schwierige Fälle«, die eine nutzergerechte Gestaltung erschweren.

Ein Beispiel sind Schriftgrafiken. Wenn statt Text der Inhalt einer Seite als Grafik abgebildet wird, zum Beispiel weil eine ganz bestimmte Schriftart dargestellt werden soll, dann ist die Wahrnehmbarkeit durch viele Nutzer beeinträchtigt. Besonders schwierig ist hier die sinnvolle Belegung mit Alternativtexten. Während

Bedingung 3.1

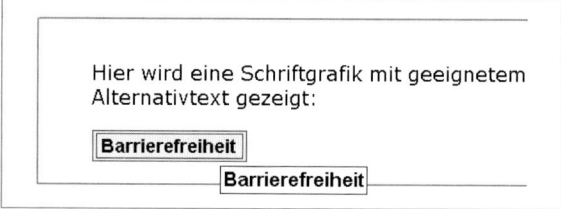

in textbasierten Systemen handhabbar ist, ist

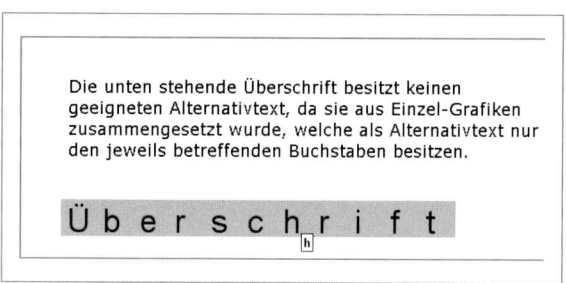

nichts anderes als eine Zumutung für bestimmte Nutzer. Werden Schriftgrafiken eingesetzt, dann müssen diese »dosiert« und zusammenhängend eingebunden werden. Nach Bedingung 3.1 sollte allerdings nach Möglichkeit auf Schriftgrafiken verzichtet werden.

Einsatz von Hintergrundbildern zu dekorativen Zwecken

> Grafiken, die per CSS eingebunden werden, dürfen nur zu Präsentationszwecken eingesetzt werden und keine Informationen enthalten.

Aufzählungen und Listen sind ein wichtiges Darstellungsmittel in Webauftritten (vgl. Abschnitt 2.7.3). Dabei kann es erwünscht sein, die Aufzählungszeichen per CSS mit anderen Grafiken zu ersetzen, um die Darstellung an das Layout anzupassen. In einem solchen Fall muss zweierlei bedacht werden: Zum einen dürfen Grafiken nicht als Unterscheidungsmerkmal für einzelne Listeneinträge verwendet werden. Es kann immer sein, dass die Grafiken nicht angezeigt werden oder die Farben vom Nutzer nicht unterschieden werden können (vgl. Abschnitt 2.2.2). Zum anderen muss bedacht werden, dass Grafiken, die per CSS eingebunden werden, keinen Alternativtext zugewiesen bekommen können.

Sollten sich diese Grafiken innerhalb einer Liste unterscheiden und somit unterschiedliche Informationen vermitteln, dann muss mit dem title-Attribut gearbeitet werden.

```
<p>Um die Stimmung von Menschen wieder zu geben, kann man dies als
Liste darstellen.</p>
<ul>
   <li class="gut" title="gute Laune"><span class="unsichtbar">Gute
Laune: </span>Peter, der heute eine 2 in dem Fach Englisch bekommen
hat.</li>
   <li class="ok" title="mittelmäßige Laune"><span
class="unsichtbar">mittelmäßige Laune: </span>Johanna, die leider
nur eine 3- bekommen hat, obwohl sie sonst nur Einsen schreibt.</li>
    <li class="schlecht" title="schlechte Laune"><span
class="unsichtbar">schlechte Laune: </span>Jean, der wiedermal eine
5 als Note bekommt.</li>
</ul>
```

Über CSS-Klassen werden Grafiken als Listenpunkte zugewiesen:

```
li.gut { list-style-image:url(gut.gif); }
li.ok { list-style-image:url(ok.gif); }
li.schlecht { list-style-image:url(schlecht.gif); }
```

Die Texthinterlegung erfolgt in diesem Beispiel zum einen über das
title-Attribut (z.B. für moderne Sprachausgaben) und zum anderen
als unsichtbarer Text (z.B. für alte Text-Browser, die CSS nicht unterstützen). Das Thema der per CSS eingebundenen Grafiken wird auf
Seite 128 noch einmal aufgegriffen.

Landkarten und andere komplexe Grafiken

Landkarten stellen ein besonderes Problem der Barrierefreiheit dar.
Es gibt nur wenige Ansätze, die die Zugänglichkeit für blinde Nutzer
sicherstellen, zum Beispiel zweidimensionale fühlbare Ausgabegeräte.
Meist sind diese Lösungen sehr teuer und für den »normalen blinden
Surfer« unerschwinglich. Das Problem ist, dass Landkarten nicht nur
zweidimensional aufbereitet werden, sondern in jeder Dimension
eine Fülle an verschiedenartigen Informationen enthalten. Die Zugänglichkeit scheitert jedoch bereits an der linearisierten Ausgabe solcher
Informationen. Diese Problematik kann sicher auch auf andere Grafiken übertragen werden, wie etwa Lagepläne oder Schaltpläne,
wenngleich die Komplexität der Aufgabenstellung dort etwas
abnimmt.

Es gibt im Prinzip die Möglichkeit, komplexe grafische Darstellungen auf der Basis von Scalable Vector Graphics (SVG) zu erstellen.
Der Vorteil dieser Technik, die Teil der W3C-Spezifikationen ist, ist
die XML-Basis, die eine Auszeichnung von grafischen Inhalten auf
Textbasis gewährleistet. Allerdings ist SVG noch nicht so verbreitet,
dass Informationsanbieter davon ausgehen könnten, dass jeder Nutzer das erforderliche Plug-in installiert hat. Aber auch wenn jeder

blinde Nutzer das Plug-in installiert hätte, so scheint die textorientierte Darstellung komplexer Zusammenhänge, die vor allem durch sehr viele Symbole, Linien und Farben als Merkmale ergänzt sind, um ein Vielfaches komplizierter. Andere Lösungen scheinen sinnvoller:

1. Sollen die Informationen von einer Datenbank abgerufen werden können, müssen geeignete Abfragen bereitgestellt werden, die textliche Informationen zur Verfügung stellen.
2. Wenn die zugrunde liegende Informationstechnik die Texthinterlegung nicht ermöglicht, dann muss für die Barrierefreiheit die Erreichbarkeit des Anbieters per Telefon gewährleistet sein, damit die Informationen alternativ abgefragt werden können. Ein solches Angebot ist auch dann wichtig, wenn der Nutzer aus anderen Gründen den Inhalt der Grafik nicht versteht.

Selbstverständlich sollten die Möglichkeiten von `alt`-, `title`- und `longdesc`-Attributen sowie kontextuelle Beschreibungen soweit ausgeschöpft werden, wie es nur geht.

2.1.6   Frames in der Textansicht

Frames sind einzelne Rahmen mit einem oder mehreren (X)HTML-Dateien innerhalb eines Browser-Fensters. Für den Zugang am Bildschirm sind diese Unterteilungen oft gar nicht sichtbar. Erfahrene Surfer erkennen jedoch Frame-basierte Seiten anhand des Browser-Verhaltens: Verschiedene Bereiche der Seite lassen sich einzeln scrollen oder die Adresse in der Adressleiste ist im gesamten Auftritt die gleiche. Diese Adresse ist der URI des Framesets, worin die einzelnen Frames ((X)HTML-Dokumente) eingebunden werden.

Bedingung 12.1
Bedingung 12.2
Frames müssen beschriftet sein (Bedingung 12.1) und Framesets beschrieben werden (Bedingung 12.2). Die Erfordernis hierfür ergibt sich durch die Nutzung von Screenreadern, die grundsätzlich nur Text erkennen. Wenn ein Frameset im Screenreader aufgerufen wird, werden zunächst die einzelnen Frames dargestellt. Je nachdem, wie die Frames bezeichnet sind, kann sich der Nutzer gut oder nicht so gut orientieren.

Der Name eines Frames sollte den Inhalt des Frames kurz beschreiben. Wenn ein Frame »Navigation« heißt, dann sollte auch eine Navigation in diesem Frame enthalten sein und umgekehrt. Unklar für den Screenreader-Nutzer kann sein, wenn eine nicht auf den Inhalt bezogene Bezeichnung wie »right_frame« gewählt wird. Eine bessere Alternative wäre, die Funktion des Frames über eine Bezeichnung wie »navigation« oder »inhalt« deutlich zu machen. Frames, die keinen wesentlichen Inhalt haben bzw. nur zu Layoutzwecken eingesetzt werden, benötigen Bezeichnungen wie »leer«.

```
<frameset rows="2*,10*">
   <frame name="kopfzeile" src="kopf.html" />
   <frameset cols="4*,13*">
      <frame name="navigation" src="navigation.html" />
      <frame name="inhaltsbereich" src="inhalt.html" />
   </frameset>
</frameset>
```

Wichtig und erforderlich ist die sinnvolle Benennung der Frames durch name- und title-Attribute aufgrund von Änderungen der (X)HTML-Spezifikation. Vor 1999 war das name-Attribut als Bezeichnung spezifiziert. Dadurch zeigt ältere Zugangssoftware lediglich das name-Attribut als Bezeichnung für einen Frame an. Neuere Zugangssoftware gibt hingegen das title-Attribut aus. Das name-Attribut wird jedoch vom Microsoft Internet Explorer nach wie vor an die MSAA-Schnittstelle (vgl. Abschnitt 4.1) weitergegeben und somit müssen Computerhilfsmittel über eigene integrierte Algorithmen verfügen, um an das title-Attribut zu gelangen. Da es unterschiedliche Computerhilfsmittel gibt, die sich teilweise eher auf die MSAA-Schnittstelle verlassen und teilweise andere Methoden zur Informationsgewinnung einsetzen, müssen beide Attribute gemäß Anforderung 10 gesetzt werden, um die Barrierefreiheit zu gewährleisten:

Anforderung 10

```
<frameset rows="2*,10*">
   <frame name="kopfzeile_hauptnavigation" src="kopf.html"
title="Hauptnavigation mit &uuml;bergeordneten Links" />
   <frameset cols="4*,13*">
      <frame name="navigation" src="navigation.html"
title="Navigation mit inhaltsbezogenen Links" />
      <frame name="inhaltsbereich" src="inhalt.html" title="Inhalt
der Seite mit ausf&uuml;hrlichen Informationen sowie allen Links
der Navigationen im unteren Bereich" />
   </frameset>
</frameset>
```

Die Beschreibung von Framesets wird in Bedingung 12.2 gefordert und ist vor allem dann erforderlich, wenn sehr viele Frames (mehr als 5) in ein Frameset eingebunden werden oder wenn Framesets dynamisch eingesetzt werden. Technisch funktioniert dieses mit einem longdesc-Attribut für das FRAMESET. Der Inhalt des Beschreibungstextes sollte sowohl die Zusammenhänge der einzelnen Frames beschreiben (zum Beispiel wie sich einzelne Frames in Abhängigkeit voneinander verhalten) als auch Veränderungen im Aufbau der einzelnen Frames dokumentieren (zum Beispiel wann ein Frame als normales Dokument und wann ein weiteres, verschachteltes Frameset erzeugt wird). Das obige Beispiel kann wie folgt ergänzt werden:

Bedingung 12.2

```
<frameset rows="2*,10*" longdesc="frameset_beschreibung.txt">
```

Der NOFRAMES-Bereich als Alternativtext

(X)HTML bietet das NOFRAMES-Element für Browser, die keine Frames unterstützen. Als die für die BITV zugrundegelegten WCAG1 im Jahr 1999 veröffentlicht wurden, gab es noch den einen oder anderen Browser, der auf das NOFRAMES-Element angewiesen war. Heute ist die Erfordernis nach dem NOFRAMES-Bereich nur im Zusammenhang mit Suchmaschinen zu sehen, etwa wenn wichtige Inhalte des Webauftritts unbedingt indexiert werden sollen.

Der NOFRAMES-Bereich ist im Prinzip ein Alternativtext für das Frameset und sollte mindestens den Navigationsmechanismus enthalten. Dieser kann sehr umfangreich sein oder nur aus einem Link zum Beispiel zu einer Gesamtübersicht des Webauftritts bestehen.

```
<!DOCTYPE html PUBLIC "-//W3C//DTD XHTML 1.0 Frameset//EN"
"http://www.w3.org/TR/xhtml1/DTD/xhtml1-frameset.dtd">
<html>
<head> ... </head>
<frameset rows="2*,10*,1*" longdesc="frameset_beschreibung.txt">
...
<noframes>
<body>
   <p>Diese Seite verwendet Frames. Bitte verwenden Sie die <a
href="sitemap.html">Gesamt&uuml;bersicht (<span lang="en"
xml:lang="en">Sitemap</span>)</a> f&uuml;r die Navigation.</p>
</body>
</noframes>
</frameset>
</html>
```

IFRAME und Texthinterlegung

IFRAME wird derzeit von Computerhilfsmitteln mangelhaft unterstützt

Frames müssen nicht in einem Frameset eingebunden werden, sondern können auch in ein bestehendes (X)HTML-Dokument eingebettet werden. Auf den Sinn und Zweck dieser Technik, insbesondere die Sicherheitsaspekte, wollen wir hier nicht eingehen. Derzeit ist es jedoch so, dass Screen- und Webreader erhebliche Schwierigkeiten haben, einen IFRAME überhaupt zu erkennen. Das bedeutet unter dem Strich, dass auch wenn Frames innerhalb eines (X)HTML-Dokuments nach Spezifikation eingebettet werden, der ungehinderte Zugang trotzdem nicht gewährleistet werden kann.

Der IFRAME wird mit zwei Elementen geöffnet bzw. geschlossen. Der Alternativtext wird genauso wie bei OBJECT zwischen dem beiden Elementen eingebunden:

```
<!DOCTYPE HTML PUBLIC "-//W3C//DTD HTML 4.01 Transitional//EN"
"http://www.w3.org/TR/html4/loose.dtd">
<html lang="de">
...
<body>
<p>&quot;Barrierefreies <span lang="en">Webdesign</span>&quot; in
einem eigenen <span lang="en">Frame</span>:</p>
<iframe src="http://bf-w.de/index.php" width="90%" height="50%"
name="barrierefreies_webdesign_in_a_box" title="Barrierefreies
Webdesign in einem eingebettetem Frame">
<p>Da Ihr <span lang="en">Browswer</span> die <code>IFRAME</code>-
Technik nicht unterst&uuml;tzt, m&uuml;ssen Sie die Seite: <a
href="http://bf-w.de/index.php">Barrierefreies <span
lang="en">Webdesign</span></a> als eigenst&auml;ndige Seite
aufrufen.</p>
</iframe>
</body>
</html>
```

Wie für Framesets kann auch für `IFRAME` eine lange Beschreibung mit dem `longdesc`-Attribut verknüpft werden. Eine generelle Problematik tritt im Zusammenhang mit dem Alternativtext des `IFRAME` auf, wenn die Inhalte des Frames verändert werden (vgl. Abschnitt »Dynamisierung von statischen Inhalten« auf Seite 172).

2.1.7   Multimedia

Bei Multimedia-Technologien kommen sehr viele Aspekte der Barrierefreiheit zusammen. An sich handelt es sich bei Multimedia um Techniken mit eigenen Möglichkeiten (und Grenzen) der barrierefreien Gestaltung, die von der BITV nur mittelbar abgedeckt werden. Teilweise fehlen fundierte Richtlinien für die einzelnen Formate. Bei Multimedia geht es zum einen um die Verwendung von SMIL zur Synchronisation von Text und Sprache mit Filmen, und zum anderen um gängige Webtechniken wie Flash und PDF, die nicht mit Techniken des W3C erzeugt werden.

Grundsätzlich ist bei jeder Art von Multimedia darauf zu achten, dass die Inhalte auf textorientierten Systemen verfügbar sind. Bei Multimedia im »klassischen« Sinne erfolgt dies über den Alternativtext im `OBJECT`-Element (vgl. Abschnitt 2.1.4). Bei anderen Medien ist es nicht ganz so einfach: Die Texthinterlegung hängt maßgeblich von der Unterstützung der entsprechenden Schnittstellen des Betriebssystems in den jeweiligen Anwendungen (z.B. Flash Player oder Adobe Reader) ab. Hierfür können nur Empfehlungen ausgesprochen werden, die eine bestmögliche Zugänglichkeit ermöglichen.

Das Thema »Multimedia« wird in Kapitel 3 des Buchs gesondert behandelt. Dort werden die besonderen Aspekte der Barrierefreiheit, also auch der Texthinterlegung ausführlich besprochen.

2.1.8   ASCII-Zeichnungen

In den frühen Zeiten des Webs, als Inhalte vorwiegend mit Text dargestellt und Grafiken kaum eingesetzt wurden, wurden Abbildungen und insbesondere Diagramme mit Textzeichen dargestellt. Diese hießen »ASCII-Zeichnungen«, weil nur Zeichen aus dem ASCII-Zeichensatz verwendet wurden. Eine Darstellung wie

```
<pre>
Euro
  I
 150             +-+
  I              I I
 100   +-+       I I
  I    I I  +-+  I I
  50   I I  I I  I I
  I    I I  I I  I I
  +--------------- Produkte
      1    2    3
</pre>
```

lässt sich jedoch in einer linearisierten Ausgabe nicht verstehen, weil die Informationen zeilenweise gelesen werden.

Bedingung 1.1   Damit auch ASCII-Zeichnungen der Bedingung 1.1 genügen, können die bereits geschilderten Methoden der kontextuellen Beschreibung im Text verwendet werden. Die Alternative ist hier, einen Link bereitzustellen zu einem beschreibenden Text.

```
<p><a href="ascii.txt" title="Detaillierte Beschreibung der unten
stehenden ASCII-Zeichnung">D</a></p>
```

Erläuterungen zum »D-Link« können in der Hilfe zum Programm »A-Prompt« auf der CD-ROM nachgelesen werden. Genauso wie bei longdesc wird die Beschreibung in einer Textdatei abgelegt. Als Konvention für den Linktext für solche beschreibende Dokumente gilt das »D« (engl. *description* bzw. »detaillierte Beschreibung«). Diese Methode kann auch für Grafiken angewandt werden, damit Zugangssoftware, die das longdesc-Attribut nicht unterstützt, Zugang zur Beschreibung erhält.

2.2   Kontraste, Farben und Schriftbild

In diesem Abschnitt geht es insbesondere um die Farbwahrnehmung und die daraus entstehenden Konsequenzen für das barrierefreie Webdesign. Hinsichtlich der Gestaltung von Webauftritten können die Anforderungen der Barrierefreiheit und einer Corporate

Identity in einen scheinbaren Konflikt treten. Webgestalter, die bestimmte Farbvorgaben erfüllen müssen, kennen das Problem: Farben, die in diversen Printmedien aufeinander abgestimmt werden können, lassen sich in elektronischen Medien nicht in gleicher Weise umsetzen. Verschiedene Betriebssysteme und vor allem verschiedene Endgeräte führen zu erheblichen Unterschieden in der Farbdarstellung. Es muss also darum gehen, eine mediengerechte Farbgestaltung anzustreben, die auf möglichst allen Endgeräten zum barrierefreien Zugang führt.

Bereits in der seit Ende 1996 gültigen Bildschirmarbeitsverordnung (BildscharbV) werden Anforderungen an die Darstellung von Informationen am Bildschirm festgelegt: Am Bildschirm dargestellte Zeichen müssen nicht nur ausreichend groß, sondern auch scharf und deutlich und mit angemessenen Abständen versehen sein. Die Lesbarkeit der Zeichen muss von einer Darstellung in einem stabilen Bild unterstützt werden, das frei von Flimmern oder Blendung ist. Diese Anforderungen wurden teilweise in der BITV übernommen und für die Umsetzung im Web konkretisiert. Manche dieser Anforderungen an die Lesbarkeit von Information werden durch die Verwendung einer entsprechenden Typografie unterstützt, auch wenn dies nicht ausdrücklich in der BITV beschrieben steht. Aus diesem Grund hat das Thema Typografie in diesem Abschnitt ebenfalls seinen Eingang gefunden. Die so genannte »ästhetische Formgebung für Medien- und Bildschirmoberflächen« (Interface-Design bzw. im engeren Sinne Typografie) kann hier aber nur kurz abgehandelt werden.

Letzten Endes geht es um die Wahrnehmbarkeit am Bildschirm. *Anforderung 2*
In Abschnitt 2.1 wurden bereits die besonderen Aspekte der Wahr- *Anforderung 7*
nehmbarkeit mit Sprachausgabe und anderen Computerhilfsmitteln dargelegt. Wahrnehmbarkeit bedeutet aber insbesondere auch, dass die Darstellung von Information am Bildschirm allen zugänglich ist. Dieser Anspruch kommt nicht nur in der Anforderung 2 der BITV zu Farben und Kontrasten zum Ausdruck. Auch bei der Anforderung 7 zur Vermeidung von bewegten Inhalten durch Flackern oder Blinken findet er sich ebenso wieder wie beim Thema der Hervorhebungen in Formularen oder einzelnen Navigationspunkten. Die Ursachen für die verminderte Wahrnehmbarkeit können unterschiedlich sein: Sie können durch die Wahrnehmung des Auges bedingt sein oder durch technische Gegebenheiten der Darstellung am Bildschirm.

Das Thema dieses Kapitels ist vor allem für Sehbehinderte und ganz besonders für Farbfehlsichtige von Bedeutung (vgl. Abschnitt 1.2.3). Da es allerdings sehr viele unterschiedliche Arten von Einschränkungen beim Farbensehen gibt, können sich daraus durchaus gegenläufige Anforderungen ergeben. Deshalb kann an dieser Stelle nicht mit einer Farbempfehlung für den Sehbehinderten gerechnet werden. Auch bei der Web Accessibility Initiative (WAI) sind aus diesem Grund keine konkreten Hinweise zu finden. Hier sollen vielmehr prinzipielle Bedürfnisse der Nutzer im Mittelpunkt stehen und die Notwendigkeit, ein möglichst großes Spektrum an individuellen Einstellungsmöglichkeiten zu gewährleisten.

2.2.1   Benutzerdefinierte Bildschirmeinstellungen

Anforderung 2 Nach Anforderung 2 der BITV müssen Texte und Grafiken auch dann verständlich sein, wenn sie ohne Farbe betrachtet werden. Weiterhin sollen Grafiken und Texte »ausreichend kontrastieren«. Während ersteres noch ziemlich deutlich einzuschätzen ist, können die Meinungen über Kontraste ganz erheblich voneinander abweichen. Manchen erscheint eine rote Schrift auf schwarzem Hintergrund gut lesbar. Anderen bereitet diese Kombination Schwierigkeiten. Manche bevorzugen dunkle Schrift auf weißem Hintergrund, andere sind davon geblendet. Um dem gesamten Spektrum gerecht zu werden, müssen grundsätzliche Standards eingehalten und bekannte kritische Farbkombinationen vermieden werden. Weiterhin ist es aber bei der Fülle der unterschiedlichen Ausprägungen an Fehlsichtigkeiten unerlässlich, jedem Anwender die Wahl zu überlassen: Die Darstellung der Information muss sich den individuellen Bedürfnissen anpassen können. Dies wird durch die Trennung des Inhalts vom Layout gewährleistet, die am besten mit Cascading Style Sheets (CSS) realisiert wird. Dadurch hat jeder Benutzer die Möglichkeit, sich die bevorzugte Darstellung einzustellen:

- Im Microsoft Internet Explorer (MSIE) 5.x wählt man im Menü Extras→Internetoptionen. Auf der Registerkarte »Allgemein« können dann Farben und Schriftarten eingestellt werden. Anschließend wählt man unter »Allgemein« die Eingabehilfen und wählt hier, dass Farb- oder sonstige Angaben auf Webseiten ignoriert werden sollen. Hier kann auch ein komplettes benutzerdefiniertes Stylesheet eingebunden werden.
- In Mozilla-Browsern (einschließlich Netscape 6/7) erreicht man dasselbe im Menü Bearbeiten→Einstellungen. Hier können ebenfalls Vorder- und Hintergrundfarbe für Webinhalte angegeben werden. Entsprechend können auch hier die Systemfarben übernommen werden.

Abb. 2-9
Symbol für den
Benutzermodus
in Opera

▓ Im Browser Opera geht man analog vor. Außerdem kann ab
  Opera 7 durch ein Symbol in der Navigationsleiste in den Benutzermodus umgeschaltet werden. Im Aufklappmenü finden sich
  verschiedene Layouts, mit deren Hilfe sich rasch ein Überblick
  der Seiten in verschiedenen Darstellungen verschafft werden
  kann: Neben der Darstellung von Schwarz auf Weiß und Weiß auf
  Schwarz findet sich auch das »Accessibility-Layout«. Hiermit wird
  einerseits die Schrift vergrößert und die Darstellung von schwar-
  zer Schrift auf hellgrünem Hintergrund gewählt. Das entspricht
  einer Darstellung, die als sehr gut lesbar gilt.

▓ Mit Browsern auf Mac OS werden die Farbschemata für alle
  Anwendungen zentral in den »Systemeinstellungen« bei »Bedie-
  nungshilfen« eingestellt. Die Einstellungen werden auch in allen
  Browsern übernommen. An gleicher Stelle kann eine bis zu
  20fache Bildschirmvergrößerung eingestellt werden.

▓ Die Windows-Eingabehilfen finden sich unter Start→Programme
  →Zubehör. Anhand der Bildschirmlupe kann man sehr anschau-
  lich die Darstellung mit bis zu 9facher Vergrößerung und umge-
  kehrten Farben nachvollziehen.

▓ Mit der Windows-Tastenkombination LinkeUmschalt-+LinkeAlt-+
  Druck-Taste (Standardeinstellung) kommt man zur Kontrastfunktion.
  Deren Einstellungen kann man sich über die Systemsteuerung
  individuell konfigurieren: Eingabehilfen→Anzeige→Einstellungen.

Durch diese individuellen Einstellungen werden die vom Webdesigner beabsichtigten Text- und Hintergrundfarben vollständig ignoriert. Man kann also nie voraussagen, welche Farben und Farbkombinationen auf dem Endgerät (Bildschirm) dargestellt werden.

Um dieser etwas unberechenbaren Vielseitigkeit des Erschei-
nungsbildes etwas entgegenzusetzen, bietet sich eine Möglichkeit an:
Die Verwendung eines Style-Switchers, mit dem mehrere Darstellungs-
alternativen angeboten werden können. Darauf wird in Abschnitt 2.2.9
näher eingegangen.

2.2.2   Farben als einziges Unterscheidungsmerkmal

Farbfehlsichtige haben eine verschobene Farbwahrnehmung. Farb-
töne, die sie nicht wahrnehmen können, werden durch andere, wahrnehmbare Farben ersetzt. Das führt dazu, dass manche Farbabstufungen der Normal Sehenden »mehrfach belegt« sind. Es kommt zu
Differenzierungsschwierigkeiten und Verwechslungen. Dieses nicht
eindeutige Erkennen und Differenzieren von Farben ist das entscheidende Problem für Farbfehlsichtige – insbesondere wenn zwei Farbflächen unterschieden werden sollen, wie es bei jeglicher Kombination von Vordergrund- und Hintergrundfarbe bei Text oder Grafik der

Fall ist. Wie bereits erwähnt, ist bei Texten eine individuelle Einstellung möglich. Die Kontraste einer Grafik sind jedoch in der Regel nicht beeinflussbar.

Man muss sich jedoch weniger darum sorgen, dass ein Foto zu grün- oder rotstichig wahrgenommen werden könnte. Vielmehr geht es um die Information, die mit einer Grafik oder einer bestimmten Farbe vermittelt werden soll. Diese Information darf nicht allein durch die Farbe, sondern muss auch in Alternativen dargestellt werden.

Wenn beispielsweise der Held im Film die lebensentscheidende Frage durch die Auswahl einer Pille beantworten soll, wäre es hilfreich, diese nicht nur anhand der Farbe identifizieren zu können. Besser wäre: »Wähle die blaue, runde Pille für das Vergessen; oder die rote, längliche Pille für die Wahrheit.«

Arten von Informationen

Es gibt verschiedene Träger von Information:

- Text in Überschriften und Fließtext. Dabei ist sowohl der Inhalt selbst als auch die Formatierung einzelner Textarten gemeint.
- Die Hauptnavigation in den unterschiedlichen Navigationsbereichen (auf (X)HTML-Basis und/oder grafisch)
- Verweise oder Links, die weitere Bezüge und Verbindungen herstellen
  - als Textlinks
  - als grafische Bedienelemente (»Suche«, Pfeile z.B. nach oben, verlinktes Logo, Druckersymbol ...)
- Informative Grafiken (Schriftgrafik, Piktogramm u.ä.)
- Formularelemente, Warnung

Diese Informationsträger müssen immer so gestaltet sein, dass sie sich nicht über die Farbe alleine definieren. Deutlicher wird dies anhand der folgenden Beispiele:

Beispiel »Rote« Zahlen – »Schwarze« Zahlen

Um etwa in einem Geschäftsbericht zu verdeutlichen, wie es um die Beschaffenheit der Gewinne und Verluste steht, darf die Darstellung nicht auf die farbige Markierung der Zahlen reduziert bleiben: Rot für negative Zahlen und Schwarz für positive Zahlen reicht nicht aus. Empfehlenswert ist hier ein zusätzliches Plus- bzw. Minuszeichen vor der jeweiligen Zahl. Das kommt Nutzern von Screenreadern ebenfalls entgegen, da eine Farbformatierung vom Screenreader nicht automatisch erkannt wird.

Meiner kleiner Hobby-Blumenladen

\	1. Quartal	2. Quartal	3. Quartal	4. Quartal
Umsatz	20000	30000	25000	40000
Gewinn/ Verlust	2000	5000	1000	8000

Rot: Verlust
Schwarz: Gewinn

Abb. 2-10
Zahlen werden mittels Farbe unterschieden.

Meiner kleiner Hobby-Blumenladen

\	1. Quartal	2. Quartal	3. Quartal	4. Quartal
Umsatz	20000	30000	25000	40000
Gewinn/ Verlust	2000	5000	1000	8000

Rot: Verlust
Schwarz: Gewinn

Abb. 2-11
Zahlen werden mittels Farbe unterschieden und sind durch benutzerdefinierte Einstellungen nicht mehr wahrnehmbar.

Meiner kleiner Hobby-Blumenladen

\	1. Quartal	2. Quartal	3. Quartal	4. Quartal
Umsatz	20000	30000	25000	40000
Gewinn/ Verlust	-2000	+5000	-1000	+8000

Rot, -: Verlust
Schwarz, +: Gewinn

Abb. 2-12
Zahlen werden mittels Farbe und Vorzeichen unterschieden.

Meiner kleiner Hobby-Blumenladen

\	1. Quartal	2. Quartal	3. Quartal	4. Quartal
Umsatz	20000	30000	25000	40000
Gewinn/ Verlust	-2000	+5000	-1000	+8000

Rot, -: Verlust
Schwarz, +: Gewinn

Abb. 2-13
Zahlen werden mittels Farbe und Vorzeichen unterschieden und können bei benutzerdefinierten Farben unterschieden werden.

Beispiel »Bitte grünen Knopf drücken!«

Eine solche Anweisung hilft wenig, wenn man die Farben nicht unterscheiden kann.

Abb. 2-14
Verschiedenfarbige Schaltflächen ohne weitere Kennzeichnung

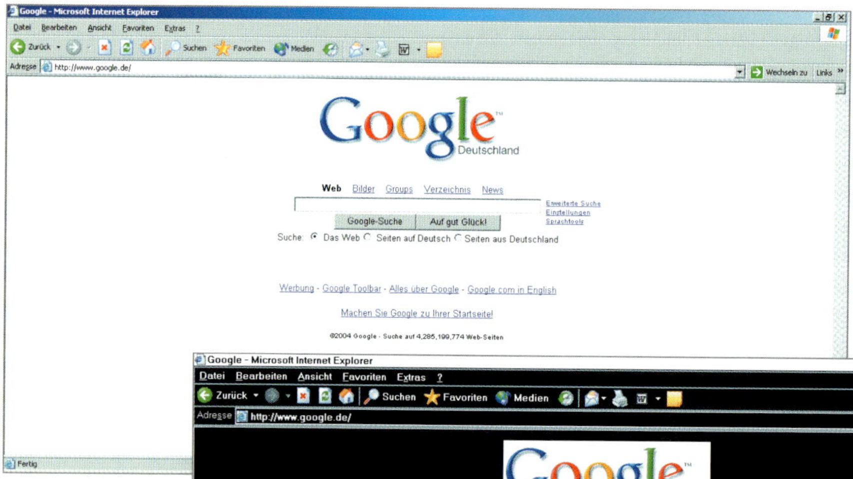

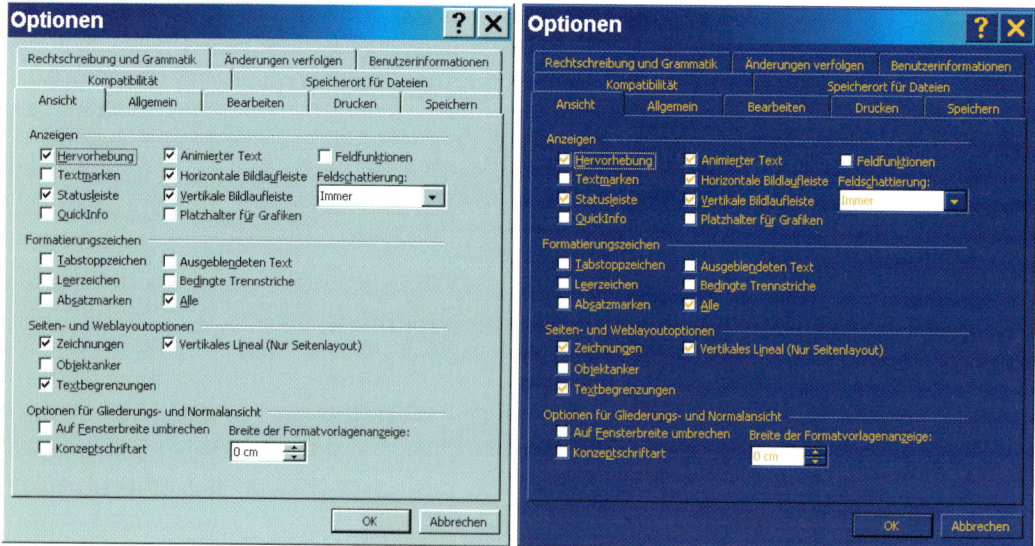

Abb. 1-2
(siehe Seite 12)

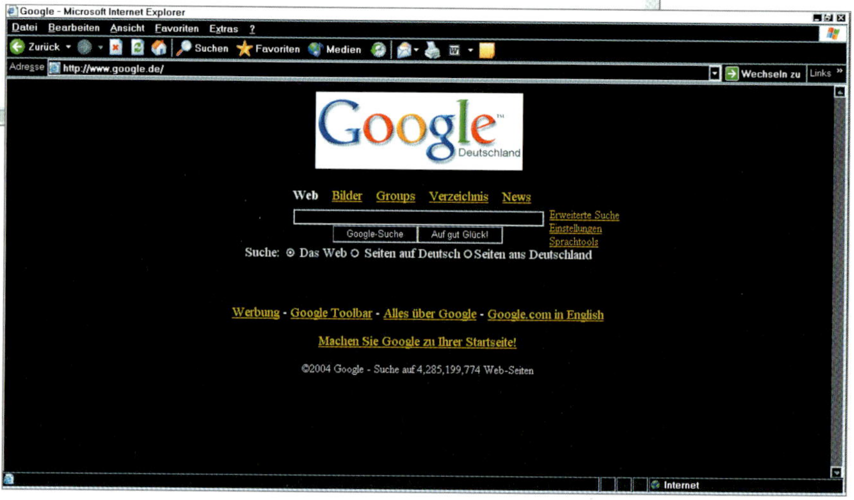

Abb. 1-3
(siehe Seite 13)

Abb. 1-4 (siehe Seite 13)   **Abb. 1-5** (siehe Seite 14)

Abb. 2-28 (siehe Seite 103)   Abb. 2-29 (siehe Seite 103)

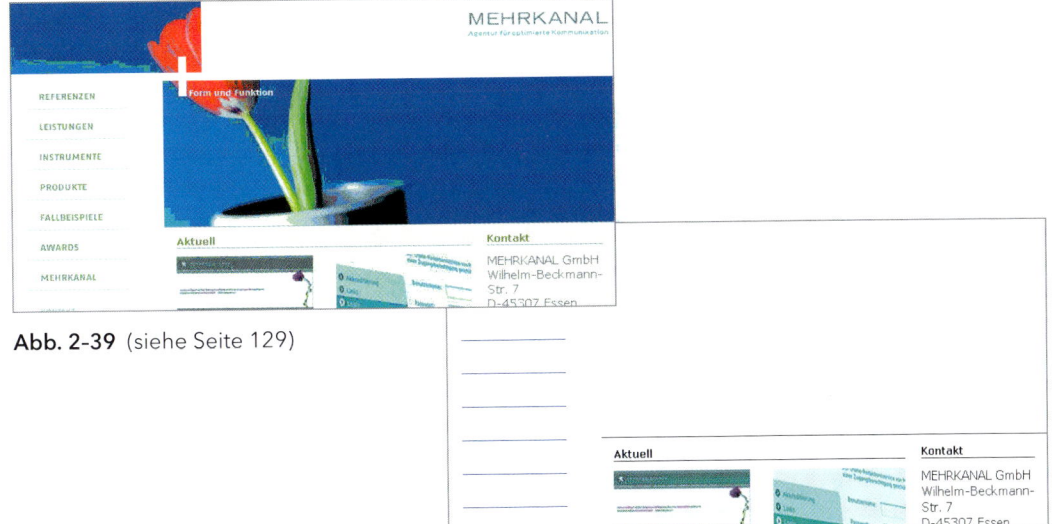

Abb. 2-39 (siehe Seite 129)

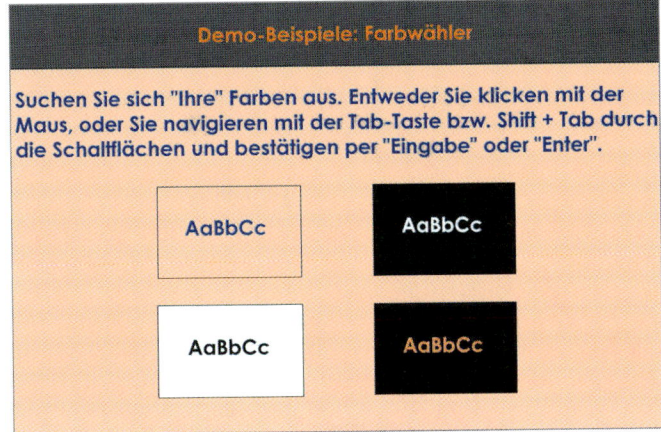

Abb. 3-4 (siehe Seite 243)

Formularmarkierungen

Die Kennzeichnung von Pflichtfeldern bei Formularen darf nicht nur durch die Farbe allein erfolgen. Beispiel: »Die gelb unterlegten Felder müssen immer ausgefüllt werden.«

Üblich ist eigentlich die zusätzliche Markierung mit einem Sternchen (*) (vgl. Abschnitt »Die Unterscheidung von Pflichtfeldern und anderen Eingabefeldern« auf Seite 188). Besser noch ist die zusätzliche Texthinterlegung mit einem Wort (z. B. mit »optional«), da Interpunktion gelegentlich von Sprachausgaben ignoriert wird.

Hervorhebung der Position innerhalb der Navigation

Bedingung 13.5 Ein so genannter »Bread Crumb Trail«, gibt als Pfadangabe Auskunft darüber, an welcher Stelle man sich innerhalb eines Webauftritts befindet. Diese Orientierungshilfe (Bedingung 13.5) stellt einen klaren inhaltlichen Bezug zwischen Seitennavigation und Überschriften der aktuellen Seite her. Oft wird der Navigationspunkt, der zur aktuellen Seite gehört, hervorgehoben. Solche Hervorhebungen zum besseren Verständnis erfolgen meist durch Formatierungen mit Hintergründen, Schriftarten, Schriftgrößen und Farben und durch die Position auf der Seite. Farbliche Bezüge zwischen Navigationselementen und aufgerufenen Seiten können durchaus hilfreich sein. Solche Konzepte sind allerdings bei der Verwendung von Screen- oder Webreadern nicht wahrnehmbar. Sie sollen daher nur als Ergänzung zu anderen Konzepten eingesetzt werden.

Damit eine solche Orientierungshilfe auch ohne Farbe wahrnehmbar ist, kann man die Markierung beispielsweise mit Texten, Linien oder sonstigen Abgrenzungen ergänzen. Dabei ist zu beachten, dass die Nachvollziehbarkeit auch bei benutzerdefinierten Farben gewährleistet sein muss. Ein Beispiel hierfür ist ab Seite 102 beschrieben.

Mehrfachauszeichnung von Links

Auch die Auszeichnung eines Textlinks im umgebenden Fließtext muss eindeutig erfolgen. Neben der Differenzierung durch einen Farbwechsel muss ihn noch ein weiteres Merkmal unterscheiden. Beispielsweise durch eine zusätzliche Formatierung mit dem Textattribut »Fett« oder »Unterstrichen« (vgl. Abschnitt 2.2.7).

Weitere Beispiele für Mehrfachauszeichnungen:

- Überschriften durch eine Einrückung, durch eine andere Schriftgröße oder vorangestellte Symbole zusätzlich hervorgehoben.

- Ausgewählte Menüpunkte haben eine zusätzliche Formatierung, die sie von nicht ausgewählten unterscheidet, zum Beispiel durch ein vorangestelltes Symbol (vgl. Beispiel in 2.3.2).
- Linien in Schaubildern sind zusätzlich gestrichelt oder durchgezogen.

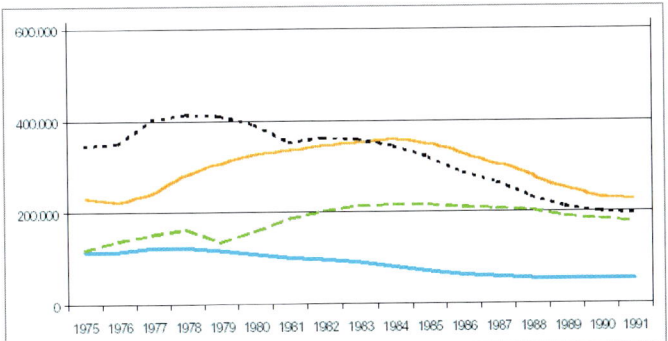

Abb. 2-15

Die Kurven einer Infografik sind sowohl durch die Form als auch die Farbe unterscheidbar.

- Idealerweise werden auch besuchte Links noch zusätzlich durch eine andere Unterstreichung oder ähnliches markiert.
- Zusätzliche Hinweise und Erläuterungen für Screenreader-Nutzer können mit einem für andere unsichtbaren Text geschrieben werden: Beispielsweise mit {display:none;} im CSS. Lesen Sie bitte hierzu unbedingt auch die Hinweise ab Seite 128.

Wenn Abkürzungen und Akronyme (Bedingung 4.2) ausgezeichnet werden, dann sollten diese ebenfalls auch ohne Farbe wahrnehmbar sein. Als eine durchaus gängige Darstellung hierfür gilt die gestrichelte Unter- oder Überstreichung. Diese Darstellung erfolgt in den meisten Browsern nach entsprechender Auszeichnung automatisch. Eine Ausnahme bildet hier der Microsoft Internet Explorer, der Abkürzungen (ABBR) überhaupt nicht unterstützt und die Auszeichnung von Akronymen (ACRONYM) zwar interpretiert, aber noch nicht ohne zusätzliche CSS-Angaben darstellen kann. Ein Beispiel wird in Abschnitt 2.7.3 vorgestellt.

Bedingung 4.2

2.2.3   Kleine Farbenlehre

Da das entscheidende Problem bei Farbfehlsichtigkeit im Unterscheiden von Farben liegt, muss beim Design eines Informationsangebotes immer in Farbkombinationen gedacht werden.

Kritische Farbkombinationen

- Keine komplementären Farben, etwa Grün auf Rot oder Rot auf Grün! Abgesehen davon, dass diese Kombination fast alle Farbfehlsichtige verunsichert, kann sie auch normal Farbsichtige irritieren: Komplementäre Farbkombination flimmern am Bildschirm.
- Kein Rot auf Schwarz oder Schwarz auf Rot! Rot erscheint Menschen mit Rotschwäche als dunkles Grau, Dunkelrot sogar als Schwarz.
- Keine Kombinationen von Beige/Gelb/Orange mit Rot und Grün, da die meisten Farbfehlsichtigen Rot und Grün durch diese Farben ersetzen.
- Weitere Farbkombinationen, die schlecht zu unterscheiden sind:
  - Gelb und Weiß
  - Rot und Blau
  - Blau und Orange
- Es sei denn:
  - Es ist keine Verwechslung möglich, da den unterschiedlichen Farbtönen keine unterschiedliche Bedeutung oder Information zukommt.
  - Die Distanz zwischen den kritischen Farbflächen ist groß genug.
  - Ein erheblicher Helligkeitskontrast zwischen den beiden Farben besteht; zum Beispiel hellgelbe Schrift auf einer dunkelgrünen Schaltfläche.

Empfohlene Farbpaare

Da große weiße Flächen am Bildschirm einen starken Blendeffekt haben können, sollten weiße Hintergründe etwas abgetönt sein. Das kann durch einen leichten Graustich, aber auch mit jeder anderen Farbe erzielt werden.

Zur Darstellung von Texten ist prinzipiell zu sagen, dass jede Hintergrundfarbe die Gefahr birgt, die Lesbarkeit zu beeinträchtigen. Für Farbverläufe und Hintergrundgrafiken gilt das erst recht!

Abb. 2-16

Hintergrundgrafik als Störfaktor

Ansonsten kann man folgende Farbkombinationen empfehlen, die die Lesbarkeit und Wahrnehmung unterstützen:

- Schwarz auf Weiß
- Weiß auf Rot
- Weiß auf Schwarz
- Blau auf Weiß
- Gelb auf Blau

Empfohlene Farbabstufungen

Für die deutliche grafische Darstellung von Daten in Form von Karten oder Plänen braucht man meist mehr als 2 Farben. Kartographen benutzen Farbe nicht ausschließlich als Unterscheidungsmerkmal, sondern auch als Träger von Fakten und Daten. Führend in der Erstellung dieser Anwendung zuträglicher Farbenkanons ist die Geografieprofessorin Cynthia Brewer an der Pennsylvania State University. Im Internet stellt sie ihren ColorBrewer (www.colorbrewer.org) kostenlos zur Verfügung, mit dem entsprechende Darstellungen ausprobiert werden können (vgl. Abb. 2-17).

Folgende Farbabstufungen nebeneinander liegender Farbflächen werden demnach auch von Farbfehlsichtigen in der Regel eindeutig unterschieden:

- Rot/Blauabstufung:
  In den Schritten: Dunkelrot; Rot; Hellrot; Hellblau; Blau; Dunkelblau
- Orange/Blauabstufung:
  In den Schritten: Dunkelorange; Orange; Hellorange; Hellblau; Blau; Dunkelblau
- Orange/Violettabstufung:
  In den Schritten: Dunkelorange; Orange; Hellorange; Hellviolett; Violett; Dunkelviolett
- Gelb/Violettabstufung:
  In den Schritten: Gelb; Hellviolett; Violett; Dunkelviolett (Gelb eignet sich nicht besonders zur Differenzierung. Es ist eine zu helle Farbe, die nicht dunkel gesättigt sein kann.)

Abb. 2-17

ColorBrewer

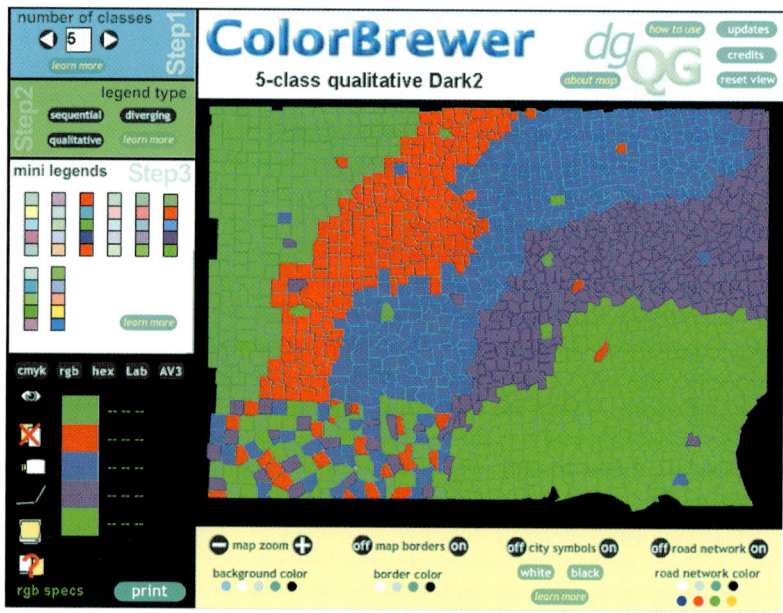

2.2.4   Gestaltung von Farben in Grafiken

Bedingung 2.2   »Bilder sind so zu gestalten, dass die Kombinationen aus Vorder-
grund- und Hintergrundfarbe auf einem Schwarz-Weiß-Bildschirm
und bei der Betrachtung durch Menschen mit Farbfehlsichtigkeiten
ausreichend kontrastieren.« (Bedingung 2.2)

Diese Anforderung ist für alle Sehbehinderten von großer
Bedeutung, da sich die Kontraste einer Grafik in den meisten
Betriebssystemen nicht vom Benutzer verstärken lassen. Optionen
wie sie mit Mac OS zur Veränderung von Gammawerten gegeben
sind, bleiben die Ausnahme. Die Darstellung von Text kann hingegen durch benutzereigene Einstellungen verändert werden. Eine
Grafik oder sonstige Objekte (siehe auch Abschnitt 3.2 zum Thema
Flash) bleiben unverändert. Sie können höchstens invertiert werden,
was dazu führt, dass die Grafiken in Negativfarben dargestellt werden – der Kontrast ist davon nicht betroffen.

Die Anforderung zielt vordergründig auf Grafiken, die Informationen vermitteln sollen, beispielsweise Schriftgrafiken, Schaltflächen, Diagramme, Piktogramme, Pläne, Symbole usw.

Entscheidend ist die Stärke des Kontrasts zwischen Hintergrund
und Vordergrund der Grafik. Um sich einen ersten Eindruck des Kontrasts einer Grafik oder des Layouts zu machen, empfiehlt sich die
Graustufendarstellung, die man mit einem JavaScript im Internet
Explorer einstellen kann:

```
javascript:document.body.style.filter='gray()'; void(null);
```

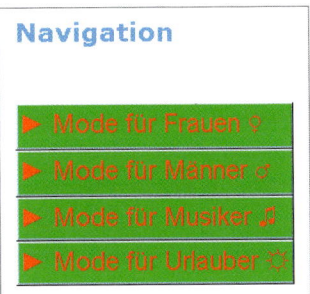

Abb. 2-18
Informative Grafik in einer farbigen Darstellung

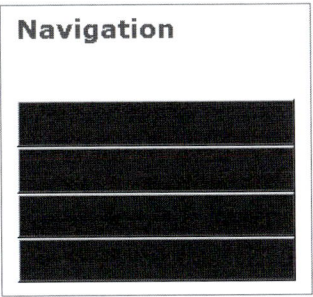

Abb. 2-19
Informative Grafik in einer schwarz-weißen Darstellung

Diese und weitere Möglichkeiten, beispielsweise mit VisCheck oder dem Contrast-Analyser, werden im Abschnitt 5.2 genauer erläutert.

Nur wenn der Grafik ein definierter Hintergrund zugewiesen ist, hat man Einfluss auf die Kontrastwirkung. Mit einem Logo oder einem Schriftzug auf transparentem Hintergrund riskiert man bei entsprechenden Nutzereinstellungen, dass davon nicht mehr viel zu sehen ist:

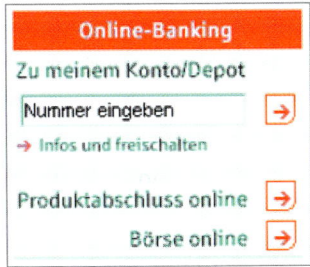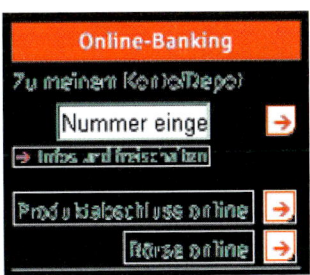

Abb. 2-20
Transparenter Hintergrund vor unterschiedlichen Farben

2.2.5   Problematik von Schriftgrafiken im Web

Unter Schriftgrafik versteht man die Abbildung eines Textes in einer Grafikdatei. Der scheinbare Text wird aber als Bild interpretiert und braucht einen entsprechenden Alternativtext (vgl. Seite 65). Dabei sind Schriftgrafiken nach Bedingung 3.1 prinzipiell zu vermeiden.

Bedingung 3.1

Text in der jeweiligen Auszeichnungssprache muss nach Möglichkeit immer vorgezogen werden.

Einerseits ist das deswegen notwendig, weil ein solches Vorgehen der Verwendung von Spezifikationen und insbesondere der Anforderung nach Trennung von Inhalt und Layout entspricht. Andererseits sind Schriftgrafiken in keinem Browser außer in Opera skalierbar. Wobei hier die Schriftgrafiken bei der Vergrößerung schlecht lesbar werden, da die Ränder des Textes dabei schnell ausfransen, sozusagen »verpixeln«.

Abb. 2-21

Schriftgrafiken werden bei Vergrößerung nicht geglättet.

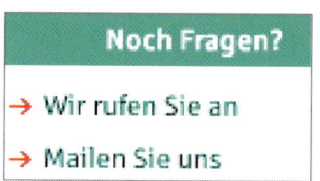

Nicht ganz einfach ist das Problem von Schriften, die der Corporate Identity einer Firma genügen müssen. Diese hauseigenen Schriften sollten möglichst sparsam verwendet werden und haben im Medium Web eigentlich nur im Logo ihre Berechtigung.

Wenn es doch nicht anders geht, ist der Text der Schriftgrafik kurz zu halten. Längere Passagen dürfen nur als echter Text dargestellt werden.

Der Text der Schriftgrafik muss dabei sowohl im alt-Attribut (für Screenreader) als auch im title-Attribut (als Tooltipp, falls die Schriftgrafik nicht gelesen werden kann) wiederholt werden. Dabei ist die Darstellung einzelner Buchstaben als Grafik sehr problematisch (vgl. Abschnitt 2.1.5). Zu beachten ist auch die Größe der abgebildeten Schrift (vgl. Abschnitt 2.2.8)

2.2.6   Gestaltung von Textfarben

Bedingung 2.3   Auch »Texte sind so zu gestalten, dass die Kombinationen aus Vordergrund- und Hintergrundfarbe auf einem Schwarz-Weiß-Bildschirm und bei der Betrachtung durch Menschen mit Farbfehlsichtigkeiten ausreichend kontrastieren.« (Bedingung 2.3).

Bestimmung der Farben

Ähnlich wie bei Grafiken ist bei Text wichtig, die Hintergrundfarbe festzulegen. Nur wenn die Kombination von Vorder- und Hintergrund definiert ist, besteht ein Einfluss auf den Kontrast. Diese Zuweisung der Farbkombination muss vollständig per CSS erfolgen. Wenn die Hintergrundfarbe per (X)HTML gesetzt wird und die Vordergrundfarbe mit CSS, so wird möglicherweise bei ausgeschaltetem CSS nichts mehr zu erkennen sein.

Mit einem Tool von VisiBone (www.visibone.com/colorlab) können die Kontraste einer Textfarbe auf einem bestimmten Hintergrund getestet werden:

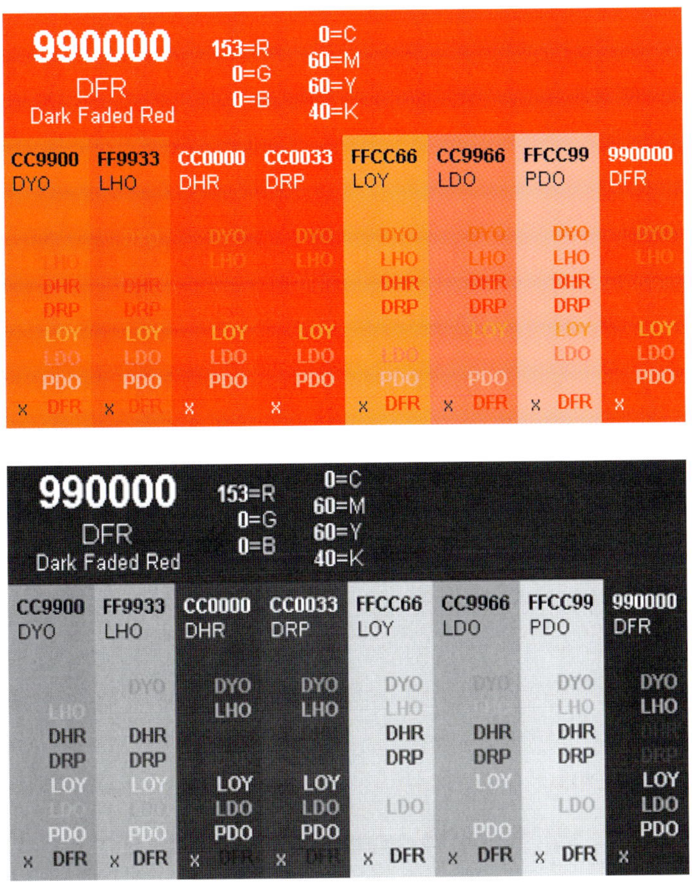

Abb. 2-22
Visibone – farbige und schwarz-weiße Darstellung

Manche Sehbehinderte haben Schwierigkeiten beim Lesen stark vergrößerter farbiger Schrift mit einem Vergrößerungssystem. So erscheint eine graue Schrift in der Vergrößerung wesentlich undeutlicher als eine schwarze Schrift, da die Kanten von einem Vergrößerungssystem nicht genauso geglättet werden können. Bei längeren Fließtextpassagen ist deshalb immer eine schwarze Schrift auf hellem Hintergrund oder eine weiße Schrift auf dunklem Hintergrund zu bevorzugen.

Abb. 2-23
*Problem bei stark
vergrößerter
grauer Schrift*

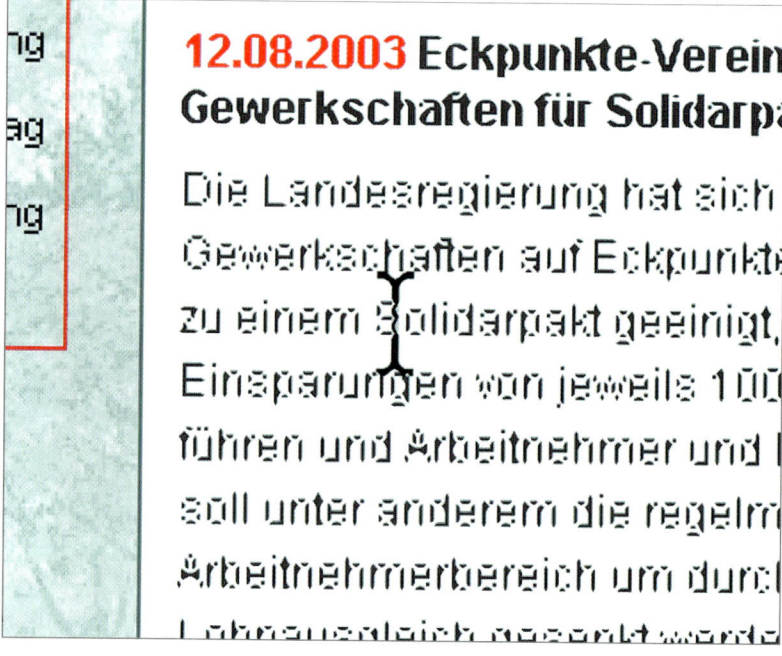

Textgestaltung und dynamische Aspekte

Im Kontrastmodus mit vergrößerten Schriften kommt es oft zu schwerwiegenden Barrieren mit Überlagerungen innerhalb der Navigation und Menüs, die außerhalb des sichtbaren Bereichs ausklappen.

Abb. 2-24
*Verschiedene
Darstellungen
überlappender
Navigationen*

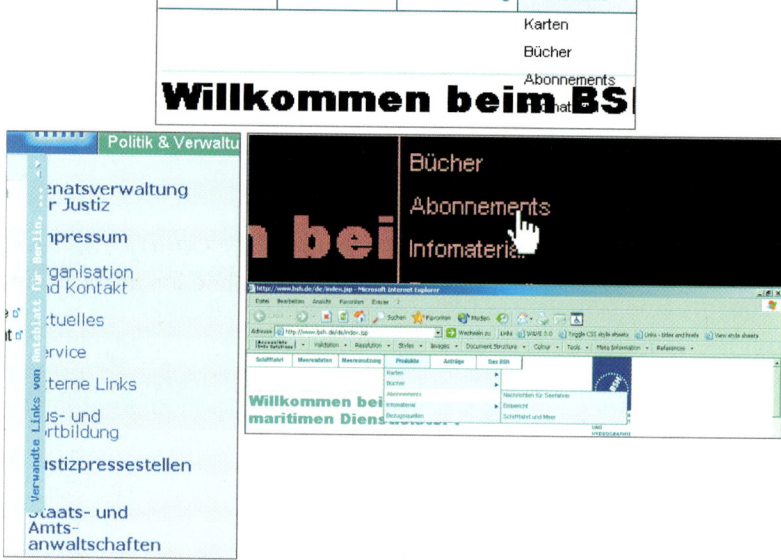

Beim Betrachten mit der Bildschirmlupe kann es ebenfalls zu Schwie-rigkeiten kommen, wenn das Aufklappen eines weiteren Untermenüs unter Umständen gar nicht wahrgenommen werden kann. Um die Orientierung zu verbessern, können Führungslinien sehr hilfreich sein.

2.2.7 Text als Link

Textlinks sind ebenfalls eine Form von Text und müssen deshalb ebenso in ihrer Kombination von Vorder- und Hintergrundfarbe fest-gelegt sein. Hinzu kommen mindestens noch die Festlegung der Far-ben des normalen Links, des fokussierten Links und des aktivierten und besuchten Links.

Auch in diesem Fall könnten ansonsten die benutzereigenen Ein-stellungen für Überraschungen sorgen. Nur durch die Spezifizierung der gesamten Kombination ist der bewusste Einfluss gegeben. Der Nutzer ändert bei bestimmten Vorlieben ebenfalls das gesamte Paket, um den gewünschten Effekt zu erzielen.

Die Formatierungen des Links

Die so genannten Pseudoformate für Verweise (a:link, a:visited, a:hover, a:active, a:focus) sollten zentral im Stylesheet definiert. Dabei ist auch genau diese Reihenfolge einzuhalten, um eine kor-rekte Darstellung zu erhalten. Da alle Pseudoklassen eine gleichwer-tige Wertigkeit (specificity) haben, ist die letzte Angabe ausschlagge-bend, wenn ein Link in mehrere Kategorien fällt:

- a:link = ein normaler, noch nicht besuchter Link
- a:visited = ein bereits besuchter Link
- a:hover = ein Link, der soeben von einer Maus überfahren wird
- a:active = ein soeben ausgewählter Link
- a:focus = ein Link, der soeben im Fokus (z.B. der Tastatur) steht (Netscape 4.x reagiert nicht auf das Pseudoformat :hover. Der Internet Explorer kennt die Angabe :focus erst ab der Version 5.5, und auch nur für das Element A)

Mit a:hover wird bestimmt, wie sich die Formatierung des Links ändert, wenn man ihn mit der Maus ansteuert, ohne ihn anzuklicken. Das ist für Menschen, die eine Maus bedienen können, eine recht anschauliche Unterstützung. Motorisch Behinderte hingegen bewe-gen sich anders durch eine Webseite: Für sie ist entscheidend, wie der Link reagiert, wenn er im Fokus zum Beispiel der Tabulatortaste steht. Dieser Focus (a:focus) wird auch für Sehbehinderte umso wich-tiger, da es um die Augen-Hand-Koordination geht (für den Fall, dass man den Mauszeiger schlecht erkennen kann).

Es gibt dabei die Empfehlung, den im Fokus stehenden Link mit einem Rahmen zu versehen, wobei der Rahmen bei benutzerdefinierten Farben dann die Farbe des Textes übernimmt. Natürlich gilt es auch hier, Vorder- und Hintergrundfarbe immer festzulegen.

So könnte demnach ein Stylesheet für Links aussehen:

```
body {color:black;background-color:ivory; }
a:link{ color:red;background-color:ivory; text-
decoration:underline; border:1px solid #000;}
a:visited {color:dark orange; background-color:ivory; text-
decoration:none; border:1px solid #000;}
a:hover { color:ivory; background-color:red; text-
decoration:underline; border:1px solid #fff;}
a:active { color:purple; background-color:ivory; text-
decoration:underline; border:1px dotted #000;}
a:focus { color:ivory; background-color:red; border:1px dashed #000; }
```

Die Zusatzformatierungen des Links

Eine Unterstreichung von Text sollte ausschließlich der Auszeichnung von Textlinks vorbehalten sein. Dies ist seit der Erfindung grafischer Browser Konvention und wird von den meisten Browsern standardmäßig so dargestellt, wenn keine Angabe im CSS dies unterdrückt. Aus demselben Grund wird auch empfohlen, Links im Fließtext immer zu unterstreichen.

Wenn man sich aus gestalterischen Gründen dennoch gegen eine Unterstreichung der Links auf den eigenen Seiten entschließt, dann muss man sich Gedanken über weitere Zusatzformatierungen des Links machen. Denn die Information, welcher Text innerhalb eines Fließtextes ein Link ist, darf nicht über Farbe allein vermittelt werden.

Deshalb müssen immer mindestens zwei Merkmale den Textlink vom Fließtext unterscheiden. Dies kann neben der Farbe eine Unterstreichung, eine andere Schriftformatierung (z.B. »Fett«), Schriftart oder -größe, ein vorangestelltes Symbol, ein Oberstrich oder Rahmen sein.

Eine Ausnahme stellen die gewohnten Navigationsbereiche dar. Die allgemeinen Erfahrungen haben sich dabei folgendermaßen gefestigt: Texte, die in Navigationsfeldern auf der (meist) linken Seite stehen, oder sich in Navigationsbalken oben oder unten befinden, sind normalerweise Links. Dies wird von der Allgemeinheit erkannt, auch wenn diese Textlinks innerhalb von Navigationsbereichen nicht unterstrichen sind. In diesem Falle weist die Position und Gestaltung des Textlinks bereits als erstes Unterscheidungsmerkmal auf die Funktion hin.

Es ist in diesem Fall daher auch durchaus korrekt, dass die automatische Unterstreichung der Links durch den Browser in diesen Bereichen unterbunden wird. Im Stylesheet wird dies mit `text-decoration:none` erreicht.

Dies gilt aber ausdrücklich nur für eindeutige Navigationsbereiche. Beim Textlink im Inhaltsbereich darf eine Unterstreichung nicht unterbunden werden!

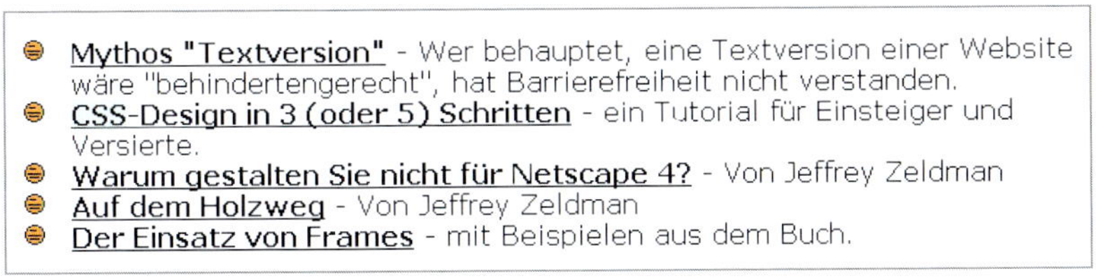

- ⊜ **Mythos "Textversion"** - Wer behauptet, eine Textversion einer Website wäre "behindertengerecht", hat Barrierefreiheit nicht verstanden.
- ⊜ **CSS-Design in 3 (oder 5) Schritten** - ein Tutorial für Einsteiger und Versierte.
- ⊜ **Warum gestalten Sie nicht für Netscape 4?** - Von Jeffrey Zeldman
- ⊜ **Auf dem Holzweg** - Von Jeffrey Zeldman
- ⊜ **Der Einsatz von Frames** - mit Beispielen aus dem Buch.

Abb. 2-25

Ein vorbildlicher Textlink durch Unterstreichung

In diesem Beispiel wird der Textlink fett, unterstrichen und mit vorangestelltem Symbol sehr klar und vorbildhaft verdeutlicht.

Mouse-over-Effekt

Zwar wird im Abschnitt 2.6 über Geräteunabhängigkeit vermittelt, dass weder die ausschließliche Verwendung mausabhängiger Event-Handler noch dynamische Anwendungen mit JavaScript als barrierefrei einzustufen sind. Aber der häufig eingesetzte optische Effekt, der die Darstellung des Links verändert, über dem sich der Mauszeiger soeben befindet, kann durchaus im Sinne der Barrierefreiheit hilfreich sein. Durch die optische Hervorhebung wird das Verständnis der Navigation visuell unterstützt. Dieser Effekt bedeutet aber keine zusätzliche Information und ist deshalb barrierefrei, auch wenn man ohne Mausbenutzung keinen Vorteil davon hat. Mouse-over-Effekte sollten jedoch mit tastaturorientierten Fokus-Effekten ergänzt werden.

Bei der Darstellung eines Mouse-over-Effekts muss aber darauf geachtet werden, dass aus der beabsichtigten Hervorhebung nicht eine Abschwächung des Kontrasts wird. Weiterhin muss die geänderte Darstellung als solche im Gegensatz zur normalen Darstellung stehen, um die gewünschte Aufmerksamkeit zu erzielen.

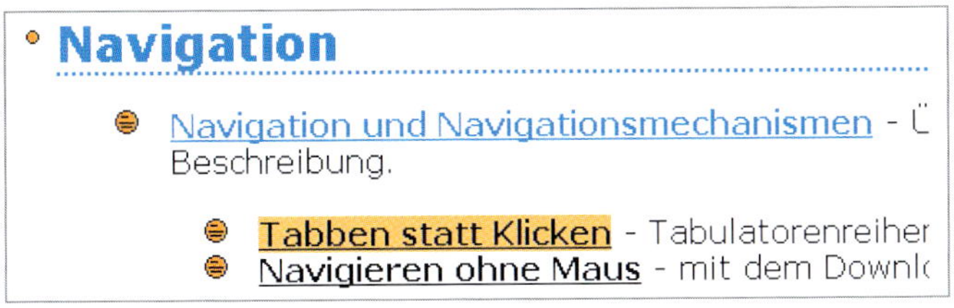

Navigation

- ⊜ Navigation und Navigationsmechanismen - Ü Beschreibung.
  - ⊜ Tabben statt Klicken - Tabulatorenreiher
  - ⊜ Navigieren ohne Maus - mit dem Downlc

Abb. 2-26

Hervorhebung durch Mouse-over-Effekt

Auch hier gilt die Forderung, dass Vorder- und Hintergrundfarbe in einem deutlichen Kontrast zueinander stehen, damit die Lesbarkeit des angesteuerten Links gewährleistet ist.

2.2.8   Anforderungen an das Schriftbild des Fließtexts

Die Typografie ist zwar nicht Bestandteil der BITV, sollte aber nicht zuletzt auch wegen der entsprechenden Anforderungen der Bildschirmarbeitsverordnung bei der Gestaltung von Webseiten berücksichtigt werden. Dementsprechend muss das Schriftbild nicht nur ausreichend groß, sondern auch scharf und deutlich sein und angemessene Abstände haben.

Das Schriftbild sollte also auch für visuell beeinträchtigte Menschen immer möglichst gut lesbar sein. Visuell beeinträchtigt kann jeder sein: Spätestens nachdem man acht Stunden auf einen Bildschirm gestarrt hat, können Probleme beim Lesen diverser Schriften aufkommen.

Schriftgröße

Neben ihrer Skalierbarkeit darf eine Schrift generell eine gewisse Mindestgröße nicht unterschreiten. Nach www.ergocheck.de ist die geforderte Mindestgröße abhängig vom Sehabstand: Bei einem Abstand von 50 cm beträgt sie ca. 3 mm, bei einem Abstand von 70 cm ca. 4,5 mm (vgl. hierzu auch Abschnitt 2.4).

Generische Schriftfamilien

Wenn eine Schriftart im Internet verwendet wird, die der Nutzer nicht auf seinem System installiert hat, dann wird zunächst die nächst beste Schrift aus dem Alphabet ersatzweise herangezogen. Um dies zu verhindern oder zumindest ein ähnliches Schriftbild zu erwirken, muss man zusätzlich eine generische Schriftart angeben; quasi als Fallback-Lösung für Systeme, die die gewünschte Schrift nicht zur Verfügung stellen können.

Deshalb werden generische Schriftfamilien angelegt, worin die prinzipielle Formatierung geregelt ist:

- Schriftart: Hierbei ist die Reihenfolge der Schriftarten zu beachten: Wenn die erste Schriftart nicht vorhanden ist, wird die zweite genommen; usw. bis zur letzten prinzipiellen, also »generischen« Angabe.
- Mit oder ohne Serifen: Während in den Printmedien eine Schrift mit Serifen die Lesbarkeit unterstützt, ist eine Schrift ohne Serifen auf den meisten Bildschirmen besser lesbar. Solche Schriften sind

zum Beispiel: Arial, Helvetica, Geneva und Futura. Auch bildschirm-optimierte Schriftarten wie Tahoma oder Verdana gelten in diesem Zusammenhang bedingt als serifenlos. Nach der Aufzählung der planmäßigen Wunschschriften sollte am Ende die Angabe stehen, ob die Schrift generell mit oder ohne Serifen sein soll:

```
georgia,times new roman,times,serif
verdana,geneva,arial,helvetica,sans-serif
```

- Monospace: Schriftarten mit gleich breiten Zeichen werden auch als dicktengleiche Schriften bezeichnet (z.B. Courier). Jedes Zeichen, egal ob »i« oder »m«, erhält den gleichen horizontalen Bereich auf der Zeile. Diese Schriften erinnern im Schriftbild an Schreibmaschinenschrift:

```
courier,courier new,monospace
```

Weitere Anforderungen für die Textdarstellung am Bildschirm

- Allzu lange Zeilen erschweren den Lesefluss und die Orientierung auf dem Bildschirm. Die optimale Zeilenlänge liegt zwischen 30 und 50 Buchstaben, abhängig von Schrifttyp und Inhalt.
- Blocksatz ist zu vermeiden. Bei starker Vergrößerung ist eine große Lücke kaum von einem Zeilenumbruch zu unterscheiden. Linksbündiger Flattersatz ist auf Bildschirmen besser zu lesen. Blocksatz mit Silbentrennung wäre theoretisch besser lesbar, aber im Web ist dies derzeit kaum realisierbar.
- Kursive Schrift lässt sich bei starker Vergrößerung schlechter lesen, da Vergrößerungssysteme Schwierigkeiten bei der Kantenglättung bekommen und die Schrift bei zu starker Vergrößerung »verpixelt«. Auch auf anderen Systemen ohne Vergrößerung ist eine Kantenglättung nicht immer vorhanden.
- Die Unterschiede zwischen den verschiedenen Schriftgrößen sollten nicht zu groß ausfallen. Für Menschen, die mit Vergrößerungen arbeiten, können sonst Probleme bei der Handhabung auftreten.
- Die Anzahl der Schriftarten auf einer Seite sollte auf maximal 2 beschränkt sein. Der überwiegende Fließtext sollte in einer serifenlosen Schriftart dargestellt werden. Eine andere Schriftart kann zur Differenzierung oder Hervorhebung beispielsweise von Überschriften dienen.
- Die Formatierung der Schriften ist auf jeden Fall im CSS vorzunehmen! FONT-Elemente sind veraltet und dürfen nach Bedingung 11.2 nicht mehr verwendet werden (vgl. Abschnitt 2.7.3).   *Bedingung 11.2*

2.2.9   Der Styleswitcher als Lösung?

Ein Styleswitcher bietet den Besuchern eines Webauftritts die Möglichkeit, zwischen unterschiedlichen Darstellungen zu wählen. Um dies nutzen zu können, sollte er an einer offensichtlichen Stelle auf der (Start-)Seite angeboten werden. Nicht zu verwechseln ist der Styleswitcher mit einer Textversion, die ausschließlich Nutzern von Text-Browsern einen Nutzen bietet. Im Gegensatz dazu bietet ein Styleswitcher Darstellungsvarianten für Schrift und Layout. Der Inhalt und die Struktur der Seite hingegen ist identisch.

Die Anforderungen an Skalierbarkeit und Trennung von Inhalt und Layout bleiben aber immer bestehen. Es handelt sich beim Styleswitcher lediglich um ein Zusatzangebot für Anwender, die sich nicht mit nutzereigenen Einstellungen beschäftigen können oder wollen. Nicht nur Senioren freuen sich über eine angenehme Gebrauchstauglichkeit, wenn beispielsweise mit einem Klick die Schrift vergrößert und die Kontraste verbessert werden können.

Die Auswahl der Darstellungsvarianten sollte gut überlegt werden. So ist der Nutzen einer Graustufendarstellung relativ gering: Sie verbessert weder die Kontraste am Bildschirm, noch lässt sie sich besser ausdrucken als die farbige Variante. Eine Druckversion in schwarz-weiß ist vollkommen ausreichend.

Von Vorteil ist mindestens ein Angebot mit einem nutzerorientierten Farbschema. Da jedoch nicht bekannt ist, welches Farbschema und Schriftbild der Nutzer bevorzugt, stellt die CSS-Spezifikation die Verwendung von so genannten relativen Farben bereit. Damit sind Formatierungen möglich, die sich an dem individuellen Systemfarben des Besuchers orientieren (Microsoft Internet Explorer ab 5.0, Mozilla und Opera ab der Version 5.1). Folgende CSS-Eigenschaften:

```
.buttonStyle {
    background: buttonface;
    border-right: 1px solid buttonshadow;
    border-bottom: 1px solid buttonshadow;
    font: buttontext;
}
```

würden der folgenden Schaltfläche

```
<input type="submit" value="Schalter mit Ihren Systemfarben"
class="buttonStyle" />
```

dieselben Farben und Rändern verleihen, die der Nutzer auch für die Schaltflächen in Desktop-Anwendungen definiert hat.

Analog dazu stünde infobackground beispielsweise für die einge-
stellte Hintergrundfarbe des Tooltipps oder background für die Hintergrundfarbe des Desktops.

Experten empfehlen für einen Styleswitcher, auch den Stil ganz
ohne Formatierung anzubieten, um das CSS bei Bedarf ausschalten
zu können. Bei korrektem (X)HTML und CSS entspricht die CSS-lose
Seite einer Textversion des Inhalts.

Der Styleswitcher darf dabei nicht als Instrument der Nachregu-
lierung missbraucht werden. Eine Webseite muss bereits in der normalen Grunddarstellung barrierefrei sein.

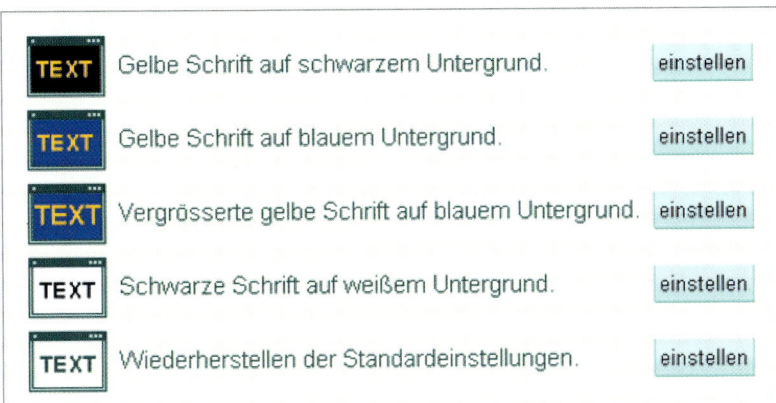

Abb. 2-27

*Varianten von
Styleswitchern*

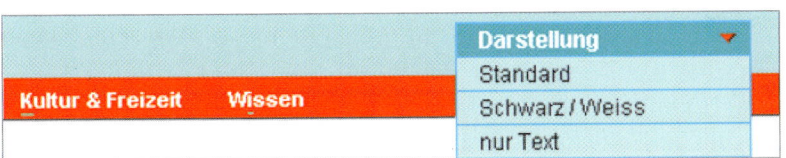

Weitere Informationen:

- Bildschirmarbeitsverordnung (BildscharbV) auf der CD-ROM
- Augenoptiker Galerie O (http://www.galerieo.ch/ost/cl/chromagen/
  farben1.html)
- »Type and Colour« von Joe Clark
- www.ergocheck.de

2.3   Verständlichkeit, Navigation und Orientierung

In diesem Abschnitt werden fast alle Aspekte der Barrierefreiheit
angesprochen, jedoch mit besonderem Blick auf die Verständlichkeit. Oft ist mit Verständlichkeit vor allem die Sprache gemeint. Dies
ist soweit auch richtig. Aber gerade im Medium »Web« mit der fast

beliebigen Erreichbarkeit von Inhalten ist stets für Verständlichkeit im allgemeinen Layout und in der Navigation zu sorgen. Nur so lassen sich die Vielfalt an Zugriffsmöglichkeiten und Darstellungsformen in einer unendlichen Verlinkung von Inhalten gut beherrschen. Das bezieht sich auf Syntax, Gestaltung und Technik.

2.3.1   Allgemeine Aspekte der Verständlichkeit

Internet ist Kommunikation

> Das Ziel der Seite soll erreicht werden: Inhalt, Navigation, Funktion, Kommunikation und Interaktion sind so zu gestalten, dass Benutzer sie verstehen und zielgerichtet benutzen können.

Jede Webseite verfolgt einen oder mehrere spezifische Zwecke: puren Spaß, Selbstdarstellung, ernsthafte Informationsvermittlung, Austausch von Informationen, Abwicklung von Geschäftsvorgängen und vieles mehr. Internetanbieter und -nutzer sind dabei Sender und Empfänger, Kommunikations- und Interaktionspartner. Um den gewünschten Zweck zu erreichen, muss die Kommunikation richtig angelegt werden: Dann können die Nutzer die beabsichtigte Botschaft korrekt empfangen und angemessen reagieren.

Die Nutzer sind beim Surfen unmittelbar an dieser Kommunikation beteiligt. Die Anbieter müssen dagegen die Kommunikations- und Interaktionsfähigkeit in ihr Angebot integrieren. Dazu muss zunächst das Angebot für die Nutzer wahrnehmbar (meist Sehen oder Hören) gemacht werden. Dann müssen die Inhalte und Funktionen auf der Seite für die Nutzer verständlich und bedienbar angeboten werden. Man sollte eine Seite daher nicht nur aus Anbietersicht entwerfen. Am besten betrachtet man die Seite auch aus der Sicht der möglichen Nutzer und berücksichtigt Aspekte der Ergonomie und Usability.

Anforderung 12
Anforderung 13
Anforderung 14
Bedingung 14.1
Bedingung 14.2
Bedingung 14.3

Die Anforderungen der BITV zur Verständlichkeit (Anforderung 14), Navigation (Anforderung 13, vgl. Abschnitt 2.3.2) und Orientierung (Anforderung 12) unterstützen eine solche Perspektive. In Anforderung 14 heißt es: »Das allgemeine Verständnis der angebotenen Inhalte ist durch angemessene Maßnahmen zu fördern.« Als erstes betrifft dies die Verwendung verständlicher Formulierungen in einfacher Sprache (Bedingung 14.1, vgl. Abschnitt 2.3.3). Als zweites empfiehlt sich die Illustrierung von Text mit ergänzenden Kommunikationselementen wie Grafiken, Ton und Video (Bedingung 14.2). Schließlich sollte der Präsentationsstil durchgängig beibehalten werden (Bedingung 14.3). Diese Anforderungen und Bedingungen gehören sicher zu den wichtigsten der BITV. Sie sind sehr offen formuliert und lassen daher zu Recht viel Freiheit für die Gestaltung durch die verantwortlichen Designer und Redakteure.

Grundlage des Verstehens sind immer die kulturellen und zivilisatorischen Gemeinsamkeiten der Kommunikationspartner. Dazu zählen insbesondere die gesprochene Sprache (Muttersprache und Fremdsprachen), die Schriftsprache, Konventionen etwa zur Symbolverwendung oder situative Verhaltensmuster und kontextbezogene Terminologien. Hieraus ergeben sich zwei Problemebenen:

1. Welche dieser Gemeinsamkeiten kann man im Internet tatsächlich annehmen?
2. Welchen Grad der Beherrschung darf man voraussetzen?

Konkret könnte das heißen: Kann mein Kommunikationspartner lesen, welche Schriftzeichen, welche Sprache, welchen Sprachumfang kann er verstehen, welche Farben, Symbole, Bilder und Töne interpretiert er in welcher Weise, welche Terminologien kennt er?

Rund 50% der Besucher surfen über eine Suchmaschine in ein Angebot. Verstehen sie nicht sofort, worum es dort geht, verlassen sie diese Seite ganz schnell wieder. Nur wenn man dies angemessen berücksichtigt, wird ein Angebot auch sein Ziel erreichen. Daher müssen diese Fragen zwar einerseits für die engere Zielgruppe des Angebots beantwortet werden. Andererseits aber müssen Lösungen für die breitere Gruppe der potenziellen Benutzer insgesamt angeboten werden.

Unterschiedlichste Hinweise dienen dem besseren Verständnis einer Seite. Damit unterstützt man auch eine bessere Bedienbarkeit und Navigierbarkeit. Beispiele dafür sind eine Benutzerführung im Text, Hilfe-Dateien, `title`-Attribute für (X)HTML-Elemente oder per CSS versteckte Informationen für Screenreader. Für Seiten, die das Verständnis eines Webauftritts fördern (z.B. Hilfe-Dateien, vgl. Abschnitt 2.3.6), sollten entsprechende Tastenkürzel für die Links vergeben werden. Die Erfordernis nach solchen erläuternden Seiten ergibt sich aus Bedingung 13.3.

Kommunikationselemente sollen gezielt eingesetzt werden: Sprache, Schrift, Symbole, bewegte Bilder, Tondokumente, Multimedia und Links

Bedingung 13.3

Gleichzeitig soll man alles vermeiden, was die Nutzer verwirren könnte. Dazu gehören Links, die scheinbar nichts bewirken, weil sie die angezeigte Seite wieder aufrufen. Oder Links, die gleich bezeichnet sind, aber zu unterschiedlichen Zielen führen. Oder das Öffnen neuer Fenster und Pop-ups, die ungeübte Anwender oder Nutzer von Screenreadern verwirren.

Besonders muss man bei der Navigation einer Seite aufpassen. So soll das Ziel jedes Links auf eindeutige Weise identifizierbar sein (Bedingung 13.1). Neue Fenster sollen nur nach Aufforderung oder Ankündigung geöffnet werden (Bedingung 10.1). Automatische perio-

Bedingung 7.4
Bedingung 10.1
Bedingung 12.4
Bedingung 13.1

dische Aktualisierungen sind zu vermeiden (Bedingung 7.4). Beschriftungen in Formularen müssen ihren Kontrollelementen direkt zugeordnet werden (Bedingung 12.4) und ausgelöste Funktionen (z.B. Absenden, Suchen oder Herunterladen) sind klar zu beschreiben (Bedingung 13.1).

Mit Sprache kommunizieren

Die Sprache einfach halten, das Dokument gut strukturieren

Orthografie und korrekte Grammatik sind grundlegend für die Verständlichkeit von Sprache. Bei der Orthografie gilt dies zwar nicht streng, da die menschlichen Leser nachweislich fehlertorelant arbeiten (fehlertolerant arbeiten). Dies funktioniert jedoch nicht gleichermaßen bei akustischer Ausgabe falsch geschriebener Worte. Der Einsatz von Programmen zur Prüfung von Rechtschreibung und Grammatik empfiehlt sich daher.

Der Sprachstil eines Textes für das Internet muss sorgfältig ausgewählt werden. Er muss zur Online-Nutzung am Bildschirm und zu dem Wesen des Inhaltes passen. Beispiele sind News, Hintergrundbericht, Kommentar, Fachbericht oder Literatur. Für Bildschirmdarstellungen gilt im Vergleich zu gedruckten Fließtexten:

- Absätze und Textelemente sollen kürzer formuliert und stärker strukturiert werden.
- Der Inhalt soll mit einer möglichst einfachen und klaren Sprache vermittelt werden.
- Abhängig von Thema und Zielpublikum müssen auch komplexe Inhalte möglichst verständlich formuliert werden.

Readability Test: http://www. juicystudio.com/fog/

Letzteres betrifft unter anderem die Wortwahl, die Verwendung von zusammengesetzten Begriffen, Terminologien und Fachsprache und die Anzahl von Worten und Nebensätzen pro Satz. Prüfungen mit Lesbarkeitsmessungen können dabei helfen, sind aber heute noch nicht auseichend. Ein Sonderfall ist in diesem Zusammenhang die Verwendung der Sprache in Originalarbeiten (wissenschaftliche Arbeiten, Gesetzestexte usw.) und in der Kunst. Hier ist gegebenenfalls eine Erläuterung des Originaltextes erforderlich.

Kommunizieren und informieren statt manipulieren

In der täglichen Auseinandersetzung wird Sprache oft als Manipulations- oder gar als Machtinstrument eingesetzt. Politiker, Bürokraten, Professoren, Ärzte, Anwälte und viele mehr benutzen Sprache oft nicht zur Kommunikation, sondern zur Durchsetzung ihrer Interessen. Eine entsprechend formulierte Webseite verfehlt den Informationszweck und wird auf Dauer nicht viele Benutzer haben.

Besondere Inhalte anders und einfacher darstellen

Bei komplizierten Inhalten, etwa der Relativitätstheorie oder bei Gesetzen wird man in der Regel an Grenzen der Verständlichkeit stoßen. Hier bietet sich an, die Inhalte auf Sonderseiten durch textliche und multimediale Erläuterungen zu ergänzen. Beispiele etwa zur Kompensation von Defiziten in der Sprachkompetenz der deutschen Schriftsprache sind Seiten in einfacher Sprache (vgl. Abschnitt 2.3.3) und anderen Sprachen, zum Beispiel auch in der Gebärdensprache (vgl. Abschnitt 2.3.4). Tests haben gezeigt, dass viele Nutzer gerne auf solche Alternativen zugreifen.

Ein wichtiger Gesichtspunkt ist der Umgang mit Akronymen und Abkürzungen (vgl. Abschnitt 2.7.3). Diese müssen beim (ersten) Auftreten erläutert und als solche in (X)HTML ausgezeichnet werden. Die Erfordernis nach Erläuterungen gilt entsprechend Bedingung 14.1 auch für die Verwendung von Fachbegriffen. Da im Web anders als bei einem Buch das Springen im Inhalt üblich ist, sollten die entsprechenden Maßnahmen zur Erläuterung eigentlich bei jedem Auftreten erfolgen. Es bietet sich die Erstellung eines Glossars und die Verwendung des `title`-Attributes an. Beides kann mit Hilfe von Redaktionssystemen unterstützt werden.

Bedingung 14.1

Verwendung nonverbaler Kommunikationselemente

Um die Benutzer nach dem Hereinsurfen auf eine Site als Besucher und Benutzer zu halten, versucht man die Seite möglichst attraktiv zu gestalten. Dazu werden häufig nonverbale Kommunikationselemente eingesetzt. Ansprechende Bilder, einführende Filme, Flash-Elemente und Animationen, Hintergrundmusik, Symbole, Avatare sollen die Seite attraktiv machen und helfen, Inhalt und Zweck der Seite zu transportieren. Damit erfüllt man die Bedingung 14.2, die fordert, das Verständnis des Inhaltes durch geeignete Maßnahmen zu unterstützen.

Multimedia soll den Text ergänzen (nicht ersetzen).

Bedingung 14.2

Man darf jedoch nicht über das Ziel hinausschießen. Lange Ladezeiten, optische und akustische Überfrachtung und übertriebene Verspieltheit schrecken die Nutzer eher ab. Untersuchungen belegen, dass beim Betrachten einer Seite zunächst die Überschriften und hervorgehobenen Texte gelesen werden. Erst danach sehen sich die Besucher gegebenenfalls Bilder und andere Elemente näher an. Wenn diese Texte nicht vorhanden oder nicht gut angelegt sind, wird man die potenziellen Kunden rasch wieder verlieren.

»How Users Read on the Web«: http://www.useit.com/ alertbox/9710a.html

Oft soll Blinken und Bewegung die Aufmerksamkeit auf sich ziehen. Andererseits bindet Dynamik auf dem Bildschirm Aufmerksamkeit und lenkt vom eigentlichen Inhalt ab. Das irritiert und stört viele Benutzer und stellt eine Barriere dar. Daher fordert die BITV-Anforderung 7 die Kontrollierbarkeit zeitgesteuerter Inhalte durch den Nutzer (ausführlich in den Abschnitten 2.6.4 bzw. 2.6.5).

Anforderung 7

Bedingung 14.2
Anforderung 1

Man ist also gut beraten, solche Elemente gezielt und überlegt (sparsam) einzusetzen. Aus Bedingung 14.2 und Anforderung 1 ergibt sich für die Barrierefreiheit, dass alle Inhalte auch als Text vorhanden sein müssen und das Verständnis durch andere Kommunikationselemente nur gefördert werden soll. Beim Entwurf einer Seite verschafft man sich daher am besten zunächst Klarheit über Inhalte und Texte und konzipiert dann ein Design mit zusätzlichen nonverbalen und multimedialen Elementen als Ergänzung. Dies gilt insbesondere für informationsvermittelnde Webauftritte.

Einheitliche Gestaltung

Durch Trennung von Inhalt und Layout wird eine stilistisch durchgängige Präsentation unterstützt.

Bedingung 14.3
Bedingung 3.5
Bedingung 12.3

Wenn sich die Besucher für die Inhalte einer Site interessieren, wollen sie schnell und erfolgreich auf die Inhalte und Funktionen zugreifen können. Dies ist in erster Linie eine Frage der Navigation (vgl. Abschnitt 2.3.2) und Suchmöglichkeiten (vgl. Abschnitt 2.3.6). Aber auch die konsequente und konsistente Präsentation der Inhalte gemäß Bedingung 14.3 spielt eine Rolle. Dabei hilft die Trennung von Inhalt und Layout durch Verwendung von Templates, CSS und Strukturelementen. Templates und CSS können die durchgängige Formatierung auf allen Seiten sicherstellen. Die Verwendung von Strukturelementen macht die Inhalte auf einer Seite besser überschaubar und verständlich. Gerade in größeren Dokumenten hilft den Lesern das Herunterbrechen in kleinere Einheiten etwa in Teildokumente. Besonders nützlich sind häufig der Einsatz von Strukturelementen wie Überschriften (Bedingungen 3.5, 12.3), Listen, die Gruppierung von Inhalten und Links. Wie diese Erfordernisse technisch umgesetzt werden, wird in Abschnitt 2.7 beschrieben.

2.3.2   Das Rückgrat eines Webauftritts: die Navigation

Anforderung 13

Verständlichkeit im Internet ist nicht allein durch die Sprache gegeben. Im Web sind durch die besonderen Zugriffsmöglichkeiten auf die Inhalte einige besondere Aspekte der Verständlichkeit zu berücksichtigen, die es in anderen Medien kaum gibt. Durch den Zugang über Suchmaschinen und Links auf anderen Seiten ist es im Prinzip möglich, auf eine beliebige Seite innerhalb eines Webangebots zuzugreifen. Wird eine Seite aufgerufen, so sind übersichtliche Navigationsmechanismen wichtig, damit sich der Besucher im Gesamtangebot orientieren und innerhalb dieses Angebots navigieren kann. In Anforderung 13 der BITV mit insgesamt zehn Bedingungen wird die zentrale Bedeutung von Navigationsmechanismen hervorgehoben. Neben den Design- und Strukturaspekten sind jedoch die Möglichkeiten zur Förderung der Orientierung durch den Einsatz von Multimedia nicht zu vernachlässigen.

Merkmale von Navigationsmechanismen

Klassische Medien wie Printmedien, Tonbänder und Filme sind linear, sequentiell und hierarchisch aufgebaut. Ein Buch liest man in der Regel Kapitel nach Kapitel und ein Musikstück hört man vom Anfangstakt bis zum Schlussakkord. Kataloge, Nachschlagewerke – gedruckt oder als Datenbank – und Internetangebote erlauben demgegenüber einen nahezu beliebigen, direkten Zugriff auf einzelne Inhaltssegmente. Mit Hilfe der Links kann das Angebot beliebig vernetzt sowie baumartig, rekursiv und in Parallelstrukturen angelegt werden. Eine vom Autor vorgegebene Zugriffsreihenfolge wird beim Surfen jedoch nur teilweise oder gar nicht berücksichtigt. Mit dieser Freiheit der Strukturierung und des Zugriffs ergibt sich das Problem einer eindeutigen Zuordnung und entsprechend kann die Orientierung des Nutzers beeinträchtigt werden. In jeder Position auf einer Seite und innerhalb einer Site ergeben sich die Fragen nach der Orientierung »Wo befinde ich mich?« und der Navigation, »Wo kann ich hin?«, »Wo will ich hin?«.

Die Navigation dient der Benutzerführung und der Orientierung.

Man unterscheidet zwischen im Text eingebetteten Links (*embedded links*) und Links der Navigation. Eingebettete Links ermöglichen Querverweise zu weiteren Informationen (auch auf Seiten anderer Anbieter) und lassen dabei jede Strukturierung außer Acht. Links zur strukturierten Bedienung eines Webauftritts werden dagegen gesondert als Navigation zusammengefasst. Zu den Funktionen der Navigation gehören meist:

- Übersicht über das gesamte Angebot bzw. alle Teilangebote
- Orientierung innerhalb des Angebotes
- Bedienfunktionen zum Aufrufen von einzelnen Informationen und Funktionen

Eine Navigation erscheint häufig auf allen Seiten eines Angebotes. Diese Links werden inhaltlich und funktionell in Navigationsleisten bereitgestellt und gestaltet. Wie ein Rückgrat soll die Seitennavigation die Informationsflüsse hierarchisch bündeln und die Benutzer an die richtige Stelle weiterleiten.

Eine zielgerichtete Navigation anzubieten, ist eine große Herausforderung für die Seitenautoren beim Entwurf. Für die Anwender ist die Navigation entscheidend für die Benutzung der Seiten. Wenn die Navigation nicht barrierefrei realisiert wird, verschließt sich der gesamte Inhalt des Webauftritts für bestimmte Besucher. Daher ist es von zentraler Bedeutung, Barrieren bei der Navigation zu vermeiden.

In bestimmten Fällen kann man bewusst auf eine Navigationsleiste verzichten: Dies kann zum Beispiel in einer Erläuterungsseite zu einem Feld eines Formulars sinnvoll sein. Die Informationen bezie-

Bedingung 13.5

hen sich nur auf einen einzelnen Schritt einer einzelnen Seite oder Funktion des Webauftritts. Wenn der Benutzer die Information gelesen hat, dann soll er genau zu der Stelle zurückgeführt werden, wo er vorher war. Da man davon ausgehen muss, dass der Leser die Seite auch direkt aufrufen kann, zum Beispiel durch einen Link in einer E-Mail, ist die Mindestanforderung nach Bedingung 13.5 ein Link zur übergeordneten Seite.

Wahrnehmbarkeit der Navigation

Navigationselemente müssen in Textform verfügbar und ohne Farbe wahrnehmbar sein.

Zunächst muss die gesamte Navigation wahrnehmbar gestaltet werden. Viele Links werden hinter Bildern und Imagemaps versteckt. Oft werden sie für den Benutzer erst durch Änderungen des Mauszeigers erkennbar. Für Screenreader sind solche Links oft nicht aussagekräftig bezeichnet. Jedes Navigationselement muss daher textuell hinterlegt sein. Imagemaps benötigen zusätzlich redundante Textlinks. Die Texthinterlegung für Navigationselemente wurde eingangs in Abschnitt 2.1.3 behandelt.

Anforderung 2
Anforderung 12

Die sichtbare Wahrnehmung muss auf verschiedenen Bildschirmen mit unterschiedlichen Einstellungen gewährleistet werden. Verwendet der Benutzer eigene Farbschemata, etwa zur Kontrastverstärkung oder durch Farbumkehrung (helle Schrift auf dunklem Hintergrund), werden Farbmarkierungen schnell unbrauchbar. Inhaltliche Hervorhebungen müssen gemäß Anforderung 2 ohne Farbe verständlich sein und in Graustufen ausreichend kontrastieren. Inhaltlich wichtige Hervorhebungen dürfen auch nicht allein durch visuelle Formatierungen erfolgen. Hier sind Strukturierungen und Mehrfachauszeichnungen (Farbe, Form, Text, Audio) vorzuziehen. Neben den Funktionen gehören auch Orientierungselemente zu einer guten Navigation. So fordert die Anforderung 12, dass Informationen zum Kontext und zur Orientierung bereitgestellt werden müssen.

Die Beispiele in den Abbildungen 2-28 und 2-29 zeigen zwei Navigationsleisten, einmal in normalen Farben und einmal in einer hoch kontrastierenden Variante. Im ersten Beispiel wird deutlich, dass die Hervorhebung alleine durch Farbwerte bei benutzerdefinierten Farben verloren geht. Hingegen wurden im zweiten Beispiel zusätzlich zur Farbe sowohl Rahmen als auch ein Symbol eingesetzt. Diese sind im Kontrastmodus noch gut erkennbar.

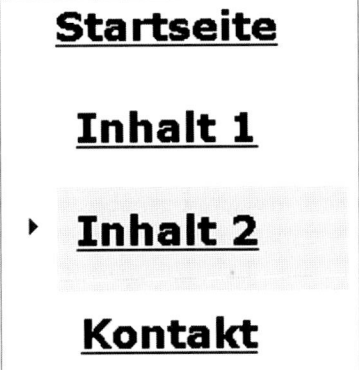

Abb. 2-28
Beispiel 1:
Hervorhebungen in
der Navigation
werden bei
benutzerdefinierten
Farben nicht mehr
wahrnehmbar
(siehe auch Farbtafel
Seite 79).

Abb. 2-29
Beispiel 2:
Hervorhebungen in
der Navigation sind
bei benutzerdefinier-
ten Farben immer
noch verständlich
(siehe auch Farbtafel
Seite 79).

Was im zweiten Beispiel nach dem Ausschalten der Farben »bleibt«, sind die per CSS hervorgehobenen Rahmen des Navigationsmechanismus, die auf dem ersten Bild nicht berücksichtigt wurden, sowie das Symbol. Mit der Verwendung von Symbolen wird auch der Bedingung 14.2 Rechnung getragen. Durch das Hinzufügen eines title-Attributs, zum Beispiel mit dem Inhalt »Sie sind hier«, oder mit Text, der per CSS-Eigenschaft display:none versteckt wird, kann diese Information auch an blinde Nutzer weitergegeben werden.

Bedingung 14.2

Ein Grund, Grafiken nicht für die Navigation einzusetzen, ist die fehlende Skalierbarkeit von Grafiken. Sehr schwierig wird die Lesbarkeit und somit auch die Bedienbarkeit, wenn Text in Grafiken in 7 bis 9 Punkt Schriftgröße abgebildet wird. Wenn Grafiken als Navigationselemente eingesetzt werden, ist daher zu empfehlen, eine höchstmögliche Lesbarkeit am Bildschirm sicherzustellen. Als Mindestgröße für grafisch abgebildete Texte wird 16 Punkt empfohlen.

Mindestschriftgröße:
http://www.digitale-
chancen.de/
award/kriterien/
kritpruef.cfm/
group.3#44

Bedienbarkeit der Navigation

> Navigation soll geräteunabhängig und ohne nutzerseitige Plug-ins oder Scripte funktionieren.

Anforderung 9

Grundsätzlich muss sichergestellt werden, dass die Navigation geräteunabhängig bedienbar ist (Anforderung 9). Neben der Bedienung mit der Maus muss eine Bedienbarkeit mittels der Tastatur sichergestellt werden.

Die Besonderheiten des tastaturorientierten Zugangs werden vor allem in Abschnitt 2.6 behandelt.

Navigationsleisten, die mittels JavaScript erzeugte Ausklappmenüs enthalten, sind oft eine unüberwindbare Barriere, etwa wenn

- die Ausklappmenüs per onmouseover erzeugt werden,
- der Benutzer den Mauszeiger nicht sicher bewegen kann,
- bei Vergrößerung das Menü aus dem sichtbaren Bereich ragt und nicht mehr erreicht werden kann

Darüber hinaus muss die Navigation mit Basistechniken funktionsfähig sein. Die Funktionsfähigkeit ohne Plug-ins und nutzerseitige Scripte unterstützt die Benutzbarkeit bei hohen Sicherheitsanforderungen der Anwender. Eine Navigation, die dagegen bestimmte Plug-ins oder Scripte bei den Nutzern voraussetzt und ohne diese nicht mehr bedienbar ist, ist nicht barrierefrei und schließt viele Benutzer aus. Das BSI empfiehlt der Bundesverwaltung, JavaScript mit einer Firewall herauszufiltern. Für Mitarbeiter in der Bundesverwaltung und auch in anderen Organisationen bedeutet dies, dass Informationen und Funktionen, die mit JavaScript erzeugt werden, nicht mehr zugänglich sind.

Viele Menschen haben Schwierigkeiten, den Mauszeiger exakt zu positionieren oder verrutschen beim Klicken. Jede Art von Dynamik (auch bei Ausklappmenüs in der Navigation) kann daher eine Barriere darstellen. Man sollte generell möglichst große Schaltflächen vorsehen, die in ausreichend großem Abstand voneinander angeordnet werden (siehe Abb. 2-30).

Bedingung 11.3
Bedingung 6.3

Nicht jeder Benutzer hat ein Flash-Plug-in installiert. Auch ist die Schnittstelle zwischen Flash und den Computerhilfsmitteln nicht ausgereift und die Bedienung ist in der Regel nur unter erschwerten Umständen möglich (vgl. Abschnitt 3.2). Bei der Verwendung von Flash für Navigationsmechanismen jeder Art muss nach Bedingung 11.3 eine gleichwertige (X)HTML-Variante immer angeboten werden. Genauso muss entsprechend Bedingung 6.3 eine Navigation auch dann funktionieren, wenn Flash nicht aktiviert ist. Sonst kann es passieren, dass der Benutzer den Webauftritt ohne Navigation (nicht) erlebt.

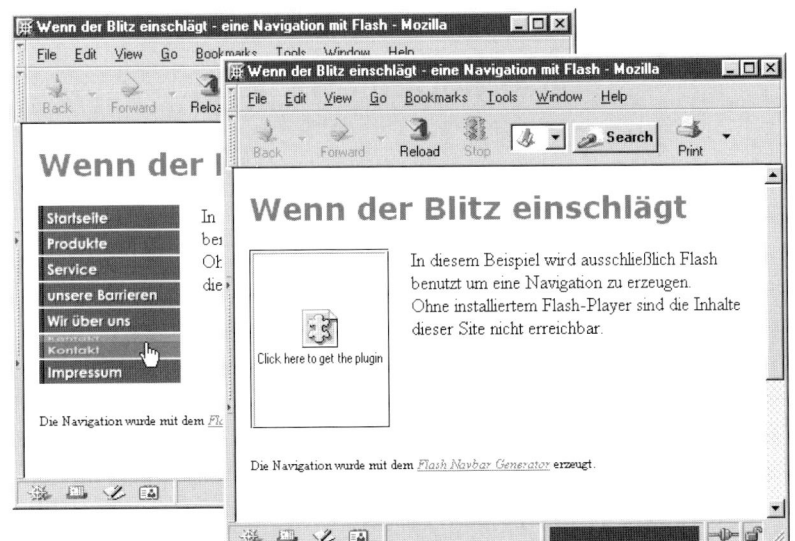

Abb. 2-30
*Flash muss auch
mit Text hinterlegt
werden.*

Verständlichkeit der Navigation

Navigation soll eindeutig und selbsterklärend sein.

Ausgehend von den allgemeinen Regeln der Gebrauchstauglichkeit muss jedes Dialogelement selbstbeschreibend und eindeutig sein. In den Bedingungen 13.1 und 13.4 wird gefordert, dass das Ziel jedes Links auf eindeutige Weise identifizierbar ist und die Navigation schlüssig und nachvollziehbar gestaltet wird. Wichtig ist dabei zu beachten, dass Links möglicherweise durch die Verwendung besonderer Software, zum Beispiel eines Webreaders, aus dem Kontext genommen und isoliert betrachtet werden, zum Beispiel durch das Springen von Link zu Link mit der Tabulatortaste. Auch dann soll ein solcher Link noch selbstbeschreibend bleiben.

*Bedingung 13.1
Bedingung 13.4*

   Anwender im Web setzen ihre allgemeine Erfahrung und ihre Kenntnis von früheren Besuchen eines Angebotes beim Surfen ein. Sie erwarten eine ähnliche oder vergleichbare Funktion von ähnlichen oder gleichen Elementen. So wird beispielsweise in den meisten Fällen beim Klicken eines Links der Inhalt des bestehenden Fensters geändert. Soll ein neues Fenster geöffnet werden, muss der Link entsprechend ausgezeichnet werden (Bedingung 10.1).

*Bedingung 10.1
»Das Öffnen von Links
in einem neuen
Fenster« von Jan Eric
Hellbusch: http://
bf-w.de/knowhow/
pop-up-fenster/*

Abb. 2-31

Selbsterklärende
Links und neue
Fenster

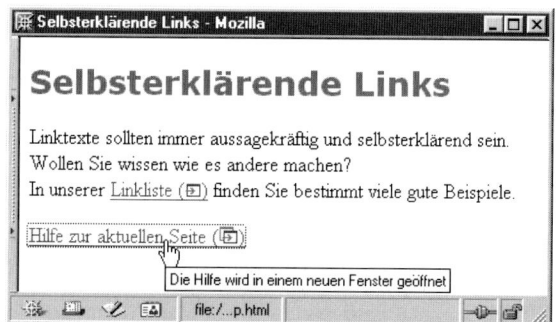

Selbsterklärende Links können schnell, gezielt und ohne engen Bezug zum Kontext durch einen Webauftritt führen. Dieser Vorteil hilft Suchmaschinen und Nutzern von Screenreadern beim Überfliegen und Verarbeiten der Seiten.

Bedingung 14.1   Die Elemente in Navigationsleisten müssen besonders sorgfältig bezeichnet werden. Fachausdrücke, Fremdworte und Abkürzungen sollten hier vermieden werden (Bedingung 14.1). Allgemein bekannte Begriffe sind meist Spezialausdrücken vorzuziehen.

Abb. 2-32

Schwer verständliche
Navigationslinks

Verständlicher wäre die Leiste in Abbildung 2-33 zum gleichen Inhalt.

Sehr nützlich ist der Einsatz von aussagekräftigen Symbolen, die eine Funktion oder einen Inhalt gut verständlich machen (vgl. Abb. 2-29, in der Pfeile zur Hervorhebung der aktuellen Rubrik verwendet werden).

Weitere Orientierung bieten Überschriften oder Pfadangaben. Ein klarer inhaltlicher Bezug zwischen Seitennavigation und Überschriften der aktuellen Seite hilft hierbei. Oft wird der Navigationspunkt, der zur aktuellen Seite gehört, hervorgehoben. Solche Hervorhebungen zum besseren Verständnis erfolgen meist durch Formatierungen mit Hintergründen, Schriftarten, Schriftgrößen und Farben. Farbliche Bezüge zwischen Navigationselementen und aufgerufenen Seiten können durchaus hilfreich sein. Solche Konzepte

Abb. 2-33
*Navigation mit
Begriffen, die für
die Zielgruppe
verständlich sind*

sind allerdings bei unterschiedlichen Bildschirmeinstellungen oder Verwendung von Text-Browsern oder Audioausgabe wie oben bereits beschrieben nicht mehr wahrnehmbar. Sie sollen daher nur als Ergänzung zu anderen Konzepten eingesetzt werden.

Eine gute Orientierungshilfe ist eine Pfadangabe (*bread crumb trail*), die nahe der Hauptnavigation auf der Seite platziert wird.

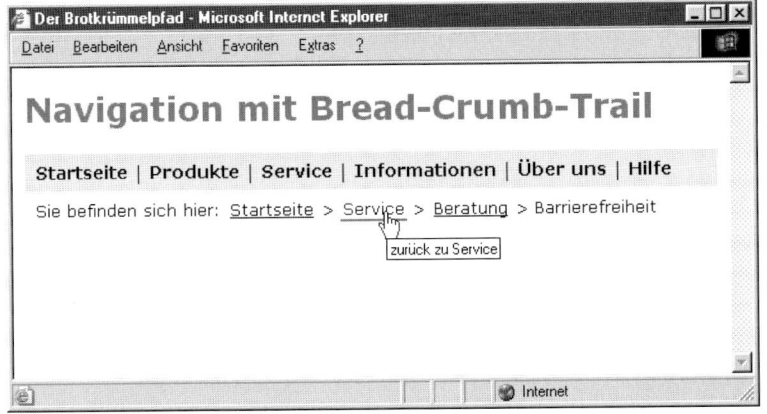

Abb. 2-34
*Beispiel eines
»Brotkrümmelpfads«*

Weitere Aspekte zum Umfang einer Navigation und Barrieren, die entstehen können, sind dem Abschnitt 2.3.5 zu entnehmen.

Einheitliche Gestaltung der Navigation

Aus dem Straßenverkehr wissen wir, wie wichtig eine einheitliche Ausschilderung für die Orientierung ist. So gibt es viele Regeln, die bei der Schilderaufstellung beachtet werden. Form, Farbe, Aufstellungsort und Beschriftung werden entsprechend der Information gewählt. Bei einer Fahrt in das benachbarte Ausland müssen wir uns

*Navigationselemente
und deren Platzierung
sind im gesamten
Angebot gleich zu
gestalten.*

auf andere Konventionen einstellen. Dieser Vergleich führt im Web zu der Forderung nach der einheitlichen Gestaltung der Navigation innerhalb eines Webauftritts.

Autobahnschilder sind auch dahingehend optimiert, dass sie bei 180 km/h noch gut lesbar sind. Auch im Web haben Besucher es eilig und benötigen deswegen gut wahrnehmbare Navigationsmechanismen. Im gesamten Angebot soll die Navigation gleich aufgebaut und gestaltet sein. Dazu gehören die Navigationsleisten samt möglicher Unternavigationen, besondere Funktionen wie zum Beispiel Rücksprungmöglichkeiten (zur Startseite, zum Seitenanfang), Wechsel zur Druckversion, Vergrößerung der Schrift, Aufrufen und Absenden von Formularen oder Herunterladen von Dokumenten.

Abb. 2-35

Beispiel einer Navigation mit verschiedenen Ebenen

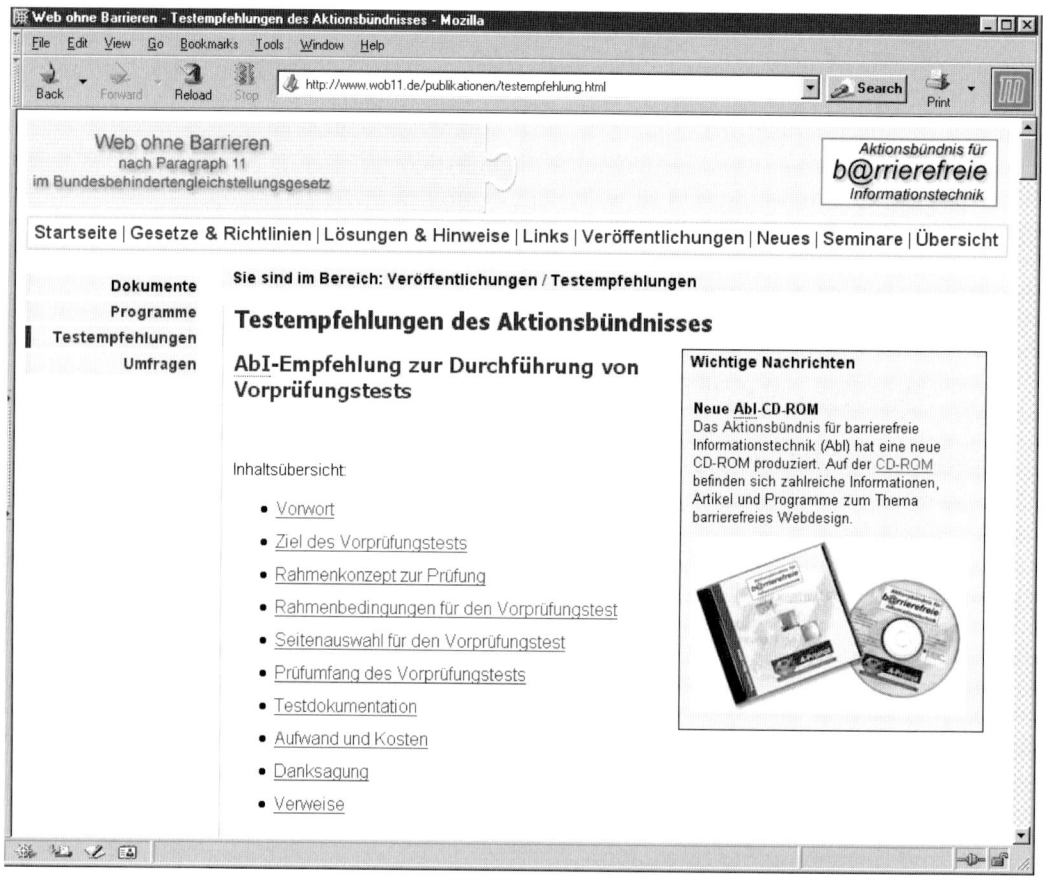

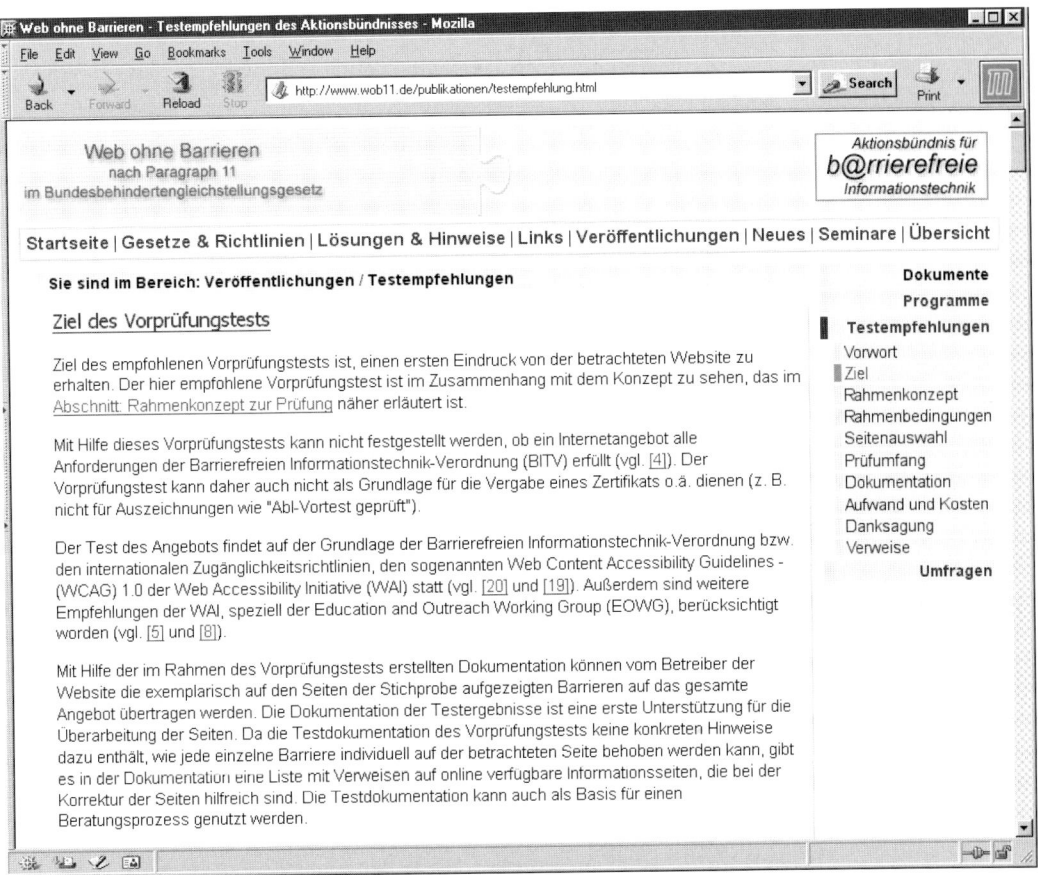

Grundsätzlich sollte eine Navigation möglichst komplett bei Aufruf einer Seite angezeigt werden. Navigationselemente, die weit unten oder rechts auf einer Seite stehen, laufen Gefahr, nicht mehr angezeigt zu werden. Dies gilt insbesondere, wenn die Nutzer mit Vergrößerungssystemen arbeiten.

Abb. 2-36

Beispiel einer Navigation mit verschiedenen Positionen

Abb. 2-37

Beispiel einer
Einstiegsnavigation

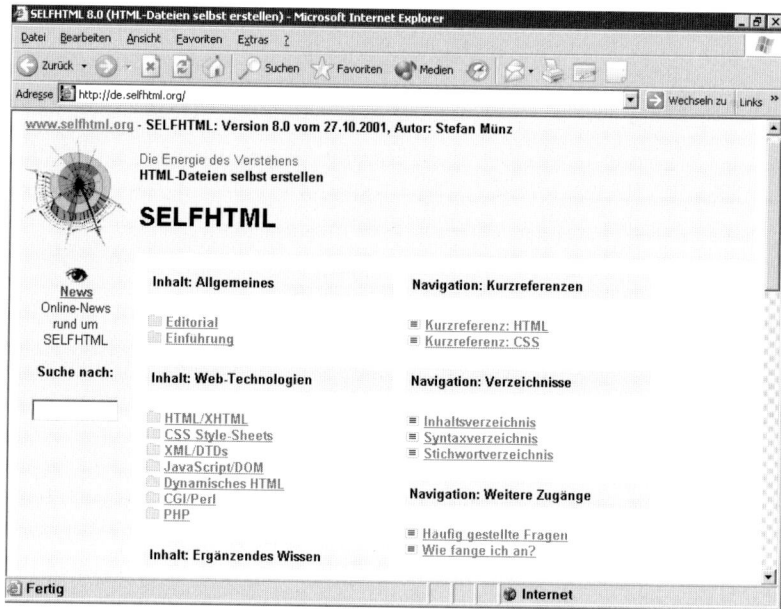

Abb. 2-37

Beispiel einer
Einstiegsnavigation

Verständliche Funktionsweise der Navigation

Aussagekräftige
kurze Texte zur
Unterstützung der
Suche anbieten

Die Navigation ist ein entscheidender Faktor für die Gebrauchstauglichkeit (*usability*) eines Webauftritts. Untersuchungen zur Gebrauchstauglichkeit (vgl. http://www.useit.com/alertbox/9710a.html) haben
gezeigt, dass das Leseverhalten im Web anders ist als bei Druck-
erzeugnissen. Die meisten Leser arbeiten am Bildschirm, also mit
einer aktiven Lichtquelle bei begrenzter Auflösung. Oft werden Seiten über Suchmaschinen oder Querverweise angesteuert. Viele
haben dann bereits eine Odyssee durch das Netz hinter sich. Dieses
Surfverhalten ist geprägt von der Notwendigkeit, sich schnell einen
Überblick über eine Seite zu verschaffen. Messungen haben ergeben, dass die Nutzer zunächst die besonders ausgezeichneten Texte,
zum Beispiel Überschriften, durchscannen. Bei Interesse werten sie
dann den zughörigen Inhalt, sei es Text oder Bild, sequentiell aus. Bei
Eintritt auf eine Seite kommt es demnach darauf an, dem Nutzer
beim schnellen Auffinden von Informationen zu helfen und für das
weitere Webangebot zu interessieren. Und hier sind gut platzierte,
aussagekräftige Navigationselemente und Überschriften entscheidend, nicht eine bildgewaltige Farbenpracht und bewegte Bilder
(vgl. http://www.message-online.de/arch4_00/04poynter.htm).

Dies gilt in erster Linie für Informationsseiten, E-Shops usw., die
verschiedene Zielgruppen haben. Auf der Suche nach »Look and
Feel« mögen andere Verhaltensweisen eine Rolle spielen. Aber selbst

da muss die Phase des Suchens von der Phase des eigentlichen »Look and Feel« getrennt betrachtet werden.

Im Sinne der Verständlichkeit und Orientierung sollten daher Seiten so aufgebaut werden, dass die funktionalen Aspekte (Suche) mindestens die Gewichtung bekommen, wie die gestalterischen Aspekte. Die Funktionsweise von Navigation muss auf Anhieb verstanden werden und eindeutig auf die Inhalte schließen lassen.

2.3.3 Verständliche Texte durch einfache Sprache

Gut verständliche Sprache nützt allen Internetbesuchern.

Einsatz verständlicher Sprache

Für die Gebrauchstauglichkeit eines Webauftritts ist neben einer logisch aufgebauten Navigation verständliche Sprache von besonderer Bedeutung. In der Anforderung 14 der BITV wird aufgeführt: »Das allgemeine Verständnis der angebotenen Inhalte ist durch angemessene Maßnahmen zu fördern.« Die Verwendung der klarsten und einfachsten Sprache, die angemessen ist, wird in Bedingung 14.1 verlangt.

Anforderung 14
Bedingung 14.1

Da ein Webauftritt erst durch das Verstehen der Inhalte Bedeutung erhält, sollte immer auf eine verständliche Sprache geachtet werden. Die Inhalte sollten für die Zielgruppen leicht verständlich sein. Für Menschen, die Deutsch nicht als erste Sprache erlernen, kann der Einsatz von verständlicher Sprache hilfreich sein. Zu bedenken ist außerdem, dass viele Muttersprachler Schwierigkeiten mit dem Lesen haben. In Deutschland leben nach Angaben des Bundesverbandes Alphabetisierung 4 Millionen Analphabeten, das sind 6,3 % der erwachsenen Bevölkerung über 15 Jahre.

Wie leicht lesbare Texte zu gestalten sind, ist von den Fähigkeiten und Erfahrungen der Leser abhängig. Es ist nicht möglich, jeden Inhalt für alle Nutzer durch verständliche Sprache zugänglich zu machen. Schwer verständliche Texte können nicht immer ersetzt werden (z. B. bei Fachpublikationen oder Gedichten). In einigen Fällen können Ergänzungen durch Symbole, Multimedia-Elemente oder Übersetzungen (z. B. in Gebärdensprachfilmen) weiterhelfen.

Sehr einfache Sprache sollte verwendet werden, wenn der Webauftritt voraussichtlich von lernbehinderten Nutzern besucht werden wird. Dies ist zum Beispiel bei Seiten von Kirchen, Notdiensten, Sozialämtern, bei Seiten mit Freizeitinformationen oder für Menschen mit Lernbehinderungen erforderlich. Zusätzlich sollten auch Seiten mit Kulturinformationen oder z. B. Teile der Angebote der politischen Parteien in einfacher Sprache angeboten werden. Für Menschen mit

Lernbehinderungen sollten die wichtigsten Informationen zusätzlich zu dem Standardtext in einer leicht verständlichen (einfachen) Sprache angeboten werden. Der Link zu dem leichten Text auf einer Sonderseite muss gut erkennbar sein.

Wortwahl

Leicht verständliche gängige Wörter einsetzen und nicht vermeidbare Fachbegriffe erklären.

Beim Verfassen von Texten und Formularen ist zu berücksichtigen, dass viele Wörter den Nutzern nicht geläufig sein können. Barrieren, auf die Nutzer eines Webauftritts stoßen können, sind:

- Anglizismen und Fachtermini – Wörter aus dem Englischen und Fachbegriffe
- Abkürzungen
- Komposita –zusammengesetzte Begriffe

Viele Fremdwörter sind unnötig und können leicht durch ein verständliches deutsches Wort ersetzt werden. Nur bei für spezielle Zielgruppen gedachten Seiten kann die englische Sprache problemlos verwendet werden, zum Beispiel bei Seiten zu Trendsportarten.

Firmeninterne Begriffe oder Produktbezeichnungen sind den meisten Nutzern nicht bekannt und sollten daher zumindest für die Navigation nicht verwendet werden. Der Gebrauch von Anglizismen, Modeworten und Fachtermini ist außerdem sinnvoll, wenn der Begriff nicht durch ein deutschsprachiges Äquivalent ersetzt werden kann. Wenn schwer verständliche Begriffe nicht vermeidbar sind, müssen sie durch bekannte Wörter definiert werden. Empfehlenswert ist zusätzlich zu einer Definition im Text die Aufführung in einem Glossar.

Bedingung 4.2   Abkürzungen sollten ebenfalls vermieden werden. Nicht jede Abkürzung ist eindeutig. Eine Abkürzung kann mehrere Bedeutungen haben (z.B. A.T. = Altes Testament, At = chemisches Zeichen für Astat, AT = Abkürzung für Assistive Technologien). Wenn Abkürzungen eingesetzt werden, sollten sie bei ihrer (ersten) Verwendung auf einer Seite nach Bedingung 4.2 erläutert werden (vgl. Abschnitt 2.7.3) und im Glossar aufgeführt werden.

Schwierige Wörter, die mit dem Glossar verlinkt sind, sollten unterstrichen und farbig markiert werden. Bei Texten mit einfacher Sprache sollten die verwendeten schwierigen Wörter außerdem am Ende des Textes aufgeführt werden. Das Glossar sollte als Wörterbuch bezeichnet werden.

Komposita sind Verbindungen mehrerer Wörter, wie zum Beispiel »Inhaltsverständlichkeitsüberprüfungen«. Die langen Worte sollten in kurze, leicht verständliche Worte zerlegt werden. Das Wort »Aufgabenstellung« könnte beispielsweise durch »eine Aufgabe stellen« ersetzt werden.

Um Texte leicht verständlich zu schreiben, sollten gängige Worte verwendet werden (z.B. »Beleuchtung« statt »Illumination«, »weltlich« statt »säkular«). Auf Redewendungen sollte nach Möglichkeit verzichtet werden.

Beim Verfassen von Texten für Menschen mit Lernbehinderungen ist zu beachten, dass deren Wortschatz vorwiegend aus Begriffen und Sätzen besteht, die im Alltag erforderlich sind. Einfache Worte, die auch von Menschen mit Lernbehinderungen verstanden werden, sind zum Beispiel wichtig (anstatt relevant), möglich (anstatt potenziell), Bildschirm (anstatt Monitor). Da Menschen mit Lernbehinderungen abstrakte Darstellungen schlecht verstehen können, sollte der Inhalt einfach und konkret beschrieben werden. Wenn dies nicht möglich ist, können Beispiele den Text veranschaulichen.

Schwierige Worte können zum Beispiel folgendermaßen umschrieben werden:

- »Artikel«: Abschnitt in einem Gesetz
- »Gleichstellung«: Wenn alle Menschen die gleichen Rechte haben
- »Rechtswidrig«: Gegen das Gesetz

Weitere Beispiele finden sich auf http://www.bifos.org.

Abstrakte Substantive und substantivierte Verben (z.B. Wörter mit der Endung -ung, -heit, -keit) sind schwieriger zu verstehen als Verben. Substantive sollen möglichst durch aktive Verben ersetzt werden (z.B. Berücksichtigung durch berücksichtigen).

Wortvariationen sollten in Texten mit sehr einfacher Sprache vermieden werden, da diese zu Verwirrungen führen können. Für eine Sache ist immer das gleiche Wort zu verwenden.

Zahlen sollten als Ziffern und nicht in Worten geschrieben werden (z.B. »22« anstatt »zweiundzwanzig«). Auf römische Ziffern sollte verzichtet werden, da sie schwer zu verstehen sind. Durch Vergleiche und Beispiele können abstrakte Darstellungen veranschaulicht werden (z.B. »die Hälfte« anstatt »50%«).

Satzbau

Texte mit kurzen Sätzen sind besser zu verstehen. In jedem Satz sollte möglichst nur eine Information stehen. Füllwörter (z.B. auch, natürlich) sollten nur sparsam verwendet werden, da sie den Text nur verlängern, ohne etwas mitzuteilen

Eine optimale Textverständlichkeit wird bei einer durchschnittlichen Satzlänge von ca. 10 Worten erreicht. Eine Satzlänge von 10 bis 15 Wörtern ist zu empfehlen; mehr als 20 Worte sollte kein Satz enthalten.

Kurze nicht verschachtelte Sätze mit aktiven Verben bilden.

Bei Texten für Nutzer mit Lernbehinderungen sollte auf Satzzeichen wie Gedankenstriche und Kommas verzichtet werden.

Nebensätze und Schachtelsätze verwirren. Umklammerungen des Satzobjektes durch auseinander gerissene Verben setzen voraus, dass der Leser sich den Satzanfang so lange merken kann, bis das Satzende kommt. (Beispiel: »Die wichtigsten Testergebnisse stehen in den ersten beiden Spalten der Tabelle ›Barrieren im Internet‹, die farbig markiert sind, nebeneinander.«)

Auf einfach formulierte Nebensätze muss nicht verzichtet werden. Leicht verständliche Nebensätze sind komplizierten Nominalisierungen vorzuziehen.

Passivsätze, in denen die handelnde Person nicht erwähnt wird, und Konjunktiv sollten möglichst vermieden werden. Texte mit aktiven Verben sind besser zu verstehen. Geschrieben werden sollte in positiver Sprache, da Verneinungen zu Missverständnissen führen können. Wenn Verneinungen unbedingt erforderlich sind, sollten diese möglichst früh im Satz erwähnt werden, damit beim Leser keine falschen Annahmen entstehen.

Der Leser sollte im Text persönlich angesprochen werden. Durch eine direkte Anrede wird der Nutzer in die Beschreibung einbezogen und somit zum Lesen motiviert. Wenn die Inhalte für Erwachsene gedacht sind, sollte für die Anrede die Sie-Form verwendet werden. Beim Verfassen von Texten für Menschen mit Lernschwierigkeiten ist darauf zu achten, dass keine Kindersprache benutzt wird.

Textaufbau

Texte durch Überschriften und Absätze überschaubar gestalten

Auf einer Webseite sollte nicht zu viel Text erscheinen. Der Inhalt sollte auf das Wesentliche reduziert und für den Leser interessant sein. Unwesentliche Worte oder Sätze sollten gestrichen werden. Online-Texte müssen klar strukturiert und logisch gegliedert sein. Sätze eines Abschnitts müssen in einer logischen Reihenfolge aufeinander aufbauen, um einen sinnvollen Text bilden zu können. Ein Unterbrechen des Leseflusses sollte vermieden werden: Sätze sollten nicht auf einer Folgeseite weitergeführt werden, auf unübliche Worttrennungen und Querverweise im Textfluss ist zu verzichten.

Wenn Texte speziell für Nutzer mit Lernbehinderungen geschrieben werden, sollte nur ein Satz in einer Zeile erscheinen. Falls dies nicht möglich ist, sollten nur dort Zeilenumbrüche vorgenommen werden, wo gewöhnlich Sprechpausen erfolgen. Adressen sind wie auf einem Briefumschlag in mehrere Zeilen zu schreiben, da so das Abschreiben unterstützt wird.

Der Text sollte durch einzelne Absätze mit maximal 640 Zeichen untergliedert werden. In einem Absatz sollte nur ein abgeschlossener Gedankengang beschrieben werden. Durch einen zusätzlichen Zwischenraum von 1,5- bis 2fachem Zeilenabstand werden die einzelnen Absätze deutlich erkennbar. Leerräume helfen Nutzern mit Leseschwierigkeiten zum nächsten Punkt zu gelangen.

Texte mit einer Zeilenlänge von bis zu 70 Zeichen sind noch gut lesbar. Aber das hängt auch immer vom Zweck der Information ab: Texte, die für das schnelle Lesen gedacht sind, sind besser noch auf 30 bis 40 Anschläge zu begrenzen. Zu lange oder zu kurze Zeilen können aufgrund der erhöhten physischen Augenbewegung stark ermüden und der Lesefluss wird durch die Suche nach dem Beginn der nächsten Zeile unterbrochen. Der Text sollte linksbündig ausgerichtet sein (vgl. Abschnitt 2.2.8).

Im Web werden im Allgemeinen Texte vor dem Lesen überflogen. Die Texte sollten daher so geschrieben werden, dass sie überschaubar sind. Aussagekräftige Informationen am Anfang von Inhaltsblöcken werden in der Bedingung 13.8 der BITV gefordert. Zum Lesen angeregt wird der Nutzer durch interessante, optisch hervorgehobene Überschriften und Teaser (Anreißer), die in zwei bis drei Sätzen wesentliche Inhalte betonen. Die wichtigsten Aussagen sind in einer Zusammenfassung aufzuführen. *Bedingung 13.8*

Die Textmenge wird durch die Strukturierung mit Überschriften und Absätzen überschaubarer. Die Überschriften sollten sich auf den Text beziehen. Sie sollten sich nicht auf einer Webseite wiederholen und auch dann eindeutig sein, wenn sie ohne den Kontext betrachtet werden. Durch größere Schrift, Unterstreichungen oder Symbole können Überschriften optisch hervorgehoben werden. Listen können einzelne Textpassagen gut ersetzen, da sie leichter erfassbar sind. Bei Aufzählungen sind gut erkennbare Aufzählungspunkte wichtig.

Die Orientierung im Inhaltsbereich kann außerdem durch verschiedene sprachliche, typografische und symbolische Markierungen unterstützt werden. Markierungen sollten gezielt und sparsam eingesetzt werden. Folgende Möglichkeiten sind zur Visualisierung von Textteilen geeignet:

- Umrahmungen des Textes mit einem Kasten
- Farbige Unterlegungen des Textes
- Auszeichnungsschrift (Verwendung z.B. von fetter Schrift)
- Nummerierungen
- Piktogramme als Marginalien (z.B. Ausrufezeichen zur Markierung von Merksätzen)

Dabei sind mehrfache Auszeichnungen nicht nur möglich, sondern auch sinnvoll.

Schriftenverwendung

*Serifenlose Schrift
verwenden, sparsam
mit Markierungen von
Text umgehen.*

Das Lesen am Bildschirm und somit das Verständnis wird durch die
Wahl einer gut erfassbaren Schrift erheblich unterstützt. Hersteller
von Betriebssystemen haben in den letzten Jahren sehr viel in bild-
schirmoptimierte Schriftarten investiert. Kursive Schrift ist hingegen
auf Bildschirmen ohne Schriftglättung schlechter zu lesen. Fette
Schriften sollten nur zum Markieren eingesetzt werden, für längere
Textpassagen sind sie nicht geeignet. Schwer lesbare Großbuchstaben und gesperrte Wörter sollten höchstens zur Betonung einzelner
Wörter dienen. Große Textblöcke sollten nicht unterstrichen werden.
Unterstreichungen sollten hauptsächlich zur Markierung von verlink-
tem Text genutzt werden.

Die Schrift am Bildschirm sollte skalierbar sein und eine Größe
erlauben, die in gedruckten Dokumenten mindestens 14 Punkt entspricht (vgl. Abschnitt 2.4). Die Schriftfarbe sollte gut mit der Hintergrundfarbe kontrastieren. Bei längeren Texten sollte immer eine Version zum Ausdrucken angeboten werden, da viele Nutzer das Lesen
vom Papier bevorzugen.

Darstellung von Inhalten durch Nicht-Textelemente

Bedingung 14.2

*Förderung von
Verständlichkeit
durch Bilder,
Symbole oder Audio*

Das Verständnis von Inhalten sollte nach Bedingung 14.2 durch Grafiken oder Audio-Elementen unterstützt werden. Für einige Zielgruppen kann die Darstellung von Information auch hauptsächlich aus
Nicht-Textelementen am geeignetsten sein.

Fotografien, Bilder und einfache Symbole fördern das Verständnis des Inhalts für Menschen mit eingeschränktem Lesevermögen.
Durch Bilder werden Erfahrungen und Vorwissen der Nutzer aktiviert. Neues wird mit Bekanntem verglichen. Beispiele aus dem täglichen Leben sind bevorzugt zu verwenden, da diese für Menschen
mit Lernbehinderungen am geläufigsten sind. Wichtig ist, dass die
Bilder direkt bei dem Text stehen und sich auf diesen beziehen.
Worte und Bilder müssen sich sinnvoll ergänzen. Eine Adresse kann
zum Beispiel durch ein Bild von dem entsprechenden Gebäude
begleitet werden, wodurch das Wiedererkennen vor Ort erleichtert
wird. Überflüssige Bildinformationen sollen vermieden werden. Die
Bilder sollten leicht verständlich sein. Auf abstrakte oder dem jeweiligen Kulturraum bzw. der Zielgruppe fremde Darstellungen ist zu verzichten. So kennen zum Beispiel nicht alle Nutzer den amerikanischen Briefkasten, der oft als Symbol für E-Mail-Links eingesetzt wird.
Die Bilder sollen möglichst groß und kontrastreich sein.

Längere Texte können in leichter Sprache auf einer Hörkassette
oder einer CD angeboten werden. So haben Menschen mit Lese-

schwierigkeiten die Möglichkeit, wichtige Informationen selbstständig zu erfahren. Auch das Vorlesen einer Seite kann eine sinnvolle multimediale Ergänzung sein (vgl. Abschnitt 3.1.4)

Bei der Auswahl von Bildern oder Symbolen und der Erstellung von einfachen Texten sollte die mögliche Zielgruppe beteiligt werden. Fachfremde oder Menschen mit Lernbehinderungen weisen nach dem Lesen der Texte auf die Passagen oder Worte hin, die sie nicht verstanden haben. Die Tests sollten in der Anfangsphase durchgeführt werden, um die Kosten zu minimieren.

Die Beteiligung der potenziellen Nutzer bei der Erarbeitung der Inhalte ist sehr wichtig. Jeder Nutzer sollte die Möglichkeit haben, die Inhalte entsprechend seiner Wünsche zu erhalten, wobei alle Behinderungsarten zu berücksichtigen sind.

Weitere Informationen:

- PONS Basiswörterbuch: PONS Basiswörterbuch, Deutsch als Fremdsprache, Klett-Verlag
- Wörterbuch für leichte Sprache: http://www.bifos.org
- Netzwerk People First Deutschland e.V.: http://www.peoplefirst.de/
- Europäische Richtlinien zur Erstellung von leicht lesbaren Informationen: http://www.inclusion-europe.org/documents/SAD66EETRDE.pdf

2.3.4 Informationen in Gebärdensprache

In Abschnitt 1.2.4 wurde beschrieben, welche Barrieren für Menschen existieren, die Schwierigkeiten mit dem Hören haben. Es wurde besonders herausgestellt, dass es eine Gruppe gibt, die für einen vollständigen Zugang zu Informationen auf die Informationsdarstellung in Gebärdensprache angewiesen ist. Übertragen auf die Möglichkeiten der heutigen Informationstechnik folgt daraus, dass zum Beispiel im Web Gebärdensprachfilme (GS-Filme) bereitgestellt werden sollten, um den Bedürfnissen der visuell orientierten unter den hörgeschädigten Menschen vollständig gerecht zu werden. Es gibt vielfältige Möglichkeiten, um den Bedürfnissen dieser Nutzergruppe im Web (und anderen multimedialen Anwendungen) nachzukommen.

In welcher Form GS-Filme idealerweise präsentiert werden sollen, kann derzeit nicht abschließend beantwortet werden. So müssen sehr viele Aspekte berücksichtigt werden, beispielsweise die Rahmenbedingungen für die Gesamtgestaltung des Webangebots und die Technik, die zur Verfügung steht. Einige inhaltliche, aber vor allem technische Gesichtspunkte, die bei der Erstellung von GS-Filmen bedacht und erwogen werden müssen, werden im Folgenden ange-sprochen. Es gilt, diese Aspekte bei der Erstellung und Einbindung der Filme im Zusammenhang mit gestalterischen, technischen und finanziellen Möglichkeiten zu berücksichtigen. Bei der nutzerori-entierten Durchführung kann es derzeit zu Konflikten mit einzelnen Bedingungen der BITV kommen. Das liegt vor allem daran, dass das OBJECT-Element nicht von allen Browsern korrekt unterstützt wird.

Praktische Umsetzung von Gebärdensprachfilmen

Die erste Frage, die sich bei der Einbindung von Filmen jeder Art stellt, ist, ob ein Film in eine Seite eingebettet wird oder ob er als »externes Objekt« behandelt werden soll. Der Vorteil bei der Einbet-tung des Films in die Seite ist, dass er als besuchte Seite vom Browser registriert werden kann. Der Film kann gut mit einem Bookmark ver-sehen und weiterempfohlen werden. Für den Webentwickler ist die technische Einrichtung zudem einfacher.

Bedingung 8.1   Streng genommen ist jedoch diese Technik der Einbettung nicht barrierefrei, denn Computerhilfsmittel blinder Nutzer »übersehen« eingebettete Objekte wie Filme. Werden die Filme jedoch mit dem Player (Filmabspielsoftware) per Link als ein von der Webseite unab-hängiges Programm aufgerufen, dann können Screenreader auf die Bedienelemente zugreifen. Da blinde Menschen keinen Nutzen von GS-Filmen haben dürften und der Inhalt des Films als Übersetzung der sonst barrierefreien Inhalte zu verstehen ist, kann ein Verstoß gegen Bedingung 8.1 der BITV zugunsten der praktischen Handha-bung von GS-Filmen hingenommen werden.

Ergebnisse der
Umfrage: http://www.
dgs-filme.de/
ergebnisumfrage.htm   Eine im Frühjahr 2004 durchgeführte Umfrage unter 600 hörge-schädigten Menschen ergab, dass die parallele Präsentation von Text und Gebärdenfilm für das Verständnis von Inhalten sehr hilfreich ist. Eine Absatz für Absatz parallele Präsentation von Text und GS-Film kann als ausreichend guter und mit angemessenem Aufwand gang-barer Lösungsweg angesehen werden. Wenn dies allerdings optisch und funktionell im Rahmen einer (X)HTML-Seite umgesetzt wird, nimmt die Bereitstellung der Gebärdensprachübersetzungen einen flächenmäßig breiten Raum ein, was wiederum kaum zur nötigen Akzeptanz der Maßnahme auf Seiten der Informationsanbieter bei-tragen dürfte.

Es gilt, Präsentationsformen zu entwickeln, die sich harmonisch in ein Webangebot einfügen lassen. Die diversen als Plug-ins verfügba-ren Multimedia-Player (Windows Media Player, QuickTime Player, Real Player, Flash) bieten sicher genug technisches Potenzial, um die gestellte Aufgabe ausreichend erfüllen zu können.

Die Ankündigung bzw. Verlinkung auf einen vorhandenen GS-Film kann mit Hilfe eines Symbols oder mit einem Textlink gekennzeichnet werden. Sollte das auf der CD-ROM zu findende Symbol nicht in das grafische Layout eines Webauftritts integrierbar sein, dann kann zum Beispiel auch ein kleines Rechteck mit den Grossbuchstaben DGS (wenn es sich bei dem Film um Inhalte in Deutscher Gebärdensprache handelt) in Kombination mit

Auf der CD-ROM befinden sich lizenz-freie Vorlagen zur Kennzeichnung von GS-Filmen.

```
<img src="dgs_symbol.gif" alt="Symbol f&uuml;r Video in Deutscher
Geb&auml;rdensprache" title="Der Text dieser Seite als Video in
Deutscher Geb&auml;rdensprache (DGS)." />
```

verwendet werden.

Nach derzeitigem Stand der Technik ist die Bereitstellung eines GS-Films jeweils in zwei Versionen anzubieten:

1. Eine für analoge oder ISDN-Verbindungen optimierte Version. Diese ist, was die Filmfenster-Abmessungen betrifft, eher kleiner und bezüglich der Dateigröße relativ stark komprimiert. Dabei ist darauf zu achten, dass das Mundbild der gebärdenden Person noch gut zu erkennen ist, womit die Erkennbarkeit der Gebärden gewährleistet sein sollte.
2. Eine für DSL bzw. Breitband optimierte Version: Das größere Filmfenster und eine geringere Dateikomprimierung stellen sicher, dass alle Details der Gebärden detailliert erkennbar und die Informationen gut aufnehmbar sind.

Berücksichtigung verschiedener Player

Um möglichst viele Interessenten erreichen zu können, sind die unterschiedlichen Player und deren Verfügbarkeit und Verbreitung auf den unterschiedlichen Betriebssystemen zu berücksichtigen:

Zur Auswahl stehen die gängigen Player von Microsoft, Real oder Apple.

Nach der Bedingung 11.1 sind öffentlich zugängliche und dokumentierte Techniken einzusetzen, wenn es für die Erfüllung einer Aufgabe angemessen ist. Wird die Präsentation der GS-Filme mit einer parallelen Darstellung des Ausgangstextes realisiert, dann bietet sich für diese Aufgabe die Nutzung des W3C-Standards Synchronized Multimedia Integration Language 2.0 (SMIL) an. Der Real Player und der QuickTime Player sind kompatibel zum SMIL-Standard. Für den Windows Media Player muss auf das SAMI zurückgegriffen werden.

Bedingung 11.1

Um allen Nutzern die Möglichkeit zu geben die Filme anzusehen, ist eine Bereitstellung der Filme in allen drei Playern anzustreben. Auch mit Hilfe des Flash-Plug-ins (ab Version 6) können Video-Filme mit Untertiteln übertragen und abgespielt werden. Allerdings bietet Flash die benötigten Bedienungsfunktionalitäten (Start/Stop/Pause) nur, wenn diese vom Entwickler hinzugefügt werden. Werden mehrere Player und mehrere DGS-Filme im Rahmen einer Präsenz angeboten, ist es für den Nutzer hilfreich, eine einmal getätigte Auswahl (bezüglich der Player und Verbindungsgeschwindigkeit) vom System zum Beispiel mit Hilfe von Cookies oder Sessions zu speichern, damit während der Dauer des Besuches die gewählte Einstellung erhalten bleibt.

Technische und gestalterische Aspekte bei der Erstellung von GS-Filmen

Eine Arbeitsgruppe beim Deutschen Gehörlosen-Bund beschäftigt sich mit der Entwicklung von Richtlinien zur Erstellung von GS-Filmen. Ziel ist es, eine Standardisierung von GS-Filmen bei multimedialen Anwendungen und einheitliche Vorgehensweisen zu erzielen, um Anbietern für den optimalen Einsatz von GS-Filmen Hilfestellungen anzubieten. Dabei werden auch die Richtlinien von CEN (CEN CWA 14835, Sept. 2003) berücksichtigt.

Die folgende Auflistung spiegelt den aktuellen Stand (6.2004) der Beratung der Arbeitsgruppe dar. Sie erhebt deshalb nicht den Anspruch auf Vollständigkeit:

- Informieren Sie sich bei den Verbänden der gehörlosen Menschen, wie der aktuelle Stand ist. Fragen Sie nach den Richtlinien und lassen Sie sich Anbieter für die Erstellung von GS-Filmen empfehlen.
- Wägen Sie ab, welche Informationen Ihrer Meinung nach wichtig für Übersetzungen in die Gebärdensprache sind. Lassen Sie sich hierbei von Betroffenen beraten.
- Beachten Sie, dass bis auf wenige Ausnahmen nur »native speakers« bzw. »native signers« als Darsteller für GS-Filme in Frage kommen. Damit sind gehörlose Menschen gemeint, die schon von frühester Kindheit in der Gebärdensprache kommunizieren.
- Ideal ist, wenn der Darsteller ein langärmliges und musterloses Oberteil in einer Farbe trägt, die im Kontrast zum Hintergrund steht.
- Für den Filmausschnitt reicht es, wenn der gesamte Oberkörper sichtbar ist.
- Der Hintergrund sollte nicht zu dunkel, aber auch nicht zu hell sein, sodass sich der Darsteller hinsichtlich des Kontrastes gut vom Hintergrund abhebt.

- Durch eine professionelle Beleuchtung kann sichergestellt werden, dass die Tiefe des Gebärdenraums vor dem Oberkörper in seiner Dreidimensionalität gut wahrnehmbar ist.
- Verwenden Sie für die Auflösung mindestens 240×180 Pixel. Ein guter Wert für die gute Qualität eines Films kann mit der Bildgröße 320×240 Pixel erzielt werden.
- Die Bilder müssen flüssig laufen und dürfen keine ruckartigen Bewegungen aufweisen. Verwenden Sie deshalb mindestens 25 Bilder pro Sekunde.
- Bei GS-Filmen handelt es sich um eine Übersetzung textlich bereits vorhandener Inhalte. Wägen Sie sorgfältig vor der Erstellung eines GS-Filmes ab, ob der Zweck und Kontext des Einsatzes eine Untertitelung und einen gesprochenen Text nötig erscheinen lässt. Untertitel und Vertonung sind bei einem vorausgehenden Text und angesichts der visuell kommunizierenden Zielgruppe nicht erforderlich.
- Verwenden Sie ein einheitliches Symbol für den Hinweis auf die GS-Filme.

Einen Vorschlag für ein Symbol findet sich auf der CD-ROM.

Der Aufruf von GS-Filmen in Webauftritten

Wenn es die optische Gestaltung des Webauftritts erlaubt, den GS-Film und den zugehörigen Text im Sichtfeld des Browsers zu platzieren, kann der Film mit relativ einfachen Mitteln in eine Webseite eingebettet werden. Der erforderliche Quellcode mit erläuternden Kommentaren befindet sich auf der beigefügten CD-ROM. Um alle Browser zu berücksichtigen ist es derzeit nötig, den Film sowohl mit dem OBJECT-Element, als auch mit dem nicht mehr spezifizierten EMBED-Element einzubinden. Dafür ist die Übertragung des richtigen MIME-Types (mit dessen Hilfe können Datentypen eindeutig zugeordnet werden) an den Browser recht einfach, weil dieser im Quellcode wie folgt definiert werden kann:

Ein Quellcode-Beispiel für die Einbindung von GS-Filmen findet sich auf der CD-ROM.

Windows Media Player:	type="application/x-mplayer2"
QuickTime Player:	type="video/quickTime"
Real-Player:	type="audio/x-pn-realaudio-plugin"

Tab. 2-1
MIME-Typen für die Einbindung von Filmen

Wird ein Film optisch und funktional nicht in die Seite eingebettet, sondern im eigenständigen Player aufgerufen (*stand alone*), dann muss für die richtige MIME-Zuordnung in der Regel der Server entsprechend konfiguriert werden. Dies kann vom Serveradministrator in der Serverkonfiguration vorgenommen werden. Besteht kein Zugriff auf den Server, funktioniert auch ein entsprechender Eintrag in einer auf dem Server abgelegten .htaccess-Datei.

Synchronisierte Untertitel und Audio-Spur für GS-Filme

Bedingung 1.4
Bedingung 1.3
Nach der Bedingung 1.4 der BITV sind synchronisierte Untertitel und Audiodeskriptionen (zusätzliche Sprachspur; vgl. Abschnitt 3.1.2 und 3.1.3) insbesondere für Filme bereitzustellen. Ferner sind für die vollständige Barrierefreiheit Audiodeskriptionen für Videospuren zu berücksichtigen (Bedingung 1.3). Obwohl beide Bedingungen mit der Priorität I eingeordnet sind, so müssen an dieser Stelle einige praktische Gegebenheiten erwogen werden.

Wenn davon ausgegangen werden kann, dass eingesetzte GS-Filme eine Übersetzung des eigentlichen Inhalts einer Webseite sind, so ist der Film ein zusätzliches Informationsangebot. Dieses Angebot richtet sich an Hörgeschädigte und dient ausschließlich der Verständlichkeit der Inhalte für diese Nutzergruppe. Die Informationen, die in dem Film übersetzt werden, befinden sich bereits auf der Webseite und können von anderen Nutzergruppen gelesen werden.

Bedingung 1.1
Bedingung 1.3
Visuelle Darstellungen wie (GS-)Filme erfordern dann eine Audiodeskription, wenn darin Handlungen oder Ähnliches dargestellt werden, die von Blinden oder Sehbehinderten nicht wahrgenommen werden können. Bei GS-Filmen ist angesichts des Inhalts eine solche Beschreibung nicht sinnvoll und auch nicht zweckmäßig. Ein geeigneter Alternativtext gemäß Bedingung 1.1 sollte an dieser Stelle genügen und auch die Erfordernis aus Bedingung 1.3 hinreichend abdecken.

Bedingung 1.4
Bei den in Bedingung 1.4 geforderten Untertiteln liegt der Sachverhalt etwas anders, denn Untertitel sind insbesondere auch für Gehörlose eine Informationsquelle. Wenn ein GS-Film ohne gleichwertigen Text zur Erläuterung bestimmter Sachverhalte genutzt wird, sind Untertitel (und ggf. Audiodeskriptionen) für Personen hilfreich, die die Gebärdensprache nicht verstehen. Beispielsweise könnte man bei einer Behörde Info-CDs in Gebärdensprache anbieten und im Beratungsgespräch einsetzen. Ein gehörloser Kunde könnte im Beratungsgespräch den Film anhalten, wenn etwas nicht ausreichend verständlich war. Dem (hörenden) Sachbearbeiter wäre es aufgrund der Untertitelung oder der Sprachspur nun möglich, den nicht verstandenen Inhalt zu erkennen. Eine Ergänzung der Gebärden durch Untertitel oder Audiobeschreibungen gehört besonders dann zu den erstrebenswerten Maßnahmen, wenn auch hörende Menschen die Möglichkeit haben sollen, den gerade gebärdensprachlich dargestellten Sachverhalt zu verstehen, um gegebenenfalls weitere Informationen hinzuzuziehen.

Bevor ein Gebärdenvideo produziert wird, sollte also sorgfältig abgewogen werden, ob der Einsatzzweck und der Einsatzkontext eine Untertitelung und einen gesprochenen Text nötig erscheinen lässt. Das gilt besonders im Bereich von analogen oder ISDN-Internetverbindungen, da zumindest durch eine Sprachspur ein höheres Transfervolumen entsteht, welches in der Praxis durch eine schlechtere Bildqualität »erkauft« werden muss.

Die Vision eines Avatars

Es bietet sich natürlich an, Computerhilfsmittel zu entwickeln, welche die Übersetzungen in die Gebärdensprache automatisieren oder die Informationsaufbereitung vom Anbieter auf den Anwender übertragen. Ein gutes Beispiel für solche Computerhilfsmittel sind Screenreader, welche auf dem PC des Anwenders installiert sind. Während für blinde Menschen nutzbare Hilfsmittel existieren, forscht man derzeit weltweit an vergleichbaren Techniken für Menschen, die in der Gebärdensprache kommunizieren.

Einen Ansatz, zugänglichere Informationen für Gehörlose bereitzustellen, bietet eine automatische Übersetzungssoftware, welche auf Knopfdruck Texte und Gesprochenes in die Gebärdensprache übersetzt und gebärdensprachlich darstellt. Hierzu laufen bereits seit einigen Jahren verschiedene Forschungsprojekte, in die große Hoffnungen gesetzt werden. Es handelt sich dabei um die Entwicklung von realistisch aussehenden virtuellen Menschen (auch Avatare genannt), die gesprochene Sprache oder Informationen aus Texten in die Gebärdensprache übersetzen und auf Bildschirmen darstellen. So schön sich die Vision vom Gebärdensprachavatar anhört: Bislang ist die Entwicklung noch im Anfangsstadium, wann es erste Ansätze für die Erprobung im Internet geben wird, ist nach derzeitigem Kenntnisstand noch nicht absehbar. Für einen ausgereiften Avatar, welcher eigenständig sinnvolle Ergebnisse liefert, werden weitere Jahre ins Land gehen.

2.3.5   Besondere Aspekte der Verständlichkeit mit Screen- und Webreadern

Vor allem bei der Navigation innerhalb von (X)HTML-Dokumenten kann es beim Einsatz von Screen- und Webreadern zu erschwerten Bedingungen kommen. Dies liegt insbesondere in der eindimensionalen Ausgabe (z.B. per Sprachausgabe). Dieser Aspekt wird in den 10 Bedingungen zur Anforderung 13 der BITV (Navigation und Orientierung) angesprochen.

Anforderung 13

Übersichtlichkeit und die Anzahl von Links

Besonders schwierig zu navigieren sind Seiten mit einer großen Zahl von Links. Eine solche Situation findet man häufig auf der Eingangsseite großer Webauftritte, die auf alle Bereiche des Angebotes verweisen soll. Gleiches gilt für mehrschichtige Navigationsmechanismen mit Ausklappmenüs. Seiten mit 100 und mehr Links sind keine Seltenheit. Solche Seiten sind mit Screen- und Webreadern nur schwer zu überblicken. Lösungen bieten die Verteilung von Navigationsmechanismen auf mehrere Seiten und die Gruppierung inhaltlich verwandter oder zusammenhängender Links. Eine möglichst barrierefreie Lösung wird hier immer mit anderen inhaltlichen Zielsetzungen abgewogen werden müssen. Schon sieben inhaltliche Gruppen mit

Abb. 2-38

Die normale Ansicht eines Ausklappmenüs und seine Darstellung in einem Webreader

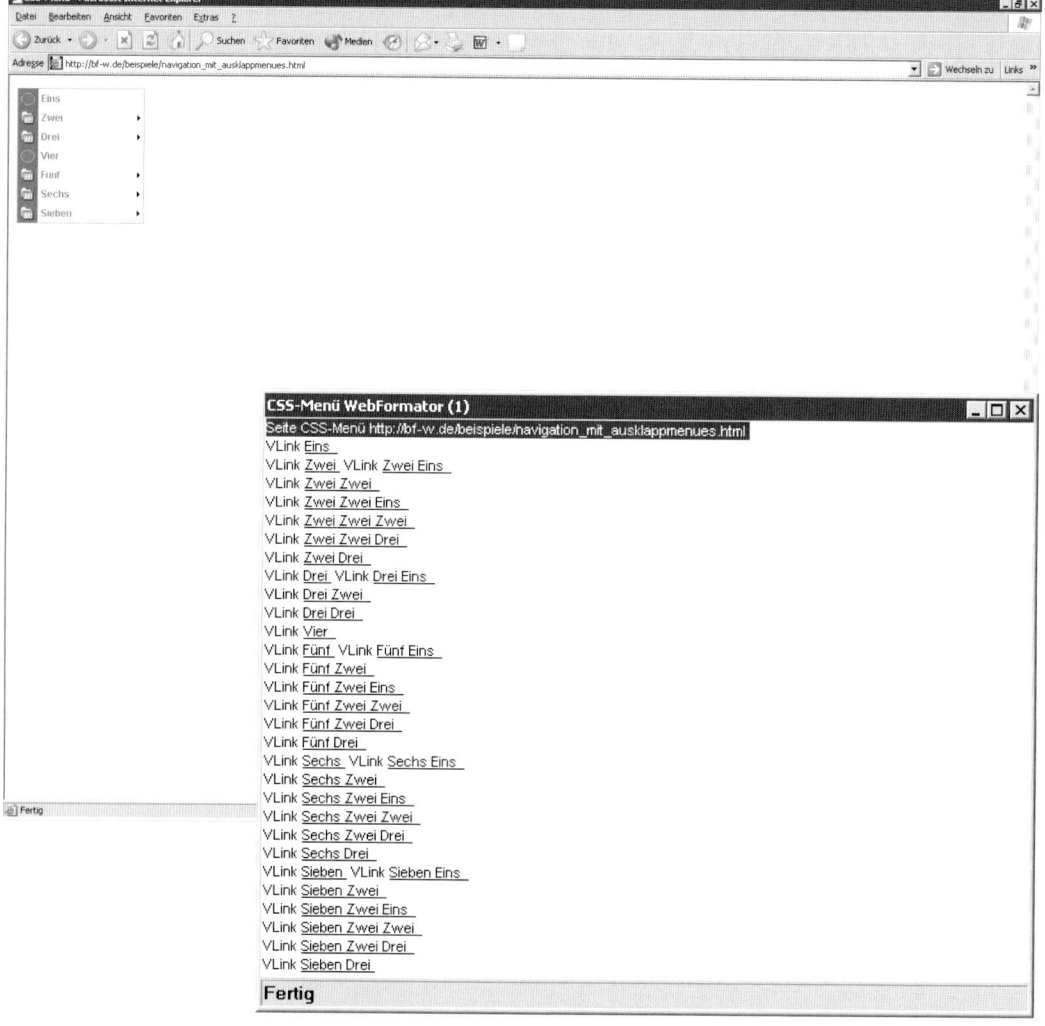

sieben Unterpunkten führen zu fast 50 Links auf einer Seite – das ist
auch nicht mehr übersichtlich. Daher muss jede Gruppe eindeutig
benannt und erklärt und ein Überspringen jeder Gruppe für alle, die
nicht mit Maus und Bildschirm arbeiten, ermöglicht werden.

»Sprechende« Links

Um auf einer Webseite schneller zu navigieren, wird bei der Verwendung von Screen- und Webreadern oft die Tabulatortaste verwendet.
Der Nutzer »springt« dann von Link zu Link und in der Sprachausgabe oder auf einer Braille-Zeile werden die Linktexte (verlinkter Text
oder Alternativtext verlinkter Grafiken) ausgegeben. Manche Screenreader haben auch Spezialmodi, die lediglich Links, Eingabefelder
und Steuerelemente von Formularen vorlesen.

   Diese Arbeitsmethode hat jedoch ihre Grenzen, wenn Linktexte
nicht eindeutig sind. Werden zum Beispiel auf einer Seite viele Themen angerissen und hinter jedem Anreißertext ein Text »mehr« verlinkt, der dann zu einem ausführlichen Beitrag führt, so ist die Navigation per Screenreader kaum möglich. Durch die Anzeige der Links
wird mehrfach nur das Wort »mehr« aufgeführt und der Nutzer wird
gezwungen, den kompletten Text zu lesen.

   In Bedingung 13.1 wird die eindeutige Bezeichnung von Links   *Bedingung 13.1*
gefordert. Dabei geht es natürlich nicht allein um blinde Surfer. Es
kann für jeden Besucher verwirrend sein, wenn beispielsweise zwei
»Kontaktlinks« bereitgestellt werden, der eine aber zum Autor eines
Beitrags und der andere zum Webmaster des Webauftritts führt.

   Um die Eindeutigkeit von Linkbezeichnungen zu erreichen, gibt
es mehrere Lösungsansätze. Dabei wird das folgende, häufig auf
Webseiten vorzufindende Muster zur Erläuterung verwendet:

```
<h2>Barrierefreier Informationszugang f&uuml;r alle
Internetnutzer</h2>
<p><img src="blogo.gif" alt="BIK-Logo" /> BIK pr&uuml;ft
Internetauftritte von 14 gro&szlig;en Tageszeitungen und Magazinen
auf Barrierefreiheit. Erste Ergebnisse werden Mitte Mai erwartet.
<a href="pm_060504_bik.html">mehr ...</a></p>
```

Zunächst muss dafür gesorgt werden, dass Texte bzw. Alternativtexte
für verlinkte Grafiken eindeutig sind. Hier bietet sich zunächst die
Überschrift an:

```
<h2><a href="pm_060504_bik.html">Barrierefreier Informationszugang
f&uuml;r alle Internetnutzer</a></h2>
```

Die Überschrift wird verlinkt und führt zur selben Seite wie der Link
»Mehr«. Aus Usability-Gründen ist die Verlinkung der Grafik eben-

falls sinnvoll, aber es sprechen zwei Gründe aus Sicht der Barrierefreiheit dagegen:

1. Die Verlinkung der Grafik fördert die Eindeutigkeit der Linktexte
    nicht. Im Gegenteil: In unserem Beispiel wären dann drei Links
    vorhanden, die zum Artikel führten, einer mit dem Titel des Arti-
    kels, einer mit dem Alternativtext der Grafik und einer mit der Be-
    zeichnung »Mehr«.
2. Eine einzelne Verlinkung von der Überschrift und der Grafik kann
    zwar als geeignete Lösung gesehen werden, wäre aber nicht
    standardkonform.

Zur Erhöhung der Usability kann die Grafik durch ein JavaScript
ergänzt werden:

```
<img src="blogo.gif" alt="BIK-Logo"
onclick="document.location.href='pm_060504_bik.html';" />
```

Damit wird jedoch der »mehr«-Link nicht eindeutiger. Solche
»mehr«-Links können allerdings für den visuellen Zugang sehr nützlich sein. Um die Eindeutigkeit solcher Linktexte zu gewährleisten,
sollte daher das title-Attribut mit der genauen Angabe der Zieldatei
verwendet werden. Unser Beispiel sieht nun wie folgt aus:

```
<h2><a href="pm_060504_bik.html">Barrierefreier Informationszugang
f&uuml;r alle Internetnutzer</a></h2>
<p><img src="blogo.gif" alt="BIK-Logo"
onclick="document.location.href='pm_060504_bik.html';" /> BIK
pr&uuml;ft Internetauftritte von 14 gro&szlig;en Tageszeitungen und
Magazinen auf Barrierefreiheit. Erste Ergebnisse werden Mitte Mai
erwartet. <a href="pm_060504_bik.html" title="zu den Ergebnissen
des BIK-Zeitungen-Tests">mehr ...</a></p>
```

Bedingung 13.1   Diese vom W3C empfohlene Methode mit dem title-Attribut für
den »mehr«-Link birgt ein Problem: Das title-Attribut wird in Screenreadern nur optional ausgegeben und somit kann nicht sichergestellt werden, dass die Information empfangen wird. Es ist in jedem
Fall ein verlinkter eindeutiger Text, hier die Überschrift, erforderlich,
um Bedingung 13.1 zu erfüllen. So gesehen, stellen »Mehr«-Links
nicht nur eine Barriere dar, sondern es müsste sogar auf sie verzichtet
werden. Dass der Verzicht dem intuitiven Verhalten des Nutzers nicht
entspricht, am Ende eines Textes den weiterführenden Link zu
suchen, macht alternative Linkbezeichnungen für den »Mehr«-Link,
beispielsweise die Wiederholung der Überschrift anstelle des
»mehr«, notwendig.

Gruppierungen und Sprungmarken

Nach Bedingung 12.3 sind große Informationsblöcke mit Struktur-   *Bedingung 12.3*
elementen in leichter handhabbare Gruppen zu gliedern. In (X)HTML-
Dokumenten erfolgt dies beispielsweise durch Absätze, Überschriften, Listen und andere Blockelemente. Dies ist für die Navigation
innerhalb einer Seite mit einem Screenreader äußerst hilfreich, denn
Screenreader erlauben die Bedienung von Dokumenteninhalten aufgrund der Dokumentenstruktur. Diese Aspekte der Barrierefreiheit
werden ausführlich in Abschnitt 2.7.3 behandelt.

   In Bedingung 13.6 wird die Gruppierung von Inhalten und Links   *Bedingung 13.6*
und die Möglichkeit des Überspringens solcher Gruppen gefordert.
Man könnte mit der Weiterentwicklung der Screenreader annehmen,
dass diese Bedingung hinfällig sei. Dem ist jedoch nicht so.

   Nur moderne Screenreader bieten ausgereifte Funktionen zur
Navigation innerhalb eines (X)HTML-Dokuments auf der Ebene von
Blockelementen. Deswegen sollte eine »Hilfestellung« geboten werden. Am Anfang eines Dokuments kann eine unsichtbare Sprungmarke eingefügt werden:

```
<p><a href="#inhalt"><img src="transparent.gif" width="1"
height="1" alt="Zum Inhalt" /></a></p>
<!-- Weiterer Inhalt, z.B. Navigation -->
```

Dieser unsichtbare Link am Anfang des Inhalts wird von Screenreadern erkannt, obwohl er nicht sichtbar ist – natürlich sollte transpa-
rent.gif tatsächlich eine transparente Grafik sein. Der eigentliche
Inhaltsbereich sollte dann wie folgt beginnen:

```
<div id="inhalt"><a name="inhalt"></a>
... Inhalt ...
</div>
```

Wenn der Nutzer nun den Link am Anfang des Dokumentes betätigt,
wird er automatisch zum Inhaltsbereich gebracht. Das Lesen von
möglicherweise großen Navigationsbereichen vor dem Erreichen
des Inhalts ist nicht mehr notwendig.

   Diese Methode kann auch zur Erfüllung der Bedingung 13.10   *Bedingung 13.10*
eingesetzt werden. Dort wird das Überspringen von ASCII-Zeichnun-
gen gefordert (vgl. Abschnitt 2.1.8).

Versteckte Hilfen? Versteckte Stolpersteine?

Die eben beschriebene Technik, versteckte Hilfen speziell für Nutzer
von Screenreadern anzubieten, sollte im Sinne der Barrierefreiheit
eingesetzt werden, um die Navigation in alten Screenreadern zu
unterstützen.

»FIR nicht barriere-
frei« von
Tomas Caspers und
Jan Eric Hellbusch:
http://www.einfach-
fuer-alle.de/artikel/
fir-nicht-barrierefrei/

Die Technik des Versteckens wird normalerweise mit der CSS-Eigenschaft display realisiert. Diese Technik wird jedoch nicht nur zur Förderung der Barrierefreiheit in alten Text-Browsern und Screenreadern eingesetzt. Mit der als »Fahrner Image Replacement« bezeichnete Methode werden Grafiken als Hintergrund für Bereiche des Bildschirms eingesetzt, was bedeutet, dass kein Alternativtext vergeben werden kann. Die Texthinterlegung wird dadurch erreicht, dass ein »unsichtbarer« Text simuliert wird, der den eigentlichen Inhalt des CSS-Kastens bildet, also zum Beispiel:

```
<div class="kopfzeile"><h1 class="unsichtbar">Versteckte
&Uuml;berschrift</h1></div>
<p>Weiterer Text</p>
```

Bedingung 6.1

Dabei wird für die id="kopfzeile" im CSS eine Hintergrundgrafik definiert, um eine grafische Darstellung der Überschrift anzubieten. Die darin enthaltene Überschrift wird mit der CSS-Eigenschaft display:none; »versteckt«. Damit soll gewährleistet werden, dass die Inhalte auch in alten Browsern wie Netscape 4 zugänglich sind und somit Bedingung 6.1 erfüllt ist, in der die Nutzbarkeit auch ohne CSS gefordert wird.

Zunehmend wird diese Technik eingesetzt, zum Beispiel auch für Navigationsleisten. Diese Methode stellt jedoch unüberwindbare Barrieren für gleich zwei Nutzergruppen auf (siehe Abb. 2-39):

1. Viele Screenreader interpretieren auch CSS und interpretieren die display-Eigenschaft. Gleichzeitig können Grafiken ohne Alternativtext nicht ausgelesen werden. Es ist auch nicht möglich, Alternativtexte mittels CSS zu definieren.
2. Wenn Sehbehinderte eigene Farben definieren (vgl. Abschnitt 2.2), so werden zumindest unter Windows Hintergründe jeder Art nicht angezeigt. Da die eigentlichen Informationen per CSS versteckt werden, sind sie bei dieser Einstellung auch nicht sichtbar.

Durch den versteckten Text und die Nichtverfügbarkeit der Hintergrundgrafik sind die Informationen für diese Nutzergruppen nicht zugänglich.

Die Technik des Versteckens von Inhalten sollte also sehr vorsichtig eingesetzt werden, um alte Zugangssoftware bei der Navigation zu unterstützen.

Bedingung 10.5

Das Verstecken per CSS kann jedoch nützlich sein, um Bedingung 10.5 zu erfüllen. Bis vor nicht allzu langer Zeit waren Screenreader nicht in der Lage, aufeinander folgende Links voneinander zu trennen, wenn sie auf einer Braille-Zeile dargestellt wurden. So benötigt zum Beispiel eine Navigation die folgenden Zeilen zur gesonderten Darstellung der Links:

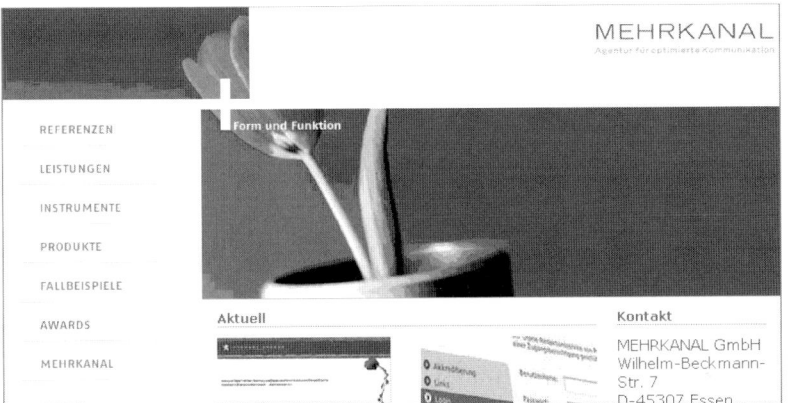

Abb. 2-39
*Hintergrundgrafik
und unsichtbarer
Text sind bei
benutzerdefinierten
Farben nicht
wahrnehmbar
(siehe auch Farbtafel
Seite 79).*

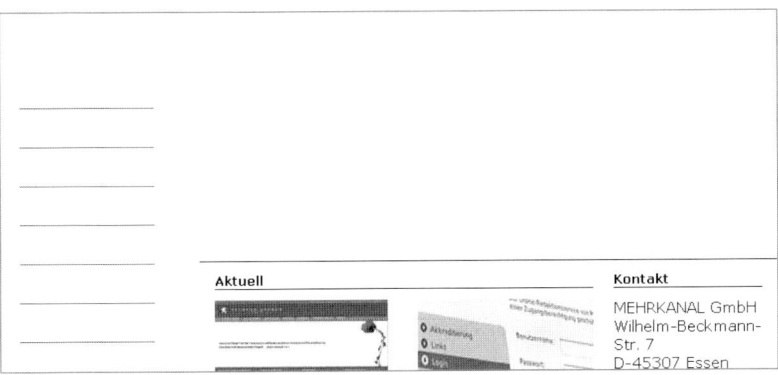

```
<ul>
<li><a href="#">Startseite</a><span
class="unsichtbar"> | </span></li>
<li><a href="#" lang="en">Service</a><span
class="unsichtbar"> | </span></li>
<li><a href="#">Kontakt</a></li>
</ul>
```

Fehlt ein ausdruckbares, von Leeraum umgebenes Zeichen, kann die Anzeige wie folgt aussehen:

StartseiteServiceKontakt

Ein typisches Zeichen ist der senkrechte Strich »|«. Es kann aber ein beliebiges Satzeichen sein.

An sich müsste die Auszeichnung der Links als Listenpunkte ausreichen, um sie voneinander zu trennen, aber Screenreader-Hersteller haben erst zehn Jahre nach Einführung der ersten HTML-Spezifikation (mit Listenelement UL) im Jahre 1992 das korrekte Auslesen von Listen als getrennte Elemente ermöglicht.

Angabe der natürlichen Sprache

Die meisten Webauftritte werden in ein und derselben Sprache verfasst. Wird jedoch mehr als eine Sprache auf einer Seite eingesetzt, zum Beispiel Zitate oder anderer Text in englischer Sprache auf einer primär deutschsprachigen Seite, müssen die fremdsprachigen Texte im Hinblick auf die Sprachausgabe als solche ausgezeichnet sein.

Sprachausgaben arbeiten mit Sprachtabellen, das heißt, sie erfassen einen Text und geben ihn entsprechend der voreingestellten Aussprache an die Sprachsynthese weiter. Liest ein blinder Surfer also vor allem deutschsprachige Webseiten, die aber nicht korrekt gekennzeichnete fremdsprachige Worte enthalten, so werden die fremdsprachigen Worte falsch vorgelesen.

Bedingung 4.3
Bedingung 4.1
Die Kennzeichnung der Hauptsprache einer Seite hat zwar nach der Bedingung 4.3 lediglich die Priorität II. Wird aber innerhalb einer Seite die Sprache gewechselt, dann wird das Lesen problematisch, da der Sprachausgaben-Anwender wiederholt die Konfiguration der Vorlesesoftware ändern müsste. Das wird ihm erspart, wenn die Sprachänderung auf der Seite angegeben ist und so vom Screenreader automatisch erkannt wird. Die Kennzeichnung von Sprachwechseln hat die Priorität I (Bedingung 4.1).

Die Sprache einer Webseite wird durch das Universalattribut lang (*language* = Sprache) ausgezeichnet. Dieses Attribut kann für fast jedes Element eingesetzt werden. Allerdings reicht es bei einer einsprachigen Seite völlig, wenn das HTML-Element dieses Attribut erhält. Das lang-Attribut wird an alle anderen Elemente vererbt.

Hinweis: Es wurde die
vollständige Notation
für die korrekte
Sprachangabe
nach XHTML 1.0
angegeben.

```
<!DOCTYPE html PUBLIC "-//W3C//DTD XHTML 1.0 Strict//EN"
"http://www.w3.org/TR/xhtml1/DTD/xhtml1-strict.dtd">
<html lang="de" xmlns="http://www.w3.org/1999/xhtml" xml:lang="de">
   ... Rest eines HTML-Dokuments in deutscher Sprache ...
</html>
```

Die Abkürzungen für die einzelnen Sprachen entsprechen den im Internet üblichen Länderkürzeln, etwa: en = englisch, fr = französisch oder dk = dänisch. Weiteres ist aus der ISO 3166-1993 bei http://www.oasis-open.org/cover/country3166.html zu entnehmen.

Wird der Sprachwechsel auf einer Webseite mit dem lang-Attribut gekennzeichnet, können Sprachausgaben die Aussprache automatisch anpassen und somit die Inhalte korrekt und verständlich aussprechen. Es reicht nicht, die Hauptsprache einer Seite zu kennzeichnen – jeder fremdsprachige Text sollte zusätzlich gekennzeichnet werden.

```
<!DOCTYPE html PUBLIC "-//W3C//DTD XHTML 1.0 Strict//EN"
"http://www.w3.org/TR/xhtml1/DTD/xhtml1-strict.dtd">
<html lang="de" xmlns="http://www.w3.org/1999/xhtml" xml:lang="de">
  <head> ... </head>
  <body>
      ...
      <p>Und es wurde still im Saal. Dann sagte der <acronym
lang="en" xml:lang="en" title="Chief Executive
Officer">CEO</acronym>: <cite lang="en" xml:lang="en">I want to
make money, not music!</cite> Damit war klar, dass der Musiksparte
des Unternehmens keine Zukunft mehr eingeräumt wird.</p>
  </body>
</html>
```

Dieses Beispiel gibt es als Audiodatei auf der CD-ROM.

In diesem Beispiel werden die HTML- und XHTML-Attribute für Sprache mit den ACRONYM- und CITE-Elementen verwendet. Ist jedoch kein Element vorhanden, zum Beispiel weil ein Wort im Fließtext steht, dann kann das Element SPAN eingesetzt werden:

```
<p>Das Dokument k&ouml;nnen Sie in unserem <span lang="en"
xml:lang="en">Download</span>-Bereich herunterladen.<br />

Nutzer von <span lang="fr" xml:lang="fr">Braille</span>-Zeilen
arbeiten textorientiert.</p>
```

Bezüglich der Sprachangabe gibt es noch ein weiteres Attribut, das hreflang-Attribut. Dieses Attribut kann für Links verwendet werden, wenn auf eine anderssprachige Seite verwiesen wird:

```
<p>Er nahm seinen <a href="francais.html" hreflang="fr" lang="fr"
xml:lang="fr">chapeau claque</a>, und zauberte ein Kaninchen
daraus.</p>
```

So könnte der Nutzer einer Sprachausgabe entscheiden, ob er die Seite aufruft, weil er möglicherweise die andere Sprache nicht beherrscht. Das hreflang-Attribut wird jedoch bislang von Sprachausgaben nicht unterstützt.

Die CSS-Spezifikation sieht mit :lang eine Pseudoklasse für sprachlich gekennzeichnete (X)HTML-Elemente vor. Das folgende Beispiel wird nur der Vollständigkeit halber aufgeführt:

```
<p lang="en" xml:lang="en">A paragraph in english.</p>
```

Um die Darstellung eines Textes in einer bestimmten Sprache zu kennzeichnen, könnte folgende CSS2-Anweisung definiert werden:

```
:lang(en) { font-style: italic; }
```

Theoretisch könnten mit dieser Pseudoklasse auch bestimmte Angaben zur Aussprache gezielt per auralem CSS vorgegeben werden. Doch werden weder Pseudoattribute für Sprache noch aurale CSS von derzeitiger Zugangssoftware unterstützt.

2.3.6   Suchfunktionen, Semantik und Hilfetexte

Gerade große Organisationen mit vielen Dienstleistungen bieten eine Menge Informationen im Web an. Dabei lassen sich nicht alle Wünsche beispielsweise für Hauptrubriken oder sonstige Navigationspunkte auf der Startseite eines Portals realisieren (vgl. Abschnitt 2.3.2). Bei umfangreichen Webauftritten ist es zusätzlich notwendig, alternative Zugänge zum Inhalt anzubieten. Die BITV verlangt die Bereitstellung einer Gesamtübersicht und alternativer Suchfunktionen. Auch die Bereitstellung von Metadaten als semantische Informationen über das Angebot sowie Hilfedateien werden gefordert.

Gesamtübersicht eines Webauftritts

Eine Gesamtübersicht (*sitemap* oder Inhaltsverzeichnis) ist eine Orientierungshilfe, weil damit alle Inhalte eines Webauftritts »auf einen Blick« gelesen werden können. Je dezentraler ein Webauftritt gepflegt wird und je mehr einzelne Angebote sich inhaltlich, strukturell und gestalterisch voneinander unterscheiden, desto notwendiger ist es, Informationen in einem solchen Überblick zusammenzufassen.

Bedingung 13.3   Die Bedingung 13.3 differenziert nicht zwischen großen oder kleinen und übersichtlichen oder unübersichtlichen Webauftritten und fordert für alle die Bereitstellung einer Übersicht mit Informationen zur allgemeinen Anordnung des Webauftritts. Sinnvollerweise sollten solche Gesamtübersichten mit Werkzeugen wie einem Redaktionssystem dynamisch erzeugt werden. Damit kann gewährleistet werden, dass deren Inhalte stets auf dem aktuellsten Stand sind.

Nicht jeder Besucher kommt mit einer Gesamtübersicht klar. Das liegt teilweise daran, dass oft der englische Begriff »sitemap« verwendet wird, was von vielen Besuchern nicht verstanden wird. Aber das hat natürlich auch andere Gründe. Zum Teil weicht der Informationsbedarf des Besuchers erheblich vom Informationsangebot ab, die inhaltlichen Strukturen auf Webseiten sind also für den Suchenden nicht nachvollziehbar. Der wohl wichtigere Aspekt ist jedoch, dass viele Besucher es gewohnt sind, Informationen im Web schnell zu finden, und sich nicht lange mit der Orientierung und dem Konzept eines Webauftritts auseinandersetzen wollen.

Bedingung 13.7   Wenn die Gesamtübersicht nicht das bietet, was der Besucher sucht oder – im anderen Fall – die Gesamtübersicht zu umfangreich ist, um einen nutzerorientierten Überblick zu geben, dann ist nach Bedingung 13.7 eine alternative Suchmöglichkeit anzubieten. Dass eine Gesamtübersicht ebenso Filtermöglichkeiten integriert haben kann, zum Beispiel um die Tiefe der inhaltlichen Gliederung durch den Nutzer steuern lassen zu können, ist eine Möglichkeit, dieser Bedingung zu genügen.

Auch das aus Büchern bekannte Stichwortverzeichnis oder ein Glossar kann für das Web angeboten werden. Damit wird eine begriffsorientierte und von der Struktur des Webauftritts unabhängige Übersicht geboten (vgl. Abschnitt 2.3.3).

Suchfunktionen

Die Umsetzung der Bedingung 13.7 sollte nicht nur die Präferenzen der Nutzer, sondern auch deren Fähigkeiten berücksichtigen. So ist eine Volltextsuche, bei der Nutzer einzelne Stichworte eingeben können, eine wichtige Alternative zur Gesamtübersicht und bietet sowohl die »schnelle« Suchmöglichkeit als auch einen alternativen Zugang neben Inhalt, Navigation und Gesamtübersicht.

Bedingung 13.7

Die meisten Suchfunktionen erfordern die Eingabe von Begriffen, die mit tatsächlich vorhandenen Texten des Webauftritts abgeglichen werden. Besucher mit Rechtschreibschwächen und fremdsprachige Besucher werden unter Umständen Schwierigkeiten haben, etwas zu finden, wenn Suchergebnisse eine korrekte Schreibweise des Suchbegriffs zwingend erfordern. Deswegen sollten bei solchen Suchfunktionen weitere Hilfen angeboten werden, etwa eine Rechtschreibprüfung und eine phonetische Suche. Hiermit wird auch der Anforderung 14 Rechnung getragen.

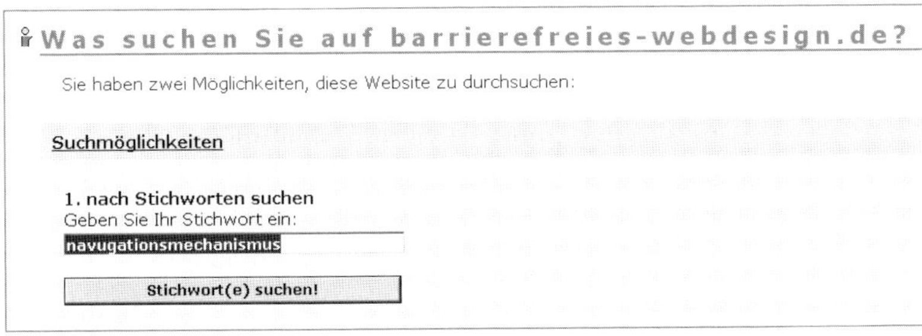

Anforderung 14

Abb. 2-40
Phonetisches Suchergebnis

Wenn Suchoptionen angeboten werden, sollte berücksichtigt werden, dass viele Besucher Bool'sche Operatoren, also Angaben wie UND, ODER, NICHT zur Präzisierung der Suchanfrage, nicht beherrschen. Neben einer einfachen Suche für den versierten Besucher sollte daher gleichzeitig eine Komfortsuche mit erweiterten Optionen angeboten werden.

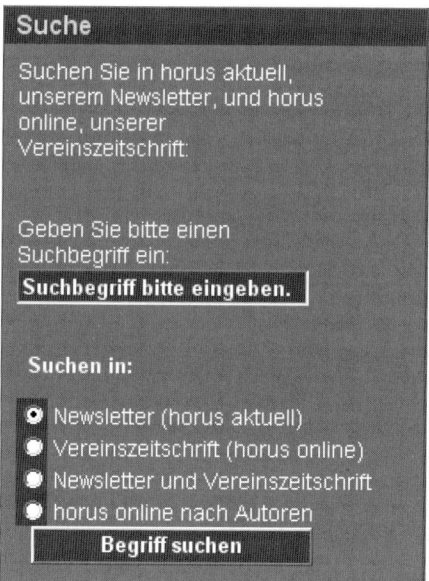

Für die Eingabefelder sind natürlich auch die formal korrekten Schreibweisen mit LABEL zu berücksichtigen. Hierzu wird in Abschnitt 2.7.1 näher eingegangen.

Wichtig beim Anbieten von Suchfunktionen ist, dass der Anbieter nicht wissen kann, was der Besucher suchen wird. Ein häufiges Problem ist zum Beispiel, dass Besucher nicht genau wissen oder sich überhaupt keine Gedanken darüber machen, was die Suchabfrage denn genau abfragt. Ob das Ergebnis sich nur auf den Webauftritt oder auf das gesamte Web bezieht, ist vielleicht gar nicht klar. Aus diesem Grund kommt dem »Lotsen« seitens des Anbieters eine besondere Bedeutung zu. Die Suchfunktion bietet nur für denjenigen Besucher, der etwas Bestimmtes sucht, die Möglichkeit, dieses auch zu finden. Dennoch kann die Suchfunktion die Bereitstellung einer Gesamtübersicht in Katalogform nur ergänzen, jedoch nicht ersetzen.

Semantik

Die meisten Webauftritte sind heute syntaktisch aufgebaut. Syntaktisch bedeutet dabei, dass die Klassifizierung von Inhalten mehr oder weniger einem Verzeichnis entspricht. Entsprechend können Suchfunktionen und ähnliche Zugriffsmethoden sich nur an der Klassifizierung der Informationen sowie den Inhalten selbst orientieren, nicht jedoch an der Bedeutung der Inhalte.

Semantik ist die Lehre von der Bedeutung. Das semantische Web kann als die voraussichtlich nächste große Entwicklung im Bereich des Webs gesehen werden. Bei Semantik im

Web geht es darum, die Inhalte und Begriffe, nach denen ein Besucher sucht oder suchen wird, mit den Inhalten des Webauftritts zusammenzubringen. Über datenbankgestützte Modelle können beispielsweise Begriffe wie »mountain bike« direkt mit anderen Begriffen wie »Fahrrad«, »Freizeit«, »off-road« u.v.m. verknüpft werden. Mit solchen inhaltlichen Verknüpfungen kann ein Webanbieter nutzerorientierte Suchmöglichkeiten anbieten.

Um den Unterschied zwischen syntaktischem und semantischem Web besser zu verdeutlichen, kann ein Beispiel zweier Bibliothekare herangezogen werden. Der eine hat alle Bücher in der Bücherei registriert und katalogisiert und kennt jeden Titel, Autor usw., der andere hat alle Bücher gelesen und kennt deren Inhalt. Den ersten könnte man eher nach genauen Titeln wie Schillers »Die Glocke« befragen, dem anderen könnte man inhaltliche Fragen stellen wie »Wo ist die Glocke verankert?«. Das semantische Web ähnelt dem zweiten Bibliothekar: Nutzer können inhaltsbezogene Fragestellungen formulieren und der Server des Anbieters liefert über ein semantisches Modell inhaltsbezogene Antworten.

Die Semantik als solche ist nicht Gegenstand der BITV, jedoch kann im Sinne der Anforderung 14 die Semantik als wichtige Voraussetzung für die Verständlichkeit eines Webinhalts gesehen werden. Die BITV beschränkt sich im Hinblick auf Semantik auf Metainformationen: Es sind Metadaten bereitzustellen, um semantische Informationen zu Internetangeboten hinzuzufügen (Bedingung 13.2). Metainformationen dienen nicht nur Werkzeugen wie Suchmaschinen oder Content-Management-Systemen, sondern auch dem Besucher einer Seite. Dabei sind nicht nur Metaelemente wie keywords oder description gemeint. Der besseren Identifikation von Inhalten einer Seite dient beispielsweise das TITLE-Element im Kopf einer (X)HTML-Seite:

Anforderung 14
Bedingung 13.2

```
<head>
  ...
  <title>Aussagefähiger inhaltsbezogener Titel</title>
  ...
</head>
```

Mit dem Dokumententitel wird dem Besucher die Möglichkeit gegeben, in aller Kürze festzustellen, ob die aufgerufene Seite diejenige ist, die er sucht. Der Titel sollte daher auf jede Seite entsprechend des Inhalts angepasst werden.

Bei der Umsetzung der Semantik im Zusammenhang mit der Barrierefreiheit ist die Auffindbarkeit von Seiten über Suchmaschinen und interne Suchfunktionen in Webauftritten sowie das Verhalten des Nutzers (darunter Wissen, Intuition und vieles mehr) zu berücksichtigen. Der Benutzer gibt beispielsweise nicht immer einen im

Das TITLE-Element, das im Kopf einer Seite vorkommen muss, ist nicht zu verwechseln mit dem title-Attribut, das auf praktisch alle HTML-Elemente angewandt werden kann.

Webauftritt vorkommenden Begriff ein. In den Metaelementen sind daher auch Synonyme und typische Rechtschreibfehler zu berücksichtigen, für den Fall dass diese bei der internen Suche verwendet werden.

Orientierung innerhalb eines Webauftritts

Bedingung 13.9   Nach Bedingung 13.9 sind für inhaltlich zusammenhängende Dokumente Zusammenstellungen dieser Dokumente bereitzustellen. Damit ist die Bereitstellung einer Übersichtsseite oder eine speziell für die zusammenhängenden Dokumente angebotene Zusatznavigation gemeint. Eine ausführliche Bedienungsanleitung oder das Ergebnis einer umfangreichen Studie sind Beispiele für solche Dokumente.

Abb. 2-42
Beispiel einer
Zusatznavigation
für eine
Dokumentenreihe

Wie lang eine Seite sein soll, ist nicht einfach zu entscheiden. Dazu kommt es zu sehr auf den Inhalt an. Das W3C schlägt in diesem Zusammenhang vor, längere Texte in kürzere aufzuteilen, wenn dies natürlich und angebracht ist. So könnte ein längerer Textbeitrag in

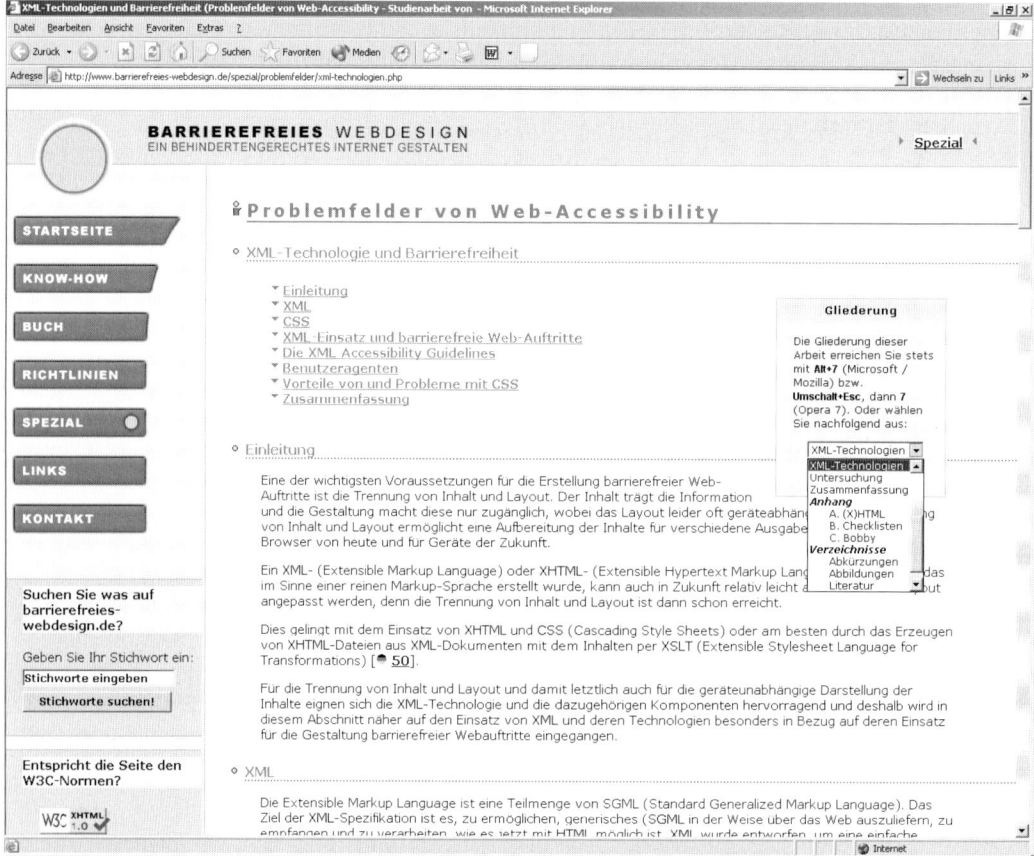

eine Inhaltsübersicht und einzelne Abschnitte aufgeteilt werden. Das bedeutet, dass auf jeder Seite der einzelnen Dokumente ein Verweis auf die Inhaltsseite berücksichtigt werden muss. Auch eine Zusatznavigation, von der man zu anderen Teildokumenten bequem durchblättern kann, hilft bei der Navigation und Orientierung (siehe Abb. 2-42).

Für die Verknüpfung inhaltlich zusammenhängender Dokumente sieht die (X)HTML-Spezifikation die Verwendung des LINK-Elements vor. Um die Standardkonformität zu erreichen, sollte dieses Element eingesetzt werden, allerdings unterstützt der Microsoft Internet Explorer 5/6 das Element nicht mehr.

Die Angabe von Beziehungen zu anderen Dokumenten mit dem LINK-Element kann das Navigieren erleichtern. Die Verknüpfung eines Dokuments mit dem nächsten oder vorherigen Dokument einer Zusammenstellung erfolgt beispielsweise durch die folgenden Zeilen:

```
<head>
    <link rel="next" href="dokument4.html" title="nächste Seite" />
    <link rel="prev" href="dokument2.html" title="vorherige Seite" />
    <title>Beispiel für LINK</title>
</head>
<body>
... Inhaltsbereich ...
</body>
```

Das Attribut rel definiert dabei die Art der Beziehung (rel steht für relationship = Beziehung). Das Attribut href zeigt auf das verknüpfte Dokument. Bei der Wertzuweisung gelten die gleichen Regeln wie bei normalen Links. Im title-Attribut sollten knappe Hinweise zum Ziel bzw. zur Funktion aufgenommen werden. In den meisten Browsern werden die Angaben in einer eigenen Navigationsleiste angezeigt.

In Tabelle 2-2 sind weitere Möglichkeiten zur logischen Verknüpfung von Dokumenten aufgeführt:

Wert für rel	Bedeutung
contents	Bezug zum Inhalt eines Dokuments oder einer Dokumentenzusammenstellung
chapter	Bezug zur Kapitelübersicht
section	Bezug zur Abschnittsübersicht
index	Bezug zur Gesamtübersicht/Sitemap
glossary	Bezug zum Wörterbuch

Tab. 2-2
Übersicht empfohlener Beziehungen für das LINK-Element

Tab. 2-2
*Übersicht
empfohlener
Beziehungen für
das LINK-Element
(Fortsetzung)*

Wert für rel	Bedeutung
appendix	Bezug zum Anhang
start	Bezug zum Beginn eines Angebots (z.B. Startseite oder erste Seite eines bestimmten Informationsangebots)
help	Bezug zur Hilfeseite
alternate	Bezug zu einem Dokument mit denselben Inhalten wie dem aktuellen Dokument, jedoch in einer anderen Darstellung

Der Inhalt des rel-Attributs, kann auch frei bestimmt werden. Es handelt sich bei der Auflistung um Empfehlungen des W3C, die von Browsern erkannt werden (sollen). Ebenso gut denkbar ist die Angabe von link rel="impressum" für die Erfüllung des deutschen Teledienstegesetzes.

Hilfefunktionen

Zur Gebrauchstauglichkeit eines Webauftritts gehört nicht nur eine ergonomische Gestaltung der Oberfläche oder die Sicherstellung der Linearisierbarkeit von Inhalten in eindimensionalen Medien. Auch Informationen zur Unterstützung der Orientierung und der Bedienung gehören zu einem barrierefreien Auftritt. Zu denken ist beispielsweise an Anleitungen zum Ausfüllen umfangreicher Formulare oder Informationen über das Konzept eines Webauftritts. Die BITV formuliert hier nur einige wenige Bedingungen.

Bedingung 12.2
In Bedingung 12.2 wird die Erfordernis nach der Erläuterung von Frame-Zusammenhängen formuliert. Dies ist zwar für Nutzer von Sprachausgaben und anderen Ausgabemedien, die mit Frames nicht sehr gut umgehen können, bedeutsam, aber solche Beschreibungen können natürlich für das allgemeine Verständnis eingesetzt werden. Beispielsweise kann in einem hochdynamisierten Frames-Konstrukt durch bestimmte Aktionen des Nutzers gleich an mehreren Stellen etwas passieren. Beispielsweise können Inhalte verändert werden, Navigationsmechanismen sich kontextuell anpassen, Optionen hinzukommen oder ausgeblendet werden. Die Dynamik sollte ähnlich wie in einem Lastenheft auch für den Nutzer in einer verständlichen Weise dokumentiert werden und mit einem longdesc-Attribut mit dem Dokument verknüpft werden (vgl. Abschnitt 2.1.6).

Bedingung 9.5
Für Erläuterungsseiten ist nach Bedingung 9.5 die Bereitstellung von Tastaturkürzeln erforderlich. In (X)HTML-Dokumenten werden Tastaturkürzel über das accesskey-Attribut für Links, Formularelemente und aktive Regionen einer clientseitigen Imagemap vergeben:

```
<a href="sitemap.html" accesskey="6">Gesamtübersicht</a>
```

Die Verwendung von Tastaturkürzeln wird nur für Seiten gefordert, die das Verständnis fördern, zum Beispiel für Hilfe- oder Übersichtsseiten.

Bei der Vergabe von accesskeys müssen Buchstaben und Ziffern so festgelegt werden, dass es nicht zu Konflikten mit bereits im Browser vergebenen Tastaturbefehlen kommt.

Eine allgemeine Vergabe von Tastaturkürzeln für verschiedene Links ist nicht empfehlenswert, weil dadurch die Bedienung des Browsers per Tastatur eingeschränkt wird. Wenn etwa ein Link zur Druckversion einer Seite mit dem Tastaturkürzel D belegt wird, ist zum Beispiel das Aufrufen des Menüs »Datei« im Internet Explorer nicht mehr in gewohnter Weise (Alt+D) möglich. Auch das »S« ist beispielsweise im Internet Explorer reserviert für den Sprung in die Adressleiste. Wenn alle gängigen Browser und Betriebssysteme herangezogen werden, dann sind fast alle Buchstaben belegt. Es bleiben die Zahlen 0 bis 9 als allgemein in Webauftritten einsetzbare Tastaturkürzel zur Verfügung.

Auf der CD-ROM befindet sich ein Muster für die Verwendung von accesskeys. Ausführliche Erläuterungen finden sich auf http://2bweb.de/ accesskey

2.4 Skalierbarkeit

Schrift muss sich den Vorgaben des Benutzers anpassen. Layouts müssen sich auf beliebigen Bildschirmen darstellen lassen.

Die Erfordernis von Skalierbarkeit ergibt sich aus den unterschiedlichen Endgeräten der Benutzer sowie ihren Bedürfnissen, Größen von Layout und Text anzupassen. Oft werden Layouts und Schriftbild eines Webauftritts optimiert. Ein optimiertes Layout kann jedoch nur für bestimmte Software- und Hardware-Kombinationen vorgenommen werden. Designer stellen sich den Durchschnitts-Surfer vor und entwickeln ein Layout, das bei 800×600 Pixel gut nutzbar ist. Oder ein Layout wird für große Monitore entwickelt, zum Beispiel mit drei und mehr Spalten, und dann für 1.024×768 Bildschirmpunkte gestaltet. Aber wie sieht das beim Benutzer auf dem Endgerät aus? Ein für 800×600 optimiertes Layout sieht nicht besonders elegant aus auf einem großen Bildschirm und umgekehrt, ein für größere Monitore optimiertes Layout ist auf kleineren nicht nutzbar.

Um Skalierbarkeit zu gewährleisten, ist es notwendig, relative statt absolute Größenangaben für die Gestaltung von Layout, Text und anderen Elementen einer Webseite zu verwenden. In der BITV wird diese Forderung in Bedingung 3.4 formuliert.

Bedingung 3.4

2.4.1   Skalierbare Layouts und skalierbare Schriften

Es gibt zwei wesentliche Gründe, die Skalierbarkeit umzusetzen. Zum einen muss sich ein Layout an die Hard- und Software des Benutzers anpassen und zum anderen muss der Benutzer die Möglichkeit der Schriftgrößenanpassung haben.

Inhalte von Webseiten sollten auf beliebigen Endgeräten unter verschiedenen Bedingungen dargestellt werden können. Diese unterscheiden sich beispielsweise im verfügbaren Platz auf dem Bildschirm, der sehr zwischen großen Computermonitoren und kleinen Displays auf mobilen Geräten variiert. Weitere Faktoren sind Bildschirmauflösung und Fenstergröße des Browsers. Die Verwendung flexibler Positionierung und relativer Größenangaben erlaubt die Anpassung des Layouts an eine beliebige Bildschirmdarstellung.

Da ein Benutzer auch die Schriftgröße verändern könnte, zum Beispiel um eine grobe Bildschirmrasterung auszugleichen, müssen relative Größenangaben in der Auszeichnung von Schriften verwendet werden.

Fast alle (X)HTML-Elemente können skaliert und sowohl mit relativen (skalierbaren) als auch mit absoluten (nicht skalierbaren) Werten dimensioniert werden. Absolute Werte, wie Punkt (pt) oder Millimeter (mm), sind für die meisten Nutzer nicht skalierbar. Bei einer derartigen Angabe einer bestimmten Breite für das Layout oder einer bestimmten Schriftgröße für Text ist der Benutzer meistens gezwungen, unter den vorgegebenen Bedingungen zu lesen.

Im Gegensatz dazu können relative Einheiten wie Prozentangaben oder die Einheit em genutzt werden, um Inhalte automatisch an die Gegebenheiten des Endgeräts anzupassen. Für den »Durchschnitts«-Surfer dürfte der Unterschied nicht einmal bemerkbar sein.

Prozentangaben (%) können sowohl auf Layout als auch auf Schriftgröße angewandt werden. Besonders gut eignet sich diese Angabe zur Gestaltung eines Layouts. Dabei ist die Breite des Bildschirms 100 %. Ein zweispaltiges Layout könnte im Verhältnis 1:2 gestaltet sein. Für die skalierbare Gestaltung müsste die erste Spalte eine Breite von 33 % und die zweite eine Breite von 67 % bekommen.

Für Schriftgrößenangaben wird ausschließlich em empfohlen. 1 em entspricht der Breite des Buchstabens m in der benutzerdefinierten Browser-Schrift (die Breite des m entspricht bei den meisten Schriftarten auch der Schriftgröße). Wurde 10 pt als Standardschrift des Browsers eingestellt, so ist 1 em = 10 pt. Hat ein Benutzer jedoch 12 pt oder 16 pt eingestellt, so passt sich em an und 1 em ist gleich 12 pt bzw. 16 pt. Schriftgrößenangaben wie 0,8 em würden dann in der Regel 8 pt bedeuten, jedoch bei 12 pt Standardschrift ergäbe 0,8 em 9,6 pt bzw. aufgerundet 10 pt.

Neben der Einheit em gibt es auch die Einheit ex, die sich wie em auf die benutzerdefinierte Browser-Schrift bezieht. 1 ex ist die Höhe des Buchstaben x in der benutzerdefinierten Schrift.

Ein Sonderfall ist die Einheit Pixel (px). Pixel kommt vom englischen *picture element* und bezeichnet die kleinste Darstellungseinheit, das heißt das einzelne Bildelement des Monitors.

Nach Maßgabe der Bedingung 3.4 sind »relative anstelle von absoluten Einheiten in den Attributwerten der verwendeten Markup-Sprache und den Stylesheet-Property-Werten zu verwenden«. Allerdings sortiert das W3C im CSS-Standard die Maßeinheit px bei den relativen Werten ein, da Pixel in der Größe relativ zum Bildschirm und der gewählten Auflösung sind. Fast alle Browser können in px angegebene Schriftgrade trotzdem skalieren.

Bedingung 3.4

Problematisch ist die Angabe von px für Schriftgrößen nur im Internet Explorer unter Windows, der in der Standardeinstellung in px angegebene Schriftgrößen nicht skalieren kann. In sämtlichen grafischen Browsern besteht zudem das Problem, dass in px definierte Größenangaben beispielsweise für Spalten vom Benutzer nicht ohne weiteres verändert werden können.

2.4.2 Alles im Fluss: Layout

Der wichtigste Aspekt der Skalierbarkeit ist die Gebrauchstauglichkeit einer Seite, wenn sie auf Monitoren mit geringer Bildschirmauflösung dargestellt wird. Wird der Inhalt zum Beispiel bei 800×600 oder 640×480 Pixel Bildschirmauflösung nicht vollständig angezeigt, so ist die Seite ohne Scrollen nicht mehr bedienbar. Dies widerspricht den Standards zur Gebrauchstauglichkeit (vgl. Abschnitt 1.4.6) Es gibt einige Szenarien, die vor allem mit Frames zusammenhängen, die aufgrund der Nicht-Skalierbarkeit des Layouts zur völligen Unbedienbarkeit der Seite führen (siehe Abb. 2–43).

Bei einem CSS-Layout muss darauf geachtet werden, dass es nicht zu Überlappungen von Inhalten kommt, wenn das Layout bei sehr kleiner Bildschirmauflösung dargestellt wird.

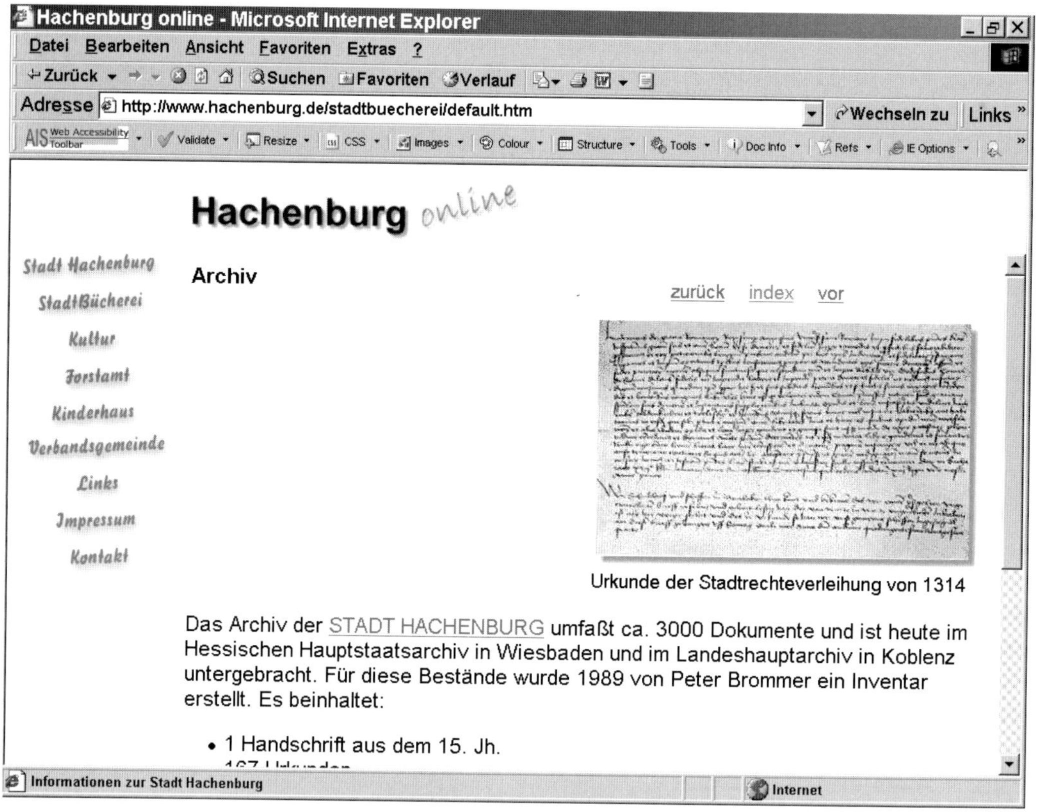

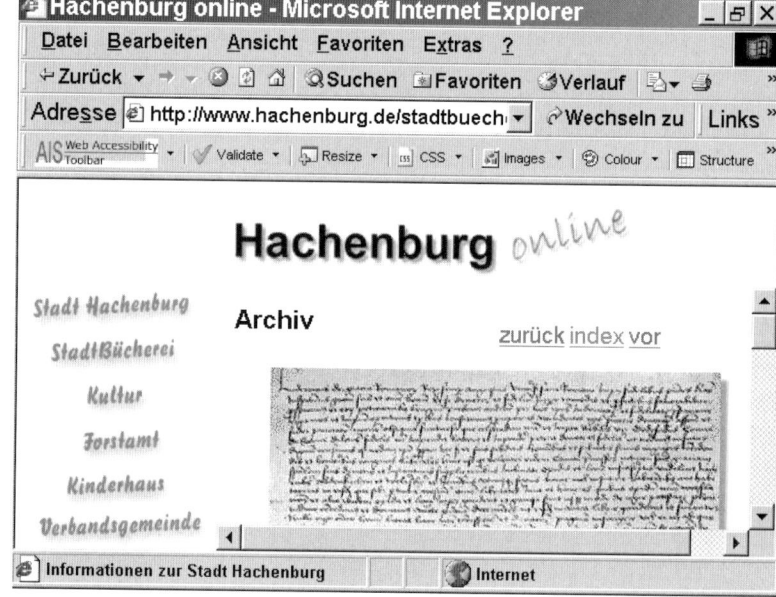

Abb. 2-43

*Frames mit nicht
erreichbaren
Navigationspunkten
bei geringer
Bildschirmauflösung*

Tabellen- und Frames-Layouts

Zur barrierefreien Gestaltung von Webseiten gehört das Verwenden relativer Größenangaben für Tabellen und Frames. Diese erfolgen im (X)HTML in den entsprechenden Tabellen- und Frame-Attributen. In (X)HTML ist nur Prozent als relative Größenangabe vorgesehen. Eine Angabe von 100% bezieht sich auf den verfügbaren Platz auf dem Bildschirm, wobei 100% die Gesamtbreite bzw. Gesamthöhe des verfügbaren Bildschirmausschnittes ist.

Die relativen Angaben in Prozent dienen der Berücksichtigung geringer Bildschirmauflösungen. Statt zum Beispiel Tabellenzellen mit width="200" zu formatieren (keine Maßeinheit bedeutet, die Angabe ist in Pixel), sollten Angaben wie width="25%" angegeben werden. Das gilt auch für das Frameset-Attribut rows und cols. Die Gesamtbreite für Tabellen und Frames sollte jeweils maximal 100% ergeben. Bei Frames (einschließlich IFRAME) sollte die Gesamthöhe ebenfalls 100% nicht überschreiten.

Wenn die Breite der Tabelle nur über Zellen (z.B. TD-Element) statt der gesamten Tabelle definiert wird, kann der Browser sowohl bei geringen Bildschirmauflösungen als auch für den Ausdruck die Tabellenbreite anpassen. Ist die Tabellenbreite aber fest vorgegeben und dadurch möglicherweise nicht für das Endgerät geeignet, wird die rechte Seite des Inhalts auf dem Bildschirm nicht angezeigt bzw. beim Ausdruck abgeschnitten.

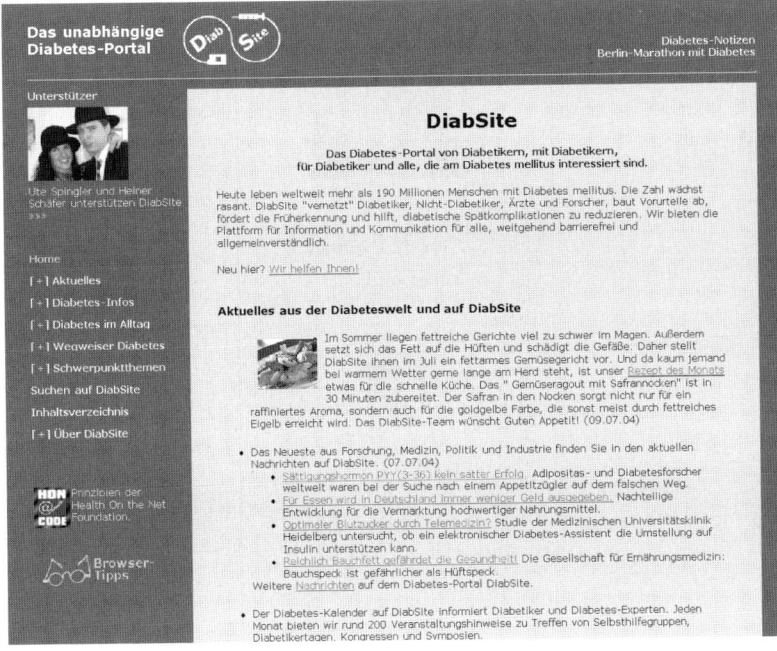

Abb. 2-44

Skalierbares Tabellenlayout ...

... bei Vergrößerung ...

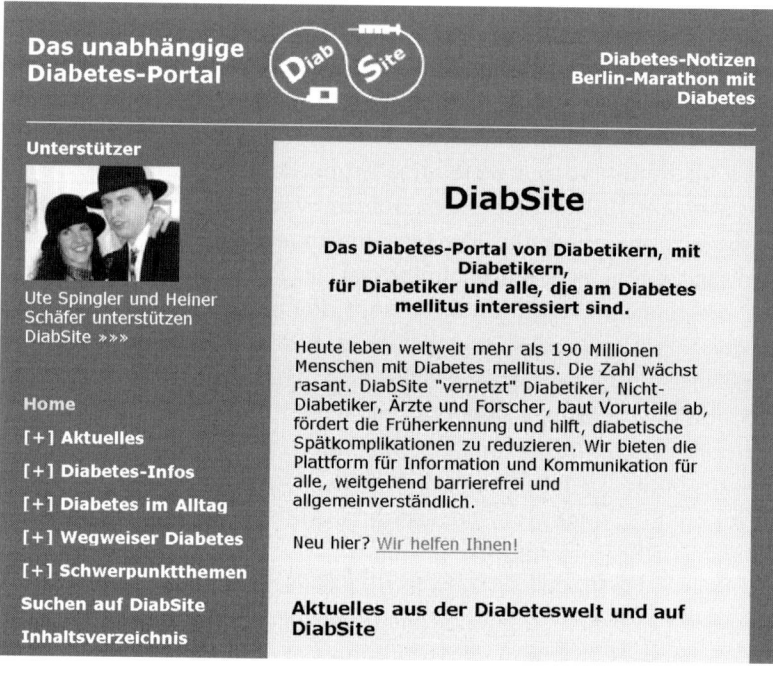

... und in der PDA-Ansicht

Besonderheiten bei Frames

Das Problem bei der Verwendung absoluter Werte für das Layout besteht darin, dass die verfügbaren Pixel des Bildschirms nicht bekannt sind. Das folgende Beispiel zeigt einen Ausschnitt eines Webauftritts, wo Teile einer Navigation aus dem vorgesehenen Raum gerutscht sind.

Abb. 2-45
Vergrößerte Schrift und Frames ohne Scrollmöglichkeit

Da die Seite mit Frames gestaltet wurde, könnte man annehmen, dass der Benutzer innerhalb der einzelnen Frames scrollen kann, um das Ziel zu erreichen. Allerdings besitzen Frames einige eigene Attribute, die dies verhindern können.

Eine wesentliche Barriere besteht auch in der Unterdrückung der Scrollmöglichkeit. Da derzeit die Schrift (also der Inhalt der Frames) selbst skalierbar ist, können die Inhalte aus dem sichtbaren Bereich herausrutschen und ohne Anpassung der Schriftgröße nicht erreicht werden. Die Attribute scrolling="no" und noresize dürfen deswegen nicht verwendet werden.

Layout mit CSS

Zur Gestaltung skalierbarer Layouts mit Cascading Style Sheets (CSS) können sowohl Prozentangaben als auch die Einheit em verwendet werden. Welche Einheit eingesetzt wird, hängt von verschiedenen Faktoren ab.

Für ein Layout mit CSS werden normalerweise DIV-Elemente für einzelne Bereiche des Layouts eingesetzt, die per CSS-Eigenschaften gestaltet werden. Diese befinden sich vorzugsweise in einer externen CSS-Datei.

Das im Folgenden beschriebene Beispiellayout besteht aus drei Bereichen: #kopfzeile, #navigation und #inhalt. In (X)HTML würden diese drei Bereiche wie folgt aussehen:

```
<div id="kopfzeile"> ... Inhalt der Kopfzeile ... </div>
<div id="navigation"> ... Inhalt der Navigation ... </div>
<div id="inhalt"> ... Inhalte der Seite ... </div>
```

Wenn die Kopfzeile die gesamte Bildschirmbreite einnehmen soll, dann bietet es sich an, die CSS-Eigenschaft für die Breite mit der Prozentangabe 100% zu definieren:

```
#kopfzeile {width:100%;}
```

Mit der Breitenangabe 100% wird erreicht, dass der definierte Bereich 100% der Fensterbreite des Browsers einnimmt.

Wenn die beiden anderen Bereiche als schmale Spalte (Navigation) und breite Spalte (Inhalt) gestaltet werden sollen, dann können sie im CSS wie folgt aussehen:

```
#navigation {width:35%;}
#inhalt {width:65%;}
```

Allerdings hängt die Zweckmäßigkeit einer solchen Definition mit % vom Inhalt des Bereichs »Navigation« ab. Befindet sich Text (und nicht Grafik) in dem Bereich, so sollte der Text auch skalierbar sein (vgl. Abschnitt 2.4.3). Wenn ein Besucher die Schrift vergrößert und außerdem eine geringe Bildschirmauflösung einstellt, wie sieht das Layout dann aus? Bei dieser Konstellation kann es bei langen Wörtern wie »Behindertengleichstellungsgesetz« im Navigationsbereich dazu kommen, dass sie nicht mehr in den vorgesehenen Platz passen und in den Inhaltsbereich hinausragen (was allerdings vom Browser abhängig ist). Es kann also zu einer Überlagerung von Texten kommen, die zur Nichtlesbarkeit der Inhalte führt. Der Navigationsbereich sollte in einem solchen Fall ebenfalls skaliert und die Breite in em angegeben werden:

```
#navigation {width:15em;}
```

So passt sich die Navigationsspalte immer der benutzerdefinierten Schriftgröße an. Wird eine größere Schrift gewählt, wird die Spalte ebenfalls breiter. Wie soll nun die Breite des Inhaltsbereichs angegeben werden? Da die Breite der ersten Spalte abhängig von der benutzerdefinierten Schrift und die Gesamtbreite abhängig vom

Endgerät ist, kann der noch verfügbare Platz auf dem Endgerät für
den Inhalt nicht ohne Weiteres festgestellt werden. Man kann für einzelne Browser allerdings die Breite per JavaScript ermitteln. Für die
CSS-Gestaltung sind die bekannten Größen die Breite der linken
Spalte (z. B. 15 em) und der Abstand des Inhaltsbereiches zum rechten Fensterrand (z. B. 0). Eine Breite kann hier nicht angegeben werden, wohl aber die Abstände zu den Fensterrändern. Hier können
die horizontalen Positionierungsangaben für den Inhaltsbereich wie
folgt aussehen:

```
#inhalt {margin-left:15em;margin-right:0;}
```

Für dieses Beispiel sind also einmal eine Prozentangabe für die Kopfzeile und einmal eine relative Maßeinheit für die Breite (Navigation)
angegeben. Im dritten Fall (Inhaltsbereich) ist die Definition »im
Fluss« und passt sich automatisch den Gegebenheiten des Endgeräts an.

Es ist nicht immer erforderlich, skalierbare Bereiche zu definieren. Ausnahmen sind Bereiche, die ausschließlich Grafiken und
andere Objekte enthalten. Enthält ein Bereich des Layouts nur grafische Elemente, muss er nicht skaliert werden können, weil, wie in
Abschnitt 2.4.4 beschrieben, Grafiken nicht skalierbar gestaltet werden sollten. Wenn im obigen Beispiel die Navigation nur aus Grafiken bestünde, könnte die Breite des Navigationsbereiches auch mit
Pixel angegeben werden. Das gleiche gilt für den linken Abstand des
Inhaltsbereiches zum linken Fensterrand.

In jedem Fall sollte die Verwendung des horizontalen Scrollbalkens vermieden werden. Längerer Fließtext wird praktisch unlesbar,
wenn bei jeder Zeile der horizontale Scrollbalken nach links oder
rechts verschoben werden muss.

Ein Aspekt der Gestaltung »fließender Layouts« soll an dieser
Stelle angesprochen werden. Trotz der Erfordernis skalierbarer Layouts, werden manche Seiten bei sehr hoher Bildschirmauflösung aufgrund von dabei entstehenden sehr langen Textzeilen schwierig zu
lesen. Deswegen kann es eine Überlegung Wert sein, die Zeilenlänge des Inhaltsbereichs zu begrenzen, zum Beispiel auf 30 em, was
je nach verwendeter Schrift etwa 50 bis 60 Zeichen entsprechen
kann. Die dafür vorgesehene CSS-Eigenschaft max-width wird allerdings vom Internet Explorer nicht unterstützt. Die Angabe:

```
#inhalt{margin-left:15em;margin-right:0;max-width:30em;}
```

funktioniert jedoch bei anderen gängigen Browsern wie Mozilla oder
Opera. Für den Microsoft-Browser bleiben nur noch Hacks, wie sie
auf

- http://www.svendtofte.com/code/max_width_in_ie/
- http://dean.edwards.name/IE7/
- http://doxdesk.com/software/js/minmax.html

zu finden sind.

2.4.3   Die benutzerdefinierte Schriftgröße

Verschiedene Maßeinheiten

> Verwenden Sie die Einheit em für skalierbare Schrift.

Bedingung 3.4   Die Bedingung 3.4 besagt lediglich, dass relative Einheiten verwendet werden sollen, aber nicht welche. CSS bietet für skalierbare Schriften gleich mehrere Schriftgrößeneinheiten, allen voran die Einheit em. Neben Angaben in em sind auch Angaben in Prozent möglich.

Der Unterschied zwischen den beiden Einheiten liegt in der unterschiedlichen Skalierung. Die Einheit em skaliert in deutlichen Stufen. Wird die Schriftgröße im Internet Explorer von »mittel« auf »groß« gestellt, so ist der Unterschied auf einer Seite, die mit em skalierbar gemacht wurde, deutlich zu erkennen. Hingegen skalieren Texte, die in Prozent definiert wurden, entweder kaum oder explosionsartig. So können kleine Schriften unter Umständen auch nach der Vergrößerung nicht lesbar sein oder die Schriftgröße ist bei versehentlich verkleinerter Schriftgröße nicht zu lesen.

Die technischen Anleitungen des W3C empfehlen für Schriftgrößen jeder Art nur die CSS-Einheit em.

Fehler in der Browser-Implementierung

> Die Schrift sollte immer zu lesen sein.

Schriften sollten auch in der »üblichen« Voreinstellung, also ohne Veränderung durch den Benutzer, eine bestimmte Mindestgröße aufweisen. Für den Internet Explorer muss beachtet werden, dass auch beim Schriftgrad »Sehr klein« der Text noch lesbar sein sollte, denn es gibt einen obskuren Microsoft-Bug, der scheinbar zufällig die Schriftgröße des Browsers auf »Sehr klein« stellt. Ein ahnungsloser Besucher hält den Webdesigner für den Schuldigen. Eine mögliche Lösung für dieses Problem finden Sie auf www.einfachfueralle.de/ artikel/ietext/, die aber JavaScript voraussetzt.

Zuweisung einer Schriftgröße mit CSS

Schriftgrößen werden auf Ebene der Blockelemente definiert

Schriftgrößen werden mittels der CSS-Eigenschaft font-size defi-niert. Skalierbare Schriften können wie folgt definiert werden:

```
p{font-size:0.9em;}
```

Bei der Gestaltung skalierbarer Schriften muss das Vererbungsprin-zip berücksichtigt werden. Sobald ein (X)HTML-Element eine skalier-bare Schriftgröße zugewiesen bekommt, gilt das auch für alle darin enthaltenen Elemente. Wenn ein Absatz die Schriftgröße 0,9 em hat und wie im folgenden Beispiel folgende Links enthält:

```
<p>Text <a href="http://www.seitenadresse.de"
class="link1">Linktext 1</a> Text <a
href="http://www.seitenadresse.de" class="link2">Linktext 2</a>
Text Text</p>
```

so wird die Schriftgröße 0,9 em auf die Links (A-Elemente) vererbt. Wenn der erste Link auch eine Schriftgröße, etwa

```
a.link1 { font-size:0.8em; }
```

zugewiesen bekommt, so bezieht sich dieser Wert nicht mehr direkt auf die benutzerdefinierte Schriftgröße, sondern auf die Schriftgröße des umschließenden P-Elements. Als Ergebnis wird der Link noch kleiner dargestellt als der sonstige Text im Absatz (0,9×0,8=0,72 der benutzerdefinierten Schriftgröße). Wenn z. B. der zweite Link mit

```
a.link2 { font-size:1em; }
```

formatiert wird, so ist der Linktext 0,9×1=0,9 em, also genauso groß wie der umfließende Text. Deswegen sollten Schriftgrößen

- nur auf Blockelemente (Absätze, Überschriften usw.) oder
- komplette Bereiche (Textkörper, einzelne Bereiche des Layouts wie ein Navigationsbereich)

angewandt werden. Relative Schriftgrößen sollten nicht auf Inline-Elemente wie Links oder Grafiken angewandt werden.

Keine Empfehlung für FONT

> Das Element FONT ist nicht mehr spezifiziert.

In HTML 3.2 und 4.01 transitional ist das FONT-Element zwar noch spezifiziert, es gibt aber eine Menge offensichtlicher Gründe, warum dieses Element nicht verwendet werden sollte.

Bedingung 3.3   Generell sind Stylesheets für die Formatierung zu verwenden (Bedingung 3.3). Die Verwendung des HTML-Elements FONT erzeugt zwar ebenfalls skalierbare Schrift, erschwert jedoch die Pflege und erzeugt verhältnismäßig viel Quellcode.

2.4.4   Ausnahmen: große Überschriften und Rastergrafiken

> Es kann sinnvoll sein, bestimmte Elemente eines Layouts zu fixieren

Mindestschriftgröße: Manche Seiten enthalten sehr große Überschriften, die bei einer Ska-
http://www.   lierung eigentlich viel zu groß werden und das Layout dabei »spren-
digitale-chancen.de/   gen«. In Ausnahmefällen kann es daher sinnvoll sein, feste Schriftgrö-
award/kriterien/   ßen zu verwenden. Beachtet werden muss jedoch, dass bei
kritpruef.cfm/   Vergrößerung der sonstigen Schrift auf der Seite die größeren Schrif-
group.3#44   ten immer noch mindestens genauso groß sind wie die hochskalier-
ten Schriften. Die Mindestschriftgröße für alle Schriften sollte 14 Pixel nicht unterschreiten.

> Grafiken sollten nicht skaliert werden können.

Die große Ausnahme für die Skalierbarkeit bilden Rastergrafiken. In der Regel wird das Ergebnis unbefriedigend sein, weil Grafikpixel und Bildschirmpixel nicht beliebig aufeinander skaliert werden können. Des Weiteren gibt es erhebliche Probleme bei der Umsetzung: Verschiedene Browser haben ihre Eigenheiten bei der Skalierung von Grafiken.

Grundsätzlich ist eine Prozentangabe für die Breite einer Grafik im CSS möglich. Das Bild wird auch korrekt skaliert. Es ist nicht einmal erforderlich, die Höhe explizit anzugeben. Das erledigt der Browser. Aber was will man denn erreichen? Die Skalierbarkeit der Skalierbarkeit halber? Oder die Nutzbarkeit bzw. Wahrnehmbarkeit? Werden Prozentangaben für eine Grafik angegeben, so bezieht sich das auf den verfügbaren Platz. In der Regel wird das nicht einmal die Fensterbreite sein, denn Grafiken sind Inline-Elemente und müssen in einem Blockelement enthalten sein. Jemand mit einer geringen

Bildschirmauflösung wird wenig Platz im Browser-Fenster haben. Eine skalierte Grafik wird vermutlich unter solchen Umständen verkleinert werden.

Wenn eine Darstellung grundsätzlich bei einer geringen Auflösung wahrgenommen und bedient werden kann, dann dürfte die Beachtung der Hinweise in Abschnitt 2.2 ausreichend sein, um Grafiken mit absoluten Größenangaben einzubinden.

Entsprechend der Bedingung 3.1 sollte, sofern vorhanden, eine Auszeichnungssprache statt einer Grafik oder anderer Mittel eingesetzt werden. Um Grafiken zu skalieren, hat das W3C die Richtlinien für Scalable Vector Graphics (SVG) entwickelt. Die Verwendung dieses textbasierten Formats wird in diesem Buch nicht behandelt. Darüber hinaus können skalierbare Grafiken mit Macromedia Flash in eine Seite eingebunden werden (vgl. Abschnitt 3.2). In beiden Fällen ist jedoch nicht garantiert, dass der Benutzer die erforderlichen Plugins installiert hat.

Bedingung 3.1

2.4.5   Was für Vergrößerungssysteme berücksichtigt werden muss

Horizontales Scrollen im Browser-Fenster

> Der Fließtext muss gelesen werden können, ohne ihn scrollen zu müssen.

Auf die grundsätzliche Problematik der Verwendung des horizontalen Scrollbalkens wurde in Abschnitt 2.4.2 eingegangen. Längerer Fließtext ist praktisch unlesbar, wenn bei jeder Zeile der Scrollbalken nach links und rechts verschoben werden muss.

Gerade im Web sollte es möglich sein, die Informationen in der gewünschten Form zu erhalten. Hat ein sehbehinderter Nutzer die Wahl zwischen einer zwei- bis vierfachen Vergrößerung und einem damit einhergehendem verkleinerten Bildschirmausschnitt oder einer verringerten Bildschirmauflösung mit einem damit einhergehenden gestauchten Layout, so wird er sich vermutlich für Zweiteres entscheiden.

Im Hinblick auf Sehbehinderte, die das Browser-Fenster mit einem Vergrößerungssystem betrachten, ist ebenfalls eine vollständige Darstellung des Fließtexts zu gewährleisten. Wenn die Inhalte einer Seite nicht in das verfügbare Browser-Fenster passen, entsteht die Notwendigkeit, im Browser-Fenster von links nach rechts zu scrollen. Gleichzeitig muss der Nutzer auch im Vergrößerungssystem den Bildschirmausschnitt in alle Richtungen »scannen«. Das bedeutet, er muss sowohl mit dem Vergrößerungssystem als auch mit dem Browser navigieren. Deshalb ist es wichtig, dass Fliesstext auch bei geringster Bildschirmauflösung vollständig dargestellt wird.

Rechtsbündige Navigationsleisten

> Navigationsleisten müssen auffindbar sein.

Ein weiteres Problem, das beim Einsatz von Vergrößerungssystemen entsteht, ist die fehlende Orientierung, wenn Navigationsleisten nicht oben oder auf der linken Seite des Layouts positioniert werden. Eine rechtsbündige Navigation ist im verkleinerten Bildschirmausschnitt des Vergrößerungssystems nicht sofort auffindbar. Intuitiv scannen Nutzer zuerst oben und dann die linke Seite, um dann erst die rechte Seite abzusuchen. Die fehlende Orientierung ist sicher ein Einstiegsproblem in einem Webauftritt. Umso wichtiger ist es, eine konsistente Navigation anzubieten (vgl. auch Abschnitt 2.3.2).

2.5   Linearisierbarkeit und Layout

Das Layout eines Webauftritts kann für Nutzer eines Screenreaders zu einer diffizilen Angelegenheit werden, da die Ausgabe hier generell eindimensional ist. Eine Sprachausgabe liest den kompletten Inhalt einer Seite von vorne bis hinten. Dabei kann mit bestimmten Tastaturkürzeln von Überschrift zu Überschrift oder zum Anfang des aktuellen oder nächsten Absatzes gesprungen werden. Auch mit einer Braille-Zeile wird nur ein kleiner Ausschnitt des Seiteninhalts wiedergegeben, der – je nach Gerät – bis zu 80 Zeichen groß sein kann. Daher können auch mit einer Braille-Zeile die Inhalte einer Seite nur teilweise und nacheinander angezeigt werden.

Im Gegensatz dazu ist die Darstellung am Bildschirm zweidimensional. Eine Seite kann in verschiedene Bereiche wie Hauptnavigation, Inhalt oder inhaltsbezogene Navigation aufgeteilt werden und in verschiedenen Bereichen des Bildschirms platziert werden. Dem Betrachter am Bildschirm wird durch eine strukturierte visuelle Darstellung der Inhalte eine übersichtliche Webseite präsentiert. Allerdings lässt sich allein aus diesem visuell wahrnehmbaren Bild einer Seite nicht auf ihre Gebrauchstauglichkeit in einem eindimensionalen Medium schließen. Das hängt zunächst von der eingesetzten Layout-Technik ab. (X)HTML bietet hierfür grundsätzlich drei Möglichkeiten an:

⬚ Tabellen (im Sinne von Layouttabellen)

⬚ Cascading Style Sheets (CSS)

⬚ Frames

Diese drei Möglichkeiten lassen sich auch beliebig miteinander kombinieren.

Alle Techniken haben ihre Vor- und Nachteile. Insbesondere CSS bietet Vorteile hinsichtlich der Linearisierbarkeit, auch wenn Layouts mit Tabellen und Frames ebenso linearisierbar gestaltet werden können. Aber auch durch die schlichte Nutzung einer dieser Techniken kann noch keine konkrete Aussage über die eindimensionale Gebrauchstauglichkeit gemacht werden. Gleichwohl muss jedoch betont werden, dass in der BITV die Nutzung von CSS für die Präsentation eines Webauftritts gefordert wird. Aus diesem Grund nimmt die Gestaltung mit CSS in diesem Abschnitt mehr Raum ein als die mit Tabellen und Frames.

Abschließend wird das Thema »Textversion« dennoch aufgegriffen. Im Web finden sich zahlreiche Auftritte, die Barrierefreiheit mit einer »Textversion« bedienen – oder besser gesagt: abspeisen – wollen. Es stellt sich die Frage, wem eine solche Seite überhaupt helfen soll. Weil die »Textversion« immer wieder von – vielleicht unwissenden – Anbietern neue Aktualität bekommt, in der BITV-Bedingung 11.3 jedoch eindeutig formuliert wird, »Textversionen« seien zu vermeiden, ist es wichtig darauf einzugehen.

Bedingung 11.3

Eine Textversion als Sonderlösung für Menschen mit Behinderungen erreicht den größten Teil der »Zielgruppe« überhaupt nicht. Sie widerspricht der BITV und der Definition der Barrierefreiheit [§ 4 BGG]. Textversionen sind zu vermeiden!

2.5.1   Layouttabellen sind wie Briefe in Excel

Im Wesentlichen gibt es zwei Gründe, Tabellen zu Layoutzwecken zu verwenden. Historisch gesehen waren Tabellen der »Ausweg« für fehlende Browser-Kompatibilität bei der Interpretation von CSS. Da Browser-übergreifende, annähernd gleiche Präsentationen erzielt werden sollten, mussten Tabellen für das Layout eingesetzt werden. Seit vielen Jahren bieten jedoch alle Browser hinreichend stabile CSS-Unterstützung. Viel wichtiger war jedoch der einfache Einsatz von Tabellen: Sie sind einfach nachzuvollziehen, erfordern keine besonderen Programmierkenntnisse und werden von allen Autorenwerkzeugen unterstützt (CSS-Positionierung hingegen konnte zu Darstellungsproblemen in WYSIWYG-Werkzeugen führen). So ist auch heute noch die Layouttabelle die geeignete Technik für Anbieter, die nicht über das erforderliche CSS-Knowhow verfügen, um zu den gewünschten Ergebnissen zu kommen.

Nach Anforderung 5 sind Tabellen »[...] in der Regel nur zur Darstellung tabellarischer Daten zu verwenden«. Diese Formulierung berücksichtigt sowohl die formalen Anforderungen der Trennung

Anforderung 5
Bedingung 5.3

von Inhalt und Layout als auch die gängige Praxis der Gestaltung mit Layouttabellen. Bedingung 5.3 konkretisiert jedoch: »Tabellen sind nicht für die Text- und Bildgestaltung zu verwenden, soweit sie nicht auch in linearisierter Form dargestellt werden können.«

Die Linearisierbarkeit einer Tabelle

Das Grundgerüst eines Tabellen-Layouts könnte wie folgt aussehen:

```
<table>
  <tr>
    <td colspan="2">Kopfbereich der Seite (Überschrift)</td>
  </tr>
<tr>
    <td width="30%">Navigationselemente</td>
    <td width="70%">Inhalte</td>
  </tr>
</table>
```

In der Regel werden innerhalb einzelner Tabellenzellen weitere Tabellen verschachtelt. Screenreader befolgen beim Lesen von Tabellen bestimmte Algorithmen, um die Inhalte einzelner Zellen auszugeben. Ein Screenreader bearbeitet Layouttabellen in der Regel Zeile für Zeile und gibt ihre Zellen von links nach rechts als einzelne Informationsblöcke aus. Im obigen Grundgerüst wird ein Screenreader zuerst den Kopfbereich, dann die Navigationselemente und zum Schluss die Inhalte lesen – in der Reihenfolge des Quelltextes. Diese Form der Ausgabe ist die so genannte Linearisierung. Es gibt Werkzeuge, die bei der Beurteilung der linearisierten Ausgabe helfen, etwa TabLin: www.w3.org/WAI/Resources/Tablin/. Auch Opera und die Nils-Toolbar (vgl. Abschnitt 5.2) bieten Unterstützung bei der Nachvollziehbarkeit der Linearisierbarkeit.

Bedingung 13.6   Da Tabellen Strukturelemente sind und sich Screenreader stark an Strukturen orientieren, wird die Navigation innerhalb von Layouttabellen in vielen Layouts erschwert. Im obigen Grundmuster wird der Inhalt an dritter Stelle gelesen. Ist jedoch die Kopfzeile und die Navigation mit Inhalt gefüllt, so müssen diese strukturell vorgegebenen Elemente der Seite alle »übersprungen« werden, bevor der Leser zum Inhalt gelangt. Dies kann sehr zeitintensiv werden. Hier kann Bedingung 13.6 herangezogen werden, in der das Erfordernis eines Umgehens von Navigationsmechanismen bestimmt wird. So ist zum Beispiel die Bereitstellung einer Sprungmarke, wie in Abschnitt 2.3.5 dargestellt, erforderlich, um die Navigation innerhalb der Seite in der eindimensionalen Betrachtungsweise zu verbessern.

Mehrspaltiger Text

Die Linearisierbarkeit erfordert vom Screenreader eine besondere Browser-Unterstützung, damit auch der Quelltext der Seite bei der Aufbereitung der Inhalte herangezogen werden kann. Aber: Nicht jeder Screenreader hat eine solche Webfunktionalität. Der Medien-Clip »Euro-Terrorismus« ist ein eindeutiges Beispiel für diese Problematik. Sie finden ihn auf der beigefügten CD-ROM. In diesem Clip wird ein zweispaltiger Text vorgelesen. Wenn der Screenreader das letzte Wort der ersten Zeile in der ersten Spalte erreicht hat, liest er in der ersten Zeile der zweiten Spalte weiter. Dadurch wird der gelesene Text unverständlich. Aus diesem Grund fordert die BITV in Bedingung 10.3 die Bereitstellung eines alternativen linearisierten Inhalts bei Seiten, die Text in parallelen Spalten enthalten.

Bedingung 10.3

Eine sinnvolle und systematische Anordnung der Zelleninhalte ist in jedem Fall Voraussetzung für die Linearisierbarkeit von Layouttabellen. Eine Tabelle, die folgendermaßen aussieht, kann von einem Screenreader nicht vernünftig gelesen werden, wie die Audioaufnahme zu diesem Beispiel auf der CD-ROM belegt.

Politik	Kultur
Umweltministerium	Nach 30 Jahren
meldet Durchbruch	Amtszeit überlässt
im Bereich der	der Intendant des
regenerierbaren	Stadttheaters seinen
Energiequellen:	Posten einem mehr
Perpetuum Mobile	als fragwürdigen
erfunden.	Nachfolger.

Auf der CD-ROM findet sich ein Clip, der die Problematik von mehrspaltigem Text verdeutlicht.

Es kommt darauf an, zusammengehörende Inhalte auch zusammen in Tabellenzellen einzubetten und nicht wie in den Printmedien Texte in zwei oder mehrere (strukturelle) Spalten aufzuteilen oder die Seite in kleine quadratische (strukturell vorgegebene) Bereiche zu unterteilen.

In Layouttabellen sind die in Abschnitt 2.7.2 beschriebenen Elemente und Attribute zur Strukturierung von Datentabellen keinesfalls zu verwenden (Bedingung 5.4). Nicht davon betroffen sind die Inhalte der Tabellenzellen, die auch in Layouttabellen als Überschriften, Absätze, Listen usw. ausgezeichnet sein müssen, damit sie nach der Linearisierung eine logische Struktur ergeben.

Bedingung 5.4

2.5.2 Layout mit CSS

Mit Cascading Style Sheets (CSS) können gleichermaßen ansprechende wie auch barrierefreie Alternativen für Layouttabellen geboten werden. Stylesheets dienen der Präsentation, das heißt der Formatierung und des Layouts, (X)HTML dient der Strukturierung von Inhalten. So sehen es zumindest die Spezifikationen des W3C vor. Auch wenn dieses grundlegende Prinzip seit der Erfindung des World Wide Web nur wenig beachtet wurde, hat sich daran nichts geändert: Aufwändige Tabellen für Layout-Zwecke führen zu aufwändiger Pflege, wenn am Layout etwas geändert werden muss. Mit dem DIV-Element können einzelne Bereiche eines Layouts eingeteilt und übergreifend per CSS in einer einzigen zentralen Datei gestaltet werden. Dadurch wird nicht nur der Arbeitsaufwand zur Pflege des Webauftritts um ein vielfaches reduziert, auch die Dateigröße und somit die Ladezeit einer Seite verringert sich deutlich. Das W3C notiert zu diesem Aspekt, dass sich die Ladezeit von (X)HTML-Dateien um mindestens den Faktor 3 verkürzt (www.w3.org/Protocols/HTTP/Performance/Pipeline). Allerdings bezieht sich dieser Test nicht nur auf die Leistungsfähigkeit von CSS gegenüber Tabellen, sondern auch andere Effekte, zum Beispiel durch *Pipelining* in HTTP 1.1, wurden mitgemessen.

Anforderung 3
Bedingung 3.3

In Anforderung 3 der BITV wird formuliert, dass insbesondere auch CSS entsprechend den Spezifikationen und formalen Definitionen zu verwenden sind. Was das Layout angeht, so wird für CSS diese Anforderung in der Bedingung 3.3 genauer spezifiziert: »Es sind Stylesheets zu verwenden, um die Text- und Bildgestaltung sowie die Präsentation mittels Mark-up-Sprachen geschaffener Dokumente zu beeinflussen.«

Grundsätzliches zu Stylesheets

In der Anfangszeit des Web war die Gestaltung von Seiten überschaubar: Die Hypertext Mark-up Language wurde zur simplen Strukturierung von (meist wissenschaftlichen) Dokumenten benutzt, die der Browser entsprechend darstellte. Überschriften vom Typ H1, H2, usw. wurden (und werden immer noch) in abgestuften Größen dargestellt, Absätze (P = paragraph) werden als unsichtbare Kästen erzeugt, und der Browser fügt automatisch Abstände zum vorherigen und nachfolgenden Element ein. Bereits der allererste Browser (Nexus bzw. World Wide Web für NeXTStep von Sir Tim Berners-Lee) unterstützte Stylesheets, allerdings nicht CSS, sondern eine Variante von User Style Sheets, die sich über das GUI einstellen ließen. In der weiteren Entwicklung des Webs mussten aufgrund der uneinheitlichen Unterstützung von Stylesheets strukturelle Elemente für Lay-outzwecke verwendet werden. Erst mit CSS1 im Jahr 1996 und mit HTML 3.2, das den Status Quo etablierte, war eine Browser-übergrei-fende einheitliche Darstellung zu erwarten.

Heute gehört zumindest die Verwendung von CSS zur Formatie-rung von Text zum festen Repertoire eines Webdesigners. Durch (X)HTML ausgezeichnete Inhalte werden über CSS-Eigenschaften formatiert. Meistens bleibt es jedoch dabei und der eigentliche Vor-teil von CSS wird sträflich vernachlässigt: das Layout. Mit CSS2, ver-gleichbar mit den Formatvorlagen eines Textverarbeitungspro-gramms, wurde eine Präsentationsebene für Webauftritte eingeführt, die das Prinzip der Trennung von Inhalt und Layout unterstützt, im übrigen auch das Grundprinzip der zukunftsweisenden eXtensible Mark-up Language (XML), das die Basis von XHTML ist. Letzten Endes soll diese Trennung bezwecken, dass die angebotenen Infor-mationen, zum Beispiel in einem Webauftritt, in der vom Benutzer gewünschten Form präsentiert werden. Das betrifft unter anderem sowohl Bildschirme verschiedener Größe, mobile Geräte mit kleinen Displays, Drucker als auch Sprachausgaben. CSS erlaubt nicht nur dem Anbieter, medienspezifische Layouts mit ein und demselben Inhalt anzubieten, sondern auch dem Benutzer, die Präsentation sei-nen Erfordernissen anzupassen.

Vorteile von CSS

Aus Sicht der Barrierefreiheit, insbesondere für Sehbehinderte, bedeutet die Möglichkeit der individuellen Darstellungsform eine deutliche Erleichterung der Zugänglichkeit. Einige Beispiele hierfür wurden in Abschnitt 2.2 behandelt. Mit CSS-fähigen Browsern wie dem Microsoft Internet Explorer ab Version 5 und Mozilla oder Opera ab Version 5 (mehr oder weniger) haben Benutzer die Mög-lichkeit, eigene Stylesheet-Dateien zu benutzen und gleichzeitig CSS-Angaben auf der Seite auszuschalten. Vor allem stark sehbehin-derte Surfer nutzen diese Möglichkeit. Ein ansprechendes Design, das mittels CSS erzeugt wird, kann also jederzeit deaktiviert werden – womit die Struktur im Quellcode große Bedeutung erhält.

Daraus ergeben sich zwei weitere wesentliche Vorteile der Ver-wendung von CSS zu Layoutzwecken: die Textorientierung von Inhal-ten und die Browser-übergreifende Darbietung und Nutzbarkeit der Inhalte. Die Textorientierung erfordert natürlich die Trennung von Inhalten, die mit strukturellen Elementen (vgl. Abschnitt 2.7.3) ausge-zeichnet werden, und Formatierungen, die mit CSS für die Darstel-lung für das Ausgabemedium vorgegeben werden. Werden Inhalte mit CSS formatiert, erhält der Browser und jede andere Zugangssoftware zunächst nur den strukturierten Text. Handelt es sich bei der Zugangssoftware um einen CSS-fähigen Browser, werden die CSS-Angaben anschließend geladen und interpretiert.

Abb. 2-46

Zwei Ansichten eines Webauftritts (mit ein- ...

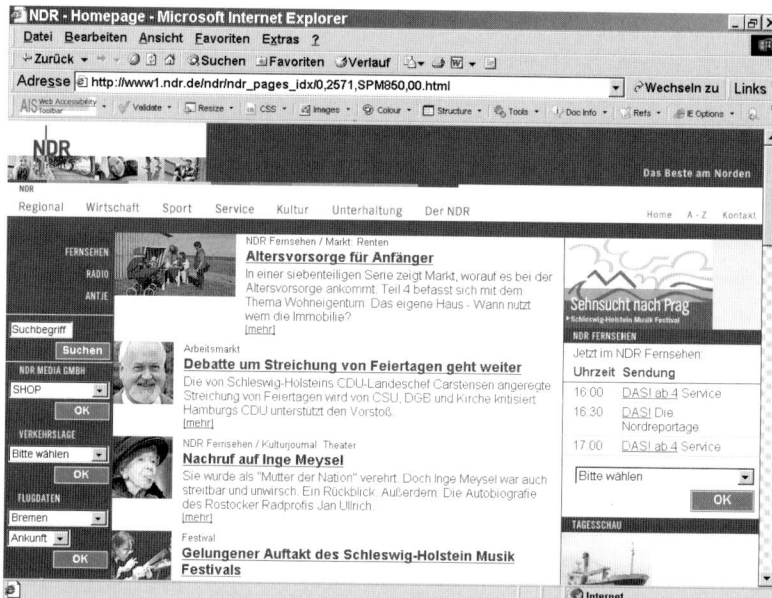

... und ausgeschaltetem CSS)

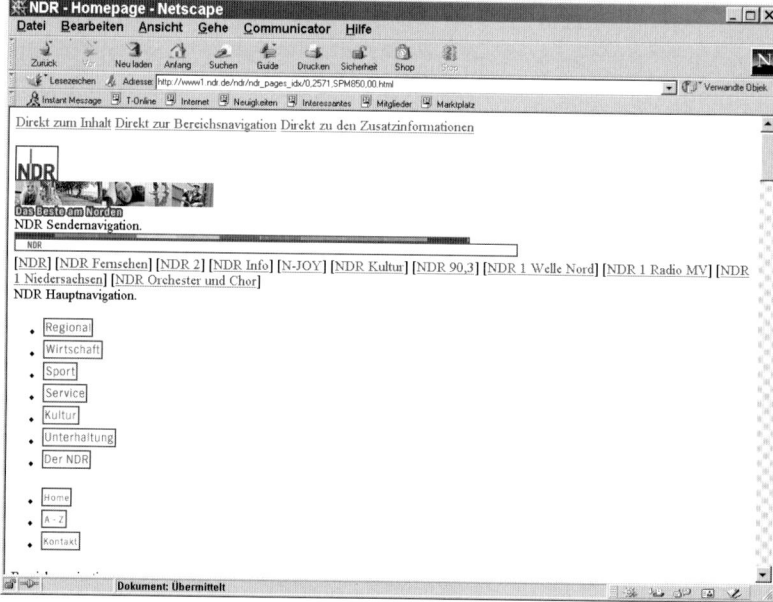

Die Screenshots zeigen, dass durch eine vernünftige Strukturierung der Inhalte diese auch ohne CSS genutzt werden können. In jedem Browser – auch mit einer rein textorientierten Zugangssoftware – kann durch diese klare Strukturierung der Inhalte eine gute Gebrauchstauglichkeit erzielt werden. Besonders für eindimensionale Ausgabegeräte ist dies wichtig.

Es darf natürlich nicht verschwiegen werden, dass Netscape 4 kaum in der Lage ist, CSS zu interpretieren. Das obige Beispiel zeigt die Darstellung eines Webauftritts mit einem CSS-fähigen Browser und dieselbe Seite mit Netscape 4. Das CSS der Seite wurde mit @import in die Seite geladen, ein CSS-Befehl, den die allermeisten älteren Browser nicht interpretieren.

Wenn CSS zur Gestaltung eingesetzt wird, können einzelne Elemente einer Seite vordefiniert werden (z.B. Schriftbild, Abstände usw.). Es können aber auch Klassen und IDs definiert werden, die mit ihren speziellen Formatierungen bei Bedarf einzelnen Elementen oder Bereichen einer Seite zugewiesen werden können. Dabei ist CSS deutlich leistungsfähiger als (X)HTML. So kann zum Beispiel mit CSS der Einzug der ersten Zeile eines Absatzes vordefiniert, Abstände vor und nach Absätzen und Überschriften verändert werden, was in reinem (X)HTML nicht möglich ist. Mit (X)HTML müssten diese gestalterischen Aspekte mit zahlreichen Layoutgrafiken nachgebildet werden.

Einbindung von CSS

CSS-Eigenschaften lassen sich zwar innerhalb einer Seite überall einzeln definieren, der Einsatz ist aber erst dann wirklich sinnvoll, wenn sie aus einer externen Datei seitenübergreifend geladen werden können. Zur Einbindung einer CSS-Datei in einem (X)HTML-Dokument stehen zwei Möglichkeiten zur Verfügung. Die erste verwendet das LINK-Element im Kopf einer (X)HTML-Seite:

```
<link rel="stylesheet" href="dateiname.css" type="text/css"
media="all" />
```

Alle Browser, die CSS interpretieren, kennen dieses (X)HTML-Element und laden die CSS-Datei. Eine zweite Methode ist:

```
<style type="text/css" media="all">
/*<![CDATA[*/
@import "dateiname.css";
/*]]>*/
</style>
```

Diese nach XHTML-1.0-Spezifikation geschriebene Schreibweise wird nur von Browsern unterstützt, die auch CSS-Positionierungsangaben zuverlässig darstellen können. Wenn daher ältere Browser nicht einfach eine reine (X)HTML-Seite anzeigen sollen, sondern auch gewisse Formatierungen, dann können diese über das LINK-Element eingebunden werden und das aufwändigere Layout für moderne Browser über das Element @import geladen werden.

Eine Liste von CSS-fähigen Browsern findet sich auf bf-w.de/update/

Alle 4er Browser von Microsoft und Netscape sowie die 6.xx-Versionen von Opera gehören nicht zu den Browsern, die ein CSS-Layout zuverlässig darstellen. Microsoft Internet Explorer ab Version 5.0, alle Mozilla Browser (einschließlich Netscape 6 und 7) und Opera ab Version 7 sind immer noch mit kleineren Fehlern behaftet. Daher müssen für diese Browser kleinere Browser-spezifische Anpassungen vorgenommen werden.

Linearisierbares CSS-Layout

Bedingung 6.1

Wie auch immer ein Webauftritt mit CSS gestaltet wird, es wird immer Nutzer geben, die Stylesheets gar nicht angezeigt bekommen oder diese ausgeschaltet haben. In solchen Fällen kommt es auf die Organisation der Inhalte im Quellcode an. Unterstützt ein Browser CSS-Positionierungen nicht, werden die Inhalte wie in einem Text-Browser untereinander dargestellt. Informationen, die am Bildschirm zusammengehörig dargestellt werden, müssen wie im obigen Beispiel ohne CSS – sprich im rohen (X)HTML – genutzt werden können. Die Nutzbarkeit von Webauftritten auch ohne CSS wird in Bedingung 6.1 formuliert.

Die Linearisierbarkeit von Inhalten, die mittels CSS präsentiert werden, ist wie bei der Layouttabelle maßgeblich von der Reihenfolge der Inhalte im Quelltext abhängig. Im Gegensatz zu Tabellen können aber einzelne DIV-Elemente per CSS frei positioniert werden und beispielsweise die Kopfzeile eines CSS-Layouts im Quelltext ganz zum Schluss kommen.

CSS-Positionierung basiert auf dem Boxen-Modell (engl. *box model*). Das DIV-Element (und streng genommen gilt das für alle Blockelemente) erzeugt zunächst einen unsichtbaren Kasten – ohne Formatierung, Positionierung oder sonstige Gestaltung. Dieser Kasten kann mit Inhalt gefüllt werden, wobei er sich dem Inhalt anpasst. Mit CSS können nun dem Kasten Eigenschaften zugewiesen werden, wie zum Beispiel

- Vorder- und Hintergrundfarben
- Position (auf dem Bildschirm)
- Größen (z.B. Breite, damit eine Spalte entsteht)

Weitere Eigenschaften, die an den Inhalt des Kastens weitervererbt werden, z.B. Schriftgröße.

Anhand einer grafischen Vorlage können die vorgesehenen Inhalte eines Layouts in Kästen (Rechtecke) unterteilt werden. Diese

- sind im einfachen Fall neben- bzw. untereinander positioniert, das heißt, es gibt keine Überlappungen,
- können sich überlappen,
- können verschachtelt werden.

Dabei sollte im ersten Schritt der Gestaltung eine grobe Einteilung vorgenommen werden. Verschachtelungen sollten vermieden werden. Erst wenn ein stabiles Grundgerüst steht, können Verfeinerungen vorgenommen werden.

Zu beachten ist auch, dass manche Inhalte, sprich Kästen, keine vordefinierten Dimensionen haben. Beispielsweise sind Bereiche mit Artikeln je nach Artikellänge unterschiedlich hoch. Diese flexiblen Aspekte des Layouts müssen an dieser Stelle berücksichtigt werden. Manche Kästen haben eine festgelegte Größe, andere wiederum besitzen nur einen Anfangspunkt. Und schließlich gibt es auch Kästen, die von der Größe anderer Kästen abhängig sind. Vor allem haben alle Kästen, die Text enthalten, in der Regel eine flexible Größe (vorausgesetzt die Schrift ist skalierbar).

Die Reihenfolge der Kästen im (X)HTML-Quelltext spielt eine wichtige Rolle für die Linearisierbarkeit, jedoch für die Darstellung am Bildschirm und mit aktivierten CSS nicht. vor den ersten Designentwürfen sollten Überlegungen zur Reihenfolge der Kästen hinsichtlich ihrer Linearisierbarkeit vorgenommen werden. Das bedeutet, dass man sich im Vorfeld überlegen muss, wie – in welcher Reihenfolge – die einzelnen Kästen ausgewiesen werden. Diese Reihenfolge soll in der linearisierten Form eine möglichst benutzbare Struktur haben. Beispielsweise interessieren sich die Besucher einer Seite – auch die, die Screenreader verwenden – in erster Linie für die Inhalte. Also sollte sich der Kasten mit dem Inhalt ziemlich am Beginn des Quelltextes befinden. Der Besucher benötigt zudem eine schnell auffindbare Navigation. Inhalte, die sich auf vielen Seiten wiederholen, könnten dahingegen am Ende der Kastenreihe eingebunden werden.

Wichtige Navigationspunkte gehören eher an den Anfang, also vor dem Inhalt. Eine entsprechende Wiederholung solcher Elemente in einer klassischen Fußleiste gehört an das Ende einer Kastenreihe.

Über eine Kopfzeile mit wesentlichen Informationen zum Anbieter kann man sicherlich diskutieren. Es spricht nichts dagegen, die Kopfzeile an die erste Stelle einer Kastenreihe zu stellen. Jedoch ist es in CSS möglich, diesen Kasten auch an zweite, vierte, letzte oder jede beliebige andere Stelle zu setzen.

Typische Bereiche einer Webseite sind

- die Kopfzeile,
- ein oder mehrere Navigations-Mechanismen und
- ein oder mehrere Inhaltsbereiche.

Welche Überlegungen noch angestellt werden können, um ein CSS-Layout optimal umzusetzen, kann dem CSS-Tutorial auf der CD-ROM entnommen werden.

Wichtig bei der Anordnung der Kästen ist, dass das, was der Nutzer sucht, bei deaktiviertem CSS auch am Anfang der Seite gefunden wird. Dies gilt insbesondere, wenn das Medium eine Sprachausgabe, eine Braille-Zeile oder auch eine Suchmaschine ist.

2.5.3 Frames

Das Verwenden von Frames zu Layoutzwecken wird im Zusammenhang mit der barrierefreien Webgestaltung oft als problematisch betrachtet. Das hängt zum einen mit der oft fehlenden Texthinterlegung (vgl. Abschnitt 2.1), zum anderen mit der Darstellung in der linearisierten Ausgabe zusammen.

Frames und Zugangssoftware

Um mit einem Mythos zu beginnen: Es wird oft geschrieben, dass blinde Nutzer mit Frames nichts anfangen können. Das war auch einmal so, aber heute können Screenreader und Text-Browser Frames darstellen. Auch Text-Browser wie Lynx haben die Unterstützung von Frames längst integriert. Die Nutzung von Seiten, die mit Frames gestaltet sind, ist jedoch in einer linearisierten Form etwas umständlich.

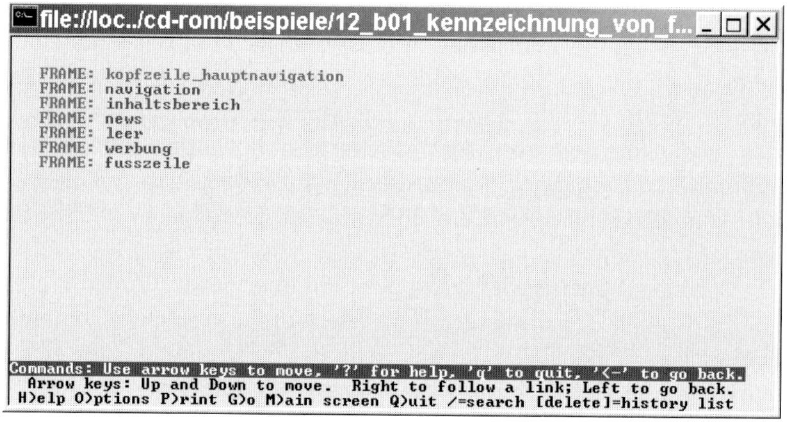

Abb. 2-47
Einzelne Frames einer Seite im Lynx

Die Abbildung 2-47 lässt schon vermuten, welche Schwierigkeiten Frames bieten können. Mit einem Text-Browser werden die einzelnen Frames als Links dargestellt. Der Nutzer kann diese Links wie gewohnt auswählen, jedoch wird immer nur ein Frame angezeigt. Daher kann es umständlich sein, einen solchen Webauftritt zu bedienen. Durch eine dynamische Veränderung der Inhalte in mehreren Frames gleichzeitig erreicht man rasch die Grenzen der Gebrauchstauglichkeit.

In der Regel werden maximal drei bis fünf Frames benötigt, um Inhaltsbereiche einer Webseite aufzuteilen. Eine geeignete Benennung der einzelnen Frames vorausgesetzt kann eine solche Zahl an Frames als »überschaubar« eingestuft und für die Nutzer von Screenreadern auch als vorteilhaft gesehen werden. Wenn Frames zu weiteren Layoutzwecken genutzt werden, kann durch Verschachtelung und weitere Einteilungen des Bildschirms die Zahl der Frames auf zehn und mehr anwachsen. Je mehr Frames vorhanden sind, desto schwieriger ist die Orientierung in einem eindimensionalen Medium.

Ein allgemeiner Nachteil der Frames-Technik für den Nutzer ist die Adressierung einzelner Seiten im Browser. Es ist in der Regel nicht möglich, einzelne Zustände eines Framesets zu verlinken, sodass der Nutzer stets über die Startseite und die vorhandenen Navigationsmechanismen zu einer gewünschten Seite surfen muss. Wie bei der Verlinkung verhält es sich natürlich genauso beim Speichern von Lesezeichen. Nur die Seite mit dem Frameset selbst wird in der Adressleiste angezeigt und kann entsprechend abgelegt werden.

Relevanz des NOFRAMES-Bereichs

Um frühere Versionen von Text-Browsern ohne Frames-Unterstützung zu bedienen, ist neben dem Frameset ein alternativer Zugang über das NOFRAMES-Element anzubieten (vgl. Abschnitt 2.1.6).

Bedingung 6.2

Einer der Vorteile von Frames ist der dynamische Charakter der Technik. Mit einem Frameset können beliebig viele Frames eingebunden werden, die ebenso beliebig ausgetauscht werden können. Problematisch dabei ist, dass der NOFRAMES-Bereich unverändert bleibt. Während also der Nutzer eines Frames-fähigen Browsers nach wenigen Klicks vollkommen andere Inhalte angezeigt bekommen kann, einschließlich veränderter Navigationsmechanismen, bleibt der NOFRAMES-Bereich unverändert. In Bedingung 6.2 wird jedoch die Bereitstellung äquivalenten Inhalts für dynamische Inhalte gefordert, wenn der dynamische Inhalt geändert wird.

Soll der Inhalt eines NOFRAMES-Bereichs bei der dynamischen Veränderung von Inhalten geändert werden, muss das Frameset neu oder ein neues Frameset aufgerufen werden, wobei der Inhalt des NOFRAMES-Bereichs durch serverseitige Skripte neu erzeugt werden kann. Da Lösungen in diesem Bereich komplex sind, mit klassischem (X)HTML nicht umsetzbar sind und die Relevanz des NOFRAMES-Bereichs relativ gering ist, ist die Mindestanforderung für den NOFRAMES-Bereich ein Link zu einer Übersichtsseite, etwa einer Sitemap, die auch ohne Einbindung in das Frameset funktioniert.

2.5.4   Bedingung 11.3: Sonderseiten

Bedingung 11.3 Grundsätzlich geht die BITV von der Realisierbarkeit der Barrierefreiheit aus. Die gebotenen Techniken sind in fast allen Fällen umsetzbar. In bestimmten Fällen, wenn eine barrierefreie Umsetzung nicht möglich ist, muss nach Bedingung 11.3 zumindest ein Link zu einer alternativen Seite angeboten werden. Mit »alternativer Seite« ist keinesfalls eine »Textversion« eines Webauftritts gemeint. Vielmehr muss, wenn eine Seite nach bestem Bemühen nicht barrierefrei zu gestalten ist, ein Link zu einer alternativen Seite angeboten werden, die

- die Standards des W3C einhält,
- zugänglich ist,
- den gleichen informativen und funktionalen Wert wie das »Original« aufweist und
- im selben Umfang aktualisiert wird wie das »Original«.

Eine solche alternative Seite soll in diesem Sinne durchaus Grafiken enthalten, natürlich mit Alternativtexten, und den Sinn und Zweck, gegebenenfalls auch den Inhalt (Bedienelemente, Diagramme, usw.) möglichst gleichwertig erfüllen. Man sollte sogar argumentieren, die »Nur-Text«-Seite muss Grafiken enthalten – wenn diese im »Original« wertvolle Informationen zum Verständnis transportieren. Eine zugängliche Seite ist auch eine Seite, die beispielsweise über korrekte Strukturierungselemente verfügt (z.B. Überschriften), kontrastreiche Farben in der Gestaltung verwendet werden oder mit Hilfe von Stylesheets statt Tabellen konstruiert wird.

Bedingung 6.5 Als Text-Browser noch keine Frames unterstützten (bis ca. 1998),
Bedingung 11.3 war eine alternative Version des entsprechenden Webauftritts erforderlich. In diesem Fall greift Bedingung 6.5: »Dynamische Inhalte müssen zugänglich sein. Insoweit dies nur mit unverhältnismäßig hohem Aufwand zu realisieren ist, sind gleichwertige alternative Angebote unter Verzicht auf dynamische Inhalte bereitzustellen.«

Das Anbieten kann sich jedoch nur auf einzelne Funktionen oder Seiten beziehen. Wenn die in Abschnitten 2.5.3 und 2.6.2 geschilderten Zugänglichkeitsprobleme mit statischen Alternativen für dynamische Inhalte vermieden werden, so sind es nur einzelne Techniken, die einer statischen Textversion bedürfen. Der Aufwand, solch alternative und der Bedingung 11.3 genügende »Textversionen« zu erstellen, ist immens und steht in keinem Verhältnis zum Nutzen.

Es gibt nur wenige weitere Szenarien, die das Erfordernis einer Textversion in Erwägung ziehen lassen. Dabei geht es vor allem um Verletzungen der Anforderung 11: »Die zur Erstellung des Internetangebots verwendeten Technologien sollen öffentlich zugänglich und vollständig dokumentiert sein, wie zum Beispiel die vom World Wide Web Consortium entwickelten Technologien.« Nur öffentliche Standards erlauben es den Herstellern von Computerhilfsmitteln, ihre Produkte so zu entwickeln, dass die Zugänglichkeit von Webinhalten gewährleistet werden kann. Beispiele für (im Hinblick auf die Barrierefreiheit) nicht vollständig dokumentierte Formate sind Macromedia Flash, das zwar veröffentlicht ist, in dem jedoch die Zugänglichkeitsfeatures nicht ausgereift und wenig dokumentiert sind (vgl. Abschnitt 3.2), sowie das PDF-Format, das nicht einmal veröffentlicht ist (vgl. Abschnitt 3.3).

Barrierefreiheit in Macromedia Flash: http://www.markme. com/accessibility/ files/whitepaper.htm

Anforderung 11

Lediglich die unter 2.5.1 genannten Screenreader ohne Webfunktionalität, die Schwierigkeiten mit mehrspaltigem Layout haben, müssen hinsichtlich der Linearisierbarkeit besonders berücksichtigt werden. In Bedingung 10.3 wird die Bereitstellung von linearisiertem Text gefordert. Wenn man jedoch bedenkt, dass

Bedingung 10.3

- es sich nicht um Webreader handelt, also keine besondere Webfunktion vorhanden ist,
- sich mittels CSS das Problem mehr oder weniger von selbst löst,
- das Nichterkennen der Spalte mit dem geringen Spaltenabstand zusammenhängt,

scheint die Barrierefreiheit mit anderen Mitteln erreichbar zu sein.

Die Textversion ist nicht zu verwechseln mit »Sonderseiten«. Das sind beispielsweise Seiten mit Filmen in Deutscher Gebärdensprache für Gehörlose oder mit Texten in einfacher Sprache für Lernbehinderte. Hier geht es um eine Veränderung der Darstellungsform, zum Beispiel um verminderte Schriftsprachenkompetenz zu kompensieren. Diese Art der Bereitstellung entspricht den Bedingungen 11.4 und 14.1. Solche Zusatzangebote stellen lediglich eine Transformation der (zugänglichen) Inhalte in eine für den Informationsempfänger optimierte Sprache dar.

*Bedingung 11.4
Bedingung 14.1*

2.6   Geräteunabhängigkeit und Dynamik

Anforderung 9
Anforderung 6
Die BITV gibt in Anforderung 9 einige Bedingungen vor, die eine geräteunabhängige Gestaltung von Webauftritten gewährleisten sollen. Auch sind die meisten Bedingungen der Anforderung 6 zur allgemeinen Rückwärtskompatibilität bei der Verwendung von verschiedenen Techniken mit der Geräteunabhängigkeit eng verwandt.

Aber mit der Geräteunabhängigkeit sind gleichzeitig Aspekte der Dynamik angesprochen. Mit »Dynamik« sind vor allem zwei Themenkomplexe gemeint:

1. Programme oder programmähnliche Abläufe, die eine sichere Führung des Mauszeigers erfordern.
2. Inhalte, die aufgrund von Bewegung oder sonstiger Dynamik eine bestimmte Lesegeschwindigkeit erfordern.

Anforderung 7
Anforderung 8
In diesem Abschnitt werden daher neben der Geräteunabhängigkeit auch die zeitgesteuerte Veränderung von Inhalten nach Anforderung 7 behandelt sowie die Barrierefreiheit allgemein in anderen Techniken angesprochen, die mittels Plug-in oder anderen Methoden in eine Seite eingebunden werden (Anforderung 8).

2.6.1   Eingabegeräte: Tastatur und Maus

> Um eine optimale Bedienbarkeit im Web zu erreichen, müssen Webseiten mit beliebigen Eingabegeräten bedient werden können.

Anforderung 9
Die Anforderung 9 der BITV formuliert unmissverständlich, dass Webauftritte so zu gestalten sind, dass alle Funktionen unabhängig von Eingabe- oder Ausgabegeräten bedienbar sind. In den bisherigen Kapiteln ging es vor allem um verschiedene Ausgabegeräte. Jedoch auch Eingabegeräte sind für manche Nutzer kritisch. Zum einen können manche Menschen mit motorischen Einschränkungen eine Maus entweder nicht präzise oder gar nicht verwenden. Auch blinde Nutzer verfügen nicht über eine Maus, weil dafür die visuelle Kontrolle am Bildschirm erforderlich ist. Zum anderen geht es aber auch um die Nutzung der Tastatur allgemein: Wer viel mit dem Computer arbeitet, entdeckt zwangsläufig den Vorteil der Tastaturnutzung, der unter anderem in der Geschwindigkeit liegt. Auch wenn es weitere Eingabegeräte gibt (vgl. Abschnitt 1.2.6), so ist die geräteunabhängige Eingabe durch die Sicherstellung der Tastaturbedienbarkeit gewährleistet.

Förderung der Tastatursteuerung

Das größte Problem bei vielen Webauftritten ist die Navigation durch die Seite im Zusammenhang mit der Geräteunabhängigkeit. Mit der Tabulatortaste kann von Link zu Link, zu Formularelementen oder aktiven Bereichen clientseitiger Imagemaps gesprungen werden. Oft müssen aufgrund des Layouts eine Vielzahl von Links übersprungen werden, bevor der Nutzer zum eigentlichen Inhalt kommt. Beispielsweise wäre es sinnvoll die Tabulatorenreihenfolge auf einer Seite, die aus einer umfangreichen Navigation und einem Formular (z.B. einem Kontaktformular) besteht, so zu bestimmen, dass der Nutzer zuerst die einzelnen Formularelemente anspringen kann. Die spezifischen Anforderungen für geräteunabhängige Formulare werden in Abschnitt 2.7.1 behandelt.

Generell wird die sinnvolle Tabulatorenreihenfolge in Bedingung *Bedingung 9.4* 9.4 gefordert: »Es ist eine mit der Tabulatortaste navigierbare, nachvollziehbare und schlüssige Reihenfolge von Hyperlinks, Formularkontrollelementen und Objekten festzulegen.« Hierfür gibt es verschiedene grundsätzliche Möglichkeiten:

1. Das Layout wird so gestaltet, dass die für eine Seite wichtigen Inhalte im Quelltext zuerst erscheinen (vgl. Abschnitt 2.5.2).
2. Die Tabulatorenreihenfolge wird mittels des `tabindex`-Attributs für einzelne Elemente festgelegt.
3. Wichtige Links und Formularelemente können mittels des `access-key`-Attributs direkt zugänglich gemacht werden.
4. Insbesondere bei Formularen kann mittels JavaScript der Fokus auf das erste Element eines Formulars gelegt werden.

Zur Gestaltung eines Layouts mit sinnvoller Tabulatorenreihenfolge sind einige Aspekte zu berücksichtigen. Zunächst ist es in der Regel der Inhalt, der den Besucher am meisten interessiert. Durch die Tabulatorenreihenfolge sollte daher zunächst der Inhaltsbereich erreicht werden können, was jedoch nicht immer möglich ist. Die Tabulatortaste springt lediglich Links, Formularelemente und clientseitige Imagemaps an. Sofern der Inhalt einer Seite also aus Links (z.B. einer Linkliste), Formularen (z.B. einem Bestellformular) oder einer clientseitigen Imagemap (z.B. einem Navigationsmechanismus) besteht, sollte der Inhalt als erstes angesprungen werden können. Ein zweiter Aspekt betrifft die inhaltsbezogene Navigation. Wenn zusätzlich zu einer Hauptnavigation eine weitere seitenabhängige Navigation in eine Seite integriert wird, dann sollte diese ebenfalls frühzeitig mit der Tabulatortaste angesprungen werden können.

Die Tabulatorenreihenfolge kann auch mit dem `tabindex`-Attribut festgelegt werden. Aufeinander folgende Links könnten wie folgt aussehen:

```
<ul>
<li><a href="#">Link1</a></li>
<li><a href="#">Link2</a></li>
<li><a href="#">Link3</a></li>
<li><a href="#">Link4</a></li>
</ul>
```

Ohne Tabindizes wird die Tastaturbedienung die Links nacheinander anspringen. Die Reihenfolge der angesprungenen Links kann verändert werden:

```
<ul>
<li><a href="#" tabindex="4">Link1</a></li>
<li><a href="#" tabindex="1">Link2</a></li>
<li><a href="#" tabindex="2">Link3</a></li>
<li><a href="#" tabindex="3">Link4</a></li>
</ul>
```

In einem komplexen Webauftritt mit vielen Links kann so die logische Reihenfolge der Links gesteuert werden. Als Werte für `tabindex` sind Zahlen zwischen 1 und 32.767 zugelassen.

Weitere Hinweise zu `tabindex` finden Sie in Abschnitt 2.7.1 beim Thema Formulare.

Bedingung 9.5   Eine weitere Möglichkeit, die Tastatursteuerung zu fördern, ist die Verwendung des `accesskey`-Attributs. Auch dieses Attribut funktioniert für Links, Formularelemente sowie für aktive Regionen einer clientseitigen Imagemap. Die Verwendung dieses Attributs wird nach Bedingung 9.5 für verständnisfördernde Seiten gefordert. So kann bei der Bereitstellung von Hilfedateien oder anderen erklärenden Seiten, die dem Nutzer bei der Orientierung helfen sollen, ein tastaturorientierter Zugang bereitgestellt werden (vgl. Abschnitt 2.3.6).

Das `accesskey`-Attribut ist in einem ganz anderen Zusammenhang für die Nutzer von Screenreadern erforderlich: bei Objekten. Weitere Angaben hierzu finden Sie in Abschnitt 3.2 zum Thema »Macromedia Flash«.

Bedingung 6.3   Auch die Nutzung von JavaScript kann zur Unterstützung der Tastaturbedienbarkeit sinnvoll sein. Allerdings kann JavaScript nur als ergänzende Unterstützung für die Gebrauchstauglichkeit eingesetzt werden. Nach Bedingung 6.3 muss auch beim Einsatz von JavaScript sichergestellt sein, dass die Webseite nutzbar ist, wenn diese Skriptsprache nicht unterstützt wird. Auch wenn JavaScript unterstützt wird, muss bedacht werden, dass in der linearisierten Darstellung eines Inhalts, wenn der Fokus auf ein bestimmtes Element des Inhalts gesetzt wird, die vorherigen Inhalte übersprungen werden. Es muss also sichergestellt werden, dass alle erforderlichen Informationen zum Verständnis der Inhalte erreicht werden.

Bedienbarkeit von Imagemaps

Bei Imagemaps handelt es sich um Grafiken, die in verschiedene mit der Maus anklickbare vordefinierte Punkte oder Bereiche aufgeteilt sind. So können unterschiedliche Funktionen in einer Grafik bereitgestellt werden. Eine Imagemap wird meist mit dem MAP-Element erstellt und kann entweder serverseitig eingesetzt werden, wobei der Server eine Koordinate in der Grafik verarbeitet, oder clientseitig, wobei ein URI durch den Browser verarbeitet wird.

Serverseitige Imagemaps, die über ismap definiert werden, erfordern einen Mausklick. Also ist eine serverseitige Imagemap grundsätzlich eine Barriere für jeden, der nicht mit der Maus arbeiten kann oder will. Aus Sicht der Barrierefreiheit dürfen nur clientseitige Imagemaps eingesetzt werden. Clientseitige Imagemaps werden mit usemap definiert und erlauben den Zugang mit der Tastatur: Einige Beispiele für clientseitige Imagemaps wurden in Abschnitt 2.1 im Zusammenhang mit der Texthinterlegung gegeben.

Weitere Empfehlungen zur Geräteunabhängigkeit

Die BITV berücksichtigt zur Geräteunabhängigkeit im Wesentlichen nur die Tastaturorientierung als Alternative zur Mausbedienung von Webseiten. Motorisch eingeschränkte Nutzer verwenden jedoch auch den Mauszeiger, je nachdem mit einer Tastaturmaus oder mit Spezialmäusen. Problematisch für bestimmte Nutzer ist hierbei die präzise Steuerung des Mauszeigers am Bildschirm. Ergänzend zu den Bedingungen der BITV sollte auch auf folgende Punkte bei der Gestaltung von Webauftritten geachtet werden:

1. Links – insbesondere in der Navigation – sollten großflächig gestaltet werden.
2. Zwischen Links in Navigationsleisten sowie Schaltflächen sollten ausreichende Abstände berücksichtigt werden.
3. Navigationselemente sollten in einem Bereich des Webauftritts konzentriert werden.

2.6.2   JavaScript

JavaScript stellt in der gängigen Webgestaltung eine Besonderheit dar und wird häufig eingesetzt, obwohl es teilweise erhebliche Kom- *Anforderung 6* *Bedingung 6.3* patibilitätsprobleme mit einzelnen Browsern und Browser-Versionen gibt. Der Vorteil von JavaScript ist, dass mit recht einfachen Mitteln Seiten dynamisiert werden können – auch abhängig vom Nutzerverhalten. Mit serverseitigen Skriptsprachen ist das nur bedingt möglich. Dennoch birgt JavaScript einige Sicherheitsrisiken und man kann nicht davon ausgehen, dass jeder Nutzer die Unterstützung im Browser aktiviert hat. Hier greift Anforderung 6 und insbesondere Bedingung 6.3: Wie bei jeder Technik, muss auch beim Einsatz von JavaScript sichergestellt sein, dass eine Webseite auch dann funktioniert, wenn diese Technik nicht unterstützt wird.

Inhalte als (X)HTML auszeichnen

Gelegentlich werden Seiten ausschließlich mit JavaScript generiert. Anstatt mit (X)HTML-Elementen die Seiteninhalte auszuzeichnen, werden Inhalte aus einer Textdatei geholt und mit dem JavaScript-Befehl `document.write` in die Seite geschrieben. Dies hat zwei entscheidende Nachteile:

1. Die Inhalte können nicht von jedem Browser angezeigt werden.
2. Der Seitenaufbau verlangsamt sich.

Was mit einer JavaScript-basierten Seite passieren kann, ist den folgenden beiden Screenshots zu entnehmen:

Abb. 2-48
Darstellung einer Webseite mit ein- ...

... und ausgeschaltetem JavaScript

Im zweiten Bild ist tatsächlich nichts zu sehen, denn die komplette Seite wurde mit JavaScript erzeugt.

Ein Nachteil von JavaScript ist die nachträgliche Abarbeitung des Quellcodes durch den Browser. Wenn eine Seite geladen wird, so werden zunächst CSS und die einzelnen (X)HTML-Elemente nacheinander ausgewertet. JavaScript-Anweisungen werden in der Regel erst nach dem Aufbau der Seite ausgeführt. Es ist also durchaus zu überlegen, ob JavaScript im Sinne der Nutzerfreundlichkeit überhaupt für die Darstellung von Inhalten einzusetzen ist.

Nach Bedingung 6.3 muss bei deaktiviertem JavaScript die Seite weiterhin funktionsfähig sein. Die wesentlichen Inhalte sollen weiterhin vorhanden sein, Navigations- und Formularelemente sollen funktionieren. Beim Einsatz von JavaScript muss also bedacht werden, ob damit eine Information ausgegeben wird oder ob beispielsweise mit dem `onclick`-Attribut eine bestimmte Funktion nur in JavaScript-fähigen Browsern ermöglicht wird.

Bedingung 6.3

Beispiele für die unproblematische, unterstützende Verwendung von JavaScript sind:

- Ein Mouse-over-Effekt bei einem Navigationselement; dennoch kann der Link ohne JavaScript bedient werden.
- Formulareingaben werden per JavaScript auf Vollständigkeit kontrolliert, aber das Formular kann trotz fehlender Inhaltskontrolle versandt werden.

Beispiele für die problematische Verwendung von JavaScript:

- Eine Information wird nur bei aktiviertem JavaScript angezeigt.
- Eine Funktion ist nur mit aktiviertem JavaScript durchführbar.

Insbesondere für Navigationsmechanismen wie etwa einer Navigationsleiste muss auch auf Bedingung 13.5 hingewiesen werden. Dort steht: »Es sind Navigationsleisten bereitzustellen, um den verwendeten Navigationsmechanismus hervorzuheben und einen Zugriff darauf zu ermöglichen«. Das bedeutet,

Bedingung 13.5

- dass mittels JavaScript erzeugte Navigationsmechanismen auch bei deaktiviertem JavaScript hervorgehoben sein müssen (z.B. durch CSS oder (X)HTML),
- dass dynamisierte Effekte wie Ausklappmenüs (mit Unterpunkten) auch ohne JavaScript verfügbar sein müssen.

Von JavaScript erzeugte Inhalte müssen durch ein gleichwertiges alternatives Angebot zugänglich gemacht werden. Browser, die JavaScript nicht verarbeiten, werten den NOSCRIPT-Bereich aus. Für alle mit JavaScript erzeugten Informationen und Funktionen sollte eine gleichwertige Alternative in einem unmittelbar anschließenden NOSCRIPT-Element eingefügt werden. Dieses Element darf nur (X)HTML enthalten. Im folgenden Beispiel wird davon ausgegangen, dass eine Fußleiste per JavaScript erzeugt wird, die über eine vordefinierte Funktion `fussleiste();` aufgerufen wird. In dieser Fußleiste werden mehrere Links ausgegeben. Bei Browsern ohne JavaScript-Funktionalität erschiene hier nichts. Nur wenn ein nachfolgendes

NOSCRIPT-Element die wichtigsten Elemente enthält, findet der Besucher der Seite unten weiterführende Navigationslinks.

```
<script type="text/javascript"><!-- // /* <![CDATA[ */
    fussleiste();
/* ]]> */ //--></script>
<noscript>
    | <a href="index.html">Startseite</a> | <a
href="news.html">Aktuelles</a> | <a
href="katalog.html">Bestellservice</a> |
</noscript>
```

Der Inhalt des NOSCRIPT-Bereichs ist möglicherweise nicht identisch mit dem Inhalt, der von der JavaScript-Funktion erzeugt wird. Das hängt damit zusammen, dass die JavaScript-Funktion meist in einer zentralen Datei gepflegt wird und dateiübergreifend geändert werden kann. Der NOSCRIPT-Bereich muss jedoch für jede einzelne Seite individuell angepasst werden. Je größer ein Webauftritt ist, desto schwieriger wird die Pflege der NOSCRIPT-Elemente auf einzelnen Seiten.

Dynamisierung von statischen Inhalten

Die WAI prüft die Zugänglichkeit von Skripts: http://www. w3.org/2004/06/ wcag-script/

Bedingung 6.5

Inhalte, die durch JavaScript erzeugt werden, sind als dynamische Inhalte einzustufen, welche nach Bedingung 6.5 zugänglich sein müssen. Beispielsweise kann per JavaScript der komplette Inhalt einer Seite nachträglich in ein Dokument hineingeschrieben werden. Auf diese Weise können nicht nur die originären Inhalte einer Seite bereitgestellt werden, sondern es können auch bereits vorhandene (auch ohne JavaScript erzeugte) Inhalte ausgetauscht werden, ohne dass die Seite neu aufgerufen werden muss. Besondere Probleme gibt es hier für Screenreader, die tendenziell eine statische Aufbereitung von Seiten vornehmen. Wenn eine Seite dynamisch verändert wird, dann beginnen manche Screenreader, die Seite von vorne zu lesen. Aus diesem Grund – aber zum Beispiel auch aus Sicherheitsgründen – kann es durchaus sein, dass der Nutzer die JavaScript-Funktionalität ausschaltet.

Bedingung 6.2

Eine schwer zu realisierende Bedingung der BITV ist in diesem Zusammenhang die Bedingung 6.2, in der die Sicherstellung der Aktualisierung für die »Äquivalente«, also hier die Aktualisierung des NOSCRIPT-Bereichs, gefordert wird. Da durch die Verwendung von JavaScript oft kein neuer Seitenaufbau erforderlich ist, bleibt der NOSCRIPT-Bereich unverändert. Eine dynamische Änderung würde JavaScript bedingen, was jedoch die Nutzung des NOSCRIPT-Bereichs überflüssig machen würde. Dies gilt übrigens analog auch für die

Alternativtexte in IFRAMEs und OBJECTs und natürlich auch für den NOFRAMES-Bereich.

Anders sieht das aus, wenn eine neue Seite aufgerufen wird. Auf einer neuen Seite kann auch ein aktualisierter NOSCRIPT-Bereich definiert werden. Es stellt sich folgende Frage: Wenn es erforderlich ist, eine (X)HTML-basierte Version eines jeden mittels JavaScript erzeugten Inhalts in einem NOSCRIPT-Bereich zu berücksichtigen, ist dann JavaScript wirklich erforderlich? Diesen »gordischen Knoten« müssen die JavaScript-Programmierer und deren Auftraggeber gemeinsam durchtrennen.

Bedingung 11.3

Hier liegt möglicherweise die Lösung in einem Link zu einer alternativen Seite ohne JavaScript-Programmierung. Wenn wesentliche Inhalte oder Funktionen nur über JavaScript zugänglich sind, dann müssen die ausgefallenen Inhalte und Funktionen auf andere Weise verfügbar gemacht werden, etwa durch einen Link auf ein gleichwertiges Angebot (z.B. einer Textversion für eine einzelne Seite oder Funktion). Dabei müssen die einzelnen Punkte aus Bedingung 11.3 beachtet werden (vgl. Abschnitt 2.5.4).

JavaScript-Links nur mit JavaScript erzeugen

Ein weiteres Problem ergibt sich bei JavaScript, wenn Links statt mit einer URI über ein JavaScript aufgerufen werden. Hat ein Browser keine JavaScript-Funktionalität, führt dieser Link ins Nichts, was sehr verwirren kann. Das heißt nicht, dass man keine solchen Links benutzen darf – sie müssen zunächst nur vor Browsern ohne JavaScript-Funktionalität versteckt werden und dann über ein NOSCRIPT-Element als Alternative angeboten werden. Also nicht wie folgt:

```
<ul>
<li><a href="javascript: location.href='#'">Startseite</a></li>
<li><a href="javascript: location.href='#'">Aktuelles</a></li>
<li><a href="javascript: location.href=''">Kontakt</a></li>
</ul>
```

sondern so:

```
<script type="text/javascript"><!-- // /* <![CDATA[ */
   document.write("<ul>");
   document.write("<li><a
href='javascript:location.href=\"#\"'>Startseite</a></li>");
   document.write("<li><a
href='javascript:location.href=\"#\"'>Aktuelles</a></li>");
   document.write("<li><a
href='javascript:location.href=\"#\"'>Kontakt</a></li>");
   document.write("</ul>");
```

```
/* ]]> */ //--></script><noscript>
<ul>
<li><a href="#">Startseite</a></li>
<li><a href="#">Aktuelles</a></li>
<li><a href="#">Kontakt</a></li>
</ul>
</noscript>
```

Mit diesem Code wird zunächst per JavaScript ein Link erzeugt, den nur Browser anzeigen, die JavaScript verarbeiten können. Danach werden (X)HTML-Links für andere Browser angeboten.

Anforderung 3   Dieses verhältnismäßig triviale Beispiel zeigt, wie aufwändig es sein kann, nicht nur ein einziges Element, sondern einen kompletten Webauftritt anzupassen und zu pflegen. Gleichzeitig zeigt das Beispiel, dass manche gestalterische Maßnahmen wie etwa das Einbinden von JavaScript bisweilen überflüssig sind. Die Befolgung von Anforderung 3, die die Verwendung von (X)HTML entsprechend der formalen Definition verlangt, unterstreicht die Forderung auf den Verzicht auf JavaScript-Links.

Logische Event-Handler in JavaScript

Der Einsatz geräteunabhängiger Event-Handler soll sicherstellen, dass eine Seite auch per Tastatur bedient werden kann. Hierzu gibt es in der BITV zwei Bedingungen, die zunächst sehr ähnlich klingen, aber unterschiedliche Folgen haben:

Bedingung 6.4   ▓ Bedingung 6.4: Es muss sichergestellt sein, dass die Eingabebehandlung von Scripts, Applets oder anderen programmierten Objekten vom Eingabegerät unabhängig ist.

Bedingung 9.3   ▓ Bedingung 9.3: In Scripts sind logische anstelle von geräteabhängigen Event-Handlern zu spezifizieren.

Grundsätzlich geht es bei beiden Bedingungen darum, dass Inhalte mit der Tastatur und ohne Maus gesteuert werden können. Der Unterschied liegt jedoch darin, dass Bedingung 6.4 die Kompatibilität von jeglicher Webtechnik mit Eingabegeräten gewährleisten soll, während Bedingung 9.3 die speziellen logischen Event-Handler von JavaScript anspricht.

Wer die Sache sehr streng sieht, kann bei JavaScript in logischen Event-Handlern (Bedingung 9.3) und geräteabhängigen, also maus- oder tastaturabhängigen Event-Handlern (Bedingung 6.4) unterscheiden. Dabei bietet JavaScript zwar geräteunabhängige Event-Handler, jedoch können sie oft nicht dazu eingesetzt werden, um die mausabhängigen Event-Handler zu ersetzen oder komplimentieren.

Anforderung 14

Viele Webauftritte haben JavaScripte eingebaut, die bei bestimmten Mauspositionen oder Mausereignissen (*events*) Aktionen auslösen. Ein sehr häufig eingesetzter Effekt für Grafik bzw. Links ist die Veränderung der Darstellung, wenn der Benutzer den Mauszeiger über das entsprechende Element hält. Dies wird mit dem Attribut-Paar onmouseover und onmouseout erzielt. Einfach gesagt, wer keine Maus benutzt, hat natürlich nichts davon. Solange es hier um optische Effekte geht, das heißt, keine zusätzlichen Informationen mit solchen Effekten vermittelt werden, und die jeweiligen Elemente als solche barrierefrei sind, ist nichts gegen diese Effekte einzuwenden. Solche Effekte sind sogar für viele Nutzer förderlich, wenn durch die optische Hervorhebung die Bedienung visuell unterstützt wird (vgl. Anforderung 14).

Events werden auch dafür benutzt, eine Information zu vermitteln, Formulare weiterzuleiten oder neue Seiten aufzurufen. Viele Ereignisse können mit logischen Event-Handlern und somit geräteunabhängig gestaltet werden. In (X)HTML sind dies beispielsweise die logischen Event-Handler-Attribute onfocus, onblur, onselect, onsubmit und onchange. Wie in Abschnitt 2.6.5 ausführlicher beschrieben, sollte onchange sehr vorsichtig eingesetzt werden. Im folgenden Beispiel wird ein grafischer Link, der mit einem Mouseover-Effekt für die Grafik belegt ist, mit einem logischen Event-Handler für den Link ergänzt, damit bei Tastaturfokus auf den Link dieselbe Hervorhebung ausgelöst wird:

```
<a href="#" onmouseover="bildWechseln(7,kontakth);"
onmouseout="bildWechseln(7,kontaktn);"
onfocus="bildWechseln(7,kontakth);"
onblur="bildWechseln(7,kontaktn);"><img src="kontakt0.gif"
width="170" height="36" alt="Kontakt" class="navigation" /><br
/></a>
```

Wenn man nicht auf geräteabhängige Event-Handler-Attribute wie onclick verzichten kann, sollte ein zweiter Event-Handler hinzugefügt werden. Leider gibt es jedoch nicht für jeden mausabhängigen Event-Handler einen vergleichbaren tastaturabhängigen Event-Handler:

onmousedown	onkeydown
onmouseup	onkeyup
onclick	onkeypress

Für den Doppelklick-Handler ondblclick gibt es in HTML4 keine vergleichbare Tastatureingabe.

Das folgende Beispiel zeigt ein BUTTON-Element, das über eine JavaScript-Funktion eine Nachricht in einem Pop-up-Fenster ausgibt, wenn eines von zwei Events geschieht. In diesem Fall kann das entweder mit Hilfe der Tabulatortaste erfolgen, die den Fokus auf das BUTTON-Element bringt, oder mit Hilfe der Maus, die der Benutzer über das Element bewegt.

```
<script type="text/javascript"><!-- // /* <![CDATA[ */
    function hilfe() {alert("Um das Formular korrekt auszufüllen
müssen Sie hier Ihre 20-stellige Kundennummer eingeben.");}
/* ]]> */ //--></script><noscript>
...
<noscript>
Hinweis: Um das Formular korrekt auszufüllen müssen Sie hier Ihre
20-stellige Kundennummer eingeben.
</noscript>
<button onkeypress="hilfe()" onclick="hilfe()">Hilfe</button>
```

Bedingung 6.4   Es wird sowohl ein mausabhängiges als auch ein tastaturabhängiges Ereignis definiert, um die Funktion aufzurufen. Des Weiteren wird durch den NOSCRIPT-Bereich sichergestellt, dass die Information auch ohne JavaScript-Unterstützung angezeigt wird. Die Ergänzung eines onclick-Event-Handlers durch den onkeypress-Event-Handler ist allerdings in den meisten Browsern nicht erforderlich, weil die Eingabetaste als Klick gewertet wird. So gesehen ist Bedingung 6.4 für JavaScript nicht ganz so relevant, aber für andere Webtechniken mit eigener Benutzerschnittstelle umso wichtiger.

2.6.3 Java, Flash und weitere Programmierungen

Bedingung 8.1
Bedingung 9.2   Wie problematisch für Benutzer von Computerhilfsmitteln programmierte Objekte mit eigenen Schnittstellen sind, wird in der BITV mit einer weiteren Anforderung unterstrichen. In Bedingung 8.1 wird die Kompatibilität von programmierten Objekten mit der oft notwendigen Spezialsoftware formuliert. Alle Objekte, die einen interaktiven Austausch zwischen Benutzer und Anwendung ermöglichen, müssen nach Bedingung 9.2 auch ohne Maus bedienbar sein.

Die Zugänglichkeit solcher Anwendungen mit eigener Benutzeroberfläche im Web ist unabhängig vom Browser und von sonstiger Zugangssoftware zu gewährleisten. Anwendungen mit einer eigenen Benutzerschnittstelle nutzen die Browser-Funktionen für die Zugänglichkeit nicht. Daher muss die Barrierefreiheit in der Programmierung selbst gewährleistet sein. Beispiele für derartige Anwendungen sind Flash und Java-Applets. Beide werden in Abschnitt 3.2 bzw. 4.2 dieses Buchs behandelt.

Es lassen sich viele weitere Anforderungen und Bedingungen aus der BITV beim Einsatz von Anwendungen in Webauftritten berücksichtigen (vgl. Abschnitt 4.1). Generell sollten gemäß Anforderung 11 offene und vollständig dokumentierte Techniken eingesetzt werden. Oft ist es bei eigenständigen Formaten nicht möglich, Barrierefreiheit zu erzeugen, weil die Schnittstellen für Computerhilfsmittel umständlich programmiert (PDF) oder schlecht dokumentiert sind (Flash) oder von den Hilfsmitteln immer noch nicht unterstützt werden (Java).

Anforderung 11

Insbesondere sind Anforderung 6 und Bedingungen 6.2 bis 6.5 zu beachten: Jeder Webinhalt muss auch dann zur Verfügung stehen, wenn die eingesetzte Technik von der Nutzersoftware nicht unterstützt wird.

Anforderung 6
Bedingung 6.2
Bedingung 6.3
Bedingung 6.4
Bedingung 6.5

2.6.4 Flackern, Blinken und sich bewegende Elemente

> Flackernde Bildschirme können gesundheitsgefährdend sein und vom Inhalt ablenken.

Viele Benutzer haben Schwierigkeiten, Seiten zu nutzen, die mit flackernden, blinkenden oder sich bewegenden Elementen ausgestattet sind. Solche Elemente ziehen zwar die Aufmerksamkeit des Benutzers auf sich, aber der Benutzer kann sich möglicherweise nicht genug auf andere Elemente des Webauftritts konzentrieren. Flackernde Bildschirmelemente (im Bereich 2 bis 55 Hertz) können außerdem bei Nutzern mit photosensitiver Epilepsie Anfälle auslösen. Hier geht es nicht um kontinuierliche Bildübergange wie in Filmen oder Multimedia, sondern um den schnellen und abrupten Wechsel des Gesamtbildes.

Viel häufiger als ein flackernder Bildschirm sind jedoch blinkende Texte und Laufschriften (sog. Ticker). Insbesondere für Sehbehinderte ist blinkende Schrift oder Laufschrift nicht gut lesbar und auch blinde Nutzer können Probleme mit blinkenden oder sich bewegenden Inhalten bekommen. Teilweise können Screenreader nicht mit dynamischen Elementen auf Webseiten umgehen, was gelegentlich zum Systemstillstand führt.

Dass auf das Flackern des gesamten Bildschirms verzichtet werden muss, bedarf vermutlich keiner näheren Erläuterung. Es stellt sich jedoch die Frage, wann flackert und wann blinkt ein Element? Ein Inhalt ist »blinkend«, wenn er in regelmäßigen kurzen Abständen, ohne die Frequenz von 2 Hertz zu überschreiten, wechselt.

Bedingung 3.3   Blinkender Text kann in den heutigen Browsern ausgeschaltet werden, wenn das Blinken mittels CSS realisiert wird. In diesem Zusammenhang ist auf Bedingung 3.3 hinzuweisen: Es sind Stylesheets zu verwenden, um die Text- und Bildgestaltung [...] zu beeinflussen. Das von Netscape-Browsern unterstützte Element `BLINK` gehört keiner (X)HTML-Spezifikation an und kann durch das Ausschalten von CSS nicht gestoppt werden. Bis auf den Microsoft Internet Explorer (einschl. Version 6) bieten alle gängigen Browser die Möglichkeit, bestimmte Effekte selbst ein- oder auszuschalten, was auch das Blinken einschließt. Die Realisierung blinkenden Texts funktioniert mit der CSS-Eigenschaft `text-decoration:blink;`

```
<p>Durch das Ausschalten der <span lang="en"
xml:lang="en">Stylesheets</span> kann <span style="text-
decoration:blink;">das Blinken</span> ausgeschaltet werden.</p>
```

Bedingung 7.3   Das oft für Newsticker verwendete `MARQUEE`-Element, das eine Lauf-
Bedingung 6.5   schrift erzeugt, ist ebenfalls kein Standardelement, auch wenn es von
Bedingung 6.2   vielen Browsern unterstützt wird. Es gibt für dieses Element keinen
Bedingung 6.3   CSS-Ersatz. Das bedeutet, dass beim Einsatz dieses Elements eine Möglichkeit geschaffen werden muss, die Lesbarkeit sicherzustellen, die Laufschrift zu stoppen (Bedingung 7.3) oder den Text gesondert in einem statischen Zustand anzuzeigen (Bedingung 6.5). Weil es oft sehbehinderte oder leseschwache Nutzer sind, die eine solche Laufschrift nicht lesen können, muss die Bereitstellung beispielsweise eines Links zum vollständigen (statischen) Text deutlich erkennbar in der Nähe der Laufschrift selbst platziert werden. Die Aktualität der Inhalte einer solchen statischen Seite als Ersatz für dynamische Texte muss selbstverständlich auch Bedingungen 6.2 und 6.3 genügen (vgl. Abschnitt 2.6.1).

Bedingung 7.2   Ein weiterer Aspekt dynamischer Inhalte sind animierte GIFs. Sol-
Bedingung 7.3   che Grafiken kennzeichnen sich dadurch aus, dass der Inhalt in festgelegten Abständen wechselt. So kann blinkender oder bewegender Text und andere Elemente in einer Grafik dargestellt werden. Die BITV bietet außer den Bedingungen 7.2 und 7.3 keine konkreten Hinweise zum Umgang mit animierten GIFs. In den Richtlinien des W3C, insbesondere der UAAG, werden die Browser-Hersteller in die Pflicht genommen, geeignete Optionen in der Software zu bieten. In einigen Browsern kann der Benutzer Flackern, Blinken und Bewegung ausschalten, jedoch nicht in allen. Beispielsweise bietet der Microsoft Internet Explorer diese Möglichkeit nicht. Es sollte also nach Möglichkeit auf den Einsatz von animierten GIFs verzichtet werden.

2.6.5   Automatische Weiterleitungen und Neuaufrufe

Der Nutzer muss bestimmen können, wann Seiten neu aufgerufen werden.

Entsprechend der Bedingung 7.4 sind periodische automatische Aktualisierungen in (X)HTML-Seiten zu vermeiden. Damit wird die generelle Problematik des Einsatzes von JavaScript oder META-Elementen angesprochen. Es müssen zwei Aspekte der automatischen Aktualisierung berücksichtigt werden: Zum einen geht es darum, Inhalte einer Seite dynamisch auszutauschen und zum anderen geht es um ein automatisches Neuladen einer Seite, die ohne Zutun des Nutzers ausgeführt wird.

Bedingung 7.4

Dass eine periodische Aktualisierung durchaus sinnvoll und erforderlich sein kann, zum Beispiel wenn eine webbasierte Anwendung als Groupware oder auch bei Online-Chats eingesetzt wird, wird nicht in Frage gestellt, ist aber nicht barrierefrei. Dem Benutzer muss die Möglichkeit gegeben werden, die dynamische Veränderungen, falls erforderlich zu steuern.

Autoaktualisierungen bereiten beispielsweise Screenreadern Schwierigkeiten, die ein statisches Bild einer Seite erfassen müssen. Wenn ein Teil der Seite neu geladen oder ausgetauscht wird, kann der Screenreader nicht feststellen, welcher Teil der Seite verändert wurde, ohne die Seite neu zu laden. Auch langsamen Lesern bereitet eine automatische Aktualisierung Probleme, wenn beispielsweise Texte nicht lange genug angezeigt werden.

Ein anderes Problem entsteht, wenn die gesamte Seite selbst automatisch neu geladen wird, da der Screenreader nach jedem Neuladen der Seite diese neu vorzulesen beginnt.

Die automatische Aktualisierung muss bereits beim erstmaligen Laden der Seite deaktiviert sein. Der Benutzer sollte jedoch die automatische Aktualisierung auf Wunsch wieder aktivieren können. Ergänzend sollte dem Benutzer die Möglichkeit gegeben werden, die Aktualisierung nach eigenem Ermessen vorzunehmen, zum Beispiel mit Hilfe eines Links.

Um die Problematik der Verarbeitung dynamischer Prozesse durch Screenreader zu berücksichtigen, sollte auf die refresh-Angabe (ohne Angabe einer Zieldatei) in der Kopfzeile eines (X)HTML-Dokuments verzichtet werden:

```
<head>
  <meta http-equiv="refresh" content="2" />
</head>
```

Bedingung 7.4 Die Bedingung 7.4 bezieht sich ausdrücklich auf clientseitige Aktualisierungen in (X)HTML-Dokumenten. Alternativen zur clientseitigen automatischen Aktualisierung, zum Beispiel auf dem Server, sind nicht realisierbar.

Weiterleiten beim Laden einer Seite

> Kann auf eine automatische clientseitige Weiterleitung nicht verzichtet werden, muss dem Nutzer eine entsprechende Mitteilung zur Verfügung stehen.

Die Weiterleitung beim Laden einer Seite, kann sowohl clientseitig als auch serverseitig erfolgen. Clientseitige Methoden bieten das META-Element und JavaScript, die jedoch beide nicht barrierefrei sind.

Bedingung 7.5 Beim clientseitigen Weiterleiten vom aktuell angezeigten Dokument zu einer anderen URI sind zwei Arten von Weiterleitungen zu unterscheiden. Es gibt einerseits Aufrufe, die beim Laden des Dokuments sofort oder verzögert eingeleitet werden, zum Beispiel weil die aufgerufene Seite nicht mehr aktuell ist. Andererseits gibt es Weiterleitungen, die durch eine Aktion des Benutzers ausgelöst und aber nicht erwartet werden. Beide Arten von Weiterleitungen werden von Bedingung 7.5 abgedeckt, in der ein Verzicht auf die clientseitige Weiterleitung gefordert wird.

Eine verzögerte Weiterleitung von einem Dokument zu einem anderen ist problematisch, wenn mögliche Inhalte im ersten Dokument vom Nutzer noch nicht zu Ende gelesen wurden. Wenn Inhalte für eine sehr kurze Zeit angezeigt werden, so haben Besucher mit geringeren Lesefähigkeiten keine Chance, den Text vollständig zu lesen.

Wenn eine clientseitige Weiterleitung nicht zu vermeiden ist, dann sollte im BODY-Bereich mindestens ein Link zur Zieldatei zur Verfügung stehen. Nach Möglichkeit sollte dabei keine Verzögerung in der Weiterleitungsfunktion entstehen, damit entweder die Weiterleitung durchgeführt wird oder der Link angezeigt wird:

```
<head>
  <meta http-equiv="refresh" content="0; neue_seite.html" />
</head>
<body>
<p>Die Seite ist umgezogen. Bitte folgen Sie den nachfolgenden Link
zur neuen Adresse: <a href="neue_seite.html"> neue_seite.html
</a>.</p>
</body>
```

Eine JavaScript-Weiterleitung in einer (X)HTML-Seite ohne Textinhalt wird bei fehlender JavaScript-Unterstützung den Eindruck erwecken, der URI bestehe aus einer leeren Seite (vgl. Abschnitt 2.6.2). Auch bei JavaScript-Weiterleitungen muss ein normaler Link zur Zieldokument im aufgerufenen Dokument vorzufinden sein.

Eine bedenkenlose Weiterleitung erreicht man mit einer entsprechenden Konfiguration des Servers, zum Beispiel in der .htaccess auf Apache-Servern. Server können mit einem entsprechenden http-Statuscode (z.B. »301 moved permanently«) konfiguriert werden. http-Statuscodes sind von der Zugangssoftware vollkommen unabhängig.

Neben der Konfiguration des Servers können auch einzelne Weiterleitungen mit Hilfe eines serverseitigen Scripts erfolgen. In ASP wird das mit dem Redirect- und in PHP mit dem headers-Befehl realisiert.

Eine vollständige Liste der http-Statuscodes finden Sie unter http://www.w3.org/Protocols/rfc2616/rfc2616-sec10.html

Weiterleitung auf Basis von Anwendereingaben

Sobald eine unerwartete Weiterleitung durch eine Aktion des Nutzers ausgelöst wird, sind clientseitige Scripts – in der Regel mit JavaScript erstellt – im Spiel. Im Gegensatz zur automatischen Aktualisierung entstehen bei der automatischen Weiterleitung durch Anwendereingaben Probleme bei der Tastaturbedienung. Außerdem könnten Benutzer irritiert sein, wenn sie sich plötzlich auf einer anderen Seite befinden.

Am besten lässt sich diese Problematik anhand eines onchange-Event-Handlers darstellen. Im folgenden Beispiel wird eine Auswahlliste ausgezeichnet. In der Liste finden sich zahlreiche Einträge zur Auswahl. Wenn mit der Maus auf einer der Einträge geklickt wird, wird eine JavaScript-Funktion ausgelöst, die eine Seite neu aufruft:

```
<form>
   <select
onchange="location.href=this.options[this.selectedIndex].value">
      <option value="http://bf-w.de">barrierefreies-
webdesign.de</option>
      <option value="http://www.bitvtest.de">bitvtest.de</option>
      <option value="http://www.einfach-fuer-alle.de">einfach-
fuer-alle.de</option>
      <option value="http://www.wob11.de">wob11.de</option>
   </select>
</form>
```

Eine benutzerfreundliche Auswahl mit der Tastatur ist bei dieser Art der Gestaltung nur unter der Voraussetzung möglich, dass der Nutzer auch weiß, wie er die Liste vorher ausklappt (in Windows geschieht das mit Alt+Pfeiltaste). Dass man sich zum Anzeigen oder Anhören der Optionen per Pfeiltaste durch die Liste bewegen muss und bei jedem Tastendruck bereits der onchange-Event ausgelöst wird, führt dazu, dass die Auswahlliste nicht bedient werden kann.

Für die geräteunabhängige Nutzung einer Seite dürfen solche dynamischen Effekte nur durch eine explizite Handlung des Nutzers ausgelöst werden, beispielsweise durch die Betätigung der Eingabetaste.

2.7   Strukturen und Validierung

Für die Bedienung von (X)HTML-Dokumenten in linearisierten Ausgabeformen sind unter anderem auch Strukturen innerhalb der Dokumente erforderlich. Strukturen erlauben die Navigation innerhalb eines Dokuments beispielsweise mit der Tastatur. Insbesondere auch Formulare stellen eine Herausforderung für Screenreader-Nutzer dar, wenn die Strukturen im Quellcode nicht auf die eindimensionale Bedienung ausgerichtet sind.

In diesem Abschnitt geht es um die korrekte Auszeichnung von Inhalten mit den vom W3C vorgesehenen Elementen wie Tabellen, Absätzen, Überschriften, Listen usw. Diese Elemente erlauben neben der strukturierten Navigation innerhalb einzelner Seiten auch die optische Hervorhebung zur besseren Verständlichkeit von Zusammenhängen.

Die Validierung gegen öffentliche Standards ist ein grundlegender Aspekt der Barrierefreiheit. Sie ist gleichzeitig ein Ausdruck der Sorgfalt, die Entwickler bei der Umsetzung von Webprojekten walten lassen.

2.7.1   Formulare

In Zeiten von E-Government und E-Commerce wird die Kommunikation zwischen Bürgern oder Kunden und einem Webseitenbetreiber zunehmend auf das Web verlagert. Dabei spielen (X)HTML-Formulare durchaus eine wichtige Rolle. Aber wenn ein Benutzer mit einem solchen Formular nicht umgehen kann, weil es nicht barrierefrei ist, wie soll er in Kontakt mit der jeweiligen Organisation treten?

Wie so oft in der barrierefreien Gestaltung von Webauftritten, geht es bei Formularen um die Bedienbarkeit mit alternativen Ein- und Ausgabemedien. Dabei muss bedacht werden, dass Formulare eine interaktive Angelegenheit sind und dass die Eingabe genau so eine Rolle spielt wie die Ausgabe. Ein Kernproblem, das bei Formularen auftaucht, ist die Erreichbarkeit und Bedienung der Tastatur.

Ein weiterer wichtiger Aspekt, der bei der Gestaltung von Formularen berücksichtigt werden muss, ist die Verständlichkeit. Neben den Eingabeaufforderungen und Bestätigungen, die nach Absenden von Formularen dem Nutzer die Gewissheit über die erfolgreiche Abwicklung der Transaktion vermitteln sollen, geht es auch um gestalterische Elemente.

Bedienung von Formularen mit der Tastatur

Als Spezialfall der Tastatursteuerung (vgl. Abschnitt 2.6.1) gilt die Bedienung von Formularen. Die Situation, in der eine Maus nicht bedient werden kann oder nicht zur Verfügung steht, bedeutet, dass die Bedienung von Auswahlschaltern (*radio button*) und Kontrollfeldern (*checkbox*), aber auch anderen Formularelementen gegebenenfalls nur mittels Tastatur gesteuert werden kann.

Die gängigen Betriebssysteme bieten viele Möglichkeiten der Tastatursteuerung in Formularen: Neben der Tabulatortaste gibt es die Pfeiltasten (für Auswahllisten), die Leertaste zur Aktivierung von Optionen (Kontrollfelder und Auswahlschalter) oder die Eingabetaste zur Bestätigung und zum Absenden (Schaltflächen).

Folgende wichtige Aspekte sollten hinsichtlich der Tastatursteuerung beachtet werden:

- Linearisierbarkeit
- Geräteunabhängigkeit

Für jeden, der ausschließlich die Tastatur verwendet, sind Formulare schwierig zu bedienen, wenn die Linearisierbarkeit nicht gewährleistet ist. Bei Formularen besteht das Problem, dass die Tabulatorenreihenfolge in komplexen Formularen nicht unbedingt der optisch-intuitiven Reihenfolge am Bildschirm entspricht. Insbesondere bei mehrspaltigem Layout kann es daher sinnvoll sein, zusätzliche Navigationshilfen in das Formular einzubauen, etwa mit tabindex oder accesskey.

Mit der Tastatur können die einzelnen Formularelemente mit der Tabulatortaste angesprungen werden. Die einzelnen Elemente werden normalerweise in der Reihenfolge angesprungen, wie sie im Quelltext eines Dokuments erscheinen. Wenn im Quelltext etwaige Links und andere Objekte vor dem Formular eingebunden sind, dann werden diese auch zuerst angesprungen.

Bei der Linearisierung von Formularen müssen zwei Punkte besonders beachtet werden: die Erreichbarkeit der Formulare selbst und die Navigation innerhalb des Formulars. Wenn Formulare angeboten werden, zum Beispiel auf der Kontaktseite oder in der Suchmaske, dann wird das Formular vermutlich das Wichtigste auf der Seite sein und sollte sofort auch über die Tastatur erreichbar sein.

Die Erreichbarkeit eines Formulars kann mit dem `tabindex`-Attribut gesteuert werden. Die Anwendung des `tabindex`-Attributs auf ein Formular liefert aber nur dann eine befriedigende Lösung, wenn sämtliche im Formular enthaltene Formularelemente ebenfalls ein `tabindex`-Attribut erhalten. Dabei sind die `tabindex`-Attribute (im Gegensatz zum `accesskey`-Attribut) nicht auf die Bezeichnungen anwendbar (`LABEL`, vgl. »Bezeichnungen« unten).

Eine weitere Möglichkeit, das Formular für die Tastaturbedienung gut erreichbar zu gestalten, ist die Festlegung des Systemfokus auf das erste Formularelement. Mit clientseitigen Skriptsprachen wie JavaScript. Ein entsprechendes JavaScript könnte wie folgt aussehen:

```
<form action="zieladresse.html" method="post" name="formular_name">
<p><input type="text" name="eingabe_name" size="30" value="Der
Fokus wird hier hin gelegt!" /></p>
</form>
<script type="text/javascript"><!-- // /* <![CDATA[ */
        document.formular_name.eingabe_name.focus();
/* ]]> */ //--></script><noscript>
```

Bedingung 6.3

Aus Sicht der Barrierefreiheit ist bei dieser Methode zu bedenken, dass sie generell nur dann angewandt werden sollte, wenn davon auszugehen ist, dass der Benutzer nur dieses eine Formular nutzen will und sonst keines. Mit dieser Methode werden auch unter Umständen wichtige einleitende Texte (Informationen zu Pflichtfeldern usw.) mit der Sprachausgabe übersprungen und dem Benutzer vorenthalten. Auch wenn sie abhängig von der JavaScript-Unterstützung der Zugangssoftware ist, so verstößt sie nicht gegen Bedingung 6.3: Die Seite wird immer noch nutzbar sein.

Bedingung 9.4

Neben der Erreichbarkeit eines Formulars ist auch die Navigation innerhalb des Formulars wichtig (Bedingung 9.4). Auch die einzelnen Formularelemente wie Eingabefelder, Kontrollfelder, Schaltflächen usw. werden in der Reihenfolge angesprungen, wie sie im (X)HTML-Quelltext erscheinen. Das kann bedeuten, dass optisch zusammenhängende Formularelemente mit der Tastatur nur umständlich bedient werden können:

```
<form action="verarbeiten.php" method="get">
  <table>
    <tr>
      <td width="200">
        <label for="feld1">Name:</label><br />
        <input type="text" size="14" id="feld1"/>
```

```
            </td>
            <td>
                <label for="feld2">Straße:</label><br />
                <input type="text" size="14" id="feld2"/>
            </td>
        </tr>
        <tr>
            <td>
                <label for="feld3">Vorname:</label><br />
                <input type="text" size="14" id="feld3"/>
            </td>
            <td>
                <label for="feld4"><acronym
    title="Postleitzahl">PLZ</acronym>, Ort:</label><br />
                <input type="text" size="14" id="feld4"/>
            </td>
        </tr>
    </table>
</form>
```

Das (kleine) Problem bei diesem (kleinen) Beispiel besteht darin, dass zunächst der Name, dann die Straße und dann erst Vorname und Ort angesprungen werden, wenn der Benutzer das Formular mit der Tabulatortaste bedient.

Um die Linearisierbarkeit eines Formulars zu erreichen, muss eine vernünftige Tabulatorenreihenfolge für die Formularelemente sichergestellt bzw. mittels des tabindex-Attributs festgelegt werden. Das Beispiel kann wie folgt überarbeitet werden. Die vier INPUT-Elemente erhalten einen entsprechenden tabindex:

```
<input type="text" size="14" id="feld1" tabindex="3" />
<input type="text" size="14" id="feld2" tabindex="5" />
<input type="text" size="14" id="feld3" tabindex="4" />
<input type="text" size="14" id="feld4" tabindex="6"/>
```

In einer geführten Eingabe über mehrere Seiten, in der die erforderlichen Eingaben für ein bestimmtes Formular in mehreren Schritten erfolgen, ist es durchaus sinnvoll, zwei Schaltflächen auf jeder Seite, beispielsweise »Weiter« und »Zurück«, anzubieten. Standardmäßig sollte die Betätigung der Eingabetaste zur Aktivierung der Schaltfläche »Weiter« führen. Dadurch wird das mehrfache Betätigen der Tabulatortaste unnötig, wenn der Benutzer zum nächsten Schritt gelangen möchte. Dies ist nur mit Scripting erreichbar.

Die Betätigung der Eingabetaste durch den Benutzer sollte stets zum Absenden des Formulars führen.

Was beim Einsatz von accesskey für die tastaturorientierte Nutzung eines Webauftritts bedacht werden muss, wurde bereits in Abschnitt 2.3.6 diskutiert. Dieses Attribut kann auch bei Formularelementen eingesetzt werden. Wenn beispielsweise auf jeder Seite eines Angebots eine Suchfunktion per Formular angeboten wird, so kann das Eingabefeld wie folgt aussehen:

```
<form action="verarbeiten.php" method="get">
        <label for="eins" accesskey="6">Suchbegriff:</label><br />
        <input type="text" width="15" value="Suchbegriff eingeben"
id="eins">
</form>
```

Dieses Eingabefeld ist mit der Tastenkombination ALT+6 (Microsoft mit zusätzlichem Bestätigen mit der Eingabetaste, Mozilla) bzw. UMSCHALT+ESC, dann 6 (Opera 7+) erreichbar. Das accesskey-Attribut sollte im Gegensatz zum tabindex-Attribut auf das LABEL-Element angewandt werden.

Geräteunabhängige Ereignisse (Event-Handler)

Bedingung 6.3　　Auch wenn JavaScript gemäß Bedingung 6.3 vermieden werden soll, das heißt, die mit JavaScript erzeugten Aktionen müssen auch ohne aktivierte JavaScript-Funktionalität zur Verfügung stehen, zeigt die Praxis bei der Gestaltung von (X)HTML-Formularen oft ein anderes Bild, denn zur Formularverarbeitung benötigt man Skripte. Barrierefrei können (X)HTML-Formulare nur dann sein, wenn zusätzlich serverseitige Skriptsprachen wie PHP oder ASP zur Verarbeitung eingesetzt werden. Sonst muss auf JavaScript zurückgegriffen werden. Dabei gibt es zwei Schwierigkeiten:

1. Das grundsätzliche Problem: JavaScript funktioniert nicht in jeder Zugangssoftware.
2. Die eingesetzten Event-Handler sind oft mausabhängig und daher nicht geräteunabhängig.

Diese beiden Punkte wurden zwar im Abschnitt 2.6.2 behandelt, jedoch gerade muss bei Formularen die Geräteunabhängigkeit besonders betont werden. Kritisch für das Absenden eines Formulars ist, wenn die Verarbeitung oder das Abschicken nur mit der Maus erfolgen kann.

Für das Absenden von Formularinhalten gibt es den geräteunabhängigen Event-Handler onsubmit.

```
<form action="http://www.seitenadresse.de" method="get"
onsubmit="inhaltePruefen();">
...
</form>
```

Ähnlich sollte auch der Event-Handler onselect für Auswahllisten verwendet werden. Für Auswahllisten sollte der onchange-Event-Handler nicht verwendet werden (vgl. Abschnitt 2.6.5)

Vorbelegung von Eingabefeldern

Menschen mit körperlichen Einschränkungen arbeiten sehr unterschiedlich. Die einen verwenden lieber die Tastatur, weil ihnen die Feinmotorik zur Bedienung der Maus fehlt. Für andere ist die Maus das entscheidende Eingabegerät, weil sie nur über einen kleinen Bewegungsradius verfügen.

Für den tastaturorientierten Zugang ist die Notwendigkeit der Eingabe von Sonderzeichen, die nur über eine Tastaturkombination möglich ist, in bestimmten Fällen ein Hindernis. Ein einfaches Beispiel ist das @-Zeichen bei der Eingabe einer E-Mail-Adresse. Auch wenn die heutigen Hilfsmittel wie Großfeldtastaturen eine Sperrtaste für UMSCHALT, STRG, ALT und weitere Tasten haben, sollten, soweit möglich, alle erforderlichen Sonderzeichen vorbelegt sein, damit eine möglichst zügige Eingabe gewährleistet werden kann. Ein Mehrfachtastendruck, wie er für das @-Zeichen erforderlich ist, sollte voreingestellt sein oder gar vermieden werden. Für die Eingabe einer E-Mail-Adresse könnte eine der beiden nachfolgenden Methoden angewandt werden:

```
<input type="text" id="username" name="username" size="15" />
@
<input type="text" id="domain" name="domain" size="28"><br />
<input type="submit" value="OK" />
```

Die Zusammenführung der »Einzelteile« dieser E-Mail-Adresse muss dann vom verarbeitenden Skript geleistet werden.

Eine Alternative für das obige Beispiel kann die Vorbelegung des Eingabefelds mit dem @-Zeichen sein. Auch bei einem Mausklick oder durch Drücken der Tabulatortaste darf das @-Zeichen nicht mittels eines JavaScripts gelöscht werden:

```
<input type="text" name="email" size="15" value="E-Mail-@dresse"
onfocus="this.value='@';">
```

Das Ersetzen des Textes durch das @-Zeichen funktioniert in Browsern, die JavaScript eingeschaltet haben.

Die Vorbelegung sämtlicher Eingabefelder wird in der Bedingung 10.4 aus einem ganz anderen Grund verlangt: In der Anfangszeit des Web gab es einen Screenreader, der leere Eingabefelder schlicht nicht erkannt hat, wenn sie nicht vorbelegt waren. Es handelte sich um die Software Outspoken für den Macintosh und das Problem trat in älteren Netscape-Versionen auf (z.B. Netscape 2). Abgesehen davon, dass dieses Hilfsmittel zu keiner Zeit eine große Rolle spielte und die Weiterentwicklung schon längst eingestellt wurde, ist vor allem auch die Bedeutung von Netscape-2-Browsern

Bedingung 10.4

für die heutige Webgestaltung nicht mehr relevant. In der Begründung zur BITV ist eindeutig formuliert, dass der Stand der Technik zu beachten ist und Software, die älter als drei Jahre ist, nicht mehr zum Stand der Technik gehört, wenn weniger als 5% der in Frage kommenden Benutzergruppe diese Software einsetzt. Daher ist die Befolgung von Bedingung 10.4 nur aus Usability-Gründen erforderlich.

Skalierbarkeit der Formulare und Vergrößerung des anklickbaren Bereichs

Wie beim allgemeinen Layout besteht auch bei Formularen ein gegenläufiges Problem bei der Skalierbarkeit. Auf der einen Seite muss die Schriftgröße mit em (statt mit px oder absoluten Werten) angegeben werden. Sinnvollerweise wird auch die Breite eines Eingabefelds abhängig von der benutzerdefinierten Schriftgröße gestaltet, damit auch bei Vergrößerung das Eingabefeld bedienbar bleibt. Das CSS für ein Eingabefeld könnte folgende Werte enthalten:

```
#eingabefeld {
    font:bold 0.9em;
    width:12em;
}
```

Auf der anderen Seite kann die Vergrößerung der Formularelemente zur Zerstörung des Layouts führen. Vorrang hat auch hier die Schriftskalierbarkeit. Lesen Sie bitte hierzu die Hinweise zur Skalierbarkeit in Abschnitt 2.4.

Die Vergrößerbarkeit von Formularelementen kommt nicht nur Sehbehinderten, sondern auch Mobilitätsbehinderten zu Gute. Wenn ein Nutzer mit der Maus arbeitet und beim Klicken nicht zielsicher ist, so bietet eine große anklickbare Fläche eine bessere Treffsicherheit als eine kleine Fläche. Bei Formularen betrifft das vor allem Kontrollfelder und Auswahlschalter. Eine Möglichkeit besteht in der Verwendung des LABEL-Elements, das den Beschreibungstext eines Formularelements anklickbar macht. Eine weitere Möglichkeit bieten CSS, indem man den Innenabstand (padding) des Kontrollfeldes oder Auswahlschalters definiert.

Die Unterscheidung von Pflichtfeldern und anderen Eingabefeldern

Bedingung 2.2
Bedingung 2.3
Anforderung 2

In vielen Formularen gibt es die Unterscheidung zwischen Pflichtfeldern, das heißt Eingabefeldern, die der Benutzer auf jeden Fall ausfüllen soll, und Eingabefeldern, die optional sind. Hierbei sind die

Bedingungen 2.2 und 2.3 zu berücksichtigen. Interessant ist hier vor allem die Formulierung der Anforderung 2 selbst, wonach Grafiken und Texte auch ohne Farbe verständlich sein müssen. Um welche Probleme es sich handelt, wurde bereits in Abschnitt 2.2 diskutiert.

Die Gestaltung von Formularangaben mittels Farbe alleine kann problematisch werden, wenn Pflichtfelder auf diese Weise unterschieden werden, zum Beispiel durch blaue und rote Beschreibungstexte als Unterscheidungsmerkmal. Sowohl im textorientierten Zugang als auch bei individuell angepassten Darstellungen am Bildschirm geht dieses Unterscheidungsmerkmal verloren. Deswegen ist die ergänzende Kennzeichnung durch andere Gestaltungsmittel wichtig.

Eine sehr verbreitete Kennzeichnung ist das Sternchen (asterisk, *), aber es können natürlich auch andere Zeichen oder Grafiken eingesetzt werden.

```
<form action="zieladresse.html" method="post">
<div class="pflicht">
   <label for="id1">* Ihr Name:</label>
   <input type="text" name="benutzer" size="28" value="Ihr Name"
onfocus="if(this.value=='Ihr Name')this.value='';" id="id1" />
</div>
<div class="optional">
   <label for="id2">Ihr Alter: (optional)</label>
   <input type="text" name="alter" size="2" id="id2" />
</div>
</form>
```

Mit dem Sternchen (*) soll dem Benutzer mitgeteilt werden, dass das entsprechende Feld für den Namen ausgefüllt werden muss, um das Formular abschicken zu können. In diesem Beispiel ist eine Altersangabe nicht unbedingt erforderlich und das Feld muss nicht ausgefüllt werden. Das Sternchen gehört übrigens zu den Interpunktionszeichen, welche Screenreader-Nutzer gelegentlich »ausblenden«, um nicht jeden Punkt, Komma, Klammer und Gedankenstrich mitkriegen zu müssen. Die sichere Methode, Pflichtfelder zu kennzeichnen, ist das Ausschreiben eines Wortes wie »Pflicht« bzw. »optional« in der Bezeichnung eines Formularelements.

Ein Aspekt der eindimensionalen Usability ist auch die Positionierung von Hilfetexten, in denen erklärt wird, welche Felder Pflichtfelder sind. Es nützt natürlich nichts, wenn dieser Text erst hinter der Submit-Schaltfläche steht und der Benutzer nie an diesem Text vorbeikommt, weil er das Formular schon abgeschickt hat, bevor der Text überhaupt vorgelesen werden konnte.

Dieses Problem wird auf der CD-ROM im Clip »Bildschirmausschnitt« verdeutlicht.

Probleme treten auch bei Vergrößerungen am Bildschirm auf. Wenn eine Seite aus zwei Spalten besteht, links Text und rechts Eingabefeld, so kann es passieren, dass zwischen der ersten und zweiten Spalte relativ viel Leerraum besteht. Wenn ein Benutzer mit einer relativ starken Vergrößerung arbeitet und in der Verschiebung des vergrößerten Ausschnitts von der linken zur rechten Spalte über den Leerraum fahren muss, gelangt er möglicherweise in der rechten Spalte in die falsche Zeile.

Wenn hingegen »Führungslinien« angeboten werden, die beispielsweise als Unterstreichung einer gesamten Zeile oder durch verschiedene Hintergrundfarben gestaltet werden können, so wird die Führung des Vergrößerungssystems über den Leerraum hinweg erleichtert und die Wahrscheinlichkeit für Fehleingaben verringert.

Abb. 2-49

Darstellung mit einem Vergrößerungssystem: Horizontale Führungslinien helfen der Orientierung.

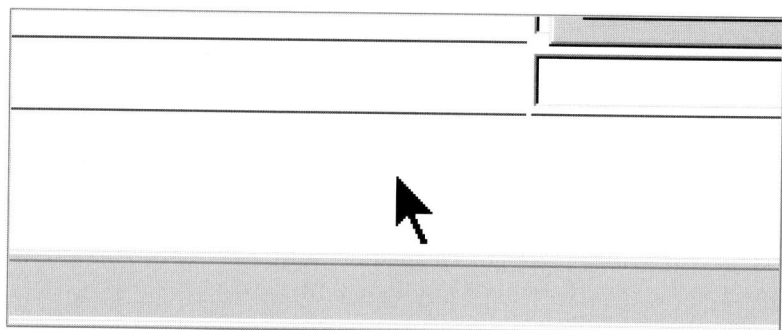

Verständlichkeit

Ein weiterer Aspekt bei der Gestaltung von (X)HTML-Formularen ist die verständliche Sprache. Ähnlich wie bei der Navigation (vgl. Abschnitt 2.3.2) ist die Verständlichkeit von Texten Voraussetzung für das Bedienen von Formularen. Wird beispielsweise eine Schaltfläche mit »Absenden« bezeichnet, so ist das sicherlich leichter zu verstehen als »Submit«.

Es ist jedoch nicht nur die Gestaltung des Formulars selbst, die unter dem Aspekt der Verständlichkeit zu betrachten ist. Da Formulare in der Regel von einem Skript verarbeitet werden und meist eine Ergebnisseite liefern, muss diese ein gewünschtes und erwartetes Ergebnis liefern. Vor allem kommt es darauf an, dass wichtige Informationen und erst anschließend Detailinformationen erscheinen.

Auch bei Fehleingaben müssen die Fehler deutlich erkennbar werden. Die Fehlerbehebung muss ein integrierter Bestandteil der Formularverarbeitung sein. Wenn die Eingaben eines Benutzers aufgrund von fehlenden Angaben oder Rechtschreibfehlern nicht verarbeitet werden können, so muss es Teil des Prozesses sein, dass der

Benutzer mitgeteilt bekommt, was genau er falsch gemacht hat und wie er es korrekt eingeben kann. Oder der Prozess muss Hilfen wie eine Rechtschreibprüfung oder eine phonetische Auswertung einsetzen.

Bezeichnungen für Eingabefelder und Auswahllisten

Generell ist darauf zu achten, dass der beschreibende Text für Eingabefelder stets über oder vor dem Eingabefeld selbst eingebunden wird. Gerade im Tabellenlayout kann es passieren, dass in der linearisierten Ausgabe zunächst einige Beschreibungen und erst anschließend die dazugehörigen Eingabefelder dargestellt werden.

Für Formularelemente wie Eingabefelder oder Auswahllisten gab es vor HTML 4 keine logische Beschriftungsmöglichkeit. So war (und ist) es für blinde Nutzer oft schwierig, Eingabefelder in Formularen zu identifizieren – gerade, wenn der logische oder sequentielle Zusammenhang schwer nachzuvollziehen ist.

Im Wesentlichen geht es darum, Bezeichnungen für Eingabefelder im (X)HTML-Quelltext unmittelbar vor oder nach dem Eingabefeld zu positionieren. In der linearisierten Ausgabe und bei zwei- oder mehrspaltigem Text kann es passieren, dass sonst zunächst die Bezeichnungen für zwei oder mehrere Eingabefelder vorgelesen werden und anschließend erst die Eingabefelder selbst. Das folgende Beispiel soll diese Problematik darstellen:

```
<form>
<table>
<tr><td width="150"><label for="str">Stra&szlig;e</label></td><td
width="50"><label for="nr">Nr.</label></td><td width="65"><label
for="plz">PLZ</label></td><td width="150"><label
for="ort">Ort</label></td></tr>
<tr><td><input type="text" name="strasse" size="17" id="str"
/></td><td><input type="text" name="nummer" size="2" id="nr"
/></td><td><input type="text" name="plz" size="5" id="plz"
/></td><td><input type="text" name="ort" size="17" id="ort"
/></td></tr>
</table>
</form>
```

Diese Tabelle wird linearisiert wie folgt ausgelesen:

»Straße Nr. PLZ Ort [Eingabefeld] [Eingabefeld] [Eingabefeld] [Eingabefeld]«

Der bezeichnende Text für Formularelemente sollte nach Bedingung 10.2 korrekt positioniert werden, damit die Eingabefelder vom Screenreader auch korrekt angezeigt werden können. Normalerweise gehört der Text vor das Eingabefeld. Bei Auswahlschaltern

Bedingung 10.2

gehört der Text entsprechend den Konvention für Betriebssysteme hinter das Formularelement.

```
<input type="checkbox" name="info" value="info" id="id1" /> <label
for="id1">Senden Sie mir weitere Informationen zu</label><br />
<input type="checkbox" name="verteiler" value="verteiler" id="id2"
/> <label for="id2">Nehmen Sie meine Adresse in Ihrem Verteiler
auf</label>
```

Bedingung 12.4

Das LABEL-Element ist nicht als Ersatz, sondern als Ergän-zung zu der korrekten Positionierung der Bezeichnung zu sehen.

In der Bedingung 12.4 wird die Verwendung des LABEL-Elements zur logischen Verknüpfung von Bezeichnungen mit den Eingabefeldern von Formularen gefordert. Entsprechende logische Bezeichnungen mit dem LABEL-Element, die es der Zugangssoftware unabhängig vom Layout ermöglicht, Formularelemente direkt mit ihren Bezeich-nungen zu verknüpfen, werden von modernen Screenreadern unter-stützt.

Das LABEL-Element dient als Etikett eines Formularelements und hat keinerlei Auswirkung auf die optische Darstellung des Textes – es sei denn, dies wurde in den CSS-Eigenschaften definiert. Mit dem for-Attribut kann die Beschreibung (LABEL) mit einem Formularele-ment verknüpft werden. Voraussetzung ist zunächst, dass das Formu-larelement (INPUT, TEXTAREA oder SELECT) mit einer eindeutigen id gekennzeichnet ist. Wenn für das for-Attribut des LABEL-Elements der Wert einer id vergeben wird, so ist der Text im LABEL unmittelbar zu dem Formularelement in eine logische Beziehung gesetzt. Die obi-gen Beispiele haben jeweils entsprechende Verknüpfungen berück-sichtigt.

Ein weiterer Vorteil der logischen Verknüpfung von Bezeichnun-gen mit Formularelementen ist, dass in den meisten Browsern der Text des LABEL-Elements anklickbar wird und beim Klick der Fokus in das entsprechende Eingabefeld springt. Dies entspricht auch dem intuitiven und in anderen Anwendungen erwarteten Verhalten beim Mausklick.

Optische und logische Gruppierungen

(X)HTML bietet auch weitere Möglichkeiten, in Formularen Informa-tionen logisch zu strukturieren und diese Strukturen visuell hervorzu-heben.

Bedingung 12.3

Entsprechend der Bedingung 12.3 sollten größere Informations-blöcke in handhabbare Gruppen aufgeteilt werden. In der aus-schnittweisen Betrachtung von Formularen ist jedoch ein für den nor-malen Bildschirm optimierter Ablauf nicht notwendigerweise gegeben. Das FIELDSET-Element hilft, logische Formularstrukturen für alternative Medien und Darstellungen am Bildschirm aufzubereiten.

Das FIELDSET-Element wird für die Einteilung von Informationen in Formularen genutzt. Ein FIELDSET-Element sollte dabei zusammenhängende Informationen enthalten. Dieses Element fügt in der optischen Darstellung der meisten Browser noch einen per CSS veränderbaren Rahmen um die Informationen hinzu. Um die logische Bezeichnung der Informationen zu kennzeichnen, ist die Verwendung eines LEGEND-Elements vorgesehen. Mit einer solchen Einteilung bzw. Bezeichnung von Informationsblöcken kann die Übersichtlichkeit und somit auch die Orientierung auf der Seite für den Benutzer erhöht werden.

Das folgende Beispiel zeigt, wie Sie verschiedene Eingabefelder innerhalb eines Formulars mit dem FIELDSET-Element gruppieren und die jeweilige Gruppe mit dem LEGEND-Element bezeichnen.

```
<fieldset>
<legend>Persönliche Angaben</legend>
<label for="alter">Alter</label>
<input type="text" name="alter" value="Alter eingeben" id="alter">
...
</fieldset>
```

Durch die Gruppierung mit FIELDSET ist es möglich, dem Benutzer zu zeigen, dass bestimmte Informationen zusammen gehören. Mit FIELDSET/LEGEND kann man kontextuelle Zusammenhänge deutlich machen. Beispielsweise könnte ein Bereich mit Adressangaben wie »Straße«, »Hausnummer«, »PLZ« und »Ort« eine derartige Gruppe darstellen.

Es hängt immer vom Umfang und vom Inhalt des Formulars ab, ob es in einem Formular sinnvoll ist, Gruppen zu bilden. Es ist beispielsweise denkbar, dass in einem umfangreichen Formular unter anderem objektive Daten (Anschrift usw.) von subjektiven Daten (nach Themen sortiert) unterschieden und auf diese Weise aufbereitet werden. Bei sehr wenigen Eingabefeldern ist jedoch der Einsatz dieses Elements weniger sinnvoll.

Ein weiteres (X)HTML-Element zur Einteilung von Informationsblöcken in Formularen ist OPTGROUP mit dem dazugehörigen Attribut label. Dieses Element ist nur anwendbar in Auswahllisten (SELECT) und dient der Einteilung der Auswahlpunkte in kleinere zusammenhängende Teillisten.

Die einzelnen Eintragungen der Auswahlliste werden durch das OPTION-Element eingebunden:

Anmerkung:
Wenn Netscape 4 diese Strukturierungselemente anzeigt, so führen CSS-Formatierungen und -Positionierungen zum Absturz des Browsers. CSS-Eigenschaften dürfen also nur für moderne Browser eingebunden sein.

```
<label for="land">Wählen Sie Ihr Urlaubsziel aus:</label>
<select id="land">
<option>Frankreich</option>
<option>Italien</option>
<option>Malediven</option>
<option>Thailand</option>
</select>
```

Um mehrere OPTION-Elemente kann nun ein umschließendes OPTGROUP eingefügt werden. Die Vergabe von Zwischenüberschriften im OPTGROUP-Element erfolgt über das label-Attribut.

```
<label for="land">Wählen Sie Ihr Urlaubsziel aus:</label>
<select id="land">
<optgroup label="Europa">
    <option>Frankreich</option>
    <option>Italien</option>
</optgroup>
<optgroup label="Asien">
    <option>Malediven</option>
    <option>Thailand</option>
</optgroup>
</select>
```

In den meisten Browsern werden diese Gruppen zwar unterschiedlich, aber besonders hervorgehoben. Leider können solche Gruppierungen nicht verschachtelt werden, sodass eine Gruppierung lediglich auf zwei Ebenen möglich ist.

Mit derartigen Gruppierungen ist es möglich, die Orientierung innerhalb langer Auswahllisten zu verbessern.

Weitere Informationen:

▧ http://www.barrierefreies-webdesign.de/knowhow/formulare/
▧ http://joeclark.org/book/sashay/serialization/Chapter12.html

2.7.2　Datentabellen

Bedingung 5.3
Bedingung 5.4
Tabellen bestehen aus Reihen und Spalten, »die dazu verwendet werden, logische Beziehungen zwischen Daten zu repräsentieren (...)« (Glossar der BITV). Diese logische Strukturierung sollte der einzige Verwendungszweck von Tabellen sein. »Den Gegensatz hierzu bilden Tabellen, die nur der Formatierung bzw. Text- und Bildgestaltung von Dokumenten dienen« (Glossar der BITV). Diese Tabellen werden als Layouttabellen bezeichnet. Bei der Gestaltung zugänglicher Webauftritte sollte auf die Verwendung von Layouttabellen zu Gunsten der Positionierung mit CSS verzichtet werden (vgl. auch Abschnitt 2.5). Dies ist auch in der BITV unter Bedingung 5.3 nachzu-

lesen: »Tabellen sind nicht für die Text- und Bildgestaltung zu verwenden, soweit sie nicht auch in linearisierter Form dargestellt werden können.« Sollten trotzdem Tabellen zu Layoutzwecken verwendet werden, ist darauf zu achten, dass die Tabellen nicht mit den in diesem Abschnitt beschriebenen Tabellenstrukturelementen und -attributen ausgezeichnet werden (Bedingung 5.4).

Bei Datentabellen wird zwischen einfachen und komplexen Datentabellen unterschieden. Einfache Datentabellen haben nur eine Ebene von Überschriften, also maximal eine Überschrift für jede Spalte und eine für jede Zeile. Komplexe Datentabellen besitzen hingegen für mindestens eine Zeile oder Spalte zwei oder mehr Überschriften, die miteinander in Beziehung stehen, oder eine Überschrift wird mehreren Zeilen oder Spalten zugewiesen. So werden beispielsweise zwei Spalten nochmals mit einer gemeinsamen Überschrift versehen. Mit Hilfe von (X)HTML können Datentabellen mit bestimmten Elementen und Attributen ausgezeichnet werden, damit Nutzer von Ausgabegeräten mit kleinem Anzeigebereich, wie PDAs oder Braille-Zeilen, trotz des fehlenden Überblicks die logische Struktur erfassen können. Das Erfordernis hierfür ergibt sich unmittelbar aus Anforderung 5. Entsprechend werden in diesem Abschnitt genau diese Elemente zur Strukturierung und die Attribute zur Gestaltung logischer Beziehungen in Datentabellen erläutert.

Anforderung 5

Zeilen- und Spaltenüberschriften und Verknüpfungen zu Tabellenzellen

Das Element TD kennt wahrscheinlich jeder, der schon einmal (X)HTML-Seiten erstellt hat. Es dient zur Auszeichnung einer einzelnen Tabellenzelle. Mit dem TR-Element wird eine Tabellenzeile eingeschlossen. In Bedingung 5.1 der BITV heißt es: »In Tabellen, die tabellarische Daten darstellen, sind die Zeilen- und Spaltenüberschriften mittels der vorgesehenen Elemente der verwendeten Markup-Sprache zu kennzeichnen.« In einer einfachen Datentabelle lässt sich dies mit dem TH-Element machen, über das die entsprechenden Überschriftenzellen ausgezeichnet werden. Eine Tabellenüberschrift wird mit dem CAPTION-Element erzeugt. Die Verwendung solcher Tabellenüberschriftenelemente wird im Folgenden anhand von Fahrpreisen vereinfacht dargestellt:

Bedingung 5.1

```
<table>
<caption>Fahrpreise f&uuml;r den Bus in Hintertupfingen</caption>
   <tr>
      <td class="keineDaten"> </td>
      <th>Spartarif</th>
      <th>Ferien-Ticket</th>
      <th>Normaltarif </th>
      <th>Schnellbus</th>
      <th>1. Klasse </th>
      <th>Gruppentarif</th>
   </tr>
   <tr>
      <th>Zone 1 </th>
      <td>0,50 &euro; </td>
      <td>0,75 &euro; </td>
      <td>1,00 &euro; </td>
      <td>1,50 &euro; </td>
      <td>2,50 &euro; </td>
      <td>3,50 &euro; </td>
   </tr>
...
</table>
```

Ein weiterer Vorteil der Auszeichnung mit TH-Elementen ist, dass sie visuell hervorgehoben werden, auch wenn der Nutzer die zugeordnete CSS-Datei deaktiviert oder eigene Farben eingestellt hat.

Trotz der Auszeichnung mit dem TH-Element werden die meisten Screenreader an dieser Stelle lediglich folgendes vorlesen:

»Tabellenüberschrift: Fahrpreise für den Bus in Hintertupfingen Tabelle mit 7 Spalten und 5 Reihen
Fahrpreise für den Bus in Hintertupfingen Spartarif Ferien-Ticket Normaltarif Schnellbus 1. Klasse Gruppentarif Zone 1 0,50 Euro 0,75 Euro 1,00 Euro 1,50 Euro 2,50 Euro 3,50 Euro Zone 2 0,75 Euro 1,00 Euro 1,50 Euro 2,50 Euro 3,50 Euro 5,00 Euro Zone 3 1,00 Euro 2,00 Euro 3,00 Euro 4,00 Euro 5,00 Euro 7,00 Euro Zone 4 1,50 Euro 2,50 Euro 4,00 Euro 5,00 Euro 7,00 Euro 9,00 Euro«

Bedingung 5.2   Um die Zeilen- und Spaltenüberschriften für Screenreader-Benutzer den entsprechenden Tabellenzellen zuzuordnen sollte eine gezielte Zuweisung erfolgen. Dies gilt vor allem für Tabellen mit zwei und mehr logischen Ebenen (Bedingung 5.2). Dabei wird die Zeilen- und/oder Spaltenüberschrift zusätzlich mit einer ID versehen, die dann über das headers-Attribut an die jeweilige Tabellenzelle übergeben wird:

```
<table>
<caption>Fahrpreise f&uuml;r den Bus in Hintertupfingen</caption>
   <tr>
       <td> </td>
       <th id="spar">Spartarif</th>
       <th id="ferien">Ferien-Ticket</th>
       ...
   </tr>
   <tr>
       <th id="zone1">Zone 1 </th>
       <td headers="zone1 spar">0,50 Euro </td>
       <td headers="zone1 ferien">0,75 Euro </td>
       ...
   </tr>
   ...
</table>
```

Mit dieser Schreibweise ist es nun Nutzern von Screenreadern möglich, über Tastenkombinationen von einer Tabellenzelle die jeweiligen Überschriften abzurufen. Zu beachten ist hier, dass das headers-Attribut nicht nur mit einer Überschrift, sondern mit so vielen gefüllt werden kann, wie der entsprechenden Zelle Überschriften zugeordnet sind. Die einzelnen IDs werden mit einem Leerzeichen voneinander getrennt.

Strukturierung mit scope

Mit dem Attribut scope gibt es eine weitere Möglichkeit zur Strukturierung von Datentabellen. Mit diesem Attribut kann einer kompletten Spalte oder Zeile eine Überschrift zugewiesen werden alternativ zu headers/id. Das Attribut scope kann die folgenden Eigenschaften haben:

Wert für scope	Bedeutung
col	zur Festlegung der Überschrift für die entsprechende Spalte
row	zur Festlegung der Überschrift für die entsprechende Zeile
colgroup und rowgroup	zur Festlegung von Überschriften für mehrere Spalten oder Reihen (werden derzeit von keinem Computerhilfsmittel unterstützt)

Tab. 2-3

Übersicht der Werte für das Attribut scope

Eine Datentabelle kann zum Beispiel wie folgt aussehen:

```
<table>
<caption>Fahrpreise f&uuml;r den Bus in Hintertupfingen</caption>
  <tr>
     <td> </td>
     <th scope="col">Spartarif</th>
     <th scope="col">Ferien-Ticket</th>
     ...
  </tr>
  <tr>
     <th scope="row">Zone 1 </th>
     <td>0,50 Euro </td>
     <td>0,75 Euro </td>
     ...
  </tr>
  ...
</table>
```

Abb. 2-50

Darstellung einer
komplexen
Datentabelle mit zwei
Spaltenebenen

In komplexen Tabellen sollen für mehrspaltige oder mehrreihige Überschriften die Werte von scope mit colgroup bzw. rowgroup ausgezeichnet werden. Um die korrekte Darstellung zu gewährleisten, würde die übergeordnete Überschrift beispielsweise zusätzlich auch mit einem colspan="2" über zwei Spalten ausgeweitet werden, damit die darunter liegenden Spalten unter diese übergeordnete Spalte passen.

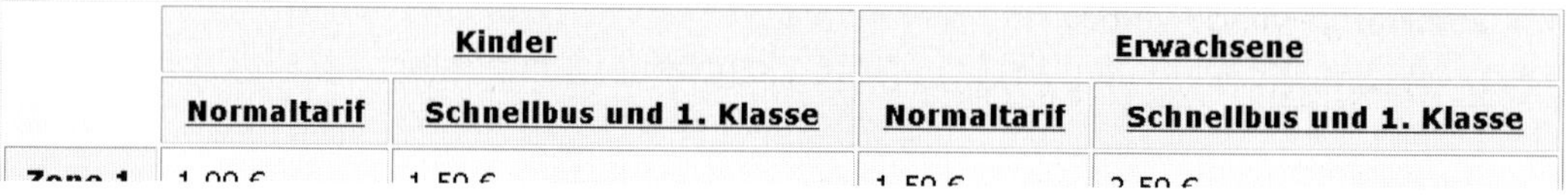

	Kinder		Erwachsene	
	Normaltarif	Schnellbus und 1. Klasse	Normaltarif	Schnellbus und 1. Klasse
Zone 1	1,00 €	1,50 €	1,50 €	2,50 €

Die oberen Spaltenüberschriften würden entsprechend mit scope="colgroup" belegt werden.

Da scope derzeit von Computerhilfsmitteln kaum unterstützt wird, sollte auf die Variante mit id und headers zurückgegriffen werden.

Das axis-Attribut zur Kategorisierung

Bei den Empfehlungen zur WCAG1, Abschnitt 5.2 wird zur Strukturierung von Tabellen auch das axis-Attribut erwähnt. Bei diesem Attribut handelt es sich in der Theorie um eine Möglichkeit, Tabellenüberschriften und -zellen zu kategorisieren und damit den Inhalt einer Tabelle filtern zu können. In der Anlage zur WCAG1 wird auf die mögliche Verwendung von axis in Zusammenhang mit Spracheingabe hingewiesen. So soll es bei zukünftigen Sprachbrowsern möglich sein, sich gezielt Zelleninhalte ausgeben zu lassen, die über axis kategorisiert wurden. Leider wird auch dieses Attribut zurzeit von keinem Browser und keinem Computerhilfsmittel unterstützt.

Zusammenfassungen in Tabellen

Mit dem `CAPTION`-Element besteht die Möglichkeit, einer Tabelle eine Überschrift zuzuweisen. Die in der BITV zusammengefassten Vorgaben zum Umgang mit Tabellen sind allerdings weitreichender: »Für Tabellen sind unter Verwendung der hierfür vorgesehenen Elemente der genutzten Mark-up-Sprache Zusammenfassungen bereitzustellen.« (Bedingung 5.5) Dies bezieht sich auf das summary-Attribut für Tabellen.   *Bedingung 5.5*

Das Attribut summary dient zur näheren Erläuterung bzw. zur Zusammenfassung einer Tabelle. Es wird zwar im Browser nicht angezeigt, dient Screenreadernutzern aber als gute Orientierungshilfe. Es wird in das `TABLE`-Element eingefügt:

```
<table summary="Übersicht der Fahrpreise in Hintertupfingen"> ...
</table>
```

Das abbr-Attribut dient der Abkürzung von Zeilen- oder Spaltenüberschriften, allerdings ist dies nur sinnvoll, wenn die Tabellenüberschriften sehr lang sind. Die Verwendung wird in Bedingung 5.6 gefordert. Bei unserem Beispiel mit den Fahrpreisen könnte eine solche Zusammenfassung auf die Tabellenüberschrift »Schnellbus und 1. Klasse« angewandt werden: *Bedingung 5.6*

```
<th id="schnell" abbr="Schnellbus"> Schnellbus und 1. Klasse </th>
```

Diese Maßnahme hätte zur Folge, dass in Sprachausgaben lediglich beim ersten Lesen der Überschriftenzelle der komplette Text vorgelesen wird. Bei der weiteren Bewegung in der Tabelle wird nur die Kurzbezeichnung »Schnellbus« angesagt.

Gruppierungen von Tabellenzeilen

Die Unterteilung von Tabellen in verschiedene »Zeilenbereiche« (Kopf, Körper und Fuß) ermöglicht es, den Kopf bzw. Fuß der Tabelle beim Druck langer Tabellen auf jeder Seite zu wiederholen.

Tabellen können über die Elemente `THEAD`, `TFOOT` und `TBODY` strukturiert werden, die auch in dieser Zeilenfolge in der Tabellendefinition stehen müssen. Zwischen diesen Elementen werden die entsprechenden Tabellenzeilen eingetragen. Es wird also in der Definition der Tabelle erst der Kopf, dann der Fuß und als letztes einer oder mehrere Datenbereiche definiert.

Nicht alle drei Elemente müssen zwangsläufig verwandt werden, so kann der Kopf oder der Fuß weggelassen werden. Wird aber eines dieser oder beide Elemente verwandt, muss in jedem Fall ein Tabellenkörper vorhanden sein.

Gruppierung von Tabellenspalten

Tabellen können auch mit Hilfe des COL- bzw. COLGROUP-Elements strukturiert und vorformatiert werden. Dies hat den Vorteil, dass sich der Designer während der Programmierung nicht mehr um die Festlegung einzelner Spaltenbreiten kümmern muss, da diese bereits bei der Definition der Tabelle bestimmt werden können. So können Inkonsistenzen in Bezug auf Spaltenbreiten innerhalb der Tabelle vermieden werden. Weiterhin beschleunigt diese Vorgehensweise den Ladevorgang von Tabellen, Als einfaches Beispiel für die Verwendung des COL- bzw. COLGROUP-Elements dient das folgende Listing:

```
<table width="70%">
<colgroup></colgroup>
<colgroup span="2">
   <col width="20%" />
   <col width="20%" />
</colgroup>
<colgroup span="2" width="20%"></colgroup>
<tr>
   <td> </td>
   <th id="kinder" colspan="2">Kinder</th>
   <th id="erwachsene" colspan="2">Erwachsene</th>
</tr>
<tr>
   <td></td>
   <th id="knormal">Normaltarif </th>
   <th id="kschnell">Schnellbus und 1. Klasse </th>
   <th id="enormal">Normaltarif</th>
   <th id="eschnell">Schnellbus und 1. Klasse </th>
</tr>
   ...
</table>
```

Bedingung 3.4 Das COLGROUP-Element kann optional die Attribute width und span besitzen. Mit width wird die Spaltenbreite festgelegt, die entweder in Pixel oder Prozent definiert werden kann. Laut Bedingung 3.4 ist hier allerdings nur die Verwendung von Prozentwerten zulässig. Mit span kann eine Spaltengruppe definiert werden, die sich über die im Attributwert genannte Anzahl von Spalten erstreckt. Das span-Attribut kann mit dem Attribut width kombiniert werden. In diesem Fall bezieht sich die festgelegte Breite auf alle Elemente der entspre-chenden Spaltengruppe.

```
<colgroup span="2" width="20%"></colgroup>
```

Diese Zeile erzeugt eine Spaltengruppe mit zwei Spalten, die beide zusammen 20% der Tabelle einnehmen. Das width-Attribut kann ebenfalls im COL-Element festgelegt werden. In diesem Fall bezieht es sich lediglich auf diese Spalte.

Auf der CD-ROM sind ausführlichere Bei-spiele zu finden, die einige Gestaltungs-möglichkeiten für Datentabellen zeigen.

2.7.3 Strukturelemente

Großer fetter Text macht noch lange keine Überschrift.

Unter Strukturelemente versteht man jene (X)HTML-Elemente, die dazu gedacht sind den Inhalt einer Seite logisch zu strukturieren, also Überschriften, Absätze, Listen, Zitate usw.

In der BITV ist zu diesem Thema folgendes zu lesen: »Mark-up-Sprachen (insbesondere (X)HTML) und Stylesheets sind entspre-chend ihrer Spezifikationen und formalen Definitionen zu verwen-den« (Anforderung 3). Das ist ja prima, aber was bedeutet dies?

Anforderung 3

Im Grunde genommen ist diese Aussage recht einfach: (X)HTML-Elemente sind nur für das zu verwenden, wofür sie gedacht sind. Das heißt, die Elemente in (X)HTML, die zur strukturierenden Auszeich-nung von Überschriften, Absätzen, Zitaten oder Listen vorgesehen sind, sollen auch ausschließlich zu diesem Zweck benutzt werden. Leider hat es sich bei einigen Webdesignern eingeschlichen, diese (X)HTML-Elemente nicht zur Strukturierung, sondern für die optische Gestaltung zu benutzen. Um eine Einrückung zu erzielen wird bei-spielsweise das Zitat-Element BLOCKQUOTE verwandt, obwohl es sich bei dem einzurückenden Text nicht um ein Zitat handelt.

Hier kommt eine allgemeine Forderung für barrierefreies Web-design zum Tragen: die Trennung von Inhalt, Struktur und Layout. Bei obigem Beispiel handelt es sich inhaltlich um einen Text, demzufolge muss er auf der Ebene der logischen Strukturelemente auch so behandelt werden. Die gewünschte optische Gestaltung muss mit anderen Mitteln geschehen.

Wie wird nun diese Trennung in Inhalt und Struktur einerseits und Layout andererseits praktisch erreicht? Dieser Punkt wird in der BITV unter Bedingung 3.3 aufgegriffen: »Es sind Stylesheets zu verwen-den, um die Text- und Bildgestaltung sowie die Präsentation von mit-tels Mark-up-Sprachen geschaffener Dokumente zu beeinflussen.« Zur Beeinflussung der Formatierung und des Layouts soll CSS einge-

Bedingung 3.3

setzt werden, die zu Grunde liegende Struktur wird dagegen über die entsprechenden (X)HTML-Elemente festgelegt.

Bedingung 3.1   Seit der Einführung von CSS und der weitreichenden Unterstützung durch Webbrowser sind Workarounds, wie der Einsatz von BLOCKQUOTE für eine Einrückung nicht mehr nötig. Die Darstellungsvielfalt von CSS ermöglicht es, Text frei zu gestalten. Dadurch wird es überflüssig, Strukturelemente zu missbrauchen oder Grafiken zur Textdarstellung zu verwenden (vgl. Bedingung 3.1), damit der Text »anders aussieht«.

Was erreicht man aber damit, dass die Strukturelemente nur zur inhaltlichen Gliederung eingesetzt werden? Zum einen die bessere Zugänglichkeit der Seite für Menschen, die mit Computerhilfsmitteln arbeiten. Die Navigation innerhalb von Seiten wird hierdurch enorm erleichtert oder überhaupt erst ermöglicht. Weiterhin ist die inhaltliche Gliederung auch dann zu erkennen, wenn die entsprechende Seite mit deaktiviertem CSS angeschaut wird oder der Besucher ein eigenes Stylesheet eingebunden hat. Zum anderen bedeutet es auch für den Entwickler eine wesentlich einfachere Pflege der Seiten, da zum Beispiel bei einem neuen Design nur die CSS-Eigenschaften geändert werden müssen und die zu Grunde liegende Struktur bestehen bleiben kann.

Im folgenden sollen nun verschiedene Strukturelemente und deren korrekte Verwendung vorgestellt werden.

Überschriften-Elemente

Für Besucher, die den Bildschirm zum Erfassen von Webinhalten benutzen, spielt es normalerweise keine Rolle, ob eine Überschrift mit dem entsprechenden (X)HTML-Element (h1, h2 bis h6) ausgezeichnet ist oder nicht. Für Nutzer von Screenreadern stellt diese logische Strukturierung auf Ebene der Blockelemente allerdings eine große Hilfe dar und ermöglicht eine verbesserte interne Seitennavigation. Beispielsweise kann durch die Verwendung der entsprechenden Elemente von Überschrift zu Überschrift gesprungen werden. Auch bei langen Dokumenten können Listen von Überschriften dargestellt werden und erlauben somit den Überblick in eindimensionalen Medien.

Die Auszeichnung einer Überschrift erster Ordnung wird in (X)HTML folgendermaßen vorgenommen:

```
<h1>Tolle Preise</h1>
```

Mit dieser Form der Auszeichnung ist für Computerhilfsmittel gewährleistet, dass die Überschrift als solche erkannt wird und von anderen Blockelementen unterschieden werden kann. Für die Bild-

schirmdarstellung kann mit Hilfe von CSS eine beliebige Formatierung des Elements vorgenommen werden.

»Zur Darstellung der Struktur von mittels Mark-up-Sprachen geschaffener Dokumente sind Überschriften-Elemente zu verwenden«
(Bedingung 3.5). Wie eben beschrieben, ist dies zweckmäßig für die
interne Seitennavigation, doch es kommt nicht nur darauf an, dass
diese Elemente eingesetzt werden, sondern auch in welcher Form.

Bedingung 3.5

So ist es sinnvoll die Hauptüberschrift einer Seite mit h1 auszuzeichnen, da diese den ersten »Anlaufpunkt« für den Besucher bildet. Auch die Struktur der Überschriften innerhalb einer Seite ist
wichtig, das heißt, dass durch die Hierarchie eine logische Struktur
geschaffen wird. So kann auf eine Überschrift erster Ordnung eine
Überschrift zweiter Ordnung folgen, die wiederum von einer der dritten Ordnung gefolgt wird usw. Durch die Gliederung einer Seite
kann sich aber auch ergeben, dass h1 von zwei Überschriften h2
gefolgt wird, wobei in der ersten eine Überschrift dritter Ordnung
und in der zweiten zwei Überschriften h3 enthalten sind.

Zur Verdeutlichung ein Beispiel:

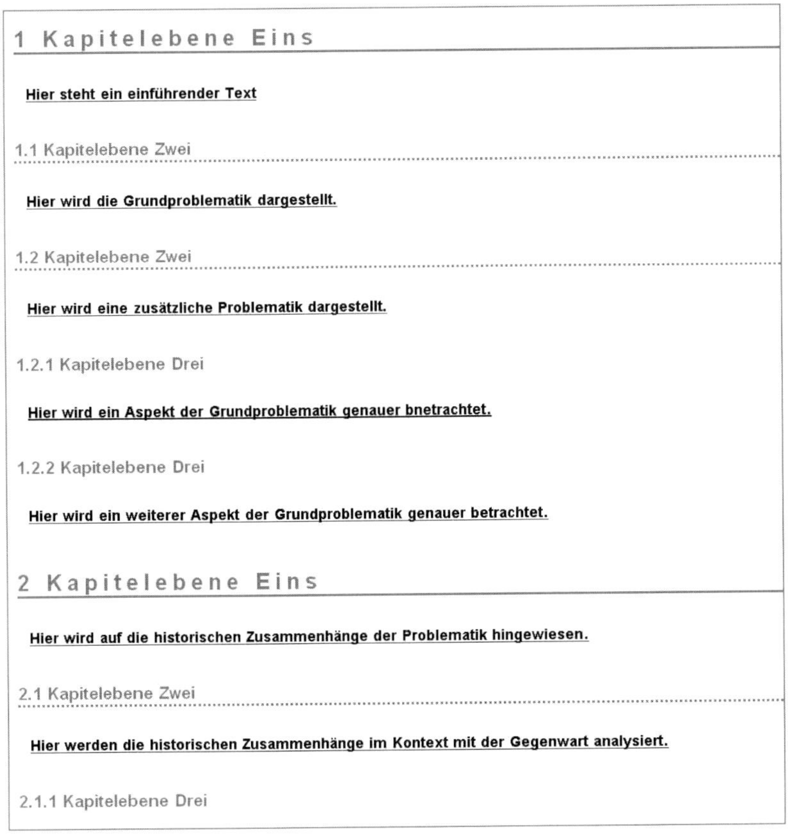

Abb. 2-51

Darstellung einer Dokumentgliederung

1 Kapitelebene Eins

Hier steht ein einführender Text

1.1 Kapitelebene Zwei

Hier wird die Grundproblematik dargestellt.

1.2 Kapitelebene Zwei

Hier wird eine zusätzliche Problematik dargestellt.

1.2.1 Kapitelebene Drei

Hier wird ein Aspekt der Grundproblematik genauer bnetrachtet.

1.2.2 Kapitelebene Drei

Hier wird ein weiterer Aspekt der Grundproblematik genauer betrachtet.

2 Kapitelebene Eins

Hier wird auf die historischen Zusammenhänge der Problematik hingewiesen.

2.1 Kapitelebene Zwei

Hier werden die historischen Zusammenhänge im Kontext mit der Gegenwart analysiert.

2.1.1 Kapitelebene Drei

Diese Vorgabe ist streng hierarchisch, doch man stelle sich folgende Überschriften in einem Buch vor:

```
2.7        Struktur und Validierung
2.7.1      Formulare
2.7.2      Datentabellen
2.7.3      Strukturelemente
2.7.3.1    Überschriften-Elemente
2.7.3.2.1  Aufzählungen
2.7.3.3    Hervorhebung und Betonung
```

Beim Lesen einer solchen Gliederung würde sich ein Leser bei Abschnitt 2.7.3.2.1 sehr wundern, da er gewohnt ist, dass alle Unterpunkte einen entsprechenden übergeordneten Punkt haben. Das Fehlen von 2.7.3.2 ist an dieser Stelle unlogisch. Ähnlich muss es einem Besucher ergehen, der sich von Überschrift zu Überschrift auf einer Webseite bewegt und die Überschrift der entsprechenden Ordnung nicht finden kann.

Aufzählungen und Listen

Bedingung 3.6 Nach Bedingung 3.6 sind zur Darstellung von Listen und Listenelementen die entsprechenden (X)HTML-Listenelemente zu verwenden. Hierfür und eingeschränkt auch zur Formatierung stehen in (X)HTML drei verschiedene Typen von Listen zur Verfügung:

- die Aufzählung (UL = unordered list)
- die Nummerierung (OL = ordered list) und
- die Definitionsliste (DL = definition list)

Aufzählung Texte, die als Aufzählung formatiert sind werden in grafischen Browsern mit einem *Bullet* vorangestellt. Das folgende Codebeispiel zeigt eine einfache Liste:

```
<ul>
  <li>Hut</li>
  <li>Stock</li>
  <li>Regenschirm</li>
</ul>
```

Bei verschachtelten Listen werden dann Kreise oder Quadrate für eingerückte Listen dargestellt, um die einzelnen Verschachtelungsstufen visuell voneinander zu trennen.

Aufzählungen können aber auch mit CSS formatiert werden. Hierbei ist es möglich, für die Listenpunkte auch Grafiken zu definieren. Dies erfolgt mit folgender CSS-Anweisung

```
ul { list-style:url(gruener_kreis.png) disc; }
```

Über die CSS Eigenschaft list-style-image wird die Grafik für alle UL-Elemente festgelegt. Das Attribut disc gibt eine Alternative an (hier der runde Listenpunkt), die verwendet wird, wenn die Grafik nicht geladen werden kann.

Aufzählungen sind unter Umständen auch eine gute Möglichkeit, die Navigation eines Webauftritts zu gliedern, da sie dem Benutzer durch ihren logischen Aufbau helfen, sich in der Navigation zurecht zu finden. Darüber hinaus können Computerhilfsmittel solche als Blockelemente ausgezeichnete Navigationen schnell überspringen. Es gibt die Auffassung, dass in solchen Navigationslisten das UL-Element mit einem title versehen werden kann. Dieser wird dann im grafischen Browser als Tool-Tipp angezeigt. Screenreader unterstützen diesen Tooltipp allerdings nur bedingt und auch in grafischen Browsern kann das dauernde Erscheinen und die Überdeckung der Inhalte eher störend wirken. Insbesondere für Screenreader sollten zusätzlich unsichtbare Hinweise eingebunden werden, die die Navigation weiter erleichtern:

```
<div class="navigation"><span
class="unsichtbar">Hauptnavigation</span>
   <ul title="Hauptnavigation">
       <li class="hauptkategorie"><a href="#">Hauptkategorie
1</a></li>
...
</ul> </div>
```

Mit dem Anbringen eines versteckten Hinweises und eines titles ist auch die Befolgung von Bedingung 13.8 zur Beschreibung von Informationsblöcken sichergestellt.

Bedingung 13.8

Mit einer Nummerierung können Reihenfolgen wie 1., 2., 3. oder a, b, c festgelegt werden. Die automatische Nummerierung erspart es dem Webdesigner, sich selbst um die richtigen Zahlen zu kümmern.

Nummerierung

```
<ol>
   <li>Pfanne auf den Herd stellen</li>
   <li>&Ouml;l in die Pfanne geben und Herd einschalten</li>
   <li>Ei aufschlagen und in die Pfanne geben</li>
   <li>Ei mit etwas Salz bestreuen</li>
   <li>ca. drei Minuten warten  </li>
</ol>
```

Leider ist es in (X)HTML in der Variante Strict nicht möglich, Nummerierungen zum Beispiel durch ergänzenden Text zu unterbrechen und mit der fortlaufenden Nummer wieder aufzunehmen. Das hierfür vorgesehene Attribut start aus vorherigen Versionen ist in der Strict-Variante von (X)HTML nicht mehr erlaubt.

Auch bei Nummerierungen sind Gestaltungsmöglichkeiten mit CSS gegeben. Beispielsweise kann mit der CSS-Eigenschaft list-style-type die Darstellung der Nummerierung in römischen Ziffern abgebildet werden.

Der Nachteil einer Zuordnung von Nummern per CSS ist, dass es sich bei CSS um eine Formatierung handelt und dass die Nummerierung streng genommen eine strukturierende Information ist. Sollte der Nutzer CSS ausgeschaltet haben, würde jede Liste wieder bei 1. beginnen. Eine Nummerierung mit »Unterpunkten« zu definieren ist in (X)HTML leider nicht möglich. Das folgende Beispiel kann alternativ eingesetzt werden:

```
<ul class="ohneZeichen">
  <li>1. Einleitung </li>
  <li>2. Computer und Behinderung</li>
    <ul class="ohneZeichen">
      <li>2.1 Was ist barrierefreies Webdesign? </li>
      <li>2.2 Sprachausgabe und Braille-Zeile </li>
...
</ul>
```

Definitionslisten

Definitionslisten werden unter anderem benutzt, um Glossare oder Dialoge in (X)HTML aufzubereiten. Hierbei hat jeder Eintrag mindestens zwei Elemente: den Eintrag selbst, der mit DT (»definition term«, Definitionsausdruck) erstellt wird, und eine oder mehrere Erläuterungen, die mit DD (»definition data«, Definitionsdaten) eingeschlossen werden. Standardmäßig wird der Eintrag linksbündig dargestellt und die Erläuterung eingerückt.

```
<dl>
  <dt>Computerhilfsmittel</dt>
  <dd>Software oder Hardware, die speziell entwickelt wurde, um
behinderten Menschen bei ihren t&auml;glichen Aktivit&auml;ten zu
helfen. </dd>
  <dt>Zugangssoftware</dt>
  <dd>Software zum Zugriff auf Webinhalte; ...</dd>
</dl>
```

Auch Definitionslisten können ineinander verschachtelt werden. Hierbei wird die »eingeschachtelte« Definitionsliste in das DD-Element eingebettet. Es ist auch möglich mehrere Definitionsdaten einem Definitionsausdruck zuzuweisen.

Absätze und Abschnitte

Absätze sind ein wichtiges Blockelement zur Textstrukturierung. Mit ihrer Hilfe kann ein Text in einzelne navigierbare Segmente gegliedert werden:

```
<p>Ein Absatz</p>
```

Dieses Element dürfte den meisten Lesern bekannt sein, doch soll an dieser Stelle darauf hingewiesen werden, dass allein das p-Element zur Auszeichnung von Absätzen vorgesehen ist. Einen Abschnitt mit einem doppelten
 (Zeilenumbruch) zu erzwingen mag zwar im täglichen Leben praktisch erscheinen, doch widerspricht dies eindeutig den Vorgaben der BITV.

Das div-Element ist dem gegenüber ein »allgemeines Blockelement«, das heißt, es hat keinerlei gliedernde Funktion und sollte ausschließlich zur übergeordneten Zusammenfassung mehrerer Strukturelemente genutzt werden.

Zitate und Quellenangaben

Die logischen (X)HTML-Elemente zur Kennzeichnung von Zitaten und Quellenangaben sollten ihrer Bestimmung nach eingesetzt werden und nicht etwa für das Layout (Bedingung 3.7). Das wohl bekannteste Element zur Auszeichnung von Zitaten ist das BLOCK-QUOTE-Element. Es erzeugt einen Absatz, wird in den meisten grafischen Browsern eingerückt und kann das cite-Attribut zur Angabe der Quelladresse im Web enthalten. Ein wesentlicher Vorteil der Auszeichnung von Zitaten ist im Bereich der Semantik zu sehen. Somit ist es bestimmten Werkzeugen, zum Beispiel dem Semantic Data Extractor, möglich, semantische Informationen aus Webauftritten zu extrahieren.

Bedingung 3.7

Semantic Data Extractor: http://www.w3.org/ 2002/08/ extract-semantic.xsl

```
<p>Jeder, der sich mit dem Thema beschäftigt, hat die Aussage:</p>
<blockquote cite="http://www.barrierefreies-
webdesign.de">&quot;Barrierefreies Webdesign - manchmal auch
Zug&auml;nglichkeit genannt - ist die Kunst, Webseiten so zu
programmieren, dass jeder sie lesen kann.&quot;</blockquote>
<p>schon einmal gelesen</p>
```

Das BLOCKQUOTE-Element wurde oft zu Formatierungszwecken eingesetzt. Andere eher unbekannte Elemente zum Zitieren und der Angabe von Quellen sind Q (quote = Zitat) und CITE (= die Quellenangabe).

Das Q-Element hat im Grunde genommen den gleichen Verwendungszweck wie BLOCKQUOTE, allerdings mit dem Unterschied, dass es ein Inline-Element ist und deswegen innerhalb anderer Blockelemente wie Absätze eingebettet sein muss.

Das Q-Element wird derzeit weder von Screenreadern noch vom Internet Explorer unterstützt, Browser wie Mozilla zeigen das Zitat in Anführungsstrichen an.

Als drittes in der Gruppe der Zitate gibt es noch das CITE-Element. Es dient zur Auszeichnung der Quellenangabe, zum Beispiel dem Namen einer Person. Die meisten Browser stellen es mit kursiver Schrift dar.

Hervorhebung und Betonung

Außer den bereits beschriebenen Strukturelementen zur Strukturierung von Inhalten gibt es noch weitere logisch strukturierende Elemente zur Betonung und Hervorhebung.

STRONG und EM STRONG und EM sind die beiden Elemente, die zur logischen Auszeichnung von Hervorhebungen gedacht sind. STRONG steht für »stark« (oder hervorgehoben), EM steht für »emphasis« (engl. für Betonung). In den meisten Browsern wird STRONG fett dargestellt und kann somit als Ersatz für das (X)HTML-Element b (bold) zur Fettformatierung dienen. EM wird hingegen meist kursiv dargestellt und dient als strukturierender Ersatz für das I-Element (italic = kursiv). Das heißt nicht, dass b und i nicht benutzt werden dürfen. Vielmehr muss bedacht werden, ob Fett- oder Kursivsetzungen zur Hervorhebung oder Betonung eingesetzt werden und somit auch alternativen Medien wie Sprachausgaben zur Verfügung gestellt werden müssen. Der Einsatz struktureller Elemente ist deswegen formatierenden Elementen vorzuziehen, da diese Angaben unabhängig von der Darstellung sind. Die logischen Auszeichnungen werden auch dann ausgegeben, wenn der benutzte Browser oder das Computerhilfsmittel Formatierungen unter Umständen nicht unterstützt.

Bedingung 6.1 Auch auf die Formatierung von Inhalten mit Stylesheets muss an dieser Stelle hingewiesen werden. Wenn Stylesheets zur Hervorhebung genutzt werden, so muss natürlich die Hervorhebung auch ohne CSS erkennbar sein (Bedingung 6.1). Ähnlich wie bei der Vorgabe, Informationen nicht nur durch Farbe zu vermitteln (siehe Abschnitt 2.2), können auch Textumrahmungen oder andere Linien unter vom Benutzer abhängigen Umständen nicht angezeigt werden. Sie könnten zum Beispiel zur Hervorhebung bestimmter Absätze folgendes einsetzen:

```
<style type="text/css"><!--
.hervorhebung { border-bottom:2px solid #ff0000; }
--></style>
...
<p class="hervorhebung">Ein Absatz</p>
```

um optisch eine Hervorhebung zu vermitteln. Ohne Stylesheet-Unterstützung erscheint dieser Absatz aber so wie jeder andere. In diesem speziellen Fall ist es erforderlich, die Formatierung auf strukturelle Elemente anzuwenden. Das CSS könnte wie folgt angewandt werden:

```
<p><strong class="hervorhebung">Ein Absatz</strong></p>
```

Diese Hervorhebung ist nun auch bei abgeschaltetem CSS erkennbar.

Laut Bedingung 4.2 der BITV müssen Abkürzungen und Akronyme bei ihrem ersten Auftreten kenntlich gemacht und erläutert werden. Hierzu stellt (X)HTML die Elemente ABBR und ACRONYM zur Verfügung. ABBR steht für Abkürzungen, die im täglichen Sprachgebrauch ausgesprochen werden, in der Schriftform aber gekürzt werden, zum Beispiel »usw.« oder »Dr.«. ACRONYM steht für Akronyme, das heißt Buchstabenkombinationen, die in ihrer abgekürzten Form Eingang in den Sprachgebrauch gefunden haben, zum Beispiel WWW, SPD, NATO oder PC. Beide (X)HTML-Elemente werden mit dem title-Attribut versehen, das die ausgeschriebene Form enthält:

ABBR und ACRONYM

Bedingung 4.2

```
<p>Der Erfinder des <acronym title="World Wide Web" lang="en"
xml:lang="en">WWW</acronym> wurde 2004 geadelt und heißt jetzt
<span lang="en" xml:lang="en">Sir Tim Berners-Lee</span>.</p>
```

In vielen Browsern wird bei Mausberührung das title-Attribut angezeigt. Allerdings unterstützt der Microsoft Internet Explorer abbr-Element nicht. Die Elemente ABBR und ACRONYM sollten mit einer Formatierung über CSS, zum Beispiel eine gestrichelte Unterstreichung, versehen werden. Hierdurch wird es den Besuchern ermöglicht, Abkürzungen und Akronyme in jedem grafischen Browser zu erkennen und sich gezielt die Erklärung anzeigen zu lassen. Eine gute Möglichkeit zur Kennzeichnung bietet die Umrandung eines Begriffes, da diese unabhängig von eventuell eingestellten Farben funktioniert.

Willkommen im WWW!

Abb. 2-52
Hervorhebung von
Akronymen mit CS

(X)HTML stellt noch weitere Elemente zur Auszeichnung von logischen Strukturen zur Verfügung. Einige dieser Elemente sind der nachfolgenden Tabelle zu entnehmen.

Weitere Elemente zur
Textstrukturierung

(X)HTML-Element	Bedeutung
ADDRESS	zur Auszeichnung von Adressangaben
CODE	zur Auszeichnung von Programm-Quelltext
DEL	Kennzeichnet einen Text als »gelöscht«. Dieses Element kann zwei Attribute haben: Mit datetime kann die Löschzeit angegeben werden, mit cite kann ein URI angegeben werden.
DFN	zur Auszeichnung einer Definition
INS	kennzeichnet einen Text als »neu eingefügt«. Wie DEL kann es die Attribute datetime und cite erhalten.
KBD	zur Auszeichnung von Tastatureingaben

Der Vollständigkeit halber soll hier noch das FONT-Element angesprochen werden. Es handelt sich hierbei um das genaue Gegenteil eines Strukturelements, da es dem Browser eine bestimmte Form der Darstellung aufzwingt, ohne damit eine logische Struktur zu verbinden. Hiermit widerspricht es dem Konzept der Trennung von Inhalt und Layout. In HTML 4 und XHTML 1.0 Transitional ist FONT als »deprecated« (missbilligt) gekennzeichnet, das heißt, es sollte nicht mehr verwendet werden. In HTML 4 Strict, XHTML 1.0 Strict und XHTML 1.1 ist es nicht mehr definiert.

Die Verwendung von Strukturelementen dient insgesamt der besseren Navigation. Gerade Screenreader, die Inhalte eines HTML-Dokuments linearisiert und eindimensional ausgeben, benötigen solche Elemente, um dem Benutzer eine bessere Navigation zu ermöglichen.

2.7.4   Validierung

Unter »Validierung« (valid (engl.) = gültig) versteht man den Vorgang, ein (X)HTML-Dokument so zu codieren, dass es einer formalen Grammatik entspricht. Zur Prüfung, ob der Code eines Dokuments valide ist, kann der Validator des W3C genutzt werden (vgl. Abschnitt 5.2). Valides HTML oder XHTML zu benutzen, erleichtert es Browsern und Hilfsmitteln, (X)HTML-Dokumente schnell und korrekt zu interpretieren.

Für jede Zugangssoftware erleichtert valides (X)HTML die Darstellung innerhalb von Webauftritten. Insbesondere kann zum Beispiel eine valide Liste von einem Screenreader direkt über ein Tastenkürzel angesprungen werden und dem Leser wird die Anzahl der Listenpunkte mitgeteilt. Wenn Listen mit Formatierungen statt den dafür vorgesehenen Listenelementen gestaltet werden, erfährt der blinde Nutzer weder, dass hier visuell eine Liste dargestellt wird, noch hat er die Möglichkeit, in dieser zu navigieren. Das Gleiche gilt für Überschriften oder andere strukturierende Elemente. Die Nichtverwendung von Listen und Überschriften ist streng genommen kein Verstoß gegen formale Grammatik: Die Verwendung jedoch sichert die Portabilität von Dokumenten in andere XML-basierte Anwendungen.

Weder Browser noch Hilfsmittelhersteller halten sich vollständig an die Standards. Dies kann jedoch nur erreicht werden, wenn immer mehr Webanbieter die Voraussetzung hierfür schaffen, indem sie sich an die Standards halten. Letzten Endes ist Barrierefreiheit nur dann erreichbar, wenn Browser- und Hilfsmittelhersteller, Anbieter von Redaktionssystemen und anderen Werkzeugen sowie Webdesigner sich an die internationalen Standards des W3C halten.

Validierbarkeit allein ist allerdings noch kein Garant für Barrierefreiheit. Bestimmte Aspekte der Barrierefreiheit, wie zum Beispiel die Trennung von Inhalt und Layout, werden durch die Validierbarkeit unterstützt, doch muss eine valide Seite noch lange nicht zugänglich sein.

HTML und XHTML

XHTML basiert auf XML, einer Metasprache, die es ermöglicht, Auszeichnungssprachen wie XHTML, SVG oder SMIL (vgl. Abschnitt 3.1) zu definieren. XHTML 1.0 bildet HTML 4 in XML ab, weist jedoch kleinere Unterschiede auf. Diese Unterschiede sind im Dokument »Die Unterschiede zwischen XHTML und HTML« auf der CD-ROM zusammengestellt. In den letzten Jahren hat sich abgezeichnet, dass (X)HTML immer mehr genutzt wird, um Programmoberflächen, zum Beispiel für mobile Geräte oder Fernsehgeräte, zu entwickeln. Durch die unterschiedlichen Anforderungen, die diese Geräte stellen, mussten verschiedene Module von XHTML entwickelt werden. Die neue Sprachversion heißt XHTML 1.1 oder »modulares XHTML«. Es hat den Vorteil, dass bei der Entwicklung nicht alle Module von XHTML in das jeweilige Dokument eingebunden werden müssen und Entwickler auch selbst die Möglichkeit haben, den Umfang von XHTML ihren Bedürfnissen entsprechend zu erweitern oder zu beschränken. Für »Homepagebastler« macht es allerdings keinen Unterschied, ob sie XHTML 1.0 oder XHTML 1.1 einsetzen.

Sowohl in HTML 4.01 als auch in XHTML 1.0 gibt es die Varianten »transitional«, »strict« und »frameset«. Die DTD »frameset« ist ausschließlich für (X)HTML-Dokumente gedacht, in denen ein Frameset definiert wird. Die Variante »transitional« bietet die Vorteile von

Auf der CD-ROM befindet sich das Dokument »Die Unterschiede zwischen XHTML und HTML«.

(X)HTML in Verbindung mit CSS, ermöglicht allerdings auch kleinere Anpassungen des Layouts für Browser, die CSS nicht unterstützen. Die Variante »strict« sollte benutzt werden, wenn eine sehr klare Dokumentenstruktur gewünscht wird, die von jeglichem Layout getrennt ist. Für das Layout muss in diesem Fall CSS eingesetzt werden.

Der Unterschied zwischen »strict« und »transitional«, der auf den ersten Blick unklar erscheinen mag, soll im Folgenden an einem Beispiel erläutert werden:

In (X)HTML Transitional ist es erlaubt, ein neues Fenster mit Hilfe des target-Attributs zu öffnen:

```
<a href="http://bf-w.de/beispiele/tutorials/index.html"
target="_blank" title="In einem neuem Fenster">Zur Übersichtsseite
der Tutorials</a>
```

In den Strict-Varianten ist das target-Attribut nicht mehr definiert, da es dem Browser ein bestimmtes Verhalten vorschreibt. So ist es in der Strict-Variante mit Hilfe von CSS zwar möglich, das Layout bestimmter Elemente (Schriftgröße, Farbe etc.) zu beeinflussen, ein Verhalten des Browsers zu erzwingen ist jedoch nicht möglich.

XHTML 1.0 Strict ist derzeit die Empfehlung des W3C, doch ist auch HTML 4.01 nach BITV ein gültiger Standard. Aus Gründen der Zukunftssicherheit empfiehlt es sich aber trotzdem, XHTML zu verwenden. Somit ist die vollständige Kompatibilität zu XML und damit auch die Kompatibilität zu anderen Auszeichnungssprachen wie SMIL oder SVG gewährleistet. Weiterhin ermöglicht XHTML strict in Verbindung mit CSS die vollständige Trennung von Inhalt und Layout, wie sie in der BITV gefordert wird.

Document Type Definition

In den DTDs wird zusammengefasst, welche Elemente wie auszusehen haben, wie sie verschachtelt werden oder welche Attribute sie besitzen dürfen. Diese DTDs sollten zu Beginn eines jeden HTML- oder (X)HTML-Dokuments eingebunden werden:

```
<!DOCTYPE html PUBLIC "-//W3C//DTD XHTML 1.0 Strict//EN"
"http://www.w3.org/TR/xhtml1/DTD/xhtml1-strict.dtd">
```

Dieser Dokumententyp beschreibt, dass

- der Dokumententyp XHTML1.0 strict verwendet wird,
- diese DTD am angegebenen URI dokumentiert wird.

Bedingung 3.2
Bedingung 11.1

Hiermit sind die Anforderungen aus Bedingung 3.2 und 11.1 der BITV sichergestellt.

Validierung von CSS

Genau wie für HTML und XHTML gibt es auch für CSS einen Sprach-
standard, an den sich zu halten das W3C empfiehlt. Auch für CSS
gibt es einen Validator, mit dem man seine CSS-Dateien auf ihre Richtigkeit überprüfen kann.

Im Gegensatz zu (X)HTML ist es in CSS für die Zugänglichkeit
nicht so entscheidend, ob valides CSS eingesetzt wird oder nicht. Für
den Hausgebrauch werden die meisten Entwickler ohnehin valides
CSS einsetzen, da dieses am besten dokumentiert ist.

Entwickler, die sehr komplexe Seitenkonstruktionen entwerfen,
können unter Umständen gezwungen sein, auf so genannte »CSS-
Hacks« zurückzugreifen. Hierbei handelt es sich um sehr komplexe
CSS-Eigenschaften, die zum Teil auch nur durch eine Verquickung
von JavaScript und CSS funktionieren, was ihren Einsatz problematisch macht. Ob eine identische Darstellung in allen gängigen Browsern gegenüber einer validen CSS-Datei vorzuziehen ist, muss im
Einzelfall entschieden werden.

Insgesamt sind die korrekte Auszeichnung von (X)HTML und CSS
und die Validierung technische Voraussetzungen für die Barrierefreiheit. Auf diesem Wege können (XML-basierte) geräteunabhängige
Darstellungen ermöglicht werden. Letzten Endes ist die Einhaltung
der formalen Standards durch Webdesigner auch das Druckmittel,
Hersteller von Software jeder Art zur vollständigen Unterstützung der
Standards des W3C zu bringen.

3 Multimedia und andere Formate in Webauftritten

In diesem dritten Kapitel des Buchs werden die Aspekte der barriere- *Anforderung 1*
freien Webgestaltung diskutiert, die durch die Einbindung von *Anforderung 6*
zusätzlichen multimedialen Techniken entstehen. Die BITV legt ihren *Anforderung 7*
Schwerpunkt auf HTML und muss analog auf diese Formate ange- *Anforderung 11*
wandt werden. Grundsätzlich wird das Thema jedoch in Anforderung 1
(Textorientierung), Anforderung 6 (Kompatibilität), Anforderung 7
(Dynamik) und Anforderung 11 (W3C-Konformität) angesprochen.
Konkrete Handlungsanweisungen, wie in Kapitel 2 des Buchs zu finden sind, werden nur eingeschränkt berücksichtigt. Hier bleibt auf
die WCAG2 zu warten, die in ihrer jetzigen Entwurfsfassung auch
Multimedia und weitere Webtechniken ansprechen.

Zunächst wird in Abschnitt 3.1 die vom W3C standardisierte Synchronized Multimedia Integration Language 2.0 (SMIL, ausgesprochen *smile*) behandelt. Mit SMIL ist es möglich einem Multimediafor-
mat, visuelle und auditive Informationen beizufügen. Für Hörgeschädigte sind auditive Informationen nicht verwertbar, weshalb sie auf
entsprechende visuelle Alternativen angewiesen sind. Das klassische
Mittel hierfür sind Untertitel. Blinden Menschen kann der Zugang zu
visuellen Inhalten mit Hilfe einer zusätzlichen Audiodatei ermöglicht
werden. Ein Sprecher erläutert in den Dialogpausen des Films die
Inhalte, die sich zum Beispiel aus den Handlungen oder der Mimik
von Personen ergeben. Im Fernsehen nennt sich diese Präsentations-
form »Hörfilm«. Bei rein akustisch vermittelten Inhalten, zum Beispiel
einem Interview, das als Audiodatei in einem Webauftritt angeboten
wird, können die Inhalte über eine Textabschrift (Transkript) zugänglich gemacht werden. Solche Textabschriften können auch in anderen Fällen, in der Multimedia angeboten wird, eingesetzt werden.

In den letzten Jahren hat sich Macromedia Flash zu einem der
wichtigsten Werkzeuge für die Produktion und Präsentation von multimedialen Inhalten entwickelt. Macromedia hat in der Version Flash
MX begonnen, erste Funktionalitäten, die eine Sicherung der Barrie-

refreiheit ermöglichen, zu integrieren. Inwieweit Flash-Objekte barrierefrei gestaltet werden können, ist in Abschnitt 3.2 zu lesen.

Das Portable Document Format wurde von Adobe Systems entwickelt. Mittlerweile verwenden viele Unternehmen und Behörden
dieses Format, um Broschüren, Handbücher und auch Formulare
über das Web anzubieten. Die barrierefreie Gestaltung ist nur eingeschränkt möglich. Das Spektrum des Machbaren wird in Abschnitt 3.3
besprochen.

3.1 Synchronized Multimedia Integration Language

Die aktuelle Version SMIL 2.0 wurde am 7. August 2001 vom W3C
offiziell als Standard veröffentlicht. Diese Technik definiert Bedingungen und Anforderungen, um die optimale Darstellung, Kombination
und Synchronisation von unterschiedlichen multimedialen Inhalten
in interaktiven Präsentationen, sowohl im Web als auch offline, zu
gewährleisten.

3.1.1 Grundlagen von SMIL

SMIL ist ein textorientierter, öffentlich dokumentierter Standard, der
auf XML basiert und dessen Syntax den XML-Konventionen folgt. Das
SMIL-Dokument selbst enthält keine Multimediadaten, sondern es
besteht ausschließlich aus Informationen darüber, wann, an welcher
Position, in welcher Größe und vor allem auch in welcher Abhängigkeit zu anderen Objekten ein bestimmter Medientyp in einer Präsentation erscheinen soll.

Als XML-basierte Sprache muss SMIL den strengen syntaktischen
Anforderungen einer solchen gerecht werden. In der W3C-Empfeh-
lung XML 1.0 wird in diesem Zusammenhang von »wohlgeformtem«
XML gesprochen (vgl. auch Abschnitt 2.7.4).

Funktionsmodule von SMIL

SMIL ist in zehn funktionale Gruppen gegliedert. Diese einzelnen
Module enthalten wiederum spezielle Sets von Elementen und Attributen. Diese Gruppen werden nachfolgend kurz vorgestellt.

Die umfangreiche
SMIL-Spezifikation
finden Sie auf
http://www.w3.org/
TR/smil20/.

▌ **Animation:** Dieses Modul bietet den Rahmen um Animationen in
einen zeitlichen Kontext mit anderen Elementen zu setzen. Dabei
können bestimmte Eigenschaften von Objekten auf einer Zeit-
achse verändert und angepasst werden. Elemente dieses Moduls
sind `animate`, `set`, `animateMotion` und `animateColor`.

- **Content Control:** Die Elemente dieser Gruppe definieren Parameter für die Abstimmung der Inhalte auf eine bestimmte Präsentationssituation und deren technische Restriktionen (zum Beispiel Bandbreite oder Auflösung). Elemente dieses Moduls sind `switch`, `prefetch`, `customAttributes` und `customTest`.

- **Layout:** Dieser Bereich legt die Möglichkeiten der visuellen Strukturierung einer Präsentation fest. Mit SMIL ist es möglich, sämtliche visuelle Medien exakt auf dem Ausgabegerät zu positionieren. Elemente dieses Moduls sind `region`, `root-layout`, `topLayout`, `layout` und `regPoint`.

- **Linking:** Die Möglichkeiten, Dokumente oder auch nur deren Bestandteile durch Links zu verknüpfen, werden in dieser Gruppe bestimmt. Prinzipiell kann jedes Element einer SMIL-Präsentation als Link dienen. Elemente dieses Moduls sind `a` und `area`.

- **Media Objects:** SMIL erlaubt die Integration unterschiedlichster Medientypen durch Referenzierung. Elemente dieses Moduls sind `ref`, `animation`, `audio`, `img`, `video`, `text`, `textstream` und `brush`.

- **Meta-Information:** Jede Präsentation kann mit zusätzlichen Informationen wie Titel, Autorenname oder Urheberhinweisen versehen werden. Diese Metainformationen können während der Wiedergabe als zusätzliche Information angezeigt, oder für die Identifizierung und Verwaltung der Präsentation verwendet werden. Elemente dieses Moduls sind `meta` und `metadata`.

- **Structure:** Dieses Modul definiert die Attribute, die für die grundsätzliche Strukturierung eines SMIL-Dokuments benötigt werden. Elemente dieses Moduls sind `smil`, `head`, und `body`.

- **Timing and Synchronization:** Diese Gruppe enthält alle Elemente, die für die zeitliche Organisation und Synchronisation von Medien innerhalb einer SMIL-Präsentation eingesetzt werden können. Diese zeitbezogenen Komponenten bilden den Kern von SMIL. Elemente dieses Moduls sind `par`, `seq`, `excl` und `priorityClass`.

- **Transitions:** Dieser Bereich sorgt dafür, dass es bei einem Wechsel von medialen Inhalten einer Präsentation nicht zu abrupten Übergängen kommt. Durch vielfältige Übergangseffekte, wie zum Beispiel langsames Aus- oder Einblenden von Inhalten, können harte Brüche vermieden werden. Element dieses Moduls ist `transition`.

- **Time Manipulation:** Dieses Modul ermöglicht die Manipulation der zeitlichen Ebene von integrierten Medien. Konkret kann die Abspielgeschwindigkeit von unterschiedlichen Medien beschleunigt, verlangsamt oder auch umgekehrt werden. Dieses Modul ist insofern ein Sonderfall, als es keine Elemente, sondern nur Attribute enthält, die den Elementen der meisten anderen Module beigefügt werden können. Dieses Modul wird aktuell nur von wenigen Multimedia-Playern unterstützt.

Struktur eines SMIL-Dokuments

Wie in allen XML-basierten Sprachen müssen auch am Beginn jedes SMIL-2.0-Dokuments bestimmte Angaben gemacht werden, damit die Inhalte von der Zugangssoftware korrekt interpretiert und von anderen XML Dokumenten unterschieden werden können. Als erstes muss die Angabe der Determinanten erfolgen, denen das Dokument entsprechen soll, die Document Type Declaration (DTD). Am Beginn dieser Definition steht die Angabe des Dokumentelements, für SMIL-Dokumente ist dies das Element »smil«. Es folgt der »public identifier«, der den formalen Aufbau der DTD bestimmt. Schließlich muss noch die Adresse angegeben werden, unter der die formale Beschreibung des verwendeten Dokumenttyps zu finden ist. Dieses Dokument kann sich sowohl lokal als auch auf einem Server befinden.

Nach dieser Klassifikation der Determinanten beginnt das eigentliche SMIL-Dokument mit dem Element SMIL, das obligatorisch die Deklaration des verwendeten Namensraums enthält. Wie ein HTML-Dokument besteht auch ein SMIL-Dokument aus einem HEAD- und einem BODY-Bereich. Dabei enthält der HEAD-Bereich insbesondere grundlegende Layoutinformationen und definiert die Struktur und den Aufbau der Präsentation. Sämtliche Angaben zum Ablauf der Präsentation, die zeitliche und räumliche Integration von Medien, befinden sich im BODY-Bereich.

Ein typisches SMIL-2.0-Dokument ist wie folgt aufgebaut:

```
<xml version="1.0"?>
<!DOCTYPE smil PUBLIC "-//W3C//DTD SMIL 2.0//EN"
        "http://www.w3.org/2001/SMIL20/SMIL20.dtd">
<smil xmlns="http://www.w3.org/2001/SMIL20/Language">
   <head>
      <!-- Angabe von Metadaten und visuelle Organisation der
Präsentation -->
   </head>
   <!-- Angabe der Medien sowie deren räumliche und zeitliche
Organisation -->
   <body>
   </body>
</smil>]
```

Werkzeuge zur Produktion von SMIL-Dokumenten

Da SMIL ein textbasiertes Format ist, genügt im Grunde ein einfacher Texteditor um eine Präsentation in dieser Sprache zu erstellen. Diese Möglichkeit erlaubt es theoretisch jedem, das volle Potenzial von SMIL auszuschöpfen, allerdings sind die Vorteile professioneller Lösungen nicht zu übersehen.

Kommerzielle Programme bieten visuelle und funktionale Hilfestellungen bei der Programmierung (zum Beispiel Anzeige der möglichen Attribute und der korrekten Syntax), integrierte Quelltext-Validatoren, die sofort auf Fehler aufmerksam machen, und eine grafische Benutzerschnittstelle, die viele Eingaben vereinfacht und somit Zeit spart.

Es gibt einige verfügbare Werkzeuge zur Unterstützung bei der Erstellung von SMIL-Dokumenten. Obwohl diese Programme zur Bearbeitung von SMIL-Dokumenten geeignet sind, so sind die Aspekte der Barrierefreiheit ungenügend berücksichtigt worden.

Eine kostenlose Software zur Erstellung von Untertiteln und Audiodeskription, MAGpie, wird in diesem Abschnitt vorgestellt.

Auf der CD-ROM befindet sich die Installationsdatei für MAGpie.

SMIL und BITV

Bevor die Bedeutung von Untertiteln und Audiodeskriptionen im Web und deren Realisationsmöglichkeiten erläutert werden, sei zunächst auf die Anforderung 1 der BITV hingewiesen:

Anforderung 1

> »Für jeden Audio- oder visuellen Inhalt sind geeignete äquivalente Inhalte bereitzustellen, die den gleichen Zweck oder die gleiche Funktion wie der originäre Inhalt erfüllen.«

Damit die Inhalte von Multimedia-Filmen für gehörlose und blinde Menschen zugänglich sind, müssen Untertitel bzw. Audiodeskriptionen bereitgestellt werden.

Multimedia wird laut dem Glossar der BITV wie folgt definiert:

> »Die Verbindung mehrerer Medien wie Text, Bild, Ton oder dreidimensionaler Simulation zu einer geschlossenen elektronischen Präsentation.«

Ein zusätzlicher Aspekt zum Thema Multimedia, die synchrone Darstellung der Inhalte, wird durch die Bedingung 1.4 definiert:

Bedingung 1.4.

> »Für jede zeitgesteuerte Multimedia-Präsentation (insbesondere Film oder Animation) sind äquivalente Alternativen (z. B. Untertitel oder Audiobeschreibungen der Videospur) mit der Präsentation zu synchronisieren.«

Es muss also nicht nur ein gleichwertiger Ersatz für die akustischen oder visuellen Inhalte zur Verfügung gestellt werden, eine synchrone Präsentation wird ebenfalls gefordert. Hierfür eignet sich SMIL.

3.1.2   Untertitel für Filme im Web

Typisch für synchrone Untertitel ist, dass die Wörter als gleichwertiger Ersatz für die gesprochenen Dialoge nur einmal innerhalb kurzer Zeit gelesen werden können. Ein selbstbestimmtes, vergleichsweise langsames Lesen ist im Gegensatz zu statischen Texten in der Regel nicht möglich. Auch muss der Leser zusätzlich zum Text das Geschehen im Film verfolgen, es ist also eine komplexe Informationsverarbeitung nötig, die sich bei Filmen mit vielen Schnitten noch erhöht, weil das Auge nach jedem Schnitt den Bildschirm und damit auch die Untertitel neu erfassen muss. Im Zusammenhang mit Fernsehfilmuntertiteln wird innerhalb der Gehörlosengemeinschaft kontrovers diskutiert, ob es bei dem Verfassen von Untertiteln erlaubt sein soll, komplexe Inhalte oder Wortwechsel in kurzen Sätzen zusammenzufassen, um das Verständnis zu erleichtern.

Aus der Gruppe der Gehörlosen mit einer guten Schriftsprachenkompetenz (in der Regel spät gehörlos gewordene Menschen) kommt die Forderung nach einer möglichst originalgetreuen Übersetzung. Bereits seit der Geburt gehörlose Menschen mit einer in der Regel geringeren Schriftsprachenkompetenz wünschen sich dagegen im Zweifelsfall eine Reduzierung der Wortanzahl. Wenn also im Film die Mutter zum Kind sagt »Wenn Du aufgegessen hast, putzt Du Deine Schuhe, ich spiele auf dem PC die neuen Sicherheits-Patches auf und dann fahren wir mit dem Bus zu Tante Frieda« könnte verkürzt »Nach dem Essen fahren wir zu Tante Frieda« werden. Natürlich nur, wenn im weiteren Verlauf des Films der Besuch bei der Tante im Mittelpunkt der Handlung steht und die Sicherheits-Patches keinen weiteren Einfluss auf die Handlung des Films haben.

Nach welcher der sich widersprechenden Bedürfnisse die Untertitel verfasst werden, hängt von der vermuteten Interessengruppe ab. In der Praxis wird in den meisten Fällen gekürzt werden müssen, da der Mensch beim Lesen Informationen langsamer aufnehmen kann als beim Hören (ca. 8 bis 9 Zeichen pro Sekunde). Aus Erfahrungen im Fernsehen weiß man, dass bei Action-Filmen ca. 50 % der Dialoge gekürzt werden müssen. Bei relativ sachlicher TV-Unterhaltung bleiben ca. 80 bis 90 % der ursprünglichen Inhalte auch in den Untertiteln erhalten. Dennoch einen Untertiteltext zu formulieren, der alle wichtigen Informationen transportiert und zum Beispiel Witz, Stimmung und Charme überträgt – das ist die Kunst eines guten Untertiteltexters.

Ein direkter Vergleich zum Fernsehen bzw. eine Übertragung der Praxis beim TV auf das Web ist nur eingeschränkt möglich, da das dort verwendete Videotextformat in Bezug auf die Anzahl der zur Verfügung stehenden Zeichen größeren Einschränkungen unterliegt.

Verfügbare Techniken für synchronisierte Untertitel

Eine Videoschnittsoftware verfügt in der Regel über eine Funktion, mit der Untertitel in einen Film eingeblendet werden können. Diese sind dann allerdings ein fester Bestandteil des Films (binär kodiert) und damit schwer zugänglich (z.B. für Suchmaschinen). Sie sind nur unter hohem Aufwand zu bearbeiten und bei einer Skalierung der Auflösung verringert sich die Qualität.

Das W3C empfiehlt und die BITV fordert, »soweit eine angemessene Mark-up-Sprache existiert, ist diese anstelle von Bildern zu verwenden um Informationen darzustellen« (Bedingung 3.1) sowie »öffentlich zugängliche und vollständig dokumentierte Technologien zu verwenden, sofern dies zur Erfüllung der angestrebten Aufgabe angemessen ist« (Bedingung 11.1). Daher ist in Bezug auf Untertitel im Web die XML-basierte Auszeichnungssprache SMIL zu verwenden.

Bedingung 3.1
Bedingung 11.1

Unter dem Filmfenster, aber noch innerhalb der Playersoftware (Windows Media Player, Real Player, QuickTime Player), wird ein zusätzliches Untertitelfeld zur Darstellung der Inhalte des Textkanals eingeblendet. Dieses hat die Breite des Videofilms, die Höhe reicht aus, um zwei oder drei Textzeilen gleichzeitig darzustellen. Der Hintergrund ist idealerweise schwarz, als Schriftfarben werden Weiß, Gelb, Cyan und Grün empfohlen. Aus Gründen des schlechten Kontrastes sind die Farben Magenta, Rot und Blau zu vermeiden.

Einzelne Farben können den verschiedenen Sprechern bzw. den Hauptakteuren des Films zugeordnet werden. Sollte die Anzahl der sprechenden Personen größer als die zur Verfügung stehenden Farben sein, dann bekommen zum Beispiel alle weniger aktiven Sprecher die Farbe Weiß zugeordnet.

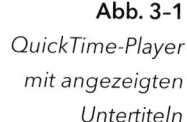

Abb. 3-1

*QuickTime-Player
mit angezeigten
Untertiteln*

Ob Untertitel gut erfasst und verstanden werden können, hängt nicht nur von der Anzahl der Wörter, sondern auch von der Schnelligkeit und Komplexität der anzuzeigenden Dialoge ab. Ein für Gehörlose sehr gut geeigneter Film ist idealerweise wie folgt beschaffen: Eine neue Bildszene wird angezeigt, die Zuschauer haben ein bis zwei Sekunden Zeit, den Bildausschnitt wahrzunehmen. Dann wird der Untertitel-Text eingeblendet. Die visuelle Veränderung des Gesamtbildes durch das Einblenden des Untertitels lenkt die Aufmerksamkeit auf den Text. Nach ausreichender Zeit zum Lesen wird entweder der nächste Satz angezeigt oder die Schrift ausgeblendet. Der Zuschauer kann sich noch einmal auf die visuellen Inhalte konzentrieren. Erst nach ein oder zwei weiteren Sekunden erfolgt der nächste Szenenwechsel. Um diesem Ideal zu entsprechen, müssen beim Erstellen von Untertiteln intensive Dialoge stark zusammengefasst werden, um die Inhalte synchron zur Handlung darstellen zu können. Zukünftig wird es mit Hilfe von SMIL möglich sein, einen Film mit Untertiteln so lange anzuhalten bzw. zu unterbrechen, bis alle nötigen Dialog- oder Erläuterungstexte für einen ausreichenden Zeitraum angezeigt wurden.

Im englischen Sprachraum gibt es Untertitel, die in der Art eines Filmabspanns durch das Textfenster »abgerollt« werden. Diese Technik hat sich in Deutschland nicht durchgesetzt, weil im Gegensatz zum Englischen im Deutschen häufig erst am Ende eines Satzes dessen Grundaussage deutlich wird. Außerdem ist der Ein- und Ausblendevorgang für Untertitel wichtig, um die Aufmerksamkeit auf Film oder Text lenken zu können.

Alle für das Verstehen des Inhalts wichtigen Informationen müssen in Untertitel übertragen werden. Steht ein Schauspieler im Wald, dann kann das Vogelgezwitscher in der Regel unerwähnt bleiben; ertönt aber ein Schuss, worauf der Akteur ängstlich in eine andere Richtung schaut, dann muss der Grund dafür mitgeteilt werden:

»LAUTER GEWEHRSCHUSS«.

Geräusche und Erläuterungen, die zum Verstehen der Handlung wichtig sind, können im Unterschied zu gesprochenen Dialogen mit Hilfe von durchgängiger Großschreibung verdeutlicht werden. Diese Formatierung kann man auch für die Zuordnung von Sprach- oder Lautquellen nutzen:

*LAUTSPRECHER: »Feueralarm! Bitte begeben sie sich zügig zu
den Notausgängen!«*
PAUL: »Was hat das Blinklicht zu bedeuten?«

Die Zuordnung der sprechenden Person muss nicht in jeder Einblendung wiederholt werden, in der Regel ist es ausreichend, wenn sie im Falle eines Sprecherwechsels vorgenommen wird.

Diese Formatierungsempfehlung sollte nur als Vorschlag verstanden werden, eine einheitliche Regelung hat sich in Deutschland noch nicht herausgebildet. So gibt es zum Beispiel auch die Variante, Geräusche in Klammern und nicht mit Hilfe von Großbuchstaben zu kennzeichnen.

Verwendung von MAGpie zur Erstellung von Untertiteln

Der Real Player, der Windows Media Player und der QuickTime Player nutzen jeweils eigene herstellerabhängige Formate (Real-Text, SAMI, QuickTime-Text), um den Filmen die Untertitel hinzuzufügen. Allerdings kann und sollte für Real und QuickTime die standardisierte Sprache SMIL statt der im Player integrierten Möglichkeit verwendet werden. Dies hat unter anderem den Vorteil, dass die Untertitelanzeige vom Autor unabhängig von den im Player vorgenommenen Einstellungen sichergestellt werden kann. Microsoft ermöglicht nur die Verwendung des herstellerabhängigen Formats mit der Bezeichnung »Synchronized Accessible Media Interchange« (SAMI). Damit die Untertitel angezeigt werden, muss der Nutzer diese Option im Windows Media Player aktivieren:

Windows Media Player	Einstellung der Untertitel
Version 7	Wiedergabe→Untertitel→Ein (falls verfügbar)
Version 8	Ansicht→Wiedergabe-Tools→Beschreibung

Tab. 3-1

Einstellung der Untertitel in verschiedenen Versionen des Windows Media Player

Ideal ist es, wenn untertitelte Filme für alle drei Player angeboten werden, da so eine möglichst große Anzahl an interessierten Menschen bedient werden kann.

Sind Multimedia-Filme ausschließlich als Übersetzung in die Gebärdensprache für Gehörlose (vgl. Abschnitt 2.3.4) vorgesehen, dann ist es möglich, die Player bzw. das Filmfenster optisch und funktional mit der Bedienungsleiste in den Webauftritt einzubetten. Dienen die Filme dagegen der Präsentation von allgemeinen Inhalten, dann müssen sie zusammen mit den synchronisierten Untertiteln als eigenständiger Player, also nicht eingebettet, aufgerufen werden. In einen Webauftritt integrierte Player werden teilweise von Computerhilfsmitteln wie Screenreadern nicht erkannt und sind daher nicht nutzbar.

Der Untertitelkanal besteht aus einer einfachen Textdatei, in der definiert ist, welcher Text zu welcher Zeit in welcher Formatierung im Untertitelfenster unter dem Film angezeigt wird.
Hier ein Beispiel im QuickTime-Format:

```
{QTtext}{timescale:100}{font:Arial}{size:12}{backColor:0,0,0}
{textColor:65535,65535,65535}{width:240}{justify:left}
[00:00:00.20]
SPRECHERIN: Fortschritte in der Informationstechnik ermöglichen
blinden Menschen, Text zu lesen,
[00:00:04.39]
[00:00:04.41]
indem er in synthetische Sprache umgewandelt wird.
[00:00:08.62]
```

Es ist natürlich ohne technische Hilfe nahezu unmöglich, den sekundengenauen Zeitpunkt der benötigten Ein- bzw. Ausblendung zu ermitteln. Für diese Aufgabe stehen verschiedene Werkzeuge zur Verfügung (vgl. Abschnitt 3.1.1). Das National Center for Accessible Media in Boston, USA, stellt eine Software mit dem Namen MAGpie kostenlos zur Verfügung. Mit MAGpie können unter anderem Untertiteldateien für alle drei Playerformate erstellt werden (siehe Abb. 3–2).

Mit Hilfe einer Metadatei und eines SMIL-Dokuments wird bewirkt, dass alle drei Präsentationsformate (Film, Untertitel-Textdatei und gegebenenfalls Audiodateien für eine Audiodeskription) synchron in den Playern präsentiert werden. Die Metadateien sind alle einfache Textdateien, die mit einem Texteditor erstellt und auf dem Server abgelegt werden. Ein Link von einem Webauftritt zum Film verweist zunächst auf eine Metadatei, die den vorgesehenen Player aufruft und von diesem geladen wird.

In den Metadateien sind die Pfade zum Film, zum Text und gegebenenfalls zu den Sprachdateien definiert, die nun geladen und syn-

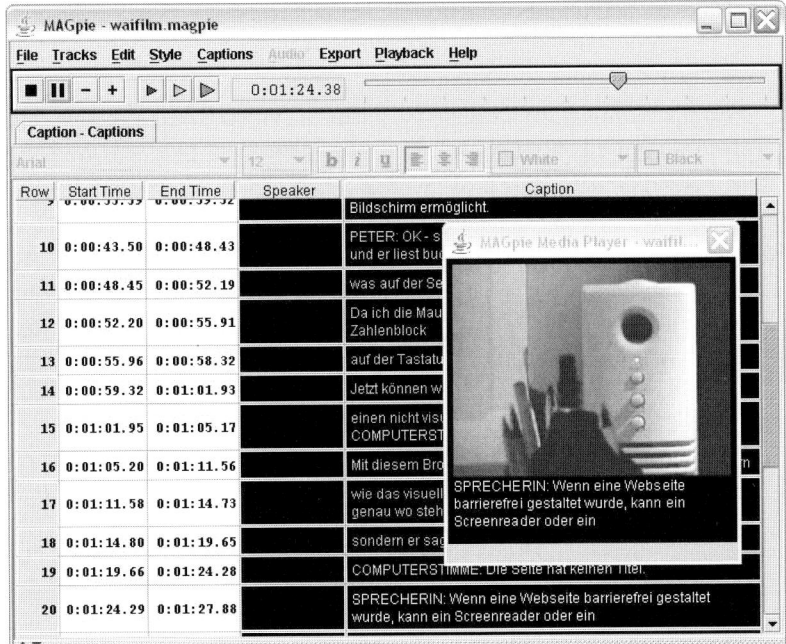

Abb. 3-2

*Darstellung von
MAGpie mit
integriertem Player.* •

chron abgespielt werden. Leider ist der zu definierende Inhalt und
die Dateiendung für die Metadateien je nach Format unterschiedlich.
Nähere Informationen hierzu finden sich auf den Support-Seiten der
Player-Hersteller.

Die MAGpie-Software zur Erstellung der Untertiteldatei, ein
Untertitelbeispiel für das QuickTime-Format unter Verwendung von
SMIL, sowie weitere technische Erläuterungen befinden sich auf der
beiliegenden CD-ROM. Die Software steht sowohl für Windows als
auch für Macintosh zur Verfügung und benötigt installierte Java-
Komponenten, die Installationsanweisungen sollten beachtet werden.

3.1.3 Audiodeskription

Auch Blinde und Sehbehinderte lieben es, Filme zu erleben.

Die barrierefreie Gestaltung von Bildern jeder Art durch Alternativ-   *Bedingung 1.4*
texte und Textabschriften kann jeder professionelle Webentwickler
lernen und umsetzen. Eine besondere Herausforderung für Webanbieter stellt jedoch die Gestaltung von Filmen dar, da weitere Spezifikationen zu Multimedia berücksichtigt werden müssen. Mit der Auszeichnungssprache SMIL kann neben der Untertitelung eine synchro-

nisierte akustische Beschreibung visueller Elemente in einen Film eingebunden werden. Diese Technik heißt »Audiodeskription«. Der Einsatz der Webtechnik SMIL zur Synchronisation von Film und Audiodeskription wird in Bedingung 1.4 der BITV gefordert. Derzeit gibt es aber nur wenige Erfahrungen mit Audiodeskriptionen im Web, da diese bisher hauptsächlich für Fernsehen und DVD genutzt wurden.

In der BITV wird der Begriff »Audiobeschreibung« verwendet, womit jedoch »Audiodeskription« gemeint ist. Sowohl das W3C als auch die Deutsche Hörfilm gGmbH nutzen den Begriff »Audiodeskription« im Zusammenhang mit synchronisierten akustischen Beschreibungen rein visueller Elemente eines Films.

Worum es bei Audiodeskription geht

In den frühen 1970er Jahren entwickelte der Amerikaner Gregory Frazier das Verfahren der Audiodeskription, um Blinden den vollständigen Zugang zum Fernsehen zu ermöglichen. Audiodeskription ist vergleichbar mit Untertiteln, nur handelt es sich um akustische statt visuelle Informationen.

Im Fernsehen können visuelle Elemente eines Films wie Handlungen, Landschaften, Gestik, Kleidung, Dekoration – eben alles, was ausschließlich zu sehen ist und nicht mit dem Gehör wahrgenommen werden kann und für das Verständnis der Handlung oder das ästhetische Erleben des Films wichtig ist – in Sprache beschrieben und durch eine zusätzliche Audiospur eingebunden werden.

Die sprachliche Beschreibung wird in den Dialogpausen des Films eingeblendet. Auf diese Weise entsteht für den hörenden Zuschauer ein vollständiger Eindruck des Filmgeschehens. Durch Audiodeskription entsteht so auch für Nichtsehende eine flüssige dichte Filmhandlung.

Texte, die für diese zusätzliche Vertonung genutzt werden, werden zum Beispiel im Bereich des deutschen Fernsehens durch speziell ausgebildete Filmbeschreiber erstellt und sind sehr sorgfältig und präzise formuliert.

In Europa wurde der erste Film mit Audiodeskription 1989 bei den Filmfestspielen in Cannes vorgeführt. Seit 1993 werden in Deutschland zunehmend Filme mit Audiodeskription im Fernsehen gezeigt.

Diese Methode der Beschreibung bewegter visueller Inhalte kann auch im Web angewandt werden. Mit SMIL werden die Tonsegmente zur Beschreibung visueller Elemente eines Films ähnlich wie Untertitel eingebunden und mit dem Filminhalt synchronisiert.

Einsatz von MAGpie für Audiodeskription

> Um einen Film für Blinde barrierefrei zu gestalten, ist es erforderlich, die Audiodeskription vorher von einem Filmbeschreiber texten und einsprechen zu lassen.

Im Unterschied zum Fernsehen erfordert die Audiodeskription im Web keine eigene Audiospur, sondern es werden einzelne Audiodateien angelegt und mittels eines SMIL-Dokuments mit dem Film sekundengenau synchronisiert.

Das auf der CD-ROM zu findende Programm MAGpie bietet neben den Möglichkeiten, Untertitel für Hörgeschädigte einzubinden ebenso die Möglichkeit, Audiodateien mit gesprochenem Text nach der SMIL-Spezifikation in einen Film zu integrieren. Dabei werden sowohl verschiedene Player als auch verschiedene Audioformate unterstützt. Die Arbeitsweise ist ähnlich wie bei der Einbindung von Untertiteln. Der Unterschied liegt darin, dass die Audio-Dateien für die Audiodeskription bereits vorhanden sein müssen. Eine ausführliche Hilfe finden Sie im Programm selbst oder im Webauftritt des Anbieters, das National Center for Accessible Media (NCAM, http://ncam.wgbh.org).

Hilfe zu MAGpie findet sich auch auf der Seite des Anbieters: http://ncam.wgbh.org/

3.1.4   Audio: Hilfe oder Hürde?

> Beschreibungen für Audiodateien sollen klar erkennbar sein.

Aus Sicht der Barrierefreiheit haben Audiodateien bzw. Multimediadaten mit vorwiegend akustischen Inhalten gleich für mehrere Nutzergruppen Bedeutung:

- Für hörgeschädigte Menschen ist Audio nicht zugänglich, wenn kein alternativer Text bereit gestellt wird. Dies gilt ganz besonders für Audiodateien, die wichtige Informationen enthalten, aber auch für Begrüßungen und sonstige akustische Hinweise.
- Für stark sehbehinderte oder blinde Nutzer können Audiodateien sowohl eine Hilfe als auch ein störender Faktor sein. Audiodateien können eingesetzt werden, um längere Texte direkt aus dem Web vorzulesen, wobei die bloße Wiedergabe von Textinhalten auf Seiten des Webauftritts normalerweise nicht notwendig ist. Allgemein kann davon ausgegangen werden, dass diese Nutzergruppe eigene Computerhilfsmittel in Form von Vorlesesoftware oder Plug-ins einsetzt. In diesem Fall sind automatisch abgespielte Audiodateien eine »Konkurrenz« zur Sprachausgabe.

■ Für Menschen mit geringerer Schriftsprachenkompetenz kann eine Audiowiedergabe als Unterstützung eingesetzt werden, beispielsweise wenn die Verständlichkeit aufwändiger Formulare mit einer akustischen Bedienungsanleitung gefördert werden soll.

Textabschriften für gesprochenen Text

Generell ist bei der Bereitstellung von Audiodateien eine Textbeschreibung erforderlich. Enthalten die Audiodateien gesprochene Sprache, so muss das Gesprochene auch in einer alternativen Textfassung angeboten werden. Bei kürzeren gesprochenen Texten können klassische Mittel wie kontextuelle Beschreibungen oder title-Attribute eingesetzt werden.

```
<a href="hallo.mp3" title="Audio-Clip: Willkommen auf
www.seitenadresse.de!">Willkommensgruß als Audio</a>
```

Mit einer zusätzlichen Textabschrift kann auch eine Suchmaschine etwas anfangen.

Ist der gesprochene Text länger, müssen andere Maßnahmen ergriffen werden. Es gibt viele Szenarien, bei denen ein gleichwertiger Ersatz für eine Audiosequenz auch durch eine Textabschrift (Transkript) sichergestellt werden kann. Zum Beispiel wenn in einem Film die Rede eines Politikers dargestellt wird und über die Abbildung der sprechenden Person hinaus auf visuellem Weg keine wesentlichen Informationen transportiert werden, sodass die Bereitstellung von Untertiteln nicht erforderlich ist. Die meisten Multimedia-Präsentationen erfordern für bestimmte Nutzergruppen eine synchronisierte Darstellung.

Wenn eine Textversion einer Audiosequenz verfügbar gemacht wird, zum Beispiel als Link zu einem HTML-Dokument, so könnte der Code wie folgt aussehen:

```
<a href="vortrag.mp3"><img src="grafik/audio.jpg" alt="Audiodatei:
Vortrag zu Hörbüchern" /> Vortrag (.AU, 590KB)</a> <a
href="vortrag.html">Vortrag zu Hörbüchern</a>
```

Große Audiodateien benötigen lange Übertragungszeiten und daher sollte die Dateigröße für alle herunterladbaren Dateien angegeben werden. Auch das Format ist eine nützliche Information für den Besucher, der möglicherweise eine besondere Softwareausstattung hat.

Der beschreibende Text muss jedoch nicht als »Textversion« bereit gestellt werden. Mit SMIL können auch synchronisierte Untertitel der Audiodatei zugewiesen werden. Als Audioformat empfiehlt sich MP3, da dieses Format von jedem Mediaplayer unterstützt wird.

Bedingung 14.2

Manchmal können akustische Hinweise über verschiedene Möglichkeiten der Navigation oder über eine bevorstehende Aktion hilfreich sein (Bedingung 14.2). Solche Hinweise dürfen nur als Ergänzung zu visuell wahrnehmbarem Text eingesetzt werden.

Nutzerkontrolle beim Abspielen von Audio

Oft wird Audio in Webauftritte integriert, wobei der Besucher zunächst keinen Einfluss darauf hat, ob die Audiodatei vom Browser heruntergeladen und dann abgespielt wird, beispielsweise bei Hintergrundmusik. Problematisch wird Audio dann, wenn der Besucher einen akustischen Zugang zum Computer benötigt und das Hintergrundaudio nicht ausgeschaltet werden kann. Das Abspielen von Audio darf also nicht automatisch gestartet werden, sondern muss vom Benutzer explizit ausgelöst werden.

Um eine akustisch orientierte Webanwendung dennoch barrierefrei zu gestalten, kann mit Cookies oder anderen Methoden dem Nutzer die Möglichkeit gegeben werden, eine Voreinstellung vorzunehmen. Mit dieser Voreinstellung kann bei jedem Besuch automatisch erkannt werden, ob der Benutzer Audio hören möchte oder nicht.

Audio als Hilfe für Nichtleser

Viele Menschen können nicht oder nur schlecht lesen. Lese-Rechtschreib-Schwäche (Legasthenie), funktioneller Analphabetismus (Dyslexie), aber auch Gehörlosigkeit oder Lernbehinderungen können Ursachen dafür sein. Die BITV bietet kaum Anforderungen, die zum Abbau von Barrieren für diese Nutzergruppen führen könnten. Das Web enthält als Medium der Informationsvermittlung große Textmengen, die für Nichtleser große Barrieren bedeuten.

Es gibt verschiedene Möglichkeiten, Inhalte im Web auch für Nichtleser zu erschließen. Oft helfen Grafiken, Bilder und Filme, um Informationen zu transportieren. Auch der Text selbst kann auf unterschiedliche Weise erschlossen werden. Wer aufgrund geringerer Schriftsprachenkompetenz nicht lesen kann, benötigt den Text in einer alternativen Form. Die Möglichkeit von Gebärdensprachfilmen für Gehörlose wurde ausführlich in Abschnitt 2.3.4 dargestellt.

Eine weitere Möglichkeit, Inhalte für den Nutzer verständlich zu machen, ist die Wiedergabe der Inhalte in gesprochener bzw. synthetischer Sprache anzubieten. Es gibt dabei drei Ansätze:

1. Die Inhalte durch alternative Audiodateien ergänzen: Jede Textpassage (z.B. jeder Absatz) wird mit einem Lautsprecher oder einem ähnlichen Symbol gekennzeichnet und der Benutzer kann diesen Link bei Bedarf auswählen. Der Aufwand, solche Audio-

dateien zu erstellen und in einem Webauftritt auf dem aktuellen Stand zu halten, kann dabei hoch werden.

2. Zusatzprogramme (Plug-ins für Browser), die Inhalte in Sprache umsetzen: Hierbei handelt es sich um Zusatzprogramme, die meist kostenlos vom Benutzer installiert werden können. Diese Zusatzprogramme lesen den Text auf Befehl des Nutzers vor. Der Betreiber eines Webauftritts kann allerdings nicht davon ausgehen, dass ein Benutzer ein solches Zusatzprogramm installiert hat oder dass ein solches Zusatzprogramm auch für den Browser des Nutzers zur Verfügung steht.

3. Webdienste, die Inhalte in Sprache umsetzen: Mittlerweile gibt es auch Webdienste, die im Prinzip dasselbe machen, wie die eben genannten Zusatzprogramme. Der Unterschied ist, dass die Webdienste für jeden Besucher verfügbar gemacht werden können und vom Betreiber eines Webauftritts eingekauft werden müssen.

Bedingung 11.4
Bedingung 14.2
An dieser Stelle wird darauf hingewiesen, dass sowohl die Bereitstellung von einzelnen Audiodateien als auch von Webdiensten eine Unterstützung für bestimmte Nutzergruppen sein kann. Ähnlich wie bei Gebärdensprachfilmen werden solche Maßnahmen nicht explizit in der BITV gefordert. Vielmehr ist im Sinne der Bedingungen 11.4 und 14.2 darauf hinzuwirken, dass der Nutzer Inhalte in der von ihm benötigten Form (z.B. als Audio statt Text) erhält bzw. durch bestimmte Anreize (z.B. akustische Aufforderungen) die Inhalte besser versteht.

- Software »MAGpie« zur Erstellung von Untertiteln und Audiodeskription:
  - http://ncam.wgbh.org/webaccess/magpie/
- MAGpie-Dokumentation für Audiodeskription
  - http://ncam.wgbh.org/webaccess/magpie/magpie_help/
- Informationen über SMIL beim W3C:
  - http://www.w3c.org/AudioVideo/
- Informationen über das Realtext-Format:
  - http://service.real.com/help/library/guides/realone/ProductionGuide/HTML/realpgd.htm
- Informationen über das QuickTime-Format:
  - http://www.apple.com/quicktime/authoring/qtsmil.html
- Informationen über das Microsoft SAMI-Format:
  - http://msdn.microsoft.com/library/default.asp?url=/library/en-us/dnacc/html/atg_samiarticle.asp

▓ Ausführliche Informationen über Untertitel:

- • http://www.webaim.org/techniques/captions/

▓ Ausführliche Informationen über Audiodeskription:

- • http://www.hoerfilm.de

▓ Beispiele für die Bereitstellung von Audio:

- • http://www.lebenshilfe-angesagt.de

▓ Information zu webbasierten Vorlesesystemen beim BMGS

- • http://www.bmgs.bund.de/deu/gra/gehoer/5504.cfm

3.2 Macromedia Flash

3.2.1 Allgemeiner Überblick der Zugangstechnik

Mit der Software Flash des amerikanischen Herstellers Macromedia lassen sich Texte, Bilder und Animationen, Sprach-, Musik- und Geräuschaufnahmen sowie Videos zu einer optisch ansprechenden multimedialen Präsentation kombinieren. Bis zum Erscheinen der Version Flash MX und des Flash Players 6 Anfang 2002 waren mit Flash programmierte Webauftritte für Computerhilfsmittel unzugänglich; seither sind Flash-Inhalte zumindest prinzipiell auslesbar.

Um mit Flash erzeugte Objekte (im folgenden Filme genannt) *Anforderung 6* auslesen zu können, ist der in den Browser integrierte Flash-Player in *Bedingung 6.3* Form eines Plug-ins erforderlich – was eine grundlegende Barriere auch für Nichtbehinderte darstellt (Anforderung 6 und Bedingung 6.3). Auch wenn ein Flash-Player in den Browser des Nutzers integriert ist, kann die aktuellste Version nicht vorausgesetzt werden. Das führt dazu, dass Flash-Entwickler, die ein möglichst breites Publikum ansprechen möchten, ihre Filme eher für den Flash Player 4 oder 5 veröffentlichen – vorausgesetzt, die Features, die erst seit Flash MX zur Verfügung stehen, sind verzichtbar.

Die Flash-Player sind abwärtskompatibel, doch umgekehrt funktioniert es normalerweise nicht, für Flash 6 oder Flash 7 erstellte Filme in älteren Flash-Playern abzuspielen. In vielen Flash-Webauftritten gibt es zunächst einen Flash-Check, um zu ermitteln, ob und welches Flash Plug-in beim Besucher installiert ist. Falls kein Flash-Player aktiv ist oder der entdeckte Flash-Player zu alt ist, um die jeweiligen Inhalte darstellen zu können, wird in der Regel zur entsprechenden Downloadseite von Macromedia verlinkt. Aus Sicherheitsgründen ist das Herunterladen und Installieren allerdings nicht mehr auf einfachen Knopfdruck zu bewerkstelligen, sondern mittlerweile muss nach dem Herunterladen erst der Browser neu gestartet

und die vorher besuchte Webseite mit dem Flash Check neu aufgerufen werden.

*Erläuterndes zur
Schnittstelle finden
Sie in Kapitel 4 des
Buchs.*
In Deutschland war der Webreader Webformator in der Version
1.3 eines der ersten Computerhilfsmittel, das bei installiertem Flash
Player 6 über die Microsoft Active Accessibility-Schnittstelle (MSAA)
auf Flash-Inhalte zugreifen konnte. Unter den Screenreadern können
JAWS seit Version 4.51, Window Eyes und outSPOKEN mit Flash
kommunizieren, weitere werden voraussichtlich folgen.

Nutzer moderner Computerhilfsmittel und Flash 6 oder 7 können
Texte und Textlinks in älteren Flash-Filmen lesen. Doch Flash wird in
den meisten Fällen unter ästhetischen bzw. spielerisch-kommunikati-
ven Gesichtspunkten eingesetzt und nicht, um reine Textinformationen zu vermitteln. Menschen, die auf den Zugang mit Computerhilfsmitteln angewiesen sind, werden als Zielgruppe häufig nicht
berücksichtigt.

*Bedingung 1.1
Bedingung 1.3
Bedingung 1.4*
Um die Barrierefreiheit zu gewährleisten, müssen Flash-Entwickler Mehraufwand erbringen: Die Entwickler sind beispielsweise
durch die Bedingungen 1.1, 1.3 und 1.4 zur Texthinterlegung aufge-
fordert, ersatzweise Texte anzubieten, um Grafiken, Animationen
sowie Töne bzw. Audioinhalte und Videos zu beschreiben. Solche
Textäquivalente sind seit Flash MX relativ einfach mittels der Eingabehilfen einzubauen. Für die Vorgängerversionen müssen Flash-Entwickler dagegen mit versteckten Textfeldern arbeiten.

Was mit HTML und CSS eine Selbstverständlichkeit ist, muss in
Flash zum Teil erst programmiert werden. Um die Barrieren möglichst klein zu halten, müssen Flash-Entwickler beispielsweise folgende, in Flash MX nicht berücksichtigte Punkte bearbeiten:

Bedingung 3.4   Skalierbare Schrift (Bedingung 3.4)

Anforderung 2   Frei wählbare Vorder- und Hintergrundfarbe (entsprechend
Anforderung 2)

Bedingung 9.4   In den meisten Fällen die Tab-Reihenfolge für Schaltflächen und
Textblöcke (Bedingung 9.4)

Bedingung 13.1   Eindeutige Zielangabe für Hyperlinks (Bedingung 13.1)

Diese Liste stellt nur eine Auswahl an Aspekten der Barrierefreiheit
dar, die im Folgenden behandelt werden. Auch wenn mit Flash die
Anforderungen der BITV teilweise per Hand umgesetzt werden müssen, so bietet Flash in manchen Punkten Features an, die über die
Möglichkeiten von reinem HTML hinausgehen. Zu erwähnen ist beispielsweise die Verknüpfung von Eingabefeldern mit ihren Beschriftungen, die in Flash automatisch erfolgt.

3.2.2   Multimedia für Menschen mit Behinderungen

Nutzen für Menschen mit verschiedenen Behinderungen

Da Flash jahrelang vor allem eine Spielwiese für Designer war, wurden die multimedialen Vorteile bislang nur wenig in Zusammenhang mit Barrierefreiheit gebracht. Grundsätzlich sind multimediale Präsentationen gemäß Bedingung 14.2 der BITV zu begrüßen, wenn sie »das Verständnis der angebotenen Information fördern«.

Bedingung 14.2

Das Web ist ein Kommunikations- und Informationsmedium mit ganz spezifischen Möglichkeiten, wie sie Zeitungen und Zeitschriften, Radio oder Fernsehen nicht haben. Informationen multimedial zu vermitteln, kann Spaß machen und unterhaltsam sein. Ein weiterer Effekt ist, dass multimedial aufbereitete Informationen anschaulicher und verständlicher sein können. O-Töne machen Informationen glaubwürdiger und besser nachprüfbar.

Diese Aussagen gelten ganz besonders für Menschen mit Lernschwierigkeiten bzw. geistigen Behinderungen. Auch die Zielgruppe der (nicht behinderten) Kinder und Jugendlichen, die eher einen spielerisch-intuitiven Zugang zum Computer haben, ist mit in Flash programmierten, multimedial präsentierten Informationen besser zu erreichen.

Für Blinde und Sehbehinderte könnten zugängliche Flash-Seiten das »Hörerlebnis Computer« bereichern: beispielsweise mit Musik, Hörbuchproduktionen sowie Reportagen und Features, die von Sprechern statt von synthetischen Stimmen vorgetragen werden und im Web unabhängig von einem Radio- oder Fernsehzeitplan rund um die Uhr abrufbar sind.

Die Vorteile von Flash gegenüber klassischen (X)HTML-Auftritten sind im multimedialen Bereich eindeutig. Dennoch muss im Sinne der Barrierefreiheit genau überlegt werden, welche Anforderungen ein Webprojekt stellt und wie Zugänglichkeit gewährleistet werden kann.

Flash und die Richtlinien zur Barrierefreiheit

Im Leitfaden für barrierefreies E-Government des Bundesamtes für Sicherheit in der Informationstechnik (BSI) wird Flash als »zurzeit noch nicht barrierefrei im Sinne der BITV« eingestuft – »trotz der Bemühungen, die Macromedia seit einiger Zeit unternimmt, ein zugänglicheres Format zu unterstützen«. Zitiert wird die Bedingung 11.3: »Bei Verwendung nicht barrierefreier Technologien sind diese zu ersetzen, sobald aufgrund der technologischen Entwicklung äquivalente, zugängliche Lösungen verfügbar und einsetzbar sind.« Eine

Bedingung 11.3

solche »äquivalente, zugängliche« und auch »verfügbare« und bereits »einsetzbare« Lösung, die das Flash-Angebot ersetzen kann, sei, so das BSI, in den meisten Fällen eine HTML-Seite.

Bedingung 8.1   Geht es um Grafiken oder Animationen, kommt außerdem das XML-basierte SVG-Format (Scalable Vector Graphics) in Betracht, das im Gegensatz zu Flash W3C-Standard ist und in absehbarer Zukunft Bestandteil der Browser sein wird. Bisher muss das Adobe-SVG-Viewer-Plug-in installiert werden. SVG ist textbasiert, während Flash im eigenständigen Format kompiliert ist und zum Beispiel DOM oder (X)HTML nicht unterstützt. Dies verhindert den Zugriff auf die Inhalte über die Browser-Schnittstelle oder, mit anderen Worten, setzt die Zugänglichkeit des Flash-Players entsprechend Bedingung 8.1 zwingend voraus. Mit textbasierten Techniken ist es außerdem grundsätzlich möglich, auf alle Inhalte zuzugreifen.

Direkte Zugänglichkeit und Kompatibilität mit Computerhilfsmitteln

Anforderung 6   Nach Anforderung 6 müssen Webauftritte auch dann funktionieren, wenn Flash 6 nicht installiert oder deaktiviert ist oder Flash nicht unterstützt wird. Wenn dieser Aspekt jedoch ungeachtet bleibt, lassen sich mit zusätzlichem programmiertechnischen Aufwand einige andere Zugänglichkeitsrichtlinien erfüllen.

Anforderung 8   Bei komplexeren Flash-Projekten kann allerdings in der Kommu-
Bedingung 8.1   nikation mit Computerhilfsmitteln ein schwerwiegendes Problem
Bedingung 6.5   auftreten, das Anforderung 8 sowie den Bedingungen 8.1, 6.5 und
Bedingung 7.4   7.4 zuwiderläuft: JAWS 4.51 empfängt Änderungen der Flash-Inhalte zur Laufzeit nicht – seien diese zeitgesteuert oder durch ein Ereignis ausgelöst. Zur Veranschaulichung ein kleines Beispiel: Während eines Spiels wird der aktuelle Punktestand innerhalb des Flash-Films laufend mit angezeigt. Je nachdem, ob der Spieler Punkte hinzu gewinnt oder verliert, ändert sich die Punktezahl. Nachdem der Film mit dem Spiel einmal geladen ist, zeigt JAWS 4.51 diese Änderungen nicht mehr an.

Für spezielle Anwendungen könnte es sinnvoll sein, auf eine direkte Zugänglichkeit zu setzen – so lange jedenfalls, wie Flash und die Computerhilfsmittel einander nicht richtig verstehen. In diesem besonderen Fall müsste der Screenreader nach einer kurzen Einführung in die Flash-Anwendung vorübergehend abgeschaltet werden. Die Nutzer könnten sich innerhalb von Flash mit Hilfe der Tastatur bewegen und Menüpunkte sowie Texte direkt aus Flash heraus vorgelesen bekommen. Dies würde mittels einer an Flash angedockten Text-to-Speech-Software (ein Programm, das geschriebenen in gesprochenen Text umwandelt) auch mit dynamischen Texten funktionieren.

Diese Lösung lässt sich freilich nicht generell einsetzen, da sie viel Know-how beim Entwickler voraussetzt und blinden Besuchern abverlangt, auf ihren Systemzugang zu verzichten – vergleichbar mit dem Ausschalten des Bildschirms für den sehenden Benutzer.

Audiovisuelle Elemente und Alternativtexte

Die Anforderung 1 ist mit Flash zu erfüllen (vgl. Abschnitt 3.2.1). Gemäß den Bedingungen 1.1, 1.3 und 1.4 können mit den Eingabehilfen in Flash MX Alternativtexte für Grafiken und Animationen hinterlegt werden.

Anforderung 1
Bedingung 1.1
Bedingung 1.3
Bedingung 1.4

Beschreibungen von Tönen und Audioinhalten für Gehörlose bzw. Surfer ohne Lautsprecher bedürfen einiger konzeptioneller Vorüberlegung: Denkbar wäre, eine Schaltfläche zum Ein- und Ausschalten dieses Features anzubieten.

Zu beachten ist, dass es unter Umständen nicht erforderlich ist, jedes visuelle oder auditive Element für Screenreader oder für Gehörlose zu umschreiben. Werden zum Beispiel die (visuellen) Menüpunkte als Textlinks und im gleichen Wortlaut als (auditive) gesprochene Texte angeboten, müssen die gesprochenen Texte Gehörlosen nicht erneut in Textform präsentiert werden. Andererseits muss bedacht werden, inwieweit der Ton für Nutzer von Sprachausgaben ausgeschaltet werden kann (vgl. Abschnitt 3.1.4).

Farben und Kontraste

In der Regel haben Besucher von Flash-Seiten nicht die freie Wahl der Vorder- und Hintergrundfarbe, um Anforderung 2 zu genügen. Wie wichtig dieser Aspekt jedoch ist, wurde in Abschnitt 2.2 ausführlich beschrieben. Wenn bestimmte Farbkombinationen festgelegt werden, kann die Wahrnehmbarkeit am Bildschirm beeinträchtigt werden. Wird dieser Aspekt allerdings von Flash-Entwicklern von Anfang an berücksichtigt, lassen sich mit Hilfe des Color Objects in der Flash-eigenen Programmiersprache Actionscript dynamische

Anforderung 2

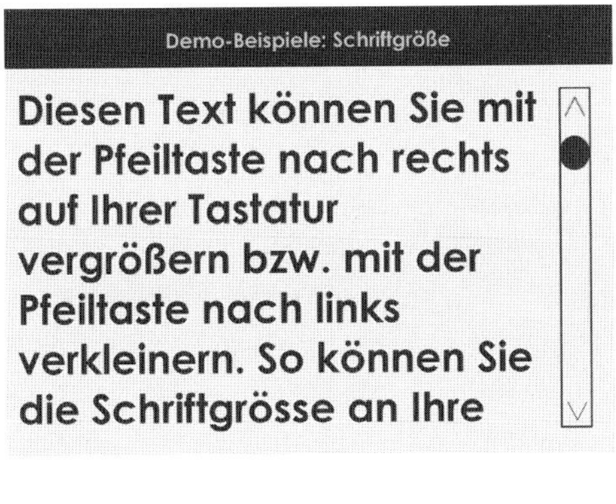

Abb. 3-3

Berücksichtigung variabler Schriftgrößen in Macromedia Flash

Lösungen realisieren, sodass die Nutzer selbst ihre bevorzugte Vor-
der- und Hintergrundfarbe bestimmen können (vgl. Abschnitt 3.2.4).

Die Schriftgröße ebenso wie die Schriftfarbe werden in Flash normalerweise für einen kompletten Textblock unveränderbar festgelegt, was der BITV widerspricht. Es ist zwar möglich, Textblöcke innerhalb von Flash als HTML-Textblöcke zu definieren und damit HTML-
Strukturierungen vorzunehmen. In der Ausgabe bleibt der HTML-
Code unsichtbar. Externe Stylesheets ignorierte Flash vor der Version Flash MX 2004 und dem entsprechenden Flash Player 7 völlig.

Seit Erscheinen von Flash MX 2004 werden Formatierungen aus
externen Stylesheets teilweise unterstützt wie zum Beispiel die
Zuweisung von Schriftart, -größe und -farbe. Allerdings kann nur auf
ein stark reduziertes Repertoire an CSS-Eigenschaften zurückgegriffen werden (siehe hierzu im Web: http://whatdoiknow.org/snaps/
mx_css_support1.shtml). Zudem ist zu beachten, dass das gleichzei-
tige Auszeichnen von Textfeldern sowohl Flash-intern (mittels
Actionscript über das TextFormat Object) als auch extern über ein
Stylesheet nicht möglich ist.

In Flash gibt es für das dynamische Zuweisen von Schriftfarbe
und -größe via Actionscript zu steuernde Lösungen: Color Object
und TextFormat Object (vgl. Abschnitt 3.2.4). Prinzipiell können Nutzer auch über das Kontextmenü Teile eines Flash-Films ausschnitt-
weise vergrößern; dazu muss sich der Mauszeiger über dem Flash-
Film-Bereich innerhalb des Browser-Fensters befinden.

Strukturen und Links

Anforderung 3   Textblöcke in Flash werden grundsätzlich von Computerhilfsmitteln
Bedingung 4.1   erfasst. Die Eingabehilfen sollten jedoch bei Texten zur besseren
Strukturierung von Fließtext benutzt werden: Überschriften, Listen,
Zitate, Sprachwechsel und Abkürzungen können somit entspre-
chend Anforderung 3 bzw. Bedingung 4.1 gekennzeichnet werden.

Ein Problem ist das Formatieren von Links innerhalb von Textblö-
cken: Diese können zwar mit dem internen Textbearbeitungs-Werk-
zeug von Flash als Links ausgezeichnet werden, sodass sich der
Mauszeiger beim Berühren in eine Hand verwandelt. Doch ist dieser
Effekt rein visuell. Für Computerhilfsmittel bedeutet die fehlende
Strukturangabe, dass die Links mit der Tabulatortaste nicht zu errei-
chen sind. Das Ergänzen des title-Attributes ist darüber hinaus beim
Flash-Textwerkzeug nicht vorgesehen.

Bedingung 13.1   In Bedingung 13.1 wird die Eindeutigkeit von Links gefordert.
Die fehlende Möglichkeit des Zugriffs und auch das Fehlen anderer
Möglichkeiten der Ausgabe der Linkziele bei Flash, zum Beispiel mit

dem Browser über die Statuszeile, führt dazu, dass die Bedingung nicht erfüllt werden kann.

Zum Auszeichnen von Links mit Flash sollten möglichst eigene Text-Schaltflächen erzeugt werden. Der Schaltfläche kann dann ein title-Attribut über die Eingabehilfe mitgegeben werden.

Müssen die Links jedoch innerhalb von Textblöcken stehen, sollten diese als HTML-Textblöcke definiert und die Texte mit den dazugehörigen Links dynamisch eingelesen werden.

Dynamische Inhalte

Die Eingabehilfen für Computerhilfsmittel können beim Erstellen eines Flash-Films über die grafische Benutzeroberfläche von Flash eingetragen werden. Um aber auch bei dynamischen Inhalten, insbesondere bei Bildern, Sound- oder Videodateien, die von außen variabel in den Flash-Film eingelesen werden, die Kontrolle über die Textäquivalente zu behalten, müssen die Eingabehilfen direkt mit der Programmiersprache Actionscript als Variablen erzeugt werden. Dazu muss für jeden leeren Text-, Bild-, Sound- oder Video-Container innerhalb des Flashfilms ein _accprops-Object definiert werden, dessen Eigenschaften name und description an dieser Stelle Variablen dynamisch zugewiesen werden können. Wird zum Beispiel ein externes Bild in einen leeren Flash-Movieclip geladen, müsste per Skript nicht nur der Pfad angegeben werden, sondern auch der Wert der für den Alternativtext reservierten Variable.

```
var altvar = "der alt-Text zum Bild";
bildcontainer._accprops = new Object();
bildcontainer._accprops.name = altvar;
//Die folgende Skriptzeile ist optional:
//Accessibility.updateProperties();
```

Für externe Texte stellt sich das Problem der Aktualisierung in dieser Form nicht, da die Texte direkt eingelesen werden. Somit kann auch den Bedingungen 6.2 (Aktualisierung statischer Alternativen) und 6.5 (zugängliche dynamische Inhalte) nachgekommen werden (vgl. Abschnitt 2.6).

Bedingung 6.2
Bedingung 6.5

Flash und einige gängige Computerhilfsmittel

Selbst wenn alle Möglichkeiten ausgeschöpft werden, die Flash für die Zugänglichkeit in Computerhilfsmitteln zu bieten hat, und auf Änderungen während der Laufzeit verzichtet wird: Die angelegten Eingabehilfen werden derzeit von den Hilfsmitteln nur begrenzt unterstützt. Die Kommunikation zwischen Flash und den Computerhilfsmitteln funktioniert nicht immer wie von den Herstellern beschrieben.

Auf der CD-ROM finden Sie das Installationsprogramm für den Webformator.

Der Webformator 2.1 pflegt allen Flash-Objekten mit Eingabehilfen den Zusatz »Grafik« zu geben – auch wenn es sich lediglich um einen Container für Text handelt. Der Name der Eingabehilfe (vergleichbar dem alt-Attribut in HTML) wird wiedergegeben, die Beschreibung (vergleichbar dem longdesc-Attribut in HTML) allerdings nicht.

Die im März 2004 erschienene Version 5 von JAWS, die die Eigenschaft haben soll, auch dynamische Änderungen in Flash-Filmen wieder zu geben, lieferte bei einigen Testversuchen im Vergleich zur Vorgängerversion keine deutlich besseren Ergebnisse. Bei einem mit Hilfe des Captioner-Werkzeuges untertitelten Videofilm liest JAWS 5 den ersten Untertitel vor (während dieser Zeit war der Videoton komplett aus) und verkündete dann das Ende des Flash-Films, der eigentlich gerade erst angefangen hatte.

Auch den aktuellen Punktestand im bereits erwähnten Spiel, der auf dem Bildschirm je nach Spielstand regelmäßig aktualisiert wird, kann JAWS 5 nur auswerten, wenn der »JAWS-Cursor« an der richtigen Stelle platziert ist. Mit einer Braille-Zeile kann dann der Spielstand aktuell verfolgt werden.

Kommunikationsprobleme kann es außerdem mit der Tastatursteuerung und dem Fokus geben, die sich Flash und Hilfsmittel in bestimmten Fällen gegenseitig streitig machen.

Zu erwähnen ist noch: Die Mausereignisse in Flash, Rollover und Press, können mit der Tastatureingabe nicht differenziert werden. Schaltflächen in Flash sind generell mit der Tabulatortaste ansteuerbar und können mit der Eingabetaste bestätigt werden. Geräusche oder gesprochene Texte, die beim Rollover mit der Maus zu hören wären, können jedoch von Nutzern, die mit der Tastatur arbeiten, gar nicht erfasst werden.

Unsichtbare Schaltflächen können von Screen- und Webreadern nicht ausgelesen werden, auch wenn sie mit Eingabehilfen versehen wurden, und sind deshalb zu vermeiden.

Untertitel und Audiodeskriptionen in Flash

Flash kann Audio- und Videodateien ohne lange Wartezeiten hörbar machen. Bei einer geschickten Konzeption können größere Datenpakete im Hintergrund bereits auf den Computer des Besuchers geladen werden, während dieser noch andere Texte liest.

Grundsätzliches zu Untertiteln und Audiodeskription wurde in Abschnitt 3.1 diskutiert. Ist innerhalb eines Flash-Multimedia-Projektes das Einbinden einer Videosequenz vorgesehen, können zum Beispiel QuickTime- oder Real-Dateien in Flash importiert werden. Umgekehrt kann es sinnvoll sein, Flash-Filme mit Untertiteln für QuickTime zu exportieren, etwa Videos mit in Flash erstellten (animierten) Infografiken oder Zeichentricksequenzen.

Es gibt mit Flash MX mehrere Methoden, um Audio- und Video-inhalte in geschriebenen bzw. gesprochenen Text synchron zu übersetzen (Bedingungen 1.3 und 1.4). *Bedingung 1.3* *Bedingung 1.4*

- Zum einen kann der Beschreibungstext direkt in der Zeitleiste des Flash-Films ergänzt, also binär im Flash-Film kodiert werden.
- Zweitens können bereits untertitelte Videos im QuickTime- oder Real-Format in Flash importiert werden.
- Eine weitere Möglichkeit ist, Untertitel aus einer separaten XML-Datei einzulesen. Zu diesem Zweck hat der Amerikaner Jason Smith ein spezielles kostenloses Werkzeug namens »Captioner« (http://gd.tuwien.ac.at/graphics/sf/f/flash-captioner/) entwickelt, das als FLA-Datei-Vorlage genutzt werden kann.

Die externe XML-Datei kann mit einem Texteditor oder mit dem auf der CD-ROM befindlichen Anwendung »MAGpie« erzeugt werden.

Von Macromedia empfohlen wird für Flash MX 2004 die Software Hi-Caption der amerikanischen Firma HiSoftware: Die XML-Datei wird von der Software selbst erzeugt. Sie kann als Flash-Erweiterung mit Hilfe des Macromedia Extension Managers direkt in Flash integriert werden. Optional lässt sich eine Sprachauswahl einbauen. Weitere Informationen finden sich auf http://www.hisoftware.com/hmccflash/hmccextension.htm

Eine Variante für Flash-Filme, die im QuickTime- oder Real-Player abgespielt werden sollen, wäre, die Untertitel in einer separaten Datei im QTtext oder RealText-Format mitzuliefern. Die Textspur könnte dann in QuickTime oder mit einem SMIL-Dokument synchronisiert werden.

Für die Audiodeskription müssen die Texte vorher passend zum Zeitablauf des Videos gesprochen und aufgenommen worden sein. Bei Audiodeskription muss für Internetzugänge per Modem und ISDN berücksichtigt werden, dass ein Streaming von Video und Audio Ladezeiten beeinträchtigt.

3.2.3 Praktische Hinweise

Tastatursteuerung mit Flash

Generell empfiehlt es sich für Flash-Entwickler, sich damit auseinander zu setzen, wie jemand ohne Maus in ihrem Projekt zurechtkommt, denn viele Nutzer arbeiten mit der Tastatur. Prinzipiell kann in Flash mit der Tabulatortaste navigiert werden, dafür lässt sich per `tabIndex` eine sinnvolle Reihenfolge definieren.

Zu beachten ist bei der Verwendung von `tabIndex`, dass wirklich alle Schaltflächen, Textfelder und Grafikelemente einen Index bekommen. Ansonsten kann es passieren, dass Computerhilfsmittel Elemente ignorieren, denen kein `tabIndex` zugewiesen wurde.

Es können mit Hilfe des Key Objects aber auch anderen Tasten und Tastenkombinationen Befehle zugeordnet werden. Dabei ist zu berücksichtigen, dass die Standardtastenkombinationen des Betriebssystems nicht in der Flash-Anwendung belegt werden. Eine Tastatursteuerung mit Flash in Verbindung mit Computerhilfsmitteln ist insofern problematisch, als die Tastenkürzel der Hilfsmittel immer Vorrang vor allen anderen Anwendungen haben (müssen). Mit speziellen Anweisungen können die Nutzer Tastenkombinationen anderer Anwendungen »durchreichen« und somit bestimmte Funktionen des Hilfsmittels vorübergehend deaktivieren.

http://www.flashfuer-blinde.de/blau/index.html online.

Ein praktisches Beispiel stellt das nicht nur für Blinde konzipierte Spiel Klang-Memory dar, bei dem Geräuschpaare einander zuzuordnen sind. Wie umständlich die Bedienung mit der Flash-Tastatursteuerung bei aktivem Screenreader ist, zeigen die folgenden Anleitungen für nur zwei verschiedene Screenreader. Die erste Anleitung, verfasst von Oliver Nadig, ist für den Screenreader JAWS:

1. Bevor Sie dem Link »Klang-Memory« folgen, sollten Sie durch zweimaliges schnelles Drücken der Tastenkombination JAWS-TASTE+Y den virtuellen PC-Cursor für alle Anwendungen abschalten (nach dem Beenden des Spiels können Sie durch nochmaliges Drücken der gleichen Tastenkombination den virtuellen Cursor wieder einschalten).

2. Nach dem Aktivieren des Links »Klang-Memory« kann es passieren, dass das Spiel noch nicht den Fokus hat. Durch das Drücken von zwei Tastenkombinationen stellen Sie sicher, dass das Spiel wirklich auf Ihre Eingaben reagiert: Drücken Sie zunächst die Tastenkombination JAWS-TASTE+3 (die 3 in der Ziffernreihe der Tastatur, nicht die 3 des Nummernblocks). JAWS sagt: »Taste, die durchgereicht werden soll«, und gibt die nächste Tastenkombination, die Sie drücken werden, an den Internet Explorer weiter. Drücken Sie jetzt ALT+Y. Damit erhält das Memory-Spiel den Fokus.

3. Nun muss noch der Nummernblock durch Betätigen der Numlock-Taste eingeschaltet werden. Für die Dauer des Spieles können Sie dann natürlich nicht mehr sämtliche JAWS-Befehle nutzen, aber das ist auch nicht nötig.

Für Window Eyes 4.21 sind für die Tastatursteuerung im selben Spiel folgende Hinweise zu beachten (von Boris Dudziak zur Verfügung gestellt):

1. Schalten Sie zuerst die Interpretation von Flash-Seiten mit Ctrl+Shift+M ein.
2. Deaktivieren Sie anschließend den MSAA-Modus mit Ctrl+Shift+A.
3. Drücken Sie nun Einfügen+B drücken, um den nächsten Tastaturanschlag durchzulassen.
4. Mit der Tastenkombination ALT+Y bekommt das Spiel den Fokus.
5. Schalten Sie zuletzt noch den Nummernblock ein.

Um sich innerhalb eines Flash-Films mit Hilfe der Tastatur bewegen zu können, muss der Flash-Film den Fokus erhalten. Normalerweise ist Flash mit OBJECT in eine HTML-Seite eingebettet, der entsprechende Code wird beim Veröffentlichen mit der Software generiert.

Weiterführende Hinweise zum W3C-konformen Einbetten finden Sie in englischer Sprache im Web unter: http://www.alistapart. com/articles/ flashsatay/.

Umgekehrt muss der Fokus von Flash auch ohne Maussteuerung wieder auf die HTML-Umgebung zurückspringen können. Das war bis zur Veröffentlichung der Flash Player Version 7 ohne JavaScript kaum zu bewerkstelligen.

Der JavaScript-Code

```
document.getElementById("id_des_Flash-Objekts").focus()
```

funktioniert nur in aktuellen Browsern, in denen JavaScript aktiviert ist. Ebenso wie die Möglichkeit, innerhalb von Flash mit FS Commands Javascript-Funktionen zu initialisieren, um den Fokus wieder zu entfernen.

Eine Browser-übergreifende Lösungsmöglichkeit für das Fokussieren von Flash ohne JavaScript ist die für OBJECT nicht spezifizierte Verwendung von accesskey. Allerdings kann es dadurch – wie oben geschildert – mit den Tastenkombinationen des Browsers und der Hilfsmittel zu Überschneidungen kommen.

Im Webauftritt von Macromedia gibt es eine Erweiterung für Flash, die mittels tabIndex und Javascript das »Tabben« mit der Tastatur von HTML zu Flash und umgekehrt von Flash zu HTML ermöglicht.

Flash auf CD-ROM/Flash MX und Director MX

Ohne das Gespann Windows und Internet Explorer stoßen die Zugänglichkeits-Features von Flash auf ihre Grenzen: Wer einen Flash-Film nicht in einem HTML-Dokument einbetten, sondern als Projektordatei auf CD-ROM brennen möchte, wird feststellen, dass die Eingabehilfen außerhalb des Internet Explorers überhaupt nicht funktionieren.

Eine Lösungsmöglichkeit wäre, die CD-Oberfläche mit Director MX zu erstellen und diesem Programm auch die Rolle einer Sprachausgabe zukommen zu lassen: Director verfügt seit der Version MX über ein »Text-to-Speech«-Feature, das heißt, Texte werden ähnlich wie beim Screenreader in eine synthetische Sprachausgabe umgewandelt (vgl. Abschnitt 4.3). Der Flash-Film könnte dann importiert und über die Director-eigene Programmiersprache Lingo gesteuert werden.

Text-to-Speech

Flash-Objekte könnten ohne spezialisierte Hilfsmittel wie Sprachausgaben lesbar sein. Es gibt theoretisch drei Wege, Inhalte von Flash-Filmen unabhängig von Hilfsmitteln zugänglich zu gestalten. In allen drei Fällen könnte die Option der akustischen Ausgabe abschaltbar sein:

1. Von professionellen Sprechern aufgenommener Text, der gemeinsam mit einer in Flash programmierten Tastatursteuerung die blinden und sehbehinderten Besucher durch den Flash-Film »führt«. Diese Variante eignet sich nur für Webauftritte, in denen Menüs und Texte selten geändert werden müssen.
2. Flash mit interner Sprachausgabe: Mit Hilfe einer serverseitig installierten Text-to-Speech-Software könnten alle Texte innerhalb eines Flash-Films in eine synthetische Sprachausgabe umgewandelt werden, vergleichbar mit der Funktionsweise eines Screenreaders. Vorgelesene Textlinks und Texte führen die Besucher in Kombination mit einer in Flash programmierten Tastatursteuerung durch den Flash-Film.

3. Ein zusätzliches Plug-in mit einer Text-to-Speech-Steuerung und
    einer Tastaturunterstützung. Diese Lösung setzt allerdings nicht
    nur voraus, dass unter Windows mindestens eine synthetische
    Stimme installiert ist, sondern auch, dass JavaScript unterstützt
    ist.

3.2.4   Anwendungsbeispiele

Farbwähler in Flash

Im Folgenden wird eine nützliche Funktion als Grundlage für einen
Farbwähler kurz vorgestellt, die dem Benutzer eine eigene Farbgestaltung des Flash-Films erlaubt und zudem vom Flash-Entwickler
sehr leicht in Flash-Projekte integriert werden kann. Der Farbwähler
kann hierbei entweder eine definierte Anzahl an Farben besitzen
oder mit einem Schieberegler noch mehr Auswahlmöglichkeiten
bieten.

*Ein Anwendungs-
beispiel mit Tutorial
finden Sie auf der
CD-ROM zum Buch.*

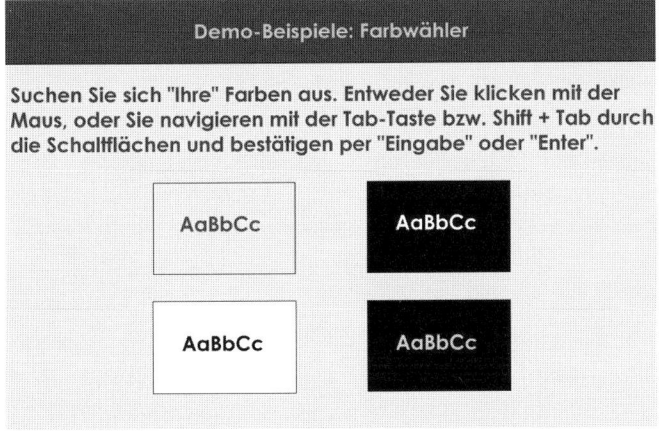

Abb. 3-4
*Darstellung eines
Farbwählers für
Macromedia Flash
(siehe auch Farbtafel
Seite 79).*

Die Textfarbe kann man in Flash MX mit Hilfe des TextFormat Objects
bestimmen:

```
function textfarbe(farbe){
farbvar = new TextFormat();
farbvar.color = farbe;
textfeld1.setTextFormat(farbvar);
textfeld2.setTextFormat(farbvar);
}
```

Der Parameter farbe steht für den Wert einer Hexadezimal-Farbe, z.B.
0×000000 (schwarz). In die Funktion können alle Textfelder geschrieben werden, sodass sich die Änderung des Parameters farbe global
für den ganzen Flash-Film auswirkt.

Die Hintergrundfarbe kann einfach mit einem Color Object bestimmt werden.

Um Flash-Formulare ohne größeren Aufwand zugänglich machen zu können, gibt es bei Macromedia für Flash MX 2004 fertige Komponenten, unter anderem für Kontrollfelder, Auswahlschalter, Texteingabefelder und Auswahllisten. Die Komponenten können mit dem Macromedia Extension Manager als Programmerweiterungen direkt in Flash MX 2004 integriert werden. Zu beachten ist beim Nutzen dieser Komponenten, dass die Zugänglichkeitsfeatures mit dem Befehl enableAccessibility() erst aktiviert werden müssen.

Testen mit AccRepair

Mit AccRepair hat die Firma HiSoftware ein Test-Werkzeug für die Zugänglichkeit von Flash MX 2004 entwickelt. Damit ist es möglich, fehlende Eingabehilfen oder eine falsch ausgezeichnete Tab-Reihenfolge in einem Flash-Film aufzuspüren und zu ergänzen bzw. zu reparieren. Weitere Informationen zu AccRepair für Flash MX 2004 gibt es unter http://www.hisoftware.com/accrepair_flash/index.html

3.2.5 Blick in die Zukunft von Flash

Die Zeiten der ladeintensiven und überflüssigen Flash-Intros sind vorbei. Jetzt gilt es, sich genau zu überlegen, an welcher Stelle der Einsatz von Flash wirklich sinnvoll sein könnte und wie Flash so barrierearm wie möglich werden könnte.

Mit dem Programm Director MX hat Macromedia einen Anfang gemacht: Darin ist ein Text-to-Speech-Feature integriert, sodass innerhalb der Anwendung auf eigene Sprachausgabe des Benutzers verzichtet werden kann. Glaubt man den Aussagen des Herstellers, ist Ähnliches für künftige Versionen von Flash bisher nicht geplant. Zum einen ist Macromedia bestrebt, die Zusammenarbeit von Computerhilfsmitteln und Flash zu verbessern. Zum anderen soll das Flash-Plug-in kompakt bleiben.

Alternativ die beiden in Abschnitt 3.2.3 (»Text-to-Speech«) besprochenen Varianten einzusetzen, sollte nur besonderen Fällen vorbehalten bleiben. Es ist davon auszugehen, dass Nutzer von Computerhilfsmitteln auf die Leistungsfähigkeit der Spezialsoftware und die anwendungsübergreifende Bedienung des Systems nicht verzichten werden.

Laut den Verantwortlichen bei Macromedia arbeitet der Flash-Hersteller sowohl mit Screenreader-Herstellern als auch mit Behinderten-Verbänden zusammen. Im Einzelnen ist wohl nicht zu klären, auf welcher Seite die Zugänglichkeitsprobleme gelöst werden müssen: Das unterschiedliche Verhalten verschiedener Screenreader deutet allerdings darauf hin, dass hier noch Verbesserungen möglich sind. Gleichzeitig ist das Fehlen einer öffentlichen Dokumentation der verwendeten Schnittstellen zum Betriebssystem ein Teil des Problems, warum die Hilfsmittel keinen besseren Zugang zu Flash haben.

Für bestimmte Anwendungen kann Flash gegenüber HTML die bessere Wahl sein, seien es Angebote zum Hören, multimediale Informationsangebote, Lern- oder Spielesoftware. Mit der richtigen Konzeption und einigem programmiertechnischen Mehraufwand können diese Anwendungen für verschiedene Behindertengruppen nützlich und zugänglich sein.

Die bisherigen Erfahrungen mit Screenreadern dämpfen zwar die Erwartungen, dass mit Flash barrierefreie Angebote möglich sind. Doch so lange die Kommunikation zwischen Screenreadern und Flash so unbefriedigend ist, müssen alternative Ansätze verfolgt und ergänzende Maßnahmen durchgeführt werden.

Zugunsten der Zugänglichkeit den kompletten Verzicht auf Flash zu fordern und stattdessen nur auf HTML zu setzen, wäre angesichts des hohen Verbreitungsgrades von Flash unrealistisch. In der bunten Vielfalt des Web ist auch Raum für zielgruppengerechte Projekte, die deshalb nicht unbedingt andere ausschließen müssen.

Zukunftsorientiert zu denken, heißt im Fall von Flash darauf zu hoffen, dass die Entwickler-Software von Macromedia und die Computerhilfsmittel sich irgendwann besser verstehen werden und auch bei den Flash-Entwicklern ein Umdenken stattfinden wird.

3.3   Portable Document Format (PDF)

Obwohl die Firma Adobe Systems Inc. das Portable Document Format (PDF) in den letzten Jahren auch in Richtung Barrierefreiheit weiterentwickelt hat, verfasste die *American Foundation for the Blind* (AFB) bereits Ende April 2002 eine erste Stellungnahme zu den Zugangsproblemen mit PDF-Dokumenten (Quelle: http://www.afb.org/section.asp?Documentid=1796). In dieser Stellungnahme werden folgende grundsätzliche Problemfelder aufgelistet:

1. Die überwiegende Verwendung von Programmen zur Erstellung von PDF-Dokumenten, welche keine zugänglichen PDFs erzeugen.
2. Die fehlerhafte Verwendung von Programmen, welche zugängliche PDF-Dokumente erzeugen könnten, aufgrund ungenügender Dokumentation der Adobe-Acrobat-Produkte.

3. Sicherheitsfunktionen, welche die Zugänglichkeit von PDF-Dokumenten be- oder verhindern können.
4. Fehlende Unterstützung von zugänglichen PDFs auf allen Betriebssystemen und für alle Computerhilfsmittel
5. Probleme selbst bei der Benutzung der verfügbaren Werkzeuge (Make-Accessible-Plug-in bei Adobe Acrobat 5 bzw. entsprechende Werkzeugleisten von Adobe Acrobat 6) für die Barrierefreiheit

Im weiteren Verlauf dieses Kapitels wird die Umsetzbarkeit einiger ausgewählter Anforderungen der BITV in PDF-Dokumenten diskutiert. Dabei geht es vor allem um die grundlegenden Zugangsschwierigkeiten, wie sie in Kapitel 2 dieses Buchs ausführlich behandelt wurden. Es geht auch darum, die vorgebrachten Kritikpunkte des AFB zu bewerten.

3.3.1   Software zur Erstellung von PDF-Dokumenten

Was ist das Portable Document Format?

Das Portable Document Format, kurz PDF genannt, wurde 1993 von der Firma Adobe Systems Inc. aus der geräteunabhängigen Druckersprache Postscript entwickelt. Wie bereits der Name impliziert, sollen PDF-Dokumente dahingehend portabel sein, dass sie unabhängig vom jeweils verwendeten Gerät oder Betriebssystem beim Betrachten und Drucken in gleicher Weise genutzt werden können. Dieses Ziel ist heutzutage durch die kostenlose Verfügbarkeit des Adobe Readers, einem Darstellungs- und Druckprogramm für PDF-Dokumente, für die verschiedensten Betriebssysteme und Geräte gewährleistet. Das kostenpflichtige Programm zum Erstellen von PDF-Dokumenten wird »nur« Adobe Acrobat genannt.

PDF-Dokumente eignen sich vor allem für die Bereitstellung von Inhalten, wenn strikte Vorgaben an das Erscheinungsbild eingehalten werden müssen. Sie werden daher häufig von Behörden und anderen Organisationen für genau diese Zwecke eingesetzt. Da das PDF-Format inzwischen auch mit unterschiedlichen Optionen für die Gestaltung von Formularen ausgestattet ist, wobei teilweise Formulare direkt im Adobe Reader vor dem Drucken ausgefüllt werden können, scheint PDF auch optimal für die elektronische Repräsentation von amtlichen Vordrucken geeignet zu sein.

Entwicklung von PDF

Seit der Version 1.0 von PDF hat es sehr viele Erweiterungen und Weiterentwicklungen dieses Formats durch Adobe gegeben. Zeit-

gleich gab es mit jeder neuen Version dieses Formats eine entsprechende Adobe-Acrobat-(Reader)-Version. Diesen Zusammenhang
zeigt die nachfolgende Tabelle auf.

Jahr	1993	1994	1995	1999	2001	2003
PDF-Version	1.0	1.1	1.2	1.3	1.4	1.5
Programmversion Adobe Acrobat (Reader)	1	2	3	4	5	6

Tab. 3-2
*Entwicklung der
PDF-Versionen seit
1993*

Seit der Programmversion 3 bietet Adobe den Zugang für Nutzer
von Computerhilfsmitteln. Für die Versionen 3 und 4 des Acrobat
Readers gibt es ein Plug-in, das PDF-Dokumente in HTML bzw. Text
umwandelt. Weitere Informationen zu den »Übersetzungen« finden
sich auf www.adobe.com/products/acrobat/access_onlinetools.html.
Dieser Service sollte in Anspruch genommen werden, wenn es um
das Testen von PDF-Dokumenten geht, denn aus dem Ergebnis sind
wertvolle Hinweise über die Texthinterlegung und die Linearisierbarkeit des Dokuments abzuleiten. Leider hat das Plug-in eine Einschränkung: Verschlüsselte bzw. zum Drucken oder zur Textent-
nahme gesperrte PDF-Dokumente können damit nicht konvertiert
werden.

Seit der PDF-Version 1.4, also dem Erscheinen des Adobe Acrobat (Reader) 5, wurde das so genannte »Tagged PDF« als Erweiterung bzw. Ergänzung des bisherigen PDF-Formats eingeführt. Mit
Hilfe des »Tagged PDF« wird es möglich, PDF-Dokumente mit zusätzlichen Strukturinformationen zu versehen, die der Barrierefreiheit
dienen können (vgl. Abschnitt 2.7).

Mit dem Adobe Reader 6 wurde das Programm um eine integrierte Sprachausgabe erweitert. Allerdings handelt es sich nur um
eine »rudimentäre« Sprachausgabe – sie unterstützt selbst »Tagged
PDF« nicht und liegt in der Sprachqualität deutlich hinter professionellen Sprachausgaben, wie sie in Screenreadern integriert sind.
Diese integrierte Sprachausgabe bezieht ihre Informationen über
die zu verwendende Sprache aus den definierten Einstellungen des
entsprechenden Windows-Systems. Für Unix und Linux gibt es –
soweit dem Autor bekannt ist – keinerlei Unterstützung der Sprachausgabe.

3.3.2   PDF-Dokumente gemäß BITV gestalten

Anhand der im Buch verwendeten Kriterien der Barrierefreiheit werden nun einige wichtige Gesichtspunkte der Zugänglichkeit auf PDF-
Dokumente angewandt. Dabei wird die aktuelle Entwicklungsstufe,

also die PDF-Version 1.5 verbunden mit dem Adobe Acrobat (Reader) 6, als Ausgangspunkt genommen.

Anforderung 8

Eines sollte vorab klargestellt werden: In der BITV werden keine proprietären Formate erwähnt, so auch nicht PDF. Jedoch sind bestimmte Bedingungen der BITV allgemeine Prinzipien, die für jegliche Informationstechnik gelten, und sich genauso auf PDF-Dokumente anwenden lassen. Vor allem ist auf Anforderung 8 hinzuweisen: »Die direkte Zugänglichkeit der in Internetangeboten eingebetteten Benutzerschnittstellen ist sicherzustellen.« Der Acrobat Reader bzw. Adobe Reader 6 ist eine Schnittstelle, der sich der Benutzer in der Regel nicht entziehen kann, wenn es um das Lesen von PDF-Dokumenten geht. Ein Anbieter, der PDF-Dokumente als Teil seines Webauftritts zur Verfügung stellt, muss also umso mehr darauf achten, dass diese Dokumente zugänglich sind oder die Inhalte in einer alternativen (vorzugsweise HTML-basierten) Variante vorliegen.

Voraussetzung für die (theoretische) Möglichkeit, ein barrierefreies PDF-Dokument zu erstellen, sind:

1. eine Vollversion der Adobe Acrobat Software
2. ein Dokument, welches mit einem Office-Produkt (z.B. Microsoft Office, OpenOffice, FrameMaker usw.) erstellt wurde, und bei dessen Gestaltung idealerweise bereits die Barrierefreiheit an sich berücksichtigt wurde.

Eine Vollversion der Adobe-Acrobat-Software ist notwendig, da nur dieses Produkt zurzeit in der Lage ist, das so genannte »Tagged PDF« zu erzeugen. Alle alternativen Produkte sind hierzu nicht in der Lage und eine solche Unterstützung ist – laut Auskunft der entsprechenden Hersteller (Stand: Frühjahr 2004) – gegenwärtig auch nicht geplant. Das generelle Problem für andere Anbieter ist wohl, dass die Strukturen eines Dokuments im Sinne eines »Tagged PDF« nur mittels eines Re-Engineering zu erreichen sind.

Im Folgenden wird davon ausgegangen, dass Microsoft Office 2000 für Windows als Produkt verwendet worden ist, um die jeweiligen Ausgangsdokumente zu erstellen, da hier die Integration der PDF-Erstellung durch Adobe am besten gelöst worden ist.

Texthinterlegung in PDF

Die Texthinterlegung ist im Prinzip auch für PDF realisierbar.

Anforderung 1
Bedingung 1.1

Natürlich gilt die Anforderung 1 und insbesondere auch Bedingung 1.1 für Grafiken innerhalb eines PDF-Dokuments (vgl. Abschnitt 2.1 zum Thema Texthinterlegung). Grafische Elemente müssen auch in Word mit entsprechenden Alternativtexten versehen werden, damit sie in einem PDF-Dokument mit einer Sprachausgabe gelesen werden können. Enthält ein Word-Dokument ein Bild oder eine sonstige Grafik, dann ist es möglich, das entsprechende Element in Word über die Bildeigenschaften mit einem Alternativtext zu ergänzen.

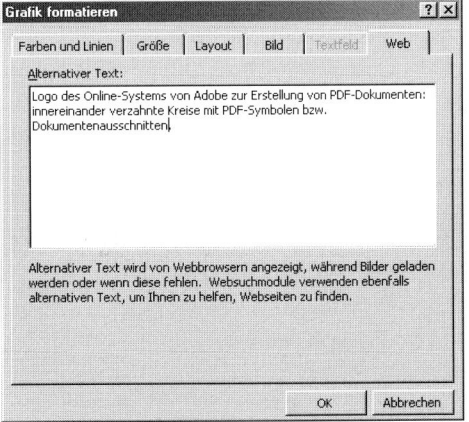

Abb. 3-5
Alternativtexte für Grafiken in Microsoft Word

Der Alternativtext wird dann auch durch die integrierte Sprachausgabe von Adobe Reader 6 wiedergegeben. Gleichfalls unterstützt werden – laut Adobe – alle Screenreader, welche die MSAA-Schnittstelle von Microsoft Windows nutzen (vgl. Tab. 3-3 auf Seite 256).

Häufig finden sich PDF-Dokumente, die aus reinen Grafiken bestehen. Es handelt sich dabei meist um Dokumente, die mit einem Scanner als Bild eingescannt werden und wo das Bild in eine PDF umgewandelt wird. Diese Art der Bereitstellung von Informationen ist mit textbasierten Systemen nicht nutzbar. Wenn Dokumente eingescannt werden, dann sollten sie mit einem Optical-Character-Recognition-Programm (OCR) bearbeitet werden, damit die Bildinhalte in Textform angeboten werden können. Diese Umwandlung von gedruckten Informationen in elektronisch verfügbare Texte wird ebenfalls vom Adobe Acrobat durch das Plug-in Paper Capture seit der Version 5 unterstützt.

Verwendung von Farben

Auch die Wahrnehmbarkeit von PDF-Dokumenten am Bildschirm kann durch bestimmte Gestaltungsmerkmale erheblich beeinträchtigt werden. Hier soll insbesondere auf Anforderung 2 der BITV hingewiesen werden. Es gibt generell einen Fehler in der Adobe-Software: Wenn Hintergrundfarben und -bilder im PDF definiert werden, so sind sie unveränderbar. Im Gegensatz dazu kann im Adobe Reader der Nutzer stets angeben, welche Schriftfarbe er bevorzugt. Die bereits in Abschnitt 2.2 geschilderten verschiedenartigen bevorzug-

Der Nutzer kann ein eigenes Farbschema für alle PDF-Dokumente einstellen.

Anforderung 2

ten Bildschirmdarstellungen von Sehbehinderten können dazu führen, dass Texte in weiß dargestellt werden. Solange keine Hintergrundfarbe in einem PDF-Dokument definiert wird, stellt dieser
Aspekt der Darstellung kein Problem dar. Sobald eine Hintergrundfarbe vorhanden ist (die entsteht beispielsweise standardmäßig bei

Abb. 3-6   der Verwendung von Positionsrahmen in Word), würden bestimmte

Benutzerdefinierte   Bildschirmdarstellungen dazu führen, dass der Text (sowohl in Word

Farbeinstellung im   als auch in PDF) nicht mehr zugänglich ist: Text und Hintergrund

Adobe Reader.   könnten ohne Wissen des Anbieters die gleiche Farbe aufweisen.

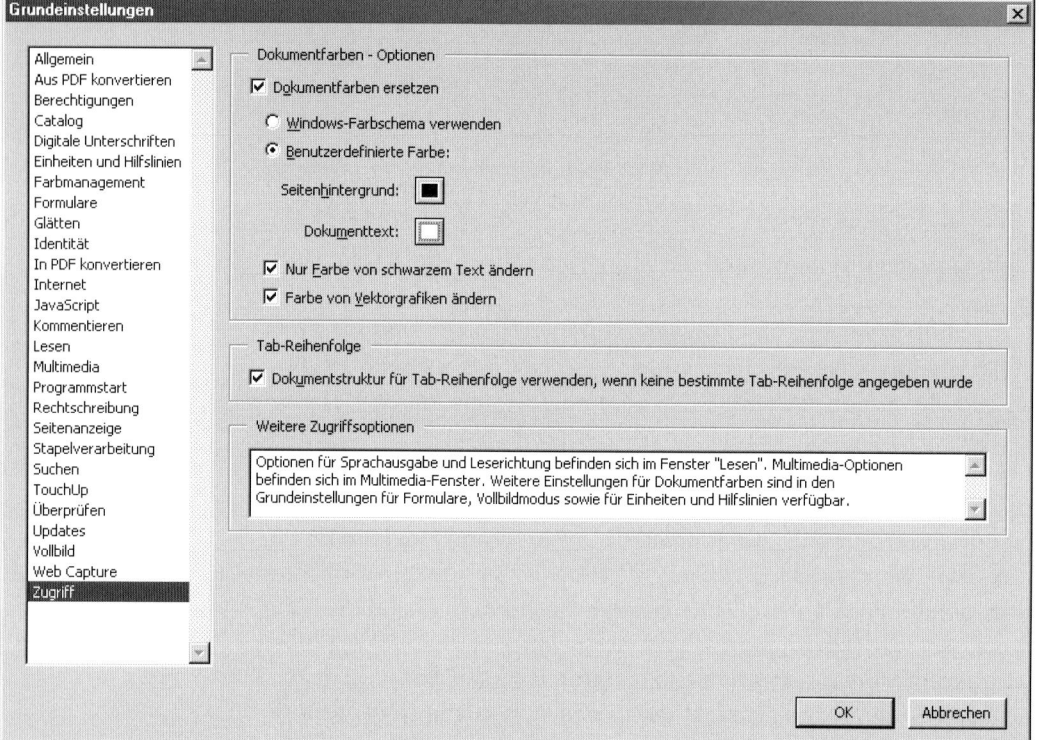

Andere Bedingungen der BITV, etwa die Verständlichkeit von Infor-
mationen, die durch Farbe vermittelt werden, wurden bereits in
Abschnitt 2.2 ausführlich behandelt. Die Grundsätze gelten für alle
Informationsangebote, also auch PDF. Eine nachträgliche Anpas-
sung oder Änderung der Farben durch den Benutzer ist in PDF-
Dokumenten – im Gegensatz zu anderen Formaten – ausgeschlossen.

Verständlichkeit in Screenreadern

Die vielseitigen Aspekte der Verständlichkeit wurden bereits in diesem Buch behandelt. Grundsätzliche Aspekte der Verständlichkeit finden sich beispielsweise in den Abschnitten 2.3.1 bis 2.3.3. In PDF-Dokumenten sind diese im Wesentlichen analog anzuwenden. Allerdings sind die in Abschnitt 2.3.5 beschriebenen Hilfen für die Navigation und Orientierung in Computerhilfsmitteln wie Screenreadern bei PDF-Dokumenten derzeit kaum umzusetzen.

Die Unterstützung der allgemeinen Verständlichkeit kann nur durch das Ausgangsdokument selbst erzeugt werden: Ist beispielsweise in einem Word-Dokument ein Glossar enthalten und sind die entsprechenden Glossareinträge im Originaldokument verlinkt, so werden diese Verlinkungen auch im PDF-Dokument übernommen. Diese Verlinkung kann auch nachträglich in der Vollversion von Adobe Acrobat 5/6 eingefügt werden.

Darüber hinausgehende Möglichkeiten, die Verständlichkeit zu erhöhen, ist mit PDF nicht unmittelbar gegeben. Gerade Aspekte wie verständlicher Text oder nachvollziehbarer Aufbau eines Dokuments sind eine Frage des inhaltlichen Konzepts.

Acrobat bietet selbst nur wenige Möglichkeiten, Orientierungshilfen in einem Dokument zu berücksichtigen. Neben der Seitenzahl und dem Dokumententitel sind keine weiteren Orientierungshilfen vorgesehen. Dabei müssen Seitenzahlen entweder im Ausgangsdokument selbst bereits vorhanden sein oder sie müssen durch entsprechende Definition der Kopf- und Fußzeilen (im Adobe Reader) nachträglich eingefügt werden. Auch der Dokumententitel wird nicht grundsätzlich angezeigt, sondern muss explizit vom Nutzer im Adobe Reader (für die Anzeige) aktiviert werden.

Die in HTML üblichen Informationen zum Kontext sind in PDF-Dokumenten nicht vorgesehen. Als einziger Ersatz bietet sich im PDF-Dokument die Möglichkeit des Kommentierens: Einzelne Bestandteile eines PDF-Dokuments (z.B. Überschriften, Absätze, Grafiken, usw.) können mit Kommentaren versehen werden. Diese Kommentare müssen aber durch eine entsprechende Funktion der »Erweiterten Bearbeitung« nachträglich in ein bestehendes PDF-Dokument eingefügt werden und sind grundsätzlich nur für sehende Benutzer eine Hilfestellung.

Im Zusammenhang mit Sprachausgaben ist die Möglichkeit der Sprachkennzeichnung entsprechend der Bedingungen 4.1 und 4.3 zu erwähnen. Die Ursprungssprache sowie Sprachwechsel werden für PDF-Dokumente dem Ausgangsdokument entnommen. Entsprechende Sprachangaben finden sich auch im Quelltext des PDF-

Bedingung 4.1
Bedingung 4.3

Dokuments. Auch nachträglich können diese Informationen einem bereits bestehendem PDF-Dokument mitgegeben werden. Allerdings kann weder das in Adobe Reader 6 enthaltene Sprachmodul einen Sprachwechsel entsprechend akustisch umsetzen, noch sind die gängigen Hilfsmittel (Screenreader) gegenwärtig in der Lage, solche Sprachwechsel in PDF-Dokumenten zu erkennen und können daher diese auch nicht für den Nutzer umsetzen.

Zu bemerken bleibt noch, dass sich die Einrichtung des deutschen Sprachmoduls für den Adobe Reader 6 als schwierig erwiesen hat, da hierfür bestimmte Programme von Microsoft benötigt werden, die zwar kostenlos sind, sich aber von Betriebsystemversion zu Betriebssystemversion unterscheiden: Für die Betriebssystemversionen Windows 95/98, Windows NT/2000 und Windows XP sind jeweils unterschiedliche Programme sowie Betriebssystemerweiterungen notwendig. Als Vorgehensweise, die von der jeweils verwendeten Windows-Version unabhängig ist, empfiehlt sich die Installation des kostenlosen Microsoft Readers für Desktop-PCs und Notebooks (siehe http://www.microsoft.com/reader/de/downloads/default.asp), wobei zunächst das deutschsprachige Microsoft Reader Text-to-Speech Package 1.0 und anschließend der deutschsprachige Microsoft Reader 2 zu installieren sind.

Dies ist nicht für alle Betriebssysteme möglich. Beispielsweise gibt es für Mac OS X zur Zeit keine Möglichkeit zur Nachinstallation von deutschen Stimmen.

Skalierbarkeit im Reader

Es ist im Reader möglich, Texte in PDF-Dokumenten in unterschiedlicher Skalierung darzustellen. Hierbei wird auch das Umfließen von weiteren Elementen innerhalb einer PDF-Seite unterstützt. Die Darstellung der Schriftgröße kann im Reader durch den Zoom stark verändert werden. Damit im Dokument nicht horizontal gescrollt werden muss, wird durch die Funktion »Umfließen« der Text neu umbrochen. Spalteninhalte werden nicht mehr nebeneinander, sondern Absatzweise untereinander dargestellt. Tabellen und Bilder werden entsprechend der Monitorgröße angepasst und eventuell verkleinert, um vollständig erfassbar zu werden. Wie ein Dokument unter solchen »Extrembedingungen« aussieht, kann aufgrund der Verschiedenartigkeit der Inhalte und des Layouts nicht vorhergesagt werden. Bei der Erstellung von PDF-Dokumenten sollten daher Darstellungen bis zur vierfachen Vergrößerung getestet werden.

In diesem Zusammenhang muss auch die Silbentrennung bei der Erstellung von PDF-Dokumenten bedacht werden: Word bietet sowohl »harte« als auch »weiche« (bedingte) Trennstriche. Auch wenn PDF-Dokumente gewöhnlich feste Seitenlayouts besitzen und die Zeilenumbrüche feststehen, werden bei Nutzung der Anzeigefunktion »Umfließen« bedingte Trennzeichen innerhalb der Zeilen ausgeblendet. »Harte« Trennstriche bleiben erhalten und stören den Lesefluss sowohl in der visuellen Darstellung als auch in der akustischen Ausgabe.

Geräteunabhängigkeit

Prinzipiell kann bereits bei der Erstellung eines PDF-Dokuments ein bestimmtes Ausgabemedium (z. B. Anzeige auf dem Bildschirm oder Ausgabe auf einem Reproduktionsgerät) bevorzugt werden. Eine automatische Anpassung an das jeweilige Ausgabegerät ist jedoch nicht vorgesehen und erfordert im schlechtesten Fall unterschiedliche PDF-Dokumente für unterschiedliche Ausgabemedien.

PDF-Dokumente können entsprechend Bedingung 9.2 grundsätzlich auf allen unterstützen Plattformen mit den jeweils üblichen Eingabegeräten (Maus, Tastatur, Stift usw.) verwendet und auf den üblichen Ausgabegeräten (Monitor, Drucker, Sprachausgabe usw.) wiedergegeben werden. Dies gilt allerdings nur solange, wie auch ein entsprechender Adobe (Acrobat) Reader für diese Plattform zur Verfügung steht bzw. zum Einsatz kommt. *Bedingung 9.2*

Dynamische Inhalte, zum Beispiel die Filmsequenz einer Powerpoint-Folie, können so in ein PDF-Dokument integriert werden, dass erst eine Aktion durch den Nutzer (Tastendruck oder Mausklick) den dynamischen Inhalt startet. Auch ein Blättern durch solche Dokumente (z. B. seitenweises Betrachten) verursacht keinen automatischen Start eines solchen Inhalts. Auf diese Weise kann der Forderung nach der Nutzerkontrolle (Anforderung 7) Rechnung getragen werden. *Anforderung 7*

Strukturen mit »Tagged PDF«

> Die Berücksichtigung von Strukturen in der Textvorlage eines PDF-Dokuments ist die Voraussetzung für ein zugängliches PDF-Dokument.

Für eine Übernahme der inhaltlichen Hierarchie in den PDF-Strukturbaum ist es notwendig, eine logische und nicht nur eine sichtbare Gliederung in die Vorlage zu bringen. In Microsoft Word wird die Hierarchie durch Formatvorlagen festgelegt, die auch für den Lesezeichenbaum zum Einsatz kommen. Auch bei FrameMaker 7.x besteht die Möglichkeit genau anzugeben, welche Absatzformate in welcher Strukturebene stehen sollen. Es ist notwendig, alle Formate, die im Lesefluss vorkommen, in die Strukturzuweisung aufzunehmen und anzuordnen.

Ein PDF-Dokument übernimmt bei der Konvertierung die Strukturinformationen des Ausgangsdokuments. So werden zum Beispiel Überschriften unterschiedlicher Ordnung, Aufzählungen usw. in entsprechende »Tags« im PDF-Dokument umgewandelt. Der Umfang dieser »Tags« entspricht weitestgehend dem Strukturumfang einer W3C-konformen HTML-Datei. Allerdings können diese Strukturinformationen zum gegenwärtigen Zeitpunkt von den gängigen Computerhilfsmitteln nicht in erforderlicher Weise dem Nutzer zur Verfügung gestellt werden. Beispielsweise erlaubt der Adobe Reader nicht, sich die Überschriften eines PDF-Dokuments anzeigen zu lassen. Ebenso können eingebundene Links nicht als Linklisten abgerufen werden.

Sind entsprechende Strukturinformationen im Ausgangsdokument nicht enthalten, so versucht die Adobe-Software bei der Konvertierung des Ausgangsdokuments entsprechende Strukturen selbst zu schaffen, wobei sie sich dabei an unterschiedlichen Auszeichnungen des Originaltextes (wie Schriftart, Schriftgröße und sonstigen Formatierungen) orientiert. Das Ergebnis ist sehr stark von der konsistenten Nutzung dieser optischen Auszeichnungen im Ausgangsdokument abhängig und bedarf in der Regel einer mehr oder minder aufwändigen nachträglichen Anpassung.

Um aber zumindest das strukturierte Aufrufen von Informationen zu ermöglichen, ist es notwendig, verlinkte Inhaltsverzeichnisse in den Ausgangsdokumenten anzulegen. Dadurch ist es möglich, zu einem bestimmten Abschnitt des PDF-Dokuments durch die Wahl des zugehörigen Links zu navigieren.

Kopf- und Fußzeilen werden als nicht zum Textfluss gehörend interpretiert. Entsprechend sollten wichtige Informationen für das Verständnis eines Inhalts nicht nur im Kopfzeilenbereich hinterlegt werden, sondern auch im Textfluss verfügbar bleiben. Die Positionierung zum Beispiel von Grafiken oder Texten etwa mit Positionsrahmen sollte ebenfalls im Textfluss erhalten bleiben – in FrameMaker ist es möglich, sie zu verankern. In Word wird die Position vom Seitenbezug in einen Spaltenbezug korrigiert.

Anforderung 5 Datentabellen entsprechend der BITV lassen sich in PDF-Dokumenten bedingt umsetzen. Hier existieren entsprechende »tags«, welche Tabellenüberschriften und Tabellenzellen voneinander trennen. Auch Tabellenzusammenfassung und -beschriftungen sind – wenn auch manuell – in der »Tagstruktur« abbildbar. Die Zuordnung von zweidimensionalen Tabellen (also von Tabellen, welche nur Zeilen- und Spaltenüberschriften besitzen) ist in PDF-Dokumenten entsprechend der Anforderung 5 realisierbar. Für mehrstufige Tabellen fehlen hingegen sämtliche Möglichkeiten, welche beispielsweise in HTML-Dokumenten zur Verknüpfung von Tabellenzellen zur Verfügung stehen. Aber auch hier muss festgestellt werden, dass einfache Datentabellen in PDF-Dokumenten von den gängigen Computerhilfsmitteln nur eingeschränkt bzw. gar nicht ausgelesen werden können. Zum gegenwärtigen Zeitpunkt kann also von Zugänglichkeit in PDF-Tabellen noch nicht die Rede sein.

3.3.3   Kompatibilität

Proprietäres Format

> Das Fehlen einer öffentlich zugänglichen Dokumentation erlaubt es Hilfsmittelherstellern nicht, den barrierefreien Zugang zu PDF-Dokumenten zu ermöglichen.

PDF ist – wie viele andere Hersteller-spezifische Formate auch – aufwärts-, aber leider nicht abwärtskompatibel. Jede neue Version ist in der Lage die älteren Formate zu lesen. Jede neue Version ist auch in der Lage, Dokumente in älteren Versionen zu erzeugen. Die umgekehrte Möglichkeit ist jedoch aufgrund nicht ausreichender Berücksichtigung der Aufwärtskompatibilät nur bedingt gegeben. Zum einen wird dies an den unterschiedlichen unterstützten Verschlüsselungsstärken deutlich, zum anderen daran, dass eingeführte Features, wie eben das »Tagged PDF«, sich von Version zu Version in ihrem Aufbau ändern (können).

Grundsätzlich besteht eine Trennlinie zwischen den Produkten Adobe Acrobat (Reader) 4 und Adobe Acrobat (Reader) 5/6: Neben der stärkeren Verschlüsselungsmöglichkeiten und dem Feature »Tagged PDF« ist der wesentliche Unterschied hinsichtlich der Barrierefreiheit darin zu sehen, dass ab der Version 5 der Zugang für Computerhilfsmittel über die so genannte MSAA-Schnittstelle erfolgt (vgl. Kapitel 4 des Buchs). Nur die modernsten Computerhilfsmittel sind in der Lage, diese Schnittstelle in Verbindung mit dem Adobe Acrobat Reader 5 und später auszuwerten.

Tab. 3-3

Versionen gängiger
Screenreader und
Kompatibilität mit
Adobe Acrobat

Screenreader	Erforderliche Screenreader-Version für	
	AR 5	AR 6
Blindows	2.21 (empfohlen: 3.0)	3.1
Dolphin Supernova/HAL	5.11	5.2
JAWS	4.03	5
Virgo	4.4	4.4

Nutzer älterer Computerhilfsmittel (Versionen bis 2002) sind nach wie vor auf die Verwendung des Adobe Acrobat Reader 4 und das Access- Plug-in angewiesen. Damit sind Features wie »Tagged PDF« nicht nutzbar. Teilweise lassen sich die mit PDF-Versionen 1.4 oder 1.5 erstellten Dokumente auch gar nicht in Acrobat Reader 4 anzeigen.

Mit neueren Computerhilfsmitteln (ab 2003/2004) ist auch die Verwendung von Adobe Reader 6 möglich. Allerdings leiden Screenreader bereits ab der Version 5 unter Performance-Problemen mit Auswirkungen auf die Schnelligkeit des gesamten Systems.

Mit dem auf der Buch-CD befindlichen WebFormator und aktivierter Browser-Integration im Adobe (Acrobat) Reader können Sie den Inhalt eines PDF-Dokuments anschauen, wie es von blinden und hochgradig sehbehinderten Nutzern wahrgenommen wird.

Die höheren Verschlüsselungen der neueren Programmversionen führen auch zu einigen weiteren Problemen. Zum einen können die hochverschlüsselten Dokumente im Acrobat Reader 4 nicht mehr geöffnet werden. Zum anderen besteht das Problem, dass ein verschlüsseltes Dokument nur dann von Screenreader ausgelesen werden kann, wenn die entsprechende Option (»Textzugriff für Sprachausgabeprogramme für Sehbehinderte zulassen.«) aktiviert ist. Diese Option ist erst ab Verschlüsselungen möglich, die im Acrobat Reader 4 nicht entschlüsselt werden können.

Bedingung 3.2
Bedingung 11.1   Ein PDF-Dokument stellt ein eigenständiges, nicht von der W3C »verwaltetes« Dokumentenformat dar. Im Gegensatz zu Macromedia Flash (vgl. Bedingung 3.2) oder SVG Print ist PDF kein öffentlich dokumentiertes Format. Wenn PDF in Webauftritten verwendet wird, so ist das grundsätzlich auch ein Verstoß gegen Bedingung 11.1 der BITV. Es gibt jedoch Möglichkeiten der Schaffung eines Mindestmaßes an Barrierefreiheit innerhalb von PDF-Dokumenten und es bieten sich entsprechende Alternativen in HTML (oder einem anderen zugänglichen Format) zur Darstellung von Informationen an.

PDF ist aus dem Postscript-Format entstanden. Während aber das Postscript-Format einen öffentlich zugänglichen und vollständig dokumentierten Standard repräsentiert, gilt dies für PDF, speziell in

Bezug auf die neue Erweiterung »Tagged PDF«, nicht. In der gesamten Recherchezeit für diesen Abschnitt war es dem Autor nicht möglich, eine öffentlich zugängliche Quelle zu finden, die »Tagged PDF« beschreibt. Dies ist aber eine unabdingbare Notwendigkeit für andere Hersteller, um diese Erweiterung in ihre Produkte zu integrieren.

Zudem ist »Tagged PDF« noch zu neu, als das sich die entsprechenden Hilfsmittelanbieter auf diese Erweiterung hätten einstellen können, sodass ihre Produkte dieses Format unterstützten.

Daneben haben sich praktische Inkonsistenzen ergeben, welche die Vermutung nahe legen, dass »Tagged PDF« nicht gleich »Tagged PDF« ist: In einem einfachen Test konnte die Tag-Struktur eines PDF-Dokuments, welches mit Adobe Acrobat 6 erstellt wurde, im Adobe Acrobat 5 nicht verfügbar gemacht werden. Beim Versuch, diese Tag-Struktur in Adobe Acrobat 5 nachträglich zu erzeugen, meldet das Programm hingegen, dies könne aufgrund der bereits bestehenden Tag-Struktur nicht erfolgen.

Deaktivierte bzw. nicht unterstütze Features

Die Adobe Reader sind in den neueren Versionen mit einer Reihe von Plug-ins versehen. Für die barrierefreie Gestaltung und Wiedergabe von PDF-Dokumenten sind neben dem Adobe Accessibility Modul grundsätzlich weitere Module wie

- das ECMAScript-Modul (ermöglicht die JavaScript-Nutzung innerhalb von PDF-Dokumenten),
- das Forms-Modul (ermöglicht die Verwendung von Formularen in PDFs),
- das PDDom-Modul (für die Strukturierinformationen) sowie
- das Make-Accessible-Modul (für die »tags«)

unverzichtbar.

Wird eines dieser Module deaktiviert, so kann dies zu unvorhersagbaren Ergebnissen führen: Wenn in einem PDF-Dokument ein Formular mit JavaScript-Funktionen eingesetzt wird, so kann das Deaktivieren des entsprechenden Moduls dazu führen, dass das Ausfüllen der zugehörigen Formularfelder oder das Versenden des Formulars unmöglich wird. Die Nutzung eines solchen Formulars ohne die darin enthaltenen programmierten Objekte ist also stark davon abhängig, inwieweit der Ersteller des zugehörigen PDF-Dokuments diese Einschränkungen bereits bedacht hat. Wurden diese Einschränkungen nicht bedacht – und das ist aufgrund der fehlenden Anleitungen durchaus möglich – so entstehen Barrieren, welche auf den ersten Blick nicht erkennbar bzw. nicht erklärbar sind.

3.3.4   Formulare in PDF

Das PDF-Format wird durch die Möglichkeit der Integration von Formularen, welche sich online bzw. im Adobe (Acrobat) Reader selbst
ausfüllen lassen, für viele Behörden und Ämter interessant. Diese
Möglichkeit war durchaus ein schon seit langem herbeigesehntes
Feature. Allerdings ist die Erstellung von Formularen in PDF ein sehr
komplexer Vorgang. Optimalerweise ist das Ausgangsdokument ein
HTML-/XML-Dokument, welche selbst ein Formular beinhaltet.

Die Unterstützung bei der Erstellung von Formularen seitens
Adobe lässt sehr stark zu wünschen übrig. Teilweise müssen hierfür
Zusatzprodukte erworben werden oder es sind kostspielige Schulungen notwendig. Alle diese Maßnahmen verhindern allerdings nicht,
dass manuelle Anpassungen dennoch notwendig sind. Ein Spezialist
auf diesem Gebiet, die Firma FormSolutions, gibt als Faustregel hierfür an: »Pro Formular(seite) benötigt ein Profi ca. 0,5 Arbeitstage.«
Die Anpassungen sind erforderlich, um die Bedienung mit Computerhilfsmitteln beim Ausfüllen von PDF-Formularen zu gewährleisten.
Adobe Reader 6 ist dabei in zwei unterschiedlichen Versionen verfügbar: Standard und Professionell; nur die letztgenannte Variante
beinhaltet die Formularwerkzeug-Leiste, bei der Standard-Variante
muss diese nachgekauft werden.

Zum Schluss bleibt die Frage, warum man mit hohem Aufwand
Formulare in das PDF-Korsett zwängen sollte, wenn die nächstlie-
gende Lösung doch barrierefrei gestaltete Webauftritte mit diesen
Formularen ist?

3.3.5   Elektronische Signaturen in PDF

Wenn man die Bemühungen der Initiative BundOnline berücksichtigt, so ist PDF in seiner neuesten Version durchaus ein Kandidat für
den Austausch von signierten Dokumenten im Rahmen des E-Government in Deutschland. Allerdings geht der Hersteller auch hier eigene
Wege und liefert mit der Implementierung einer elektronischen Signatur für PDF-Dokumente eine eigenständige, in sich geschlossene
Lösung.

Da gegenwärtig nicht genau genug spezifiziert ist, inwieweit Barrierefreiheit und elektronische Signaturen miteinander vernetzt werden können, darf bezweifelt werden, ob der proprietäre Ansatz eines
Unternehmens für alle als bindend festgelegt werden kann.

Die Unterstützung der elektronischen Signatur steckt noch in den
Kinderschuhen. Dies gilt natürlich auch in besonderem Maße für die
Unterstützung von elektronischen Signaturen durch die Hilfsmittel-

Hersteller. Bei PDF-Dokumenten ist diese Unterstützung schlicht nicht vorhanden.

3.3.6   Fazit: Die Barrierefreiheit in PDF-Dokumenten bewegt sich in engen Grenzen

Beim Einsatz von PDF-Dokumenten ist die Barrierefreiheit, wie sie in der BITV gefordert wird, kaum möglich. Die Ansätze, die Adobe zur Schaffung einer besseren Zugänglichkeit bietet, sind nur teilweise nachvollziehbar und lassen besonders an Dokumentation und pro- grammiertechnischer Unterstützung zu wünschen übrig. Die Verwen- dung von PDF gehört zum Weballtag und es gilt, diese Realität mit nutzerorientierten Maßnahmen zu ergänzen. Solche Maßnahmen bewegen sich in sehr engen Grenzen:

1. Für die Erstellung barrierefreier PDF-Dokumente sind nur die Produkte der Firma Adobe (Adobe Acrobat 5 bzw. 6) geeignet.
2. Gegenwärtig fehlen deutschsprachige Dokumente, welche eine sinnvolle Anleitung des korrekten Einsatzes von »Tagged PDF« anbieten; solche Anleitungen sind nur zum Teil in englischer Sprache für Adobe Acrobat 5 verfügbar (Stand: Frühjahr 2004).
3. Aktivierte Sicherheitsfunktionen (z. B. Verschlüsselung) in älteren Adobe-Acrobat-Versionen führen in der Regel zu unzugäng- lichen PDF-Dokumenten. PDF-Dokumente, die mit »Tagged PDF«-fähigen Adobe-Acrobat-Versionen erstellt werden, lassen sich in älteren Versionen des Adobe (Acrobat) Readers zum überwiegenden Teil nicht öffnen.
4. Barrierefreie PDF-Dokumente im Sinne von »Tagged PDF« set- zen ein Microsoft-Betriebssystem voraus, auf dem eine MSAA- kompatible Software eingesetzt wird (vgl. Kapitel 4 des Buchs).
5. Die verfügbaren Adobe-Acrobat-Versionen zur Erstellung barrie- refreier PDF-Dokumente unterstützen nicht alle Aspekte der Bar- rierefreiheit und erfordern in der Regel einen nicht unerhebli- chen manuellen Mehraufwand bei der Erstellung und Bearbeitung.

Somit sind die eingangs zu diesem Kapitel genannten Kritikpunkte der AFB auch heute durchaus berechtigt. Gegenwärtig kann nicht davon ausgegangen werden, dass PDF-Dokumente in derselben Weise barrierefrei gestaltet werden können, wie es bereits für HTML- Dokumente möglich ist.

Werden Informationen nur als PDF-Dokumente angeboten, so ist es teilweise noch nicht einmal möglich, eine reine Textversion dieser Informationen zu erlangen, sodass auch dieser letzte Ausweg nicht genutzt werden kann. Wirkliche Alternativen zu PDF sind zur Zeit nicht gegeben. Dies liegt zum Teil an dem hohen Verbreitungsgrad des Adobe-Formats und zum Teil an der Sicherheitsproblematik, die Adobe offenbar im Griff hat. Dadurch dass die Formate nicht öffentlich zugänglich sind, ist es schwierig, Verbesserungen der Zugänglichkeit zu entwickeln. Letztlich kann dies unter diesen Voraussetzungen nur von Adobe vorangebracht werden.

Der wesentliche Vorteil des PDF-Formats ist die unabhängige Darstellung am Bildschirm und im Druck. Nicht bedacht bei diesem Konzept sind alternative Medien wie die Sprachausgabe. Außerdem sind Anpassungen der Darstellung am Bildschirm nur zum Teil durch die Vergrößerungsmöglichkeit gegeben. Die wichtigen Aspekte der Kontrast- und Farbwahrnehmung sind im PDF nicht berücksichtigt.

Es bleibt nur die Hoffnung, dass Adobe die Barrierefreiheit durch Offenlegung des Formats in den Griff bekommt und in zukünftigen Versionen den Zugang zu PDF-Dokumenten für Menschen mit Behinderungen besser unterstützt.

4 Grafische Programmoberflächen

Neben Webanwendungen fallen auch »mittels Informationstechnik realisierte grafische Programmoberflächen« in den Geltungsbereich der BITV. In der Begründung zur BITV werden diese »grafischen Programmoberflächen« als »CD-ROMs, DVDs oder vergleichbare Medien« spezifiziert. Eine weitere Abgrenzung erfolgt in der Anlage zur BITV. Hier ist zu lesen, dass die Anforderungen oder Bedingungen »sich allein auf die (...) angebotenen elektronischen Inhalte und Informationen« beziehen. Vorgaben zu grundlegenden Techniken (z.B. Zugangssoftware oder Betriebssysteme) werden ausdrücklich ausgeklammert.

Was bedeutet dies nun für Anbieter oder Entwickler, die eine barrierefreie Software-Anwendung produzieren wollen? Die Anforderungen und Bedingungen, die in der Anlage zur BITV gestellt werden, basieren auf den Web Content Accessibility Guidelines, die sich in erster Linie auf die korrekte Verwendung von Auszeichnungssprachen wie (X)HTML beziehen. Auf Programmoberflächen im Sinn der BITV sind hier nur die eher allgemein gehaltenen Anforderungen wie zum Beispiel eine geräteunabhängige Bedienung übertragbar.

Aufgrund der im Vergleich zu den Webtechniken unüberschaubaren Vielfalt an Funktionen und Darstellungsmöglichkeiten, die abhängig von Betriebssystem, Entwicklungsumgebung oder Autorensystem betrachtet werden müssen, kann oder will die BITV nur wenig Vorgaben für Anbieter oder Entwickler liefern.

In den USA gibt es mit der Section 508 des U.S. Rehabilitation Act eine der BITV vergleichbaren Verordnung. Hier werden in § 1194.21 »Software applications and operating systems« konkrete Anhaltspunkte geliefert. Die Firma IBM hat mit ihren Leitlinien zur Entwicklung zugänglicher Software diese Anforderungen noch erweitert und so eine umfassende und hilfreiche Darstellung der Thematik bereitgestellt, die in Abschnitt 4.1 vorgestellt wird.

Abschnitt 4.2 behandelt die Programmiersprache Java, die aufgrund ihrer Plattformunabhängigkeit gesondert zu betrachten ist.

Die Zugänglichkeitsfeatures des Autorensystems Macromedia Director werden in Abschnitt 4.3 vorgestellt.

Das Testen der Zugänglichkeit in grafischen Programmoberflächen wird nicht in diesem Kapitel des Buchs, sondern in Kapitel 5 behandelt.

4.1   Die »Leitlinien zur Entwicklung zugänglicher Software« von IBM

Die IBM Leitlinien zur Entwicklung zugänglicher Software sind auf der CD-ROM zu finden.

Die Ausführungen zu Abschnitt 4.1 lehnen sich sehr stark an die »Leitlinien zur Entwicklung zugänglicher Software« von IBM an. Die Übersetzung durch das Forschungsinstitut Technologie-Behindertenhilfe erfolgte mit freundlicher Genehmigung der IBM nach http://www-3.ibm.com/able/guidelines/software/accesssoftware.html (© Copyright 2001, 2002 IBM Coporation).

Für die Richtigkeit des Inhalts wird keine Haftung übernommen. Die Verwendung der Information erfolgt auf eigenes Risiko. Texte aus Abschnitt 4.1, die den Leitlinien entnommen wurden, sind grau hinterlegt.

4.1.1   Zusammenfassung der IBM-Leitlinien

Die IBM-Leitlinien zur Entwicklung zugänglicher Software enthalten die sieben Themenbereiche Tastaturzugriffe, Infomationen über Objekte, Sound und Mutimedia, Anzeige, Timing, Dokumentation und Überprüfung der Zugänglichkeit. Eine Anforderung, die sich durch alle diese Themenbereiche zieht, ist die Verwendung von Standardmechanismen bzw. -Elementen des Betriebssystems für Gestaltung von grafischen Benutzerschnittstellen (GUI, *graphical user interface*) und Textein- und Textausgabe. Nicht zuletzt durch den Druck, der durch die Anforderungen der Section 508 in den USA auf die Softwarehersteller ausgeübt wird, bieten mittlerweile alle modernen Betriebssysteme Accessibility-Funktionen und Schnittstellen für Computerhilfsmittel.

Durch die Verwendung dieser Standardelemente ist in der Regel sichergestellt, dass Computerhilfsmittel unterstützt werden.

In der Praxis wird sich das jedoch nicht so leicht umsetzen lassen. Der Wunsch nach einer individuellen Benutzeroberfläche oder die Bereitstellung von Features, die nicht mit Standardelementen umgesetzt werden können, steht den Anforderungen der Barrierefreiheit zunächst entgegen. Nicht standardkonforme GUI-Elemente liefern kaum verwertbare Objektinformationen an Computerhilfsmittel, was zum Beispiel bedeutet, dass ein Screenreader die visuelle Präsentation der Benutzoberfläche nicht interpretieren und an den Anwender vermitteln kann. In diesem Fall muss die Programmoberfläche mit Methoden wie zum Beispiel Microsoft Active Accessibility angepasst werden, die nötige Objektinformationen bereitstellt.

Die Implementierung dieser Zugänglichkeitsfeatures sollte schon in der Konzeptionsphase berücksichtigt werden. Nachträgliche Änderungen oder Anpassungen sind aufwändig und oftmals wenig erfolgversprechend. Als unerlässlich hat sich hier die Zusammenarbeit mit Hilfsmittelherstellern erwiesen, die sie gerne bei der Anpassung ihrer Software Anwendung unterstützen.

Screenreader »Blindows«
Audiodata GmbH
Web: www.audiodata.de

Screenreader »Virgo«
Baum Retec AG
Web: www.baum.de

Screenreader »Jaws«
Freedom Scientific GmbH
Web: www.freedomscientific.de

4.1.2   Tastaturzugriff

Den folgenden beiden Checkpunkten können gleich drei Bedingungen der BITV zugeordnet werden. Nach Bedingung 6.4 muss sichergestellt sein, dass die Eingabebehandlung von Scripts, Applets oder anderen programmierten Objekten vom Eingabegerät unabhängig ist. Laut Bedingung 9.2 muss jedes über eine eigene Schnittstelle verfügende Element in geräteunabhängiger Weise bedient werden können. In der Bedingung 9.4 geht es um die Festlegung einer nachvollziehbaren und schlüssigen Reihenfolge von Formularkontrollelementen und Objekten bei der Navigation mittels Tabulatortaste.

Bedingung 6.4
Bedingung 9.2
Bedingung 9.4

> **Checkpunkt 1.1**: Bieten Sie alternativ auch Tastaturbefehle für alle Operationen an.

Anwender, die nicht in der Lage sind, eine Maus zu benutzen, sind darauf angewiesen, dass alle mausgesteuerten Funktionen alternativ auch mit der Tastatur ausgeführt werden können. Für Anwender mit motorischen Behinderungen, etwa einer eingeschränkten Beweglichkeit der Hand, kann es schwer sein, den Mauszeiger auf einem

Bedienelement zu platzieren. Blinde Menschen können nicht mit der Maus arbeiten, weil sie den Bildschirm und damit die Position des Mauszeigers nicht sehen können. Die Tastatur liefert eine präzise Alternative für die Steuerung und Navigation einer Anwendung. Für mobilitätseingeschränkte Nutzer bietet die Tastatur, oder die Technik, die eine Tastatur emuliert (z. B. eine Bildschirmtastatur), die Möglichkeit zu navigieren oder Elemente auszuwählen. Blinde Nutzer können mit der Tastatur (hier speziell mit den Tabulator-, Cursor- oder Funktionstasten) zu den Elementen einer Anwendung navigieren, deren Bedeutung ihnen dann von der Screenreader-Software vorgelesen werden kann. Auf diesen Weg ist es dem blinden Nutzer möglich, ein mentales Modell der Software aufzubauen und so die Bedienung (z. B. bei wiederkehrenden Arbeitsschritten) zu erlernen.

Von einer Tastatursteuerung profitieren jedoch nicht nur behinderte Nutzer. Eine gut implementierte Tastatursteuerung erhöht die Produktivität. Der geübte Anwender kann mit gut implementierten Tastaturbefehlen schneller arbeiten.

Techniken zur Umsetzung (Tastaturzugriff)

Die Anforderung an die Zugänglichkeit ist, dass alle Funktionen einer Software, die nicht von Natur aus Mausfunktionen sind, nur durch Benutzung der Tastatur ausgeführt werden können. Zeichnen ist ein Beispiel für eine Funktion, die von Natur aus eine Mausfunktion ist. Unmittelbare Handhabung, wie etwa das Markieren von Text, ist nicht notwendigerweise eine Mausfunktion. Für eine bestimmte Softwareplattform existieren Standardtasten und Tastenkombinationen, um gebräuchliche Dinge zu tun. Diese Standardtasten sind in der Regel in den plattformspezifischen Richtlinien über Benutzerschnittstellen definiert.

- Microsoft Windows Keyboard Design Guide.
  - http://msdn.microsoft.com/library/default.asp?url=/library/en-us/dnwue/html/welcome.asp
- Macintosh Human Interface Guidelines
  - http://developer.apple.com/documentation/index.html
- Motif and CDE 2.1 Style Guide (Unix)
  - http://zikova.cvut.cz/publikace/aix/motif/motifsg/toc.htm
- KDE User Interface Guidelines (Unix)
  - http://developer.kde.org/documentation/standards/kde/style/basics/index.html
- Keyboard Navigation for Gtk+2.0 Draft (Gnome/Linux)
  - http://developer.gnome.org/projects/gap/keyboardnav.html

Die folgenden Methoden stellen ein Minimum dar, um Checkpunkt 1.1 der Checkliste für Software Zugänglichkeit von IBM zu erfüllen:

▦ Bieten Sie die Möglichkeit, mit Standardtasten zu navigieren und jedes Menü und jeden Menüpunkt auszuwählen. Dies schließt die Menüleiste, das Systemmenü und die kontextabhängigen Menüs ein. Benutzen Sie zum Beispiel in Windows Anwendungen Alt+Leertaste, um das Systemmenü anzuzeigen, Alt oder F10, um in Windows den Fokus auf die Menüleiste zu setzen, F10, um auf einer UNIX-Plattform den Fokus auf die Menüleiste zu setzen und die Pfeiltasten, um zwischen den Menüs und den Menüpunkten zu navigieren.

▦ Bieten Sie Menüpunkte für alle Befehle in der Werkzeugleiste an oder ermöglichen Sie den Tastenzugriff auf die Werkzeugleiste.

▦ Bieten Sie die Möglichkeit, zu jedem Bedienelement im Client-Bereich eines Fensters und der Dialoge zu navigieren und sie mit der Tastatur zu bedienen. Benutzen Sie beispielsweise die Tabulatortaste um zwischen Gruppen von Bedienelementen zu navigieren und die Pfeiltasten, um zwischen den Bedienelementen innerhalb einer Gruppe zu navigieren. Eingabetaste und Leertaste dienen vereinbarungsgemäß zum Betätigen der Bedienelemente.

▦ Bieten Sie die Möglichkeit, mit der Tastatur zwischen Sektionen (oder Feldern) eines Applikationsfensters zu navigieren. Beispielsweise bewegt F6 den Fokus bei vielen Anwendungen von einem Feld zum nächsten.

▦ Bieten Sie die Möglichkeit, den Eingabefokus zwischen nichtmodalen Dialogen und dem Applikationsfenster hin- und herzuschalten. Zum Beispiel benutzt Lotus Notes R5 Umschalt- und Tabulatortaste, um den Fokus zwischen der Eigenschaften-Box und dem Dokument zu wechseln.

▦ Bieten Sie die Möglichkeit, Text und Objekte mittels Tastatur auszuwählen. Beispielsweise wählen Umschalt- und Pfeiltaste in Windows Text beginnend bei der Cursorposition aus.

▦ Bieten Sie entsprechende Tastatureingaben für Funktionen, die normalerweise durch Drag & Drop mit der Maus ausgeführt werden. Die Gleichwertigkeit muss NICHT darin bestehen, dass die Drag-and-Drop-Funktion mit den Tasten ausgeführt wird. Sie muss lediglich das gleiche Resultat liefern. Um beispielsweise Bilder in einem Webautorensystem zu dimensionieren, kann der Benutzer ein Bild mit der Maus anwählen und es durch Ziehen einer Bildecke auf die gewünschte Größe ausdehnen. Gleichwertige Tastaturbefehle, die diese Aufgabe erfüllen, bieten die Möglichkeit, das Bild durch Tasten auszuwählen und stellen einen Menüpunkt bereit, der eine Eigenschaftsseite für das Bild darstellt. Die Bildgröße ist ein Attribut, das auf der Eigenschaftsseite verändert werden kann. Ein anderes Beispiel ist die Benutzung von Cut-and-Paste anstelle von Drag-and-Drop, um ein Objekt zu bewegen.

Die oben genannten Methoden sind notwendig, die folgenden Methoden werden empfohlen um die Zugänglichkeit zu verbessern:

- Außer bei dynamischen Menüs sollte jeder Menüpunkt über ein Kürzel oder eine Zugriffstaste verfügen, wie zum Beispiel D für Datei. Menschen mit Behinderungen profitieren von Kürzeln, weil sie zeitraubende Schritte, die sonst notwendig wären, um eine Funktion zu aktivieren, reduzieren können. Ohne Kürzel benötigt man fünf bis 15 Tastenanschläge, um eine Druckfunktion aus einem normalen Datei-Pulldown-Menü aufzurufen. Benutzer müssen zuerst die Alt- oder F10-Taste benutzen, um den Eingabefokus auf das Menü zu legen, dann die Eingabetaste um das Dateimenü auszuwählen. Sie müssen dann die Pfeil-Abwärts-Taste fünf- bis zehnmal drücken, um die Druckoption zu erreichen, und wiederum die Eingabetaste. Sind die Kürzel D für Datei und D für Druck verfügbar, drückt der Benutzer Alt-D, um das Dateimenü zu öffnen, und dann noch einmal D für Druck. Kürzel für Menüpunkte, so wie D für Datei, sind durch Unterstreichung gekennzeichnet und »selbsterklärend«.
- Fügen Sie Tastatur-Kurzbefehle (Shortcuts) oder Tastaturkürzel für häufig benutzte Funktionen in die Pulldown-Menüs ein. Häufig benutzte Funktionen können mit Tastatur-Kurzbefehlen noch schneller aufgerufen werden als mit Kürzel. Die Entscheidung welche Softwarefunktionen einen Tastatur-Kurzbefehl brauchen, lässt sich anhand der Häufigkeit ihrer Benutzung treffen. Oft sind Werkzeugleisten so ausgelegt, dass sie die am häufigsten benutzten Operationen enthalten. Ein guter Designansatz sieht vor, für jedes Element der Werkzeugleiste auch ein Tastatur-Kurzbefehl im Pulldown-Menü zur Verfügung zu stellen. Im vorangehenden Beispiel bietet die Tastenkombination Strg+P unmittelbaren Zugriff auf die Druckfunktion. Kennzeichnen Sie den Tastatur-Kurzbefehl für den Druck indem Sie ›Strg+P‹ neben den Druckbefehl in das Pulldown-Menü ›Datei‹ einfügen. Beachten Sie bitte auch die Informationen über die einzelnen üblichen Tastenkombinationen für Tastatur-Kurzbefehle in den oben angegebenen Richtlinien für Benutzerschnittstellen.
- Sorgen Sie für eine logische Tabulatorreihenfolge zwischen den Elementen der Applikationsfenster und Dialoge. Die Tabulatorreihenfolge ist die Reihenfolge, in der die Tabulatortaste den Eingabefokus in einer Dialogbox von einem Bedienelement oder einem Element zum nächsten schaltet. Für westliche Sprachen verläuft die Tabulatorreihenfolge für gewöhnlich von links nach rechts

■ und von oben nach unten. Wird die Konvention für die Reihenfolge nicht eingehalten, kann dies sehr verwirrend für den Benutzer sein, speziell für den blinden Benutzer, der die Tastatur zur Navigation benutzt. Blinde Benutzer erkunden Formulare und Dialogboxen der Reihe nach indem sie die Tabulatortaste benutzen, anstatt die gesamte Box zu betrachten, wie es sehende Benutzer täten. Benutzen Sie gängige Programmiermethoden, um den Tabulatorindex für jedes Bedienelement in einem Dialog zu spezifizieren. Benutzen Sie beispielsweise in Microsoft Visual C++ »Layout→Tabulator-Reihenfolge«, um die Tabulatorreihenfolge Ihrer Dialoge zu betrachten oder zu verändern.

■ Ermöglichen Sie dem Benutzer in Dialogen, mit der Tastenkombination Umschalt+Tab rückwärts durch den Dialog zu navigieren. Ohne diese Möglichkeit ist der Benutzer gezwungen, bis zum Ende des gesamten Dialogs und wieder zurück zum Anfang zu gehen, um ein verfehltes Bedienelement zu erreichen.

■ Windows-Software, die normalerweise einige Elemente der Tastaturbenutzerschnittstelle verbirgt oder einige Tastaturmechanismen gänzlich weglässt, sollte diese Mechanismen anbieten, wenn das Keyboard Preference Flag gesetzt ist. Dieses Flag, das vom Benutzer in der Systemsteuerung (Eingabehilfen→Tastatur →In Programmen zusätzliche Tastaturhilfen anzeigen) gesetzt wird, zeigt einer Anwendung an, dass der Benutzer eher auf eine Tastatur angewiesen ist als auf Zeigergeräte. Deshalb sollte zusätzliche Unterstützung angeboten werden, wo es angebracht ist. Eine Anwendung kann den Zustand des Flags testen, indem sie die Funktion `SystemParameterInfo` mit dem Parameter `SPI_GET-KEYBOARDPREF` aufruft.

Checkpunkt 1.2: Vermeiden Sie Konflikte mit Zugänglichkeitsoptionen der Tastatur, die Bestandteil des Betriebssystems sind.

Alle modernen Betriebssysteme bieten integrierte Hilfsmittel, die es behinderten Nutzern ermöglichen, das Betriebssystem ihren individuellen Anforderungen anzupassen. Zum Beispiel kann es für einen mobilitätseingeschränkten Windows-Nutzer schwierig sein, Tastaturkombinationen wie STRG+ALT+ENTF auszuführen. Mit der »Einrastfunktion« ist es dem Nutzer jedoch möglich, die Tasten nacheinander zu drücken, um so die gewünschte Aktion zu veranlassen. Der Nutzer drückt also beispielsweise erst STRG, dann ALT und danach ENTF, um den Windows-Taskmanager aufzurufen.

Diese im Betriebssystem integrierten Hilfsmittel erlauben es vielen Menschen mit unterschiedlichsten Behinderungen den Computer zu nutzen. Wenn eine Anwendungssoftware mit diesen Hilfsmitteln kollidiert, kann das die Benutzbarkeit stark einschränken.

In Windows integrierte Hilfsmittel

- *»Einrastfunktionen«* erlauben es dem Benutzer, Tastenkombinationen wie STRG+ALT+ENTF durch sequentielles Drücken der Tasten auszuführen. Um die Einrastfunktion zu aktivieren, muss die Umschalttaste fünfmal gedrückt werden.
- *»Anschlagverzögerung«* ermöglicht es dem Benutzer, die Tastenwiederholrate herabzusetzen. Um die Anschlagverzögerung zu aktivieren, muss die rechte Umschalttaste 8 Sekunden lang gedrückt werden.
- *»Statusanzeige«* gibt einen Ton an den Benutzer aus, wenn die Feststell-, Num- oder Rollen-Taste gedrückt wird. Um die Statusanzeige zu aktivieren, muss die Num-Taste 5 Sekunden lang gedrückt werden.
- Die Unterstützung von starkem Kontrast ermöglicht dem Benutzer die Umstellung des voreingestellten Farb- und Font-Schemata auf ein besser lesbares Schema. Die Tastenkombination zur Erhöhung des Kontrasts ist die linke Alt-Taste + linke Umschalttaste + Druck-Taste.
- *»Tastaturmaus«* ermöglicht dem Benutzer, den Mauszeiger mit den Pfeiltasten zu bewegen. Die Tastenkombination zum Aktivieren der Tastaturmaus ist die linke Alt-Taste + linke Umschalttaste + Num-Taste.

4.1.3   Informationen über Objekte

Die Bereitstellung von äquivalenten Tastaturbefehlen für alle mausgesteuerten Funktionen einer Anwendung ist nur der erste Schritt bei der Entwicklung barrierefreier Software. Der Anwender kann damit navigieren und Funktionen auslösen. Dies nützt ihm aber nichts, wenn er nicht weiß, wo er ist, was er gerade macht oder welche Optionen sich ihm bieten.

Die folgenden vier Checkpunkte beschreiben Anforderungen, die eine Bereitstellung dieser Informationen für fast alle Anwendungsfälle ermöglichen und deshalb von zentraler Bedeutung bei der barrierefreien Gestaltung von Programmoberflächen sind.

Bedingung 1.1   In der BITV wird das Thema »Objektinformationen« in der Bedingung 1.1 behandelt. Hier wird die Bereitstellung äquivalenter Texte für alle Nicht-Textelemente gefordert. Diese Anforderung ist offensichtlich auf Webtechniken zugeschnitten und betrifft hauptsächlich grafische Elemente. Auf Programmoberflächen, bei denen es in erster Linie um die Bereitstellung kontextueller Informationen zu Bedienelementen geht, ist diese Anforderung deshalb nicht eindeutig übertragbar.

> **Checkpunkt 2.1:** Bieten Sie eine optische Fokusanzeige an, die den Änderungen des Eingabefokus zwischen den interaktiven Objekten folgt. Diese Fokusanzeige muss programmtechnisch für die assistive Technik zugänglich sein.

Als Fokus einer Software-Applikation bezeichnet man im allgemeinen die aktuell aktive Position in der Anwendung, die dem Nutzer Interaktion ermöglicht. Dies kann beispielsweise ein Programmfenster, die Position der Schreibmarke in einem Formularfeld oder ein vorbelegtes Eingabeelement sein.

Ein visueller Fokusindikator ist bei vielen Anwendungen Standard (etwa in Form eines vorbelegten aktivierten Eingabeelements) oder sogar zwingend erforderlich. So muss etwa die Position der Schreibmarke in einer Textverarbeitung jederzeit für den Nutzer ersichtlich sein.

Computerhilfsmittel wie Screenreader oder Vergrößerungssysteme benötigen Informationen über Fokusposition und Inhalt, um diese weiterzugeben, zu vergrößern oder zu manipulieren.

Ein blinder Nutzer navigiert zum Beispiel mit den Cursor-Tasten durch die Dokumentenliste eines Dateimanagers. Der Screenreader übermittelt mit Hilfe der Fokusposition den Namen des gerade aktiven Dokuments aus der Liste an den Nutzer. Ähnlich arbeitet auch ein Vergrößerungssystem. Wenn der Nutzer sich etwa mit Hilfe der Tabulatortaste durch ein Formular navigiert, folgt das Vergrößerungssystem der Fokusposition und vergrößert so die aktuelle Bildschirmposition.

> **Checkpunkt 2.2:** Liefern Sie semantische Informationen über Objekte der Benutzerschnittstelle. Wenn ein Programmelement aus einem Bild besteht, dann muss die Information, die im Bild dargestellt wird, auch als Text verfügbar sein.

Neben der Position eines Elements müssen Computerhilfsmittel dem Nutzer auch vermitteln, um was für ein Bedienelement es sich handelt und welchen Zustand oder Wert es hat. Liegt zum Beispiel in einem Formular der Fokus auf einem Auswahlschalter (*radio button*) muss der Screenreader erkennen, dass es sich um einen Auswahlschalter handelt, der aktiviert bzw. deaktiviert ist.

Für grafische Elemente, etwa Bedienelemente, die nur durch ein Symbol oder Text in Form einer Bitmap-Grafik gekennzeichnet sind, sollte die Bedeutung mittels Tooltipp und Kontextmenü vermittelt werden. Der Inhalt des Tooltipps wird durch den Screenreader an den Nutzer weitergeleitet, die Information des Kontextmenüs steht (unter Windows) per Tastaturbefehl zur Verfügung.

> **Checkpunkt 2.3:** Beschriften Sie Bedienelemente, Objekte, Icons und Bilder. Wenn ein Bild zur Kennzeichnung von Programmelementen benutzt wird, muss die Bedeutung des Bildes in der gesamten Anwendung einheitlich sein.

Die Bezeichnungen für Programmfenster, Symbole oder Bedienelemente müssen logisch mit den korrespondierenden Elementen verbunden werden. Sind die Bezeichnungen nicht programmatisch verknüpft, muss ein Screenreader »abschätzen«, welche Bezeichnung zu welchem Element gehört, was sehr fehlerträchtig ist.

Viele Screenreader ermöglichen dem Benutzer in einer Art Lernmodus, grafischen Bedienelementen eine alternative Textbeschreibung zuzuordnen. Die Bedeutung eines grafischen Elements muss deshalb in der gesamten Anwendung konsistent sein. Wenn sich die Bedeutung ändert, kann der Screenreader das natürlich nicht erkennen, was für den Nutzer unter Umständen verwirrend sein kann.

> **Checkpunkt 2.4:** Wenn elektronische Formulare benutzt werden, dann sollten diese Formulare den Menschen, die assistive Technik benutzen, erlauben, auf die Informationen, Feldelemente und Funktionen zuzugreifen, die zum Ausfüllen und zur Abgabe des Formulars notwendig sind, einschließlich aller Anweisungen und Hinweise.

Bedingung 10.2
Bedingung 12.4

Diesem Checkpunkt sind zwei Bedingungen der BITV zuzuordnen. In den Bedingungen 10.2 und 12.4 geht es um die Zuordnung bzw. logische Verknüpfung von Formularelementen und ihren Beschriftungen.

Die zahlreichen Anforderungen an elektronische Formulare können als Zusammenfassung der letzten fünf Checkpunkte gesehen werden. Zunächst muss eine Bedienung mit der Tastatur möglich sein. Hier ist besonders auf eine logische Reihenfolge der Formularelemente bei der Navigation mit der Tabulatortaste zu achten. Die Bedeutung, der Status und die Funktionalität unterschiedlicher Elemente wie Eingabefeldern, Auswahlschalter oder Ausklapplisten muss an Computerhilfsmittel weitergeleitet werden. Schließlich müssen Bezeichnungen für Formularelemente logisch mit den jeweiligen Elementen verknüpft werden.

Techniken zur Umsetzung (Informationen über Objekte

Zunächst ist es hilfreich, sich die Arbeitsweise von Computerhilfsmitteln zu verdeutlichen. Ein Screenreader unter dem Windows-Betriebssystem beispielsweise bezieht seine Informationen in der Regel aus drei Quellen:

1. Off-Screen-Modell

Jeder Screenreader klinkt sich als Grafiktreiber in das Betriebssystem ein und überwacht auf diesem Weg die Bildschirmausgabe. In einer dynamischen Datenbank werden Informationen zu den Bildschirmobjekten gespeichert und ständig abgeglichen. Diese Informationen enthalten keinen kontextuellen Bezug zueinander, was bedeutet, dass der Screenreader bestimmte Zusammenhänge nur »erahnen« kann. Am ehesten ist eine Identifizierung der Bildschirmobjekte durch die Nutzung von Standardelementen gegeben, die anhand ihrer Klassenzugehörigkeit erkannt werden. Ein aufwändiger, aber durchaus gängiger Weg ist die Anpassung des Screenreaders an die jeweilige Anwendungssoftware. Hier »erlernt« der Screenreader die GUI-Elemente mittels Script oder Anpassung einer Konfigurationsdatei und kann so die Benutzoberfläche vermitteln.

2. Windows Messaging

Durch Auswertung von Fensterklassen, Handles und Systemnachrichten (z.B. bei Erstellung oder Zerstörung von Objekten) kann ein Screenreader Standardinformationen ermitteln.

Alle Windows-Standard-GUI-Elemente unterstützen Messaging.

3. Microsoft Active Accessibility (MSAA)

Microsoft Active Accessibility (MSAA), seit Windows 98 Bestandteil des Betriebssystems, ist eine Technik, die nach dem Client-Server-Prinzip einen Mechanismus zum Austausch von Informationen zwischen Anwendung und Hilfsmittel (Screenreader) bereitstellt. MSAA liefert einem Screenreader über die IAccessible-Schnittstelle Informationen über Typ, Name, Position und Status aller Bildschirmobjekte, daneben wird der Screenreader über alle Events informiert, die zu einer Änderung der Benutzeroberfläche führen. Informationen über Benutzerschnittstellen, die bereits im Betriebssystem vorhanden sind (z.B. die Microsoft Foundation Class), werden von MSAA bereitgestellt. Anwendungen, die diese Schnittstellen verwenden, sind daher auch ohne eigene IAccessible-Schnittstelle zugänglich.

MSAA erlaubt den Hilfsmittelherstellern ohne individuelle Anpassungen eine große Anzahl von Anwendungen zu unterstützen. Die Anzahl der Anwendungen, die über MSAA-Implementierung verfügen wächst ständig. Allerdings gibt es noch eine Vielzahl von populären Anwendungen – darunter auch Microsoft-Produkte – die MSAA noch nicht unterstützen.

Unter http://msdn.microsoft.com/library/default.asp?url=/library/en-us/msaa/msaastart_9w2t.asp?frame=true finden sie weitergehende Informationen zu MSAA. Mit dem Microsoft® Active Accessibility 2.0 Software Development Kit stellt Microsoft drei kleine Anwendungen (Accessible Event Watcher, Accessible Explorer und Inspect Objects) bereit, die es ermöglichen, die über die MSAA-Schnittstelle bereitgestellten Informationen zu verfolgen.

Microsoft® Active Accessibility 2.0 Software Development Kit: http://www.microsoft.com/downloads/details.aspx?FamilyId=3755582A-A707-460A-BF21-1373316E13F0&displaylang=en

Standard-GUI-Elemente

Wie zu erkennen ist der einfachste Weg zur Erfüllung der Anforderungen des Themenkomplex »Objektinformationen« die Verwendung von Standard-GUI-Elementen des Betriebssystems. So verfügen beispielsweise im Windows-Betriebssystem fast alle Standardelemente über eine »eingebaute« Zugänglichkeit durch Unterstützung der MSAA-Technik. Ähnliche Mechanismen bieten mittlerweile alle modernen Betriebssysteme.

Benutzerdefinierte GUI-Elemente

Der Einsatz von benutzerdefinierten Elementen ist in der Regel problematisch, da die meisten Computerhilfsmittel Probleme haben, diese zu erkennen und zu interpretieren.

Am Beispiel Windows möchten wir diese Problematik im folgenden verdeutlichen.

Bei der Entwicklung von benutzerdefinierten GUI-Elementen muss der Entwickler sehr nah an der Betriebssystemebene arbeiten und wissen, wie das System die Zugänglichkeitsfeatures der Standardelemente bereitstellt, um diese bei den benutzerdefinierten Elementen nachzubilden.

Am effektivsten kann die Zugänglichkeit durch Erstellung von COM-Objekten für individuelle Benutzerschnittstellen realisiert werden, die die IAccessible-Schnittstelle (MSAA) nutzen.

Objektinformationen bzw. -eigenschaften, die transportiert werden müssen sind:

- Name, Position, Typ und zugeordnete Werte
- Parent Control
- Logische Reihenfolge, in der durch die Elemente navigiert werden muss
- Event Notification (z.B. bei Status- oder Fokusänderungen)

Wenn das Programm kundenspezifische Bedienelemente benutzt, ist Microsoft Active Accessibility (MSAA) die bevorzugte Methode, um die Position des Objektfokus anzugeben. Immer wenn der Fokus zu einem Objekt wechselt, das nicht dem gesamten Fenster entspricht, muss die Anwendung NotifyWinEvent aufrufen und die WM_GETOBJECT-Nachricht verarbeiten, um das Objekt, das den Fokus hat, zu bestimmen. COM-Objekte, die Bildschirmelemente darstellen, müssen außerdem accSelection-Eigenschaften unterstützen. Weitergehende Informationen liefert die Microsoft-Active-Accessibility-Website.

Der Objektfokus kann auch durch das Platzieren des Systemcarets auf das entsprechende Objekt bereitgestellt werden. Das Systemcaret ist der blinkende vertikale Balken, den der Benutzer sieht, wenn er den Text bearbeitet. Das Caret kann an jede Stelle des Bildschirms platziert werden, kann jede Form und Größe annehmen und sogar unsichtbar gemacht werden. Wenn das Systemcaret unsichtbar gemacht wird, kann es bewegt werden, um der assistiven Technik die Fokusposition anzuzeigen, ohne den Benutzer beim Betrachten des Bildschirms zu stören. Diese Methode liefert der assistiven Technik den Fokus; aber es muss nach wie vor auch optisch angezeigt werden, welches Objekt den Fokus hat.

4.1.4   Sounds und Multimedia

Den folgenden drei Checkpunkten, die sich mit den Themen Audio und Video auseinandersetzen, sind zwei Bedingungen der BITV eindeutig zuzuordnen: »1.3 Für Multimedia-Präsentationen ist eine Audio-Beschreibung der wichtigen Informationen der Videospur bereitzustellen.« sowie »1.4 Für jede zeitgesteuerte Multimedia-Präsentation (insbesondere Film oder Animation) sind äquivalente Alternativen (z.B. Untertitel oder Audiobeschreibungen der Videospur) mit der Präsentation zu synchronisieren.«

Bedingung 1.3
Bedingung 1.4

Checkpunkt 3.1: Bieten Sie eine Option zur visuellen Anzeige aller akustischen Signale.

Anwender können keine Audiosignale wahrnehmen, wenn sie schwerhörig oder gehörlos sind oder in einer lauten Umgebung arbeiten. Dies betrifft natürlich auch Nutzer, die die Audioausgabe deaktiviert haben, um Mitmenschen oder Kollegen nicht zu belästigen. Damit diese Benutzergruppen auf Audiosignale (etwa beim Empfang von E-Mail oder Systemfehlern) reagieren können, muss das Signal auch visuell präsentiert werden.

> **Checkpunkt 3.2:** Bieten Sie zugängliche Alternativen für wichtige Audio- und Videosequenzen.

Audioinhalte sind für Schwerhörige oder Gehörlose nicht zugänglich, Videoinhalte sind für blinde Menschen nicht zugänglich. Für Audio- und Videoformate muss deshalb eine zugängliche Alternative (z.B. Untertitel oder Audiodeskription) bereitgestellt werden. Diese alternativen Darstellungsformen können auch wichtig für Nutzer älterer Hardware sein. Nicht zu vergessen sind hier auch die Anwender, die beispielsweise zum Betrachten eines Videos statt einer Audiospur die Untertitelung wählen, um ihre Mitmenschen nicht mit der Audioausgabe zu stören.

> **Checkpunkt 3.3:** Bieten Sie dem Benutzer eine Möglichkeit, die Lautstärke einzustellen.

Anwender, die Geräusche nur ab einer bestimmten Lautstärke hören können, benötigen die Funktionalität, die Lautstärke ihren individuellen Bedürfnissen anzupassen.

Techniken zur Umsetzung (Sounds und Multimedia)

> Wenn eine Anwendung akustische Signale ausgibt, dann bieten Sie dem Benutzer die Möglichkeit, neben den akustischen Signalen auch mit den folgenden Methoden visuelle Signale auszuwählen:
>
> ▪ Die Darstellungsoption (Eingabehilfen in der Windows-Systemsteuerung) wird vom Benutzer gesetzt, damit die Tonsignale einer Anwendung visuell angezeigt werden. Anwendungsentwickler für Windows sollten diese Einstellung abfragen, indem sie die SystemParamtersInfo-Funktion mit dem Parameter SPI_GETSHOWSOUNDS aufrufen. Wenn die Option ausgewählt ist, sollten visuelle Äquivalente für alle akustischen Informationen angeboten werden.

- Die Option »Tondarstellung« (Eingabehilfen in der Windows Systemsteuerung) kann dazu verwendet werden, um visuelle Rückmeldung über generelle Systemwarnungen zu liefern, etwa einen Warnton. Die Option »Tondarstellung« erfordert keine spezielle Programmierung von Seiten des Anwendungsentwicklers.
- Die Visual-Alerts-Option des Macintoshs (Control Panel→Sound) wird vom Benutzer gesetzt, damit akustische Fehlermeldungen und Warnungen visuell durch Blinken der Menüleiste angezeigt werden.
- Fügen Sie in der Software eine Option für die Benutzer hinzu, um visuelle Signale für die akustischen Meldungen einzuschalten.

Bieten Sie visuelle Hinweise auf einer der folgenden Arten an:

- Zeigen Sie ein Nachrichtenfenster für die Nachricht an (Nachrichten-Format-Klasse von java.text, Windows MessageBox).
- Zeigen Sie eine Statusmeldung im Textfeld der Taskleiste an, die anfangs blinkt, um die Aufmerksamkeit des Benutzers zu erregen (Windows Shell_NotifyIcon NIM_MODIFY).
- Geben Sie eine Textnachricht in einem Statusfenster aus (Container SubKlasse für Bedienfeld oder Dialog, java.awt.container, Windows CStatusBarCtrl SetPaneText).
- Zeigen Sie einen Dialog an (java.awt.dialog, Windows CreateDialog).

Ausführliche Informationen zu den Themen Audio und Video (Untertitelung, Audiodeskription) sind in Abschnitt 3.1 zu finden.

4.1.5   Anzeige

Checkpunkt 4.1: Erzeugen Sie Text durch normale Systemfunktionsaufrufe oder einer API (Schnittstelle für Anwendungsprogrammierung), die die Interaktion mit assistiver Technik unterstützen.

Screenreader interpretieren die Bildschirmausgabe durch das Beobachten von Zeichenfunktionen und den ständigen Abgleich einer internen Datenbank, in der gespeichert wird, welche Texte oder Grafiken auf welche Position geschrieben werden. Der Screenreader speichert Textattribute wie Schriftart, Größe oder Farbe, um sie an den Nutzer weiterleiten zu können. Beobachtet wird außerdem, ob Elemente kopiert, gelöscht oder überschrieben wurden.

Die Komponente des Screenreaders, die diese Arbeit übernimmt, ist das so genannte Off-Screen-Modell (OSM). Damit dies zuverlässig funktioniert, ist der Screenreader darauf angewiesen, die

Bildschirmausgabe zu überwachen. Screenreader nutzen das OSM unter anderem, um Informationen über Textinhalt, die Position der Schreibmarke und Textattribute zu verarbeiten und weiterzuleiten. Wird der Text nicht standardkonform übermittelt, kann der Screenreader keine Informationen weiterleiten.

Techniken zur Umsetzung (Anzeige, Text)

Ein Minimum an Informationen, die über den Text gegeben werden müssen, sind Textinhalt, Position der Texteinfügemarke und Eigenschaften.

- Geben Sie Text über die Standardfunktionen aus. Benutzen Sie für Windows-Systeme ExtTextOut und DrawText. Das gilt für Text im Client-Bereich ebenso, wie für Text in den benutzerdefinierten Bedienelementen. Windows-Anwendungen, die eigene Routinen zur Textdarstellung benutzen, um die Leistungsfähigkeit zu erhöhen, müssen Text mit ExtTextOut und DrawText ausgeben, wenn ein Screenreader läuft. Sie können erkennen, ob ein Screenreader läuft, wenn Sie die Funktion SystemParameterInfo mit dem Parameter SPI_GETSCREENREADER aufrufen.
- Benutzen Sie Standardfunktionen, um Text und Grafik zu kopieren oder zu löschen. Für Windows-Systeme gilt dies auch für die API-Funktionen BitBlt, PatBlt und StrechBlt. Dies gilt für das Zeichnen auf dem Bildschirm als auch für Bitmaps im Arbeitsspeicher, denn Screenreader verfolgen Text und Grafiken von dem Zeitpunkt ihrer Erstellung bis zu dem Moment, in dem sie auf den Bildschirm kopiert werden.
- Vermeiden Sie das direkte Bearbeiten von Bitmaps. Einige Anwendungen bearbeiten unmittelbar den Speicherbereich, der einem Gerätekontext zugeordnet ist und umgehen so alle Systemfunktionen. In diesen Fällen kann der Screenreader die Änderungen, die stattfinden, nicht erkennen.
- Vermeiden Sie das direkte Modifizieren des Bildschirms. Die Schnittstelle für Anwendungsprogrammierung (API) von Microsoft bietet verschiedene Hilfsmittel an, um Bitmaps und Bildschirmpixel direkt zu manipulieren, etwa DirectDraw, Display Control Interface (DCI), WinG und die CreateDIBSection Funktion. Diese APIs sollten vermieden werden.
- Eine Infobox ist ein Dialog, der angezeigt wird, wenn der Benutzer den Menüpunkt »Info« im »?«-Menü auswählt. Normalerweise enthält sie Informationen über die Versionsnummer und das Copyright. Wenn eine Infobox angeboten wird, muss sie eine zugängliche Dialogbox sein und kein Bitmap, das Text enthält. Zugänglicher Text ermöglicht es einem Screenreader, den Text

einem Benutzer vorzulesen und macht ihn für Bildschirmlupen lesbarer. Ein Beispiel für eine zugängliche Infobox bietet der Internet Explorer, Version 6, oder der IBM Home Page Reader Version 3.

Begrüßungsfenster, die zu Programmstart kurz gezeigt werden, müssen nicht zugänglich sein, wenn Versions- und Copyright-Informationen des Begrüßungsfensters auch in einer zugänglichen Infobox zur Verfügung stehen.

Checkpunkt 4.2: Benutzen Sie Farbe als eine Ergänzung und nicht ausschließlich, um Informationen zu übermitteln oder Aktionen anzuzeigen.

Dieser Checkpunkt findet seine Entsprechung in der BITV-Bedingung 2.1: »Alle mit Farbe dargestellten Informationen müssen auch ohne Farbe verfügbar sein«.   *Bedingung 2.1*

Der Einsatz von Farbe zum Hervorheben bestimmter Elemente kann sehr sinnvoll sein. Wenn der Nutzer die Farbinformation aber nicht wahrnehmen oder unterscheiden kann ist der Einsatz nutzlos. Die Software-Anwendung muss diese Informationen daher auch auf einem anderen Weg transportieren. Zum Beispiel ist die Anforderung, einen grünen Button zu drücken, nicht sinnvoll, wenn der grüne Button nicht wahrgenommen werden oder von anderen Buttons nicht unterschieden werden kann. Abhilfe schafft hier zum Beispiel eine zusätzliche Beschriftung des Buttons. Auf diesem Weg ist der Button für alle Nutzer zugänglich.

Ausführliche Informationen zu den Themen Farben und Kontraste finden Sie in Abschnitt 2.2.

Checkpunkt 4.3: Unterstützen Sie Systemeinstellungen für starken Kontrast für alle Bedienelemente der Benutzerschnittstelle und des Client-Bereiches.

Für die meisten Anwender ist Farbe reine Geschmackssache. Für sehbehinderte Nutzer ist das Thema Farben und Kontraste jedoch meistens kritisch. Viele Sehbehinderte benötigen einen möglichst hohen Kontrast zwischen Vorder- und Hintergrundfarbe, um Texte lesen zu können. Oftmals wird ein spezielles Farbschema, zum Beispiel weißer Text auf schwarzem Hintergrund, angewandt, um Blendeffekte zu vermeiden.

Unter Windows heißt dieses Farbschema Kontrastmodus (Tastaturkombination: Linke ALT+ Linke Umschalt + Drucktaste). Es ist sicher zustellen, dass alle Fenster und Elemente einer Windows Anwendung diesen Modus unterstützen.

Techniken zur Umsetzung (Anzeige, Kontrastmodus)

- Übernehmen Sie die Systemeinstellungen für den Kontrast: Überprüfen Sie die Kontrasteinstellungen durch Aufruf der Funktion SystemParameterInfo mit dem Parameter SPI_GETHIGHCONTRAST. Fragen Sie diesen Wert ab und behalten Sie ihn während der Initialisierung und der Verarbeitung der WM_COLORCHANGE-Nachricht bei. Rufen Sie GetSysColors auf, um die Farben, die über die Windows-Systemsteuerung eingestellt wurden, zu bestimmen.
- Stellen Sie, wenn Systemeinstellungen nicht automatisch übernommen werden, eine Möglichkeit zur Verfügung, anstelle der Programmeinstellungen die Systemeinstellungen für den Kontrast zu nutzen. Selbst wenn das Programm Benutzereinstellungen für den Anzeigeinhalt bereitstellt, muss den Benutzern die Möglichkeit gegeben werden, die Systemeinstellungen anstelle der programmeigenen Benutzereinstellungen auszuwählen.

Die oben genannten Methoden sind notwendig, die folgenden Methoden werden empfohlen, um die Zugänglichkeit zu erhöhen:

- Bieten Sie eine Option an, die es dem Benutzer ermöglicht, Hintergrundmuster im Programm auszuschalten. Text, der über Hintergrundmuster ausgegeben wird, ist für viele Benutzer unlesbar, weil der Kontrast zwischen Hintergrund und Text unzureichend ist. Außerdem verschwimmen Muster und Text. Um die Informationen auf dem Bildschirm lesen zu können, müssen einige Benutzer in der Lage sein, das Hintergrundmuster auszuschalten und zu einem einfarbigen Hintergrund zurückzukehren.
- Schalten Sie den Hintergrund in Verbindung mit der Einstellung für starken Kontrast ab.
- Stellen Sie einen hinreichenden Kontrast für die Grundeinstellung zwischen Hintergrund und Text sicher. Benutzen Sie beispielsweise nicht schwarze Schrift auf grauem Grund.

Checkpunkt 4.4: Wenn kundenspezifische Farbanpassung durch das Programm unterstützt wird, bieten Sie vielfältige Farbeinstellungsmöglichkeiten, damit eine Reihe von Kontrastniveaus erzeugt werden können.

Wenn eine Software-Anwendung es dem Nutzer erlaubt, sie farblich anzupassen, sollte eine größere Anzahl von Farben angeboten werden. Die Farben sollten zusätzlich in verschiedenen Kontraststärken zur Verfügung stehen.

Aufgrund der Vielzahl an individuellen Anforderungen an Farbe und Kontrast ist es notwendig, eine Vielzahl von Optionen anzubieten.

Selbstverständlich sollte eine Möglichkeit bereitgestellt werden, die individuellen Einstellungen abzuspeichern.

> **Checkpunkt 4.5:** Übernehmen Sie die Systemeinstellungen für Schriftart, Größe und Farbe für alle Steuerelemente der Benutzerschnittstelle.

Sehbehinderte Anwender, die Probleme haben, kleine oder kontrastarme Text zu lesen, können mit Hilfe von Funktionen des Betriebssystems Informationen zugänglicher gestalten, ohne dass zusätzliche Hilfsmittel erforderlich sind. Diese Einstellungen erlauben es beispielsweise unter Windows, die Schriftart, Schriftgröße oder Farbe zu modifizieren oder Menüs, Symbole und andere Elemente den individuellen Anforderungen anzupassen. Eine Software-Anwendung muss diese Einstellungen unterstützen.

> Das Programm kann die eigenen Einstellungen für die Darstellung von Inhalten nutzen. Aber dieser Checkpunkt verlangt, dass das Programm darüber hinaus eine Option bereitstellt, die es den Benutzern erlaubt, ihre Systemeinstellungen zur Darstellung von Informationen zu benutzen.

Techniken zur Umsetzung (Darstellung, Systemeinstellungen)

> ▪ Die meisten Standardbedienschnittstellen von Windows beachten die Systemeinstellungen für Schriftart, Farbe und Größe. Jedoch übernehmen einige der Bedienelemente diese Einstellungen nicht. Um eine Aufstellung der Bedienelemente zu erhalten, die die Systemeinstellungen in Windows übernehmen, gehen Sie zur Systemsteuerung und wählen Anzeige→Darstellung→Bildelement. Die Elemente, die unter »Bildelement« aufgelistet sind, wie Titelleiste, Hintergrund und Menü, übernehmen die Systemeinstellungen. Elemente, die dort nicht aufgelistet sind, wie beispielsweise Texte in der Windows-Standarddialogbox, übernehmen die Systemeinstellungen nicht.

- Windows-Anwendungen, die ihre eigenen Bildschirmelemente zeichnen, sollten die Einstellungen benutzen, die der Benutzer in der Anzeigeeinstellung der Systemsteuerung ausgewählt hat.

Die oben genannten Methoden sind notwendig, die folgenden Methoden werden empfohlen, um die Zugänglichkeit zu erhöhen:

- Stellen Sie eine Vergrößerungsoption im Ansicht-Menü zur Verfügung, um die flexible Auswahl von vergrößertem Text zu erlauben (siehe Microsoft Word oder Lotus 123). Die Größe von Text oder Grafik betrifft die Benutzerfreundlichkeit genauso wie die Zugänglichkeit. Viele Menschen, die sich selber nicht als behindert betrachten, möchten ein Dokument oder einen Arbeitsbereich in einer vergrößerten Schriftart anschauen, ohne das aktuelle Dokument oder die Arbeit zu verändern. Für Menschen mit anerkannten Sehbehinderungen entscheidet die Möglichkeit, den Arbeitsbereich um 150%, 200% oder mehr zu vergrößern, darüber, ob sie die Anwendung nutzen können oder nicht. Die überwiegende Mehrheit der Menschen, die diese Art des Zugangs benötigen, benutzen keine Bildschirmlupen.
- Vergrößerungsfunktionen skalieren alle Komponenten in einem Dokument auf ein benutzerdefiniertes Verhältnis. Die Verwendung von TrueType-Schriftarten stellt sicher, dass Schriftzeichen in fast allen Größen klar definiert bleiben.
- Wenn möglich, erlauben Sie dem Benutzer eine Entwurfsschriftart und -größe zu wählen. Der Entwurfsmodus bietet eine Option, den gesamten Text in einer einheitlichen Schriftart und Schriftgröße darzustellen. Benutzen Sie Unterstreichungen, um Text zu markieren, der speziell formatiert gezeichnet werden soll, etwa fett oder kursiv. (Der Entwurfsmodus verbessert auch die Performance auf langsamen Systemen oder bei Speicherplatzmangel).
- Fenster-Umbruch-Optionen sind bei der Darstellung von Textdokumenten hilfreich. Wenn der Benutzer diese Option wählt, sollte die Anwendung den Text nicht so umbrechen, wie er gedruckt wird, sondern jeden Abschnitt so darstellen, dass er ins Fenster passt.

Checkpunkt 4.6: Bieten Sie eine Option an, die Animationen in einer nicht animierten Form darstellt.

Einige Hilfsmittel wie zum Beispiel Screenreader können bewegte Texte oder bewegte Objekte nicht verarbeiten. Hinzu kommen eventuell individuell stark unterschiedliche Informationsverarbeitungsgeschwindigkeiten (vgl. Abschnitt 4.1.6, Timing). Diese Informationen sind daher nicht zugänglich und sollten vermieden werden.

Techniken zur Umsetzung (Darstellung, Animationen)

- Stellen Sie eine Option zur Verfügung, die es dem Benutzer ermöglicht, Animationen anzuhalten und stellen Sie sicher, dass alle Informationen, die in der Animation dargestellt werden, weiterhin übermittelt werden.
- Bieten Sie einen alternativen oder redundanten Weg an, Informationen auf einer nicht animierten Art und Weise zu präsentieren. Beispielsweise hat der Benutzer die Option, neben einem animierten Symbol eine Statusmeldung »Laden« in der Statusleiste zu lesen.

4.1.6 Zeitgesteuerte Inhalte

Checkpunkt 5.1: Bieten Sie die Möglichkeit, die Reaktionszeit auf zeitlich begrenzte Hinweise einzustellen oder ermöglichen Sie die Fortdauer des Hinweises.

Parameter der Informationsverarbeitung wie Lesegeschwindigkeiten, Aufmerksamkeit oder Reaktionszeit können bei verschiedenen Anwendern stärker variieren, als von Programmierenden zunächst angenommen wird. Hinzu kommen gegebenenfalls Verzögerungen durch die Nutzung von Hilfsmitteln. Bei Nutzung einer Bildschirmtastatur mit Eintasterbedienung kommt zum Beispiel zur individuellen Informationsverarbeitungszeit die benötigte Abtastzeit für die einzelnen Buchstaben und die Bedienzeit zum Auslösen des Tasters hinzu. Information sollte daher möglichst nicht zeitlich beschränkt angeboten werden.

Checkpunkt 5.2: Vermeiden Sie die Verwendung von blinkendem Text, blinkenden Objekten oder anderen blinkenden Elementen.

Dieser Checkpunkt entspricht den Bedingungen 7.1 und 7.2 der BITV. Bildschirmelemente, die flackern oder blinken können epileptische Anfälle bei empfindlichen Personen verursachen. Insbesondere der Frequenzbereich zwischen 2 Hz und 55 Hz ist zu vermeiden. Dies gilt insbesondere für blinkenden Text oder das schnelle Austauschen von Bildern. Generell wirkt jede Form von Blinken ablenkend.

Bedingung 7.1
Bedingung 7.2

Techniken zur Umsetzung (Zeitgesteuerte Inhalte)

- Bieten Sie eine Option, die es dem Benutzer ermöglicht, die zeitliche Begrenzung für die Anzeige von Hinweisen aufzuheben.
- Benachrichtigen Sie die Benutzer, wenn die Zeit abläuft, und geben Sie ihnen die Möglichkeit, anzuzeigen, ob mehr Zeit benötigt wird.
- Vermeiden Sie Zeitbeschränkungen für wichtige Meldungen. Zeigen Sie die Meldung an, bis der Benutzer sie schließt.
- Für Windows-Software kann die geforderte Reaktionszeit an gleichartige Einstellungen gekoppelt werden, die der Benutzer in der Systemsteuerung anpassen kann. Benutzen Sie beispielsweise `SystemParameterInfo` mit dem Parameter `SPI_GETMOUSEHOVERTIME` oder `SPI_GETMENUSHOWDELAY` oder `SPI_GETSCREENSAVETIMEOUT`.
- Windows-Software: Benutzen Sie die Caret-Blinkrate, die über die Tastatureinstellung in der Systemsteuerung eingestellt werden kann. Wenn die Blinkrate des Cursors zu niedrig eingestellt ist, blinkt er 1,2-mal in der Sekunde. Die Blinkrate kann in Schritte von 100 ms bis zu maximal fünfmal in der Sekunde erhöht werden. Die Einstellung kann durch Aufruf von `GetCaretBlinkTime` abgefragt werden.
- Benutzen Sie Elemente, die nicht mit einer Frequenz zwischen 2 Hz und 55 Hz blinken oder flackern.
- Bieten Sie eine Option, die es dem Benutzer erlaubt, die Blinkrate herabzusetzen oder abzuschalten.

Die oben genannten Methoden sind notwendig, die folgenden Methoden werden empfohlen, um die Zugänglichkeit zu erhöhen:

- Minimieren Sie den Bereich auf dem Bildschirm, der blinkt. Die Wahrscheinlichkeit, dass Anfälle ausgelöst werden, ist für kleinere Bereiche geringer.
- Vermeiden Sie Blinken mit hohem Kontrast zwischen den Zuständen. Einige Menschen sind anfälliger für Blinken mit hoher Intensität.

4.1.7   Dokumentation

»Tue gutes und rede darüber«. Dies gilt insbesondere für die Dokumentation von Zugänglichkeits-Features wie Tastaturbefehlen. Dass die Dokumentation zugänglich sein muss, versteht sich von selbst.

Checkpunkt 6.1: Bieten Sie die Dokumentation in einem zugänglichen Format an.

Die Dokumentation und Hilfefunktion einer Software-Anwendung muss in einem zugänglichen Format angeboten werden. Wenn die Dokumentation in verschiedenen Formaten angeboten wird, sollte zumindest ein zugängliches Format darunter sein.

Techniken zur Umsetzung (Zugänglichkeit der Dokumentation)

Liefern Sie die Dokumentation in mindestens einer zugänglichen elektronischen Form. Wenn Sie beispielsweise gleichwertige Dokumentationen in PDF und HTML bereitstellen, muss nur eine von beiden zugänglich sein. Da die Unterstützung von Screenreadern für den Benutzer transparenter ist, empfiehlt es sich, dass die HTLM-Version der Dokumentation die zugängliche Version ist. Zugängliche elektronische Formate beinhalten, ohne darauf beschränkt zu sein:

- Zugänglichen Text. Benutzen Sie keine Grafiken, die sich aus ASCII-Zeichen zusammensetzen. Fügen Sie textuelle Beschreibungen von Illustrationen und Grafiken in die Dokumentation ein, wenn ein Dokument mit Grafiken in ASCII-Text umgewandelt wurde. Benutzen Sie keine mehrspaltigen Layouts in ASCII-Texten.
- Zugängliches Format für die Windows Hilfe
- Zugängliches HTML
- Zugängliches Portable Document Format (PDF).

Stellen Sie die Dokumentation auf Anfrage in Braille-Schrift, Großdruck oder als Tonaufnahme zur Verfügung, wenn die Dokumentation nicht in zugänglichem elektronischem Format verfügbar ist.

Checkpunkt 6.2: Sorgen Sie für eine Dokumentation der Zugänglichkeitsfunktionen einschließlich des Tastaturzugriffs.

Behinderte Nutzer können Software nicht effektiv nutzen, wenn sie über die Zugänglichkeitsfeatures nicht informiert sind. Dies ist besonders wichtig für Tastaturbefehle. Da fast alle Produkte sich auf die Bedienung mit Hilfe der Maus konzentrieren, wird oftmals nicht dokumentiert, ob und welche Tastaturbefehle verfügbar sind. Jeder Tastaturbefehl, der nicht den Konventionen des Betriebssystems folgt, muss daher dokumentiert werden.

Techniken zur Umsetzung (Dokumentation von Funktionen)

- Beschreiben Sie in einem Kapitel alle Zugänglichkeitsfunktionen. Dies beinhaltet die Dokumentation besonderer Benutzereinstellungen, die im Programm vorgenommen werden können, um die Zugänglichkeit zu erhöhen. Die Online-Hilfe von Lotus Notes R5 ist ein gutes Beispiel für diese Methode.
- Beschreiben Sie in einem Kapitel die unüblichen Tastaturbefehle. Benutzt das Programm die gängigen Tastaturbefehle des Systems für die Navigation, müssen sie nicht dokumentiert werden. Die Beschreibung der Tastaturzugänglichkeit kann auch ein Teil des allgemeinen Kapitels über Zugänglichkeit sein.

Die oben genannten Methoden sind notwendig, die folgenden Methoden werden empfohlen, um die Zugänglichkeit zu erhöhen:

- Fügen Sie eine Stichwortsuche und einen Abschnitt über Zugänglichkeit in die Hilfe ein.
- Dokumentieren Sie jeden Tastaturbefehl im Programm, indem Sie die Tastenkombination neben dem entsprechenden Kommando im Pulldown-Menü angeben.
- Wenn das Programm eine Anleitung bietet, wie man Aufgaben mit der Maus erledigt, dann beschreiben Sie in der Anleitung auch, wie man diese Aufgaben mit der Tastatur durchführen kann.
- Erstellen Sie den Punkt »Hilfe zur Tastaturbenutzung« im Hilfemenü, um einen schnellen Zugriff auf Informationen über Tastaturzugänglichkeit zu bieten.

4.2   Java

Am Beispiel Java wird eine Problematik deutlich, die leider häufig die Bemühungen bei der barrierefreien Gestaltung von IT-Anwendungen ausbremst. Schnittstellen für Computerhilfsmittel, wie sie in Java implementiert sind, helfen nicht, wenn die Hilfsmittel diese nicht nutzen oder interpretieren können. Im Fall von Java gibt es zurzeit (Mai 2004) im deutschsprachigem Raum nur einen Screenreader, der Applets oder Anwendungen verarbeiten kann. Sicherlich ist es nur eine Frage der Zeit, bis alle Screenreader mit Java umgehen können. Momentan ist aber noch Vorsicht geboten, wenn eine Java-Anwendung entwickelt werden soll, die sich auch an blinde Menschen richtet.

Java-Applets und -Applikationen können, abgesehen von den oben beschriebenen Einschränkungen, mit Techniken wie der Java Accessibility API von Sun zugänglich gestaltet werden.

Die Java Accessibility API ist Teil der Java Foundation Classes (JFC). Die Java Accessibility API übermittelt Informationen über die Benutzerschnittstellen an Computerhilfsmittel wie Screenreader oder Spracherkennungssoftware. Ähnlich wie bei der MSAA-Technik wird bei voller Unterstützung der Java Accessibility API das Off-Screen-Modell überflüssig.

Sun hat noch weitere Werkzeuge entwickelt, die eine Kommunikation zwischen Java und Computerhilfsmitteln sicherstellen (Abschnitt 4.2.1 – 4.2.4).

4.2.1   Swing

Die zweite, für die Barrierefreiheit elementare Komponente der Java Foundation Classes ist Swing. Swing liefert Elemente für die grafische Benutzoberfläche und nutzt dabei eine »Pluggable Look and Feel«-Architektur. Diese ermöglicht eine Trennung zwischen Präsentation und Funktionalität der Benutzerschnittstellen. Damit wäre es beispielsweise denkbar, dass ein Anwender anstatt der visuellen Darstellung der Benutzeroberfläche eine Audiopräsentation wählt, was den Einsatz von Hilfsmitteln erübrigen würde. Das Java Abstract Window Toolkit (AWT) sollte nicht eingesetzt werden, da hier die Java Accessibility API nur teilweise implementiert ist.

4.2.2   Java Accessibility Bridge

Java-Anwendungen laufen auf einer Vielzahl von Betriebssystemen, für die Computerhilfsmittel verfügbar sind. Damit diese Hilfsmittel (z.B. ein Screenreader) auf in Java geschriebene Anwendungen zugreifen können, wird eine »Brücke« zwischen dem Betriebssystem und der Java Virtual Machine benötigt. Im Fall eines Windows-Betriebssystems ist die Access Bridge, vereinfacht ausgedrückt, eine Klasse, die zu einem Teil aus einer dynamischen Linkbibliothek (DLL) besteht, über die Hilfsmittel Informationen beziehen. Der native (Java)-Teil der »Brücken«-Klasse kommuniziert durch die JVM mit der Java Accessibility API und vermittelt die Elemente der Benutzerschnittstellen der Java-basierten Applikation.

4.2.3   Java Accessibility Utilities

Die Java Accessibility Utilities werden von Sun für die Entwickler von Computerhilfsmitteln bereitgestellt und ermöglichen damit den Zugang zu Java-Anwendungen, die in der Java Virtual Machine laufen. Einem Screenreader ist es so beispielsweise möglich, Benutzerschnittstellen zu lokalisieren oder Event Listener zu installieren.

Microsoft hat Windows-spezifische Java Tools vorgestellt. Darunter die Windows Foundation Classes for Java (WFC) und die Java Entwicklungsumgebung Visual J++. Microsofts Vorgehensweise, um die Anwendungen zugänglich zu gestalten, ist die Nutzung der MSAA-Technik.

IBM Java Accessibility Checkliste. http://www-3.ibm. com/able/guidelines/ java/accessjava.html

Section 508 und Java: http://www. section508.gov/ IRSCourse/mod02/ 020407d1.html

4.2.4   Weitere Informationen zu barrierefreiem Java

Für weitergehende Informationen zum Thema barrierefreie Java-Anwendungen verweisen wir auf die IBM-Java-Accessibility-Checkliste, die mit zahlreichen Beispielen eine hervorragende Übersicht über das Thema bietet.

Ebenfalls empfehlenswert ist der Webauftritt mit Erläuterungen zur Umsetzung von Section 508. Hier werden in Anlehnung an die Anforderung ebenfalls viele konkrete Praxisbeispiele geliefert.

Weitere Links:

http://www.sun.com/access/

4.3   Macromedia Director

Macromedia Director gilt seit einigen Jahren als marktführendes Autorensystem für die Produktion multimedial gestalteter CD/DVD-, Kiosk- oder Webanwendungen (Shockwave). Die Vorteile des Produkts für Anbieter und Entwickler liegen in einer breiten Unterstützung und Integration der verschiedensten Medienformate (Quick-Time, Windows Media, Real, diverse Grafik- und Audioformate usw.) sowie der Möglichkeit, komplexe Inhalte wie datenbankgesteuerte Anwendungen plattformübergreifend anzubieten. Ähnlich wie Java-Applikationen laufen Macromedia-Director-Anwendungen in einer abgekapselten Umgebung, die nur sehr eingeschränkt auf Schnittstellen des Betriebssystem zugreift.

Seit der Version MX bietet Director einige Accessibility-Features, mit denen, laut Aussage des Herstellers, »vorhandene Inhalte gemäß den geltenden Richtlinien für barrierefreies Design umgestaltet werden können« (Quelle: http://www.macromedia.com/de/software/director/). Ob und wie weit diese Aussage realistisch ist, ist dem Folgenden zu entnehmen.

In der Bibliothekspalette von Director befindet sich der Bereich »Eingabehilfen«. Hier werden zur Unterstützung die drei Funktionen Tastaturnavigation, Sprachausgabe und Untertitel angeboten.

4.3.1   Tastatursteuerung

Für die Tastaturnavigation stehen die Verhalten »Eingabehilfenziel«, »Eingabehilfenelement« und »Bearbeitbares Eingabehilfen-Textelement« sowie »Eingabehilfen-Tastatursteuerung« und »Tabulatorreihenfolge in Eingabehilfengruppe« zur Verfügung. Mit Hilfe der Eingabehilfenverhalten in der Verhaltensbibliothek können Sprites auf der Bühne so gestaltet werden, dass sie sich über die Tastatur steuern lassen. Nutzer mit Körperbehinderungen sind so in der Lage, ohne Nutzung der Maus Sprites auszuwählen und Mausklicks zu simulieren. Wenn auf der Bühne beispielsweise vier Schaltflächen-Sprites angezeigt werden, können sie mit Verhalten versehen werden, die bewirken, dass sie sich durch Betätigen der Tabulatortaste der Reihe nach auswählen lassen. Das jeweils ausgewählte Sprite wird hierbei mit einem farbigen Rechteck, dem so genannten Eingabefokus, gekennzeichnet, das sein Begrenzungsrechteck umschließt. Durch Drücken der Eingabetaste kann der Benutzer dann die dem ausgewählten Sprite zugeordnete Aktion einleiten, was einem Mausklick auf das betreffende Sprite entspricht.

4.3.2   Untertitel

Director-Filme können für Hörbehinderte aufbereitet werden, indem sie mit Untertiteln versehen werden. Die (binären) Untertitel werden eingeblendet, wenn gesprochener Text oder andere Sounds zu hören sind. Director verfügt über die zwei Untertitelverhalten »Eingabehilfenuntertitel« und »Eingabehilfen-Untertitelsynchronisation«, die miteinander kombiniert und in Verbindung mit den Tastaturnavigations- und Sprachausgabeverhalten eingesetzt werden müssen.

4.3.3   Sprachausgabe

Vorraussetzung für die Nutzung der Director-Sprachausgabe ist die Einbindung des standardmäßig verfügbaren Speech Xtra. Das Speech Xtra unterstützt spezielle Skriptmethoden, die eine Einbindung von Sprachausgabefunktionen in Director-Filme ermöglichen.
   So wird das Speech Xtra der Xtra-Liste eines Films hinzugefügt:

1. Wählen Sie Modifizieren→Film→Xtras.
2. Klicken Sie auf Hinzufügen.
3. Blättern Sie in der alphabetischen Liste der Xtra-Erweiterungen zu »Sprache«, und wählen Sie das Speech Xtra aus. (Unter Windows heißt die Datei Speech.x32.)
4. Klicken Sie auf OK, um das Dialogfeld Xtras hinzufügen zu schließen.

5. Klicken Sie auf OK, um das Dialogfeld Film-Xtras zu schließen.
6. Speichern Sie den Film.

Das Speech Xtra greift unter Windows auf die Microsoft Speech API (SAPI) 4 (Windows 2000) und 5 (Windows XP) zurück und nutzt so die im Betriebssystem vorhandene Sprachausgabefunktion. Auf dem Macintosh werden alle Versionen der im Betriebssystem integrierten Sprachausgabe unterstützt.

Die Sprachausgabe arbeitet unter Verwendung der Tastaturnavigationsverhalten in Verbindung mit dem Verhalten »Eingabehilfen-Textstring sprechen« oder »Eingabehilfen-Textdarsteller sprechen«. Mit dem Verhalten »Eingabehilfen-Sprechfunktion aktivieren/deaktivieren« kann die Sprachausgabefunktion je nach Bedarf ein- oder ausgeschaltet werden.

Neben den Sprachausgabeverhalten kann die Sprachausgabe durch Lingo- bzw. JavaScripts gesteuert werden. Dazu stehen folgende Methoden zur Verfügung:

```
voiceInitialize()
```

Initialisiert die Sprachausgabe. Kann auch zur Überprüfung verwendet werden, ob eine Sprachengine (z.B. MS SAPI) auf der Clientseite installiert ist. Zum Beispiel:

```
on exitFrame
   if voiceInitialize()then
      _movie.go("Start")
   else
      alert "Sprachausgabe nicht verfügbar"
   end if
end
voiceCount()
```

Liefert die Anzahl der verfügbaren Stimmen. (Das Ergebnis ist abhängig von den installierten Sprachengines, z.B. IBM Via Voice oder L&H TTS300.)

```
voiceGet()
```

Liefert eine Eigenschaftenliste (Namen, Geschlecht, Alter, Indexnummer) der aktuellen Stimme. (Das Ergebnis ist abhängig von den installierten Sprachengines.)

```
voiceGetAll()
```

Liefert eine Eigenschaftenliste (Namen, Geschlecht, Alter, Indexnummer) aller verfügbaren Stimmen. (Das Ergebnis ist abhängig von den installierten Sprachengines.)

```
voiceSet()
```

Stellt eine bestimmte Stimme als aktuelle Stimme ein.

```
voiceSpeak()
```

Startet die Sprachausgabe. Zum Beispiel: `voiceSpeak("Hallo Welt")`

```
voicePause()
```

Unterbricht die Sprachausgabe.

```
voiceResume()
```

Setzt die Sprachausgabe fort.

Sprachausgabe in der Praxis

Bereits ein einfacher Test der Sprachausgabe mit `voiceSpeak("Die Umsetzung der BITV")` offenbart gravierende Schwächen der Director-Sprachausgabe. Der (deutsche) Text wird mit englischer Aussprache vorgetragen, was zu einem unverständlichem Kauderwelsch führt. Woran liegt das? Director nutzt unter Windows die Microsoft Speech API (SAPI). Ab Windows 2000 wird standardmäßig SAPI 4 inklusive einer englischen Sprach-Engine (Stimme) geliefert. Eine »echte« deutsche Stimme kann bei Microsoft kostenlos heruntergeladen werden (http://www.microsoft.com/msagent/downloads/user.asp). Die Sprach-Engine wird nicht in den Director-Projektor eingebunden. Das heißt, der Anwender muss vor der Nutzung wissen, dass er eine deutsche Stimme installieren muss, um in den Genuss der Sprachausgabe zu kommen.

4.3.4   Fazit: Director MX bleibt hinter den Erwartungen zurück

Von den in Director integrierten technischen Zugänglichkeitsfeatures überzeugt alleine die Tastatursteuerung. Die Sprachausgabe, und damit auch die Untertitelfunktion für die Sprachausgabe, ist derzeit aufgrund der oben beschriebenen Einschränkungen im deutschsprachigen Raum kaum einsetzbar. Das bedeutet in der Konsequenz, dass Director-Anwendungen für blinde oder hochgradig sehbehinderte Menschen nicht zugänglich gestaltet werden können. Eine Gestaltung »gemäß den geltenden Richtlinien barrierefreien Designs«, die der Hersteller betont, erreicht die Anforderungen der BITV nicht.

Es wäre wünschenswert, dass der Hersteller statt der proprietären Lösung für die Sprachausgabe vorhandene und bewährte Schnittstellen der Betriebssysteme (z.B. Microsoft Active Accessibility) für Computerhilfsmittel nutzt. Das dieses auch mit plattformübergreifenden Anwendungen funktionieren kann, zeigt Macromedia mit der mit Director eng verwandten Flash-Programmierung (vgl. Abschnitt 3.2). Dieser Ansatz hätte auch den Vorteil, dass nicht nur die Sprachausgabe, sondern auch andere Hilfsmittel wie Braille-Zeilen oder Vergrößerungssysteme vom Anwender eingesetzt werden können.

5 Praxis

5.1 Vorteile der Barrierefreiheit für den Anbieter

Gerade in Zeiten hart umkämpfter Märkte und knapper Budgets kann die Barrierefreiheit eines Informationsangebotes zu einem entscheidenden Wettbewerbsvorteil werden.

5.1.1 Barrierefreiheit ist Zielgruppenmaximierung

Die für die BITV ursächlich verantwortlichen Verbände der Behindertenhilfe und -selbsthilfe hatten bei ihren berechtigten Forderungen an den Gesetzgeber zunächst natürlich ihre jeweils eigene Klientel und deren Bedürfnis nach einem weitgehenden Abbau von Hürden im Web im Sinn. Schnell wurde jedoch deutlich, dass eine weitgehende Barrierefreiheit nicht nur Menschen mit Behinderungen eine gleichberechtigte Teilhabe an einem immer wichtiger werdenden Teil des öffentlichen Lebens ermöglicht. Die meisten zugrundegelegten Richtlinien der Barrierefreiheit lassen sich ebenso gut auf viele andere Szenarien übertragen, in denen der Benutzer zwar nicht im engeren Wortsinne »behindert« *wird*, sondern situativ bedingt behindert *ist*.

　　Nichtsdestotrotz sind Menschen mit Behinderung allein auf Grund der Zahlen eine nicht zu vernachlässigende Größe. Die World Health Organization (WHO) geht davon aus, dass weltweit mindestens 750 Millionen Menschen mit motorischen, sensorischen oder kognitiven Behinderungen leben. Auch die Überalterung der westlichen Gesellschaften trägt zur Verschärfung der Problematik bei: So haben Menschen nach einer Untersuchung des Trace Research and Development Center bereits mit 55 Jahren eine 25prozentige Chance, eine Behinderung zu entwickeln; bis zum Alter von 65 steigt diese Zahl auf 50%. Wenn man dem gegenüberstellt, dass nach Schätzungen zwei Drittel des Webs für Menschen mit Behinderun-

»Entstehung der BITV« von Karsten Warnke: http://bf-w.de/ bitv/entstehung.html.

gen nicht zugänglich sind (Rowland, 2000, zitiert nach http://www.webaim.org/coordination/articles/universal), wird die Dimension der Problematik von Barrieren im Web deutlich.

Wer profitiert von barrierefreien Webseiten?

Reiche Leute mit teuren Spielzeugen

Geräteunabhängige Webauftritte sind nicht nur für Hilfsmittel wie Sprachausgaben und Spezialtastaturen wichtig, sondern genauso für die immer größer werdende Anzahl mobiler Endgeräte wie Handys und Organizer und die in Zukunft sicher verbreiteten Zugangsarten in Zug, Auto und Flugzeug.

Die Darstellungsqualitäten und geräteunabhängigen Merkmale zur Bedienung barrierefreier Webseiten stellen für viele Zugangsarten überhaupt erst die Möglichkeit zur Verfügung, Inhalte und Funktionen verarbeiten zu können.

Die allgemein anerkannte »Verschlankung« sowohl der Benutzerschnittstellen als auch des dahinter liegenden Quellcodes barrierefreier Seiten wird auch und gerade Benutzer mobiler Endgeräte freuen, bei denen die Kosten für den Netzzugang üblicherweise nach dem übertragenen Datenvolumen abgerechnet werden.

Eine Webseite mit dem (un-)freundlichen Hinweis: »*Diese Seite ist optimiert für Internet Explorer 5.5 mit einer Auflösung von 1024×768 Pixel und Flash 6*« ist ganz sicher nicht barrierefrei und aller Wahrscheinlichkeit nach auch nicht auf den üblicherweise kleinen Displays mobiler Endgeräte darstell- und bedienbar.

Wenn nicht bereits bei der Strukturierung der Inhalte und der Konzeption des Seitengerüstes auf die Linearisierbarkeit der Inhalte geachtet wird, ist das Endprodukt weder in einer Sprachausgabe noch in einem PDA zu gebrauchen. Ein Beispiel: Der Webauftritt der Aktion Mensch-Initiative »Einfach für Alle« setzten bereits Ende der neunziger Jahre auf eine Trennung von Struktur und Gestaltung. Ein halbes Jahr nach dem Launch des Auftritts kamen die ersten iMode-fähigen Mobiltelefone auf den Markt und alle Beteiligten waren hocherfreut, dass sich die Seiten ohne irgendeine Änderung und ohne weitere Kosten auf Geräten darstellen ließen, die neuer als die Seiten selbst waren.

In Zeiten, in denen ein großer Teil des Webs für diese alternativen Zugangsformen versperrt bleibt, ergibt sich hier für Anbieter eine Chance, loyale Kunden zu akquirieren, die von den Mitbewerbern nicht bedient werden.

Die Welt ist das Publikum

Nicht nur die rein technische Barrierefreiheit hilft einer Vielzahl von Nutzern, auch die »weichen« Kriterien an die Gebrauchstauglichkeit eines Angebotes kommen einer Vielzahl unterschiedlichster Benutzergruppen zu Gute. So sind die Vorgaben für eine klare Strukturierung, begreifbare Navigation und sprachliche Klarheit nicht nur für Menschen mit Lernbehinderung, Aufmerksamkeitsdefiziten oder Lese-/Rechtschreibschwäche von Wichtigkeit.

Auch bei Migranten oder Nutzern aus dem Ausland können Sie aller Wahrscheinlichkeit nach nicht dieselbe hohe Sprachkompetenz wie bei Muttersprachlern voraussetzen. Andererseits sind auch Netzneulinge in ihrem Umgang mit dem für sie neuen Medium durchaus vergleichbar mit der Art und Weise, wie sich Menschen mit Lernbehinderung im Web bewegen.

Die zurzeit am stärksten zunehmende Nutzergruppe im Web ist die der Senioren. In dieser Gruppe kann man in der Regel, und im Gegensatz zu den üblicherweise jüngeren Webentwicklern, nicht davon ausgehen, dass sie mit Konventionen vertraut sind, über die erfahrene Nutzer gar nicht mehr nachdenken müssen.

Die Webentwickler

Für Webentwickler bedeutet der Schritt oder besser der Schnitt zu barrierefreien Webseiten oftmals ein vollständiges Umdenken. Allerdings bringt diese Abwendung von überlieferten Techniken des vergangenen Jahrhunderts auch gleichzeitig eine Zuwendung zu Techniken, die zukunftsorientiert sind. Baute man früher mit bildschirmorientierten Tabellenlayouts Webauftritte, die immer nur für die jeweils aktuelle Browser-Generation optimiert waren, so hat hier mit der zunehmenden Verbreitung von CSS-Design ein Umdenken eingesetzt.

Zur Entschuldigung der Webentwickler sei gesagt, dass es früher oftmals gar nicht anders ging, denn die Browser-Hersteller setzten alles daran, dass ihre Produkte zueinander nicht kompatibel waren. Das einmal erworbene Wissen um die verschiedenen Befindlichkeiten der gängigen Browser war aber Wegwerfwissen, das mit jeder neuen Generation veraltet war.

Mittlerweile unterstützt die überwiegende Mehrheit der in Gebrauch befindlichen Browser die für barrierefreie Angebote so wichtigen Webstandards, und selbst für ältere, inkompatiblere Browser gibt es eine Vielzahl gut dokumentierter Workarounds für ihre teilweise doch sehr speziellen »Befindlichkeiten«. Dieses barrierefreie Fundament zeitgemäßer Webentwicklung ist nun also keine vertane Liebesmüh' mehr, sondern eine Grundlage, auf die man auch noch in Jahren aufbauen kann. Barrierefreies Webdesign orientiert sich an etablierten Standards, die auch noch in Jahren Gültigkeit besitzen werden.

Die Browser-Entwickler

Die heutigen Browser haben mittlerweile einen Umfang angenommen, wie er früher kompletten Office-Anwendungen vorbehalten war. Vieles in der Programmierung eines Browsers wäre aber unnötig, wenn diese nicht eine eingebaute Fehlertoleranz gegenüber unsauberem Code haben müssten. Ähnliches gilt für die Hersteller von Computerhilfsmitteln wie Screenreadern, die unter Umständen von unsauberem Code zum Absturz gebracht werden können.

Statt sich nun um die Einhaltung der Richtlinien für Zugangssoftware des W3C (User Agent Accessibility Guidelines – UAAG) zu kümmern, müssen die Programmierer sämtliche groben Schnitzer der Webentwickler abfangen, um ihren Kunden weiterhin den Zugang zum Web zu ermöglichen.

Suchmaschinen sind blind

Indem Sie ihre Webseiten barrierefreier gestalten, machen Sie diese auch automatisch zugänglicher für Suchmaschinen. Beschreibende oder alternative Inhalte zu interaktiven oder multimedialen Formaten können von den Robotern ausgelesen werden, Bilddaten oder Flash-Animationen hingegen nicht.

Das heißt nicht, dass Sie diese nicht mehr verwenden dürfen – im Gegenteil, Sie müssen nur sicherstellen, dass die wesentlichen Inhalte und Funktionen auch ohne die entsprechenden Plug-ins verfügbar sind. Damit liefern Sie den Suchmaschinen den benötigten Text, um bei Suchanfragen in der Trefferliste nach oben zu rutschen.

E-Government greift nur, wenn alle es nutzen können

Abgesehen von der gesetzlichen Verpflichtung ist die Barrierefreiheit für den öffentlichen Sektor auch aus wirtschaftlicher Sicht nicht nur sinnvoll, sondern geradezu notwendig. Die zunehmende Abbildung behördlicher Dienstleistungen und Verwaltungsverfahren im Web führt zwingend dazu, dass diese auch barrierefrei umgesetzt werden müssen, denn wenn diese Dienste für einen Teil der »Kunden« nicht nutzbar sind, müssen sie auch weiterhin »live« in den Amtsstuben angeboten werden. Hierdurch entstehen echte Zusatzkosten, die mögliche Spareffekte einer durchgängigen Digitalisierung verhindern.

5.1.2   Kosten und Nutzen barrierearmer Webauftritte

In der Umsetzung eines barrierearmen Angebotes ist der erste Schritt immer die Validierung des Codes, das heißt sowohl des HTML als auch des CSS und eventuell auch noch der eingesetzten Skriptsprachen. Sauberer Code garantiert nicht nur, dass die Inhalte und Funktionen wie gewünscht vom Browser verarbeitet werden können, auch Hilfsmittel behinderter Menschen stolpern schon mal ganz gerne über eine nicht korrekte Syntax von Webauftritten.

Eine Vielzahl von Prüfprogrammen zur Qualitätssicherung baut auf der Annahme auf, dass die zu testenden Seiten formal den Standards entsprechen. Die Fehlersuche gestaltet sich dann gleich viel einfacher, wenn man sich nicht erst durch Hunderte von Fehlern im Quelltext wühlen muss, die zu vermeiden gewesen wären.

Wenn sich ein Angebot an die etablierten Standards hält, sind dessen Betreiber damit auch in der Wahl der Werkzeuge viel freier, um ihre Seiten zu bearbeiten. Die Hersteller der großen Autorenwerkzeuge haben diesen Trend auch längst erkannt und setzen auf die Standardkonformität in der Ausgabe ihrer Produkte.

Der wichtigste Grund für standardkonforme Umsetzung nach den anzuwendenden Empfehlungen zu (X)HTML, CSS und WCAG liegt aber aus Sicht der Umsetzenden in der Nachvollziehbarkeit des Codes. Wenn Sie heute in den Quelltext einer Seite von 1997 schauen, ist nicht mehr nachvollziehbar, aus welchem Grund damals die fünfte verschachtelte Tabelle im dritten Frameset mit einer Platzhaltergrafik auf Breite gebracht wurde, denn der Browser, für den dieser Workaround damals ersonnen wurde, ist auch schon seit Jahren in keiner Webstatistik mehr aufgetaucht.

Wenn Sie aber heute Code nach den etablierten Standards ins Netz stellen, ist dessen Bedeutung auch noch in Jahren nachvollziehbar und wird nicht mit jeder neuen Browser-Generation zur Altlast. Auch ohne dass der Code besonders dokumentiert sein müsste, ist er für jeden, der in Zukunft die Pflege der Seiten übernimmt, ohne Einarbeitungszeit sofort verständlich.

Nach dem Relaunch ist vor dem Relaunch

Im Idealfall gehen sogar komplette Neugestaltungen einfacher von der Hand, weil man bei strikter Trennung von Inhalt und Layout nur das Layout austauschen muss und schon hat man einen aufgefrischten Auftritt im Netz. Nach der branchenüblichen Verfallsdauer von ca. 2 Jahren kommen nun so langsam die Informationsanbieter, die zuerst auf die Einhaltung der Standards gesetzt haben dazu, die

Optik ihrer Sites zu überarbeiten und damit an den Punkt, wo Webstandards beginnen sich auszuzahlen.

Auch hier kann wieder der Webauftritt der Aktion-Mensch-Initia-
tive »Einfach für Alle« als Beispiel dienen. Zum Start der Initiative im
Jahr 1999 wurde bereits auf eine vollständige Trennung von Struktur
und Gestaltung geachtet. Allerdings waren damals noch viele Browser der 4er-Generation unterwegs, die an vielem scheiterten, was die
Richtlinien des W3C vorgaben. Daher wurde zunächst ein Ansatz

Abb. 5-1
gewählt, der auch in den problematischeren Browsern der damali-
www.einfach-fuer-
gen Zeit ein ansehnliches Layout ermöglichte, ohne gleichzeitig
alle.de im Jahr 2001
Computerhilfsmittel auszuschließen.

Beim Relaunch der Seiten 2002/03 waren die Zahlen der 4er-Browser
bereits auf einen geringen einstelligen Prozentsatz gefallen. Hier wurde
die Entscheidung gefällt, diesen nur noch die reinen Inhalte mit einigen wenigen Formatierungen zu liefern und nur die aktuelleren
Browser mit dem aufwändigen mehrspaltigen Layout zu versorgen.

In der heißen Phase des Browser-Kriegs Ende der neunziger Jahre machten die Kosten für die zusätzliche Fehlersuche zur Unterstützung der damaligen Browser bis zu 50% des Entwicklungsbudgets aus – Geld, das nun sinnvoller angelegt werden konnte, zum Beispiel in wirkliche Inhalte.

Abb. 5-2

www.einfach-fuer-alle.de im Jahr 2003

Erklärtes Ziel des Relaunchs in 2003 war es, die BITV bis ins letzte Detail zu erfüllen, auch um die Praxistauglichkeit der Verordnung zu verifizieren. Da die Seiten also schon so standardkonform wie nur möglich waren, war der Aufwand für einen erneuten Relaunch entsprechend gering – im Frühjahr 2004 bewahrheitete sich die Hypothese, dass hierzu wirklich nur noch die Stylesheets auszutauschen sind. Die marginalen Veränderungen im HTML dienten lediglich der weiteren Verbesserung der Struktur und der Vereinheitlichung der Style-Deklarationen, sodass der gesamte Relaunch mit dem minimalen Aufwand von fünf Personentagen geleistet werden konnte (siehe Abb. 5-3).

Hier zeigt sich wieder, dass einer der wichtigsten Schritte zur Erreichung eines barrierearmen Angebots – die Trennung von

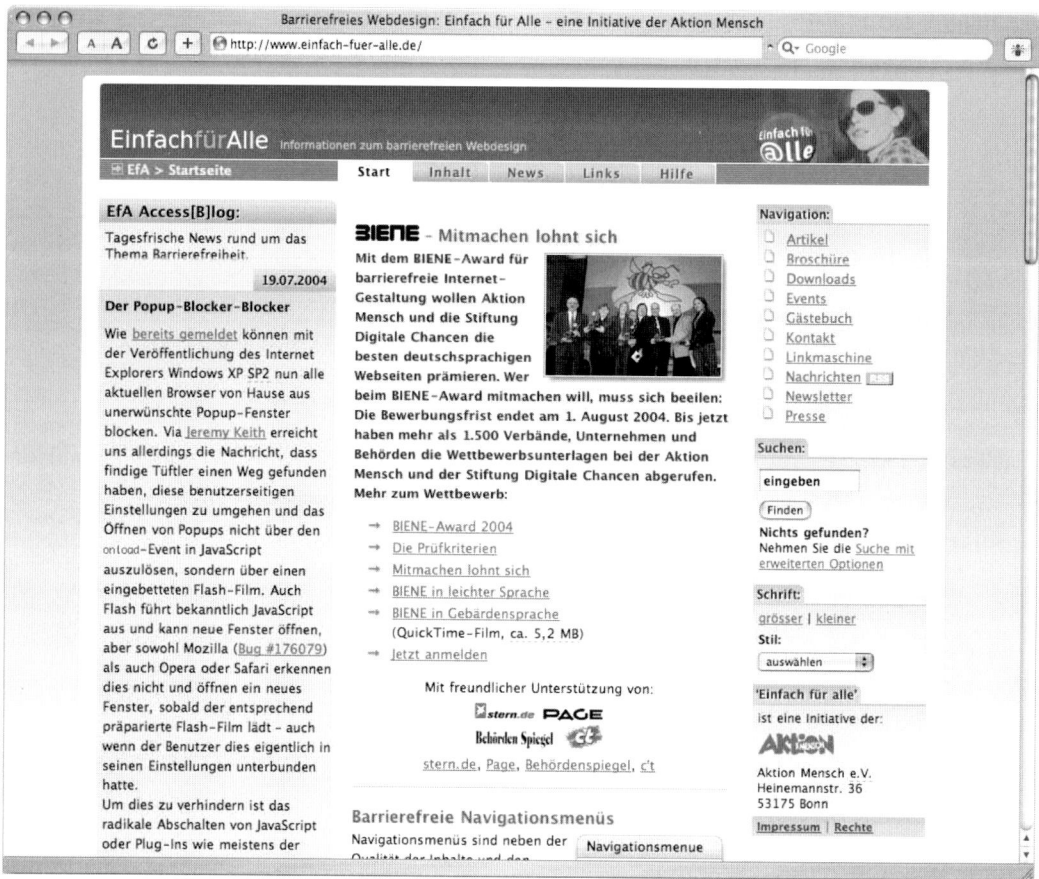

Abb. 5-3
www.einfach-fuer-alle.de im Jahr 2004

Gestaltung und Struktur/Inhalt – allen Nutzern zu Gute kommt: Die gesamten Formatierungsanweisungen für einen Webauftritt mit Tausenden von Seiten schlagen mit lediglich 35 Kilobyte zu Buche. Dies mit herkömmlichen Tabellenlayouts und Font-Tags nachzubilden, würde mehrere Megabyte zusätzlichen Code bedeuten, der jedem Besucher zugemutet würde.

Das Portemonnaie des Anbieters

Der schlankere Code barrierefreier Webauftritte nutzt aber nicht nur den Besuchern durch schnellere Ladezeiten. Auch für den Anbieter macht sich eine Umstellung sehr schnell in einer Reduzierung der Kosten für Hosting und Traffic bemerkbar.

Beispiele von High-Traffic-Sites wie stern.de, Wired News oder dem amerikanischen Sportsender ESPN.com zeigen, dass durch die Umstellung auf eine zeitgemäße schlanke Programmierung das monatliche Transfervolumen der Server im Bereich von Terabytes eingespart wird und sich alleine dadurch die Kosten für die Umstellung sehr schnell refinanzieren.

In weiten Teilen sind die Richtlinien zur Barrierefreiheit deckungsgleich oder zumindest ergänzend zu den allgemein anerkannten Prinzipien der Gebrauchstauglichkeit (*usability*). Benutzbarere Seiten zeigen, dass der Anbieter wirklich am Geschäft mit dem Kunden interessiert ist, und dieser wird das Angebot sicher dankend annehmen.

> *»Die Usability und das Online-Erlebnis wird für viele Nutzer in Anbetracht der harten Konkurrenz im Web eine wichtiger unterscheidender Faktor werden. Also ist es vom wirtschaftlichen Standpunkt aus gesehen sehr sinnvoll, eine barrierefreie Website zu haben. Ich bin davon überzeugt, dass dies einen Gewinn sowohl für den Benutzer als auch für die Anbieter bedeutet.«*
> Ian Lumsden, CEO des Finanzdienstleisters Standard Life.

So haben die Richtlinien zur besseren Erreichbarkeit, Verständlichkeit und Bedienbarkeit direkte Auswirkungen auf die Verkaufszahlen in Online-Shops und die Zahl der Seitenaufrufe pro Besucher bei werbefinanzierten Inhaltsanbietern. Der Anbieter spart nicht nur bares Geld, sondern macht sogar noch mehr Umsätze durch einen barrierefreien Webauftritt.

5.1.3   Chancen und Risiken

Vom richtigen Zeitpunkt

Wann ist der richtige Zeitpunkt für einen barrierefreien Relaunch?

- Aus Sicht der Nutzer:
  - Jetzt.
- Aus der Sicht des Gesetzgebers:
  - Spätestens bis zur Erreichung der Fristen der anzuwendenden Gesetze und Verordnungen, für den Bund also bis Ende 2005.
- Aus Sicht des Anbieters:
  - Bei einem Wechsel des Redaktionssystems (CMS), da hierbei erfahrungsgemäß sämtliche Vorlagen neu programmiert werden müssen. Hier ist die Umstellung auf barrierefreien Output weitestgehend kostenneutral zu erreichen.
  - Bei wesentlichen Änderungen an Inhalt und Struktur oder auch bei Änderungen in der Organisation des Anbieters selbst. Da hierbei sämtliche Inhalte »angefasst« werden müssen, empfiehlt sich hier, die korrekte Auszeichnung der Inhalte vorzunehmen und Texte und Funktionen auf Verständlichkeit zu prüfen.

- Auch wenn bei einem Webauftritt das Ranking in den wichtigsten Suchmaschinen zu wünschen übrig lässt, kann sich eine Umstellung auf ein barrierefreies Angebot schnell auszahlen.
- Wenn Sie planen, andere Medien oder alternative Ausgabeformate zu bedienen, ist die Transformierung der Inhalte ohne die eingebaute Logik barrierefreier Seiten kaum möglich.

Chancen bergen auch immer Risiken

Nicht verschweigen sollte man aber auch die Risiken und die potenziellen Zusatzkosten, die mit der Umstellung auf ein barrierefreies Angebot einhergehen können. Zum einen sind dies die teilweise erheblichen Kosten für Schulung und Weiterbildung der Gestalter, Redakteure und Programmierer.

In einer Umfrage der British HCI Group unter Webverantwortlichen vom Sommer 2003 gaben 86% der Befragten an, die größte Hürde auf dem Weg zur Barrierefreiheit sei die Unkenntnis der Entwickler [http://usabilitynews.com/news/article1321.asp]. 64% der Befragten meinten zudem, dass »das Management sich nicht über die Wichtigkeit der Barrierefreiheit bewusst sei.« Gleichzeitig gaben aber auch 67% an, dass einige Richtlinien der WCAG1 nur schwer bis gar nicht umzusetzen seien – hier gibt es also noch Aufklärungsbedarf und Verbesserungspotenzial.

Zusätzlich zu den Kosten für Weiterbildung kommen Investitionen in bessere Autorenprogramme, Redaktionssysteme und Testwerkzeuge, Kosten für Qualitätssicherung und eventuelle Tests durch externe Anbieter bereits in der Entwicklungsphase. In größeren Organisationen sind dies Investitionen, also wieder verwertbares Wissen, das auch auf Folgeprojekten eingesetzt werden kann.

Ein weiterer Risikofaktor, der jedes Projekt sprengen kann, ist der so genannte *Legacy Content*, also vorhandene Inhalte, die zu einem früheren Zeitpunkt nach keinem erkennbaren Standard erstellt wurden. Hier liegt die Problematik darin, dass oft auch die intelligentesten Suchmuster versagen, um diese Texte entsprechend der Richtlinien auszuzeichnen, sodass diese nur händisch auf einen aktuellen Stand der Technik gebracht werden können.

4er Browser – immer noch problematisch?

Wenn Sie nach Auswertung Ihrer bisherigen Statistiken feststellen, dass ein erheblicher Teil ihrer Besucher noch mit Browsern der vierten Generation auf die Seiten zugreift und diese Besucher zu allem Überfluss auch noch für messbare Umsätze sorgen (ihre Seite also auch werblich funktionieren muss), empfiehlt sich unter Umständen ein dritter Weg. Diese Programme haben nach wie vor massive Probleme mit aktuellen Webstandards, insbesondere mit HTML- und CSS-Konstrukten, die im Sinne der Barrierefreiheit ersonnen wurden.

Hier hilft oftmals nur noch, die Gestaltung vor diesen Browsern zu verstecken, weil ansonsten zum Beispiel barrierefrei umgesetzte Formulare einen Programmabsturz auslösen können. Allerdings sollte sich dieses Problem in den nächsten Jahren von alleine erledigen, denn bereits jetzt spielen diese Browser kaum noch eine Rolle und tauchen nur noch in niedrigen einstelligen Prozentzahlen in den Statistiken auf.

In Einzelfällen kann es aber durchaus ratsam sein, auf ein rein CSS-basiertes Layout zu verzichten und zumindest die Positionsangaben für mehrspaltige Layouts mit einer einzelnen Layouttabelle zu realisieren. Sowohl die WCAG1 wie auch die BITV erlauben diesen Weg, allerdings in einem ganz eng gesteckten Rahmen. Die Flexibilität einer moderneren Form der Umsetzung darf man von einem solchen Angebot aber nicht mehr erwarten.

Nicht überall, wo Barrierefreiheit draufsteht, ist auch Barrierefreiheit drin

Mehr als zwei Jahre nach Inkrafttreten der BITV und 5 Jahre nach Veröffentlichung der WCAG1 könnte man eigentlich annehmen, dass genügend Zeit vergangen ist, um das Thema der Barrierefreiheit bekannt zu machen, in den Köpfen der Entwickler und den Workflows der IT-Dienstleister zu verankern und sämtliche Angebote von Bundesbehörden barrierefrei zu gestalten – zumal die Verordnung auch strikte Fristen setzt, von denen eine bereits Ende 2003 abgelaufen ist.

Und tatsächlich liest man in letzter Zeit immer häufiger Pressemitteilungen von regierungsamtlicher Seite und auch von kommerziellen Anbietern, in denen ein Relaunch gemeldet und die umfassende Barrierefreiheit des Ergebnisses verkündet wird.

Es ist natürlich sehr zu begrüßen, dass damit das Thema offensichtlich im Mainstream der Medien angekommen ist und nicht mehr nur als Sonderlösung für Menschen mit Behinderung gesehen wird. Bedauerlich ist aber, dass bei den meisten dieser Webauftritte der Grad der erreichten Barrierefreiheit umgekehrt proportional zur Lautstärke der Pressemitteilung steht.

Neben den Veröffentlichungen, in denen die Barrierefreiheit nur als ein weiteres Modewort benutzt wurde und damit offensichtlich nur ein Lippenbekenntnis war, gab es auch eine Vielzahl von Angeboten, die zwar eine ehrliche Anstrengung erkennen ließen, die aber schon an ganz zentralen Kernstücken der Richtlinien scheiterten.

Sind Abweichungen zulässig?

Vor dem Hintergrund der genannten Hürden in der Implementierung kann die Frage gestellt werden, ob man auf Basis informierter Entscheidungen von der »reinen Lehre« abweichen und die Richtlinien gemäß ihrer tatsächlichen Umsetzbarkeit interpretieren darf.

- Kann also ein Angebot noch als weitgehend barrierefrei gelten, wenn eines der zuvor genannten Hindernisse eine vollständige Umsetzung der Richtlinien verhindert hat?
- Kann ein Angebot als »barrierefrei« oder »barrierearm« beworben werden, wenn es unter den gegebenen Umständen nur Teilbereiche der Richtlinien erfüllt, dafür aber in der Umsetzung zusätzlich noch andere Aspekte berücksichtigt, die in den Richtlinien gar nicht vorgesehen sind?

Das nötige Fachwissen zur Umsetzung barrierearmer Informationstechnik ist zwar beliebig vermehrbar, aber zurzeit gerade wegen des jungen Alters der Richtlinien immer noch eine Aufgabe für Spezialisten auf diesem Gebiet. Genau hier gibt es aber auch für etablierte Agenturen und IT-Dienstleister, die bisher nicht in die Zwangslage kamen, die Angebote ihrer Kunden auch barrierefrei umzusetzen, noch erhebliches Wachstumspotenzial.

Spätestens wenn die Barrierefreiheit nicht mehr als Sonderlösung verstanden wird, sondern als eine selbstverständliche Aufgabe für das Qualitätsmanagement, sind die Forderungen der Behindertenverbände erfüllt.

5.2   Testen von webbasierten Techniken

5.2.1   Allgemeines zur Prüfung von Webauftritten

Tests von Webauftritten werden aus unterschiedlichen Gründen durchgeführt. Webdesigner, die sich um Barrierefreiheit bemühen, können selbst während der Programmierung eines Webauftritts testen, ob dieser den Anforderungen der Barrierefreiheit entspricht. Externe Tester können während der Programmierung beratend oder zum Abschluss der Programmierung eines Webauftritts zur Feststellung des Grades der Barrierefreiheit hinzugezogen werden. Eine Prüfung durch externe Tester ist ab einer gewissen Größe eines Projekts auf jeden Fall zu empfehlen, da durch die Erfahrung und den

Abstand der Tester zum Angebot häufig Barrieren gefunden werden, die die Programmierer selbst nicht erkennen würden. Dies hängt damit zusammen, dass Programmierer häufig bestimmte Verhaltensweisen des Nutzers nicht erwarten und in diesem Fall die »Tücken« der Computerhilfsmittel nicht immer kennen. Eine sinnvolle Ergänzung der systematischen Tests sind daher auch die in (Abschnitt 5.4) beschriebenen Nutzertests.

Zum Testen der einzelnen Bedingungen und Anforderungen der BITV (vgl. Abschnitt 1.4.3 bzw. Anhang B) werden verschiedene Methoden eingesetzt. Einige Bedingungen lassen sich vollständig mit Hilfe von automatischen Testprogrammen überprüfen. Da die BITV fast identisch zu den internationalen Richtlinien, den WCAG1 (vgl. Abschnitt 1.4.2) ist, können zur Überprüfung einzelner Checkpunkte zahlreiche im Web verfügbare Programme und Dienste eingesetzt werden, die auf der Grundlage diese internationalen Richtlinien arbeiten.

Viele Bedingungen der BITV lassen sich nur teilweise automatisch überprüfen. Ein Beispiel dafür ist die Bedingung 1.1, die aussagekräftige Textäquivalente für alle Nicht-Textelemente fordert. Automatisch prüfbar ist, ob für alle Grafiken ein Alternativtext angegeben ist. Nicht automatisch prüfbar ist jedoch, ob dieser die Grafik ausreichend beschreibt. Auf Prüfprogramme, die automatisch bzw. halbautomatisch prüfen, wird im Abschnitt 5.2.3 näher eingegangen.

Bedingung 1.1

Andere Bedingungen der BITV lassen sich dagegen nur manuell überprüfen, da sie auf Einschätzungen eines erfahrenen Testers beruhen. Um für diese Prüfpunkte eine Vergleichbarkeit der Testergebnisse zu erzielen, müssen konkrete Regeln zum Testen formuliert werden. Um Barrierefreiheit einfach handhabbarer zu machen, könnten Testverfahren sich ausschließlich auf automatisch testbare Prüfpunkte beschränken. Dies ist jedoch nicht sinnvoll, da gerade dann, wenn genau die Bedingungen verletzt sind, die nicht automatisch prüfbar sind, die Angebote häufig noch große unüberwindbare Barrieren enthalten. Das bedeutet natürlich nicht, dass bei Verletzungen der automatisch prüfbaren Punkte, diese nicht auch zu Barrieren für viele Menschen führen können. Beide Testmethoden ergänzen sich gegenseitig.

Beim Testen von Webauftritten sind grundsätzlich zwei Methoden zu unterscheiden. Entweder der Test bezieht sich auf alle Seiten des Webangebots oder es werden einzelne repräsentative Seiten des Angebots ausgewählt, die geprüft werden. Die meisten umfangreicheren Webauftritte werden heutzutage mit Hilfe von Redaktionssystemen erstellt. Dies führt dazu, dass viele verschiedene Webseiten auf einer kleinen Anzahl von Vorlagen (Templates) beruhen und

alle Seiten mit dem gleichen System erzeugt werden. Durch die Auswahl und den Test von einigen Seitentypen, die unterschiedliche Elemente enthalten (z.B. Formulare, Tabellen, Grafiken), kann daher
häufig eine Aussage über die Barrieren des gesamten Angebots
getroffen werden. Systeme, die versuchen ein vollständiges Webangebot auf Barrieren zu überprüfen, haben zudem den Nachteil, dass
sie sich nur auf die Prüfpunkte beschränken können, die vollständig
automatisch prüfbar sind. Versuchen diese Programme ebenfalls
Punkte zu überprüfen, die eine Beurteilung durch den Nutzer benötigen, führt dies dazu, dass eventuell Hunderte von Stellen betrachtet
werden müssen, an denen die gleiche Barriere auftritt. Dies führt zu
unübersichtlichen Testergebnissen. Der Test aller Seiten bietet sich
daher nur für einige wenige Prüfpunkte an. Sinnvoll ist zum Beispiel
der Test, ob auf allen Seiten eine korrekte Auszeichnung verwendet
wird. Auf Prüfwerkzeuge, die den gesamten Webauftritt automatisch
testen, wird daher im Folgenden nicht mehr näher eingegangen.

http://www.abi-
projekt.de

Zurzeit werden von unterschiedlichen Anbietern Tests auf der
Grundlage der BITV angeboten. Diese Testverfahren arbeiten meist
mit einer Kombination aus manuellen und automatischen Tests durch
Prüfprogramme. Im Aktionsbündnis für barrierefreie Informationstechnik (AbI) versucht ein Arbeitskreis zurzeit die Testverfahren zu
vereinheitlichen. Auf den aktuellen Stand der Ergebnisse dieser
Arbeitsgruppe wird in Abschnitt 5.2.4 eingegangen.

5.2.2 Browser-Tests

Einsatz verschiedener Browser

Für einen nach allgemeinen Kriterien der Gebrauchstauglichkeit gut
gestalteten Webauftritt sollte es selbstverständlich sein, dass dieser
in unterschiedlichen Browsern und mit unterschiedlichen Bildschirmauflösungen darstellbar und nutzbar ist. Der Gestalter eines Angebots kann sich nie sicher sein, mit welchen Hardware-Software-Kom-
binationen die Besucher auf das Angebot zugreifen. Ein pixelge-
naues Design, vergleichbar mit den Printmedien, ist im Web nicht
möglich und auch nicht sinnvoll.

Anforderung 10

Eine Anforderung der Barrierefreiheit ist es sicherzustellen, dass
ein Webauftritt auch dann nutzbar ist, wenn die Zugangssoftware
neuere Techniken nicht unterstützt oder diese deaktiviert sind. Ebenfalls auf die Sicherstellung der Nutzbarkeit mit unterschiedlichen
Browsern und Computerhilfsmitteln zielt die Anforderung 10 der
BITV. Ein Angebot muss demnach mit unterschiedlichster, auch älterer Zugangssoftware, unter anderem Browsern, nutzbar sein. Damit
verbunden ist nicht die Forderung, dass das Angebot in allen Brow-

sern gleich aussehen muss, es muss lediglich nutzbar sein. Diese Anforderung muss erfüllt werden, wenn der damit verbundene Aufwand nicht »unverhältnismäßig« ist. In der Begründung zur BITV heißt es:

> »Die Sicherstellung der Verwendbarkeit assistiver Technologien und Browser ist insbesondere dann unverhältnismäßig, wenn die assistiven Technologien und Browser älter als drei Jahre sind und der Verbreitungsgrad in der einschlägigen Benutzergruppe unter 5% liegt.«

Die Begründung zur BITV finden Sie auf: http://bf-w.de/bitv/ begruendung-zur-bitv.html.

Da über den Verbreitungsgrad von Zugangssoftware nur wenige zuverlässige Zahlen existieren, ist es ein guter Ansatz, Browser, Medien-Player und Computerhilfsmittel zu berücksichtigen, die in den letzten drei Jahren verfügbar gemacht wurden.

Neben einem Test mit unterschiedlichen grafischen Browsern, sollte auch ein Test mit textbasierter Software durchgeführt werden. Hierzu bietet sich der Webreader Webformator und ferner der online verfügbare Lynx-Viewer bzw. der Text-Browser Lynx an. Folgende Fragen können bei der Betrachtung der Seiten in textorientierter Software als Grundlage genommen werden, um zu beurteilen, ob die Seite für Nutzer dieser Software zugänglich ist.

Auf der CD-ROM finden Sie das Installationsprogramm des Webformators.

1. Ergibt die Information Sinn?
2. Ist irgendetwas nicht vollständig oder fehlt es ganz?
3. Sind die Inhalte mit einem Grafik-Browser vergleichbar, steht die gleiche Information zur Verfügung?
4. Scheint irgendetwas nicht in Ordnung zu sein?

Wird die Funktionalität des Webauftritts in unterschiedlichen Browsern getestet, können auch direkt verschiedene von den Browsern angebotene Einstellungen oder Browser-Erweiterungen zum Überprüfen einzelner Punkte genutzt werden. Im Folgenden werden einige dieser Funktionen vorgestellt.

Opera als Testwerkzeug

Der Browser Opera ist besonders gut für Tests in Bezug auf Barrierefreiheit geeignet. Dieser Browser hat bereits zahlreiche Funktionen integriert, die für dieses Thema von Bedeutung sind. Die Funktionen, auf die hier Bezug genommen wird, beziehen sich auf die Opera-Versionen 7.1x.

User mode

Opera unterscheidet zwischen einem Benutzermodus (*user mode*) und einem Autorenmodus (*author mode*). Im Autorenmodus, der in der Adressleiste durch das Symbol eines Dokuments gekennzeichnet ist, wird die Seite so dargestellt, wie der Autor der Seite es beabsichtigt bzw. vorgegeben hat. Im Benutzermodus, der über das Dokumenten-Symbol in der Adressleiste oder über Ansicht→Stil erreichbar ist, wird der vorgegebene Stil der Seite durch andere Stylesheets ersetzt. Hierzu können mitgelieferte oder auch selbst definierte Styles genutzt werden. Die Grundeinstellungen für beide Modi können über das Menü Datei→Einstellungen→Seitendarstellung →Einstellen der Modi (vgl. Abb. 5-4) vorgenommen werden.

Abb. 5-4

Dialog »Seitendarstellung« zur Einstellung von Benutzer- und Autorenmodus in Opera

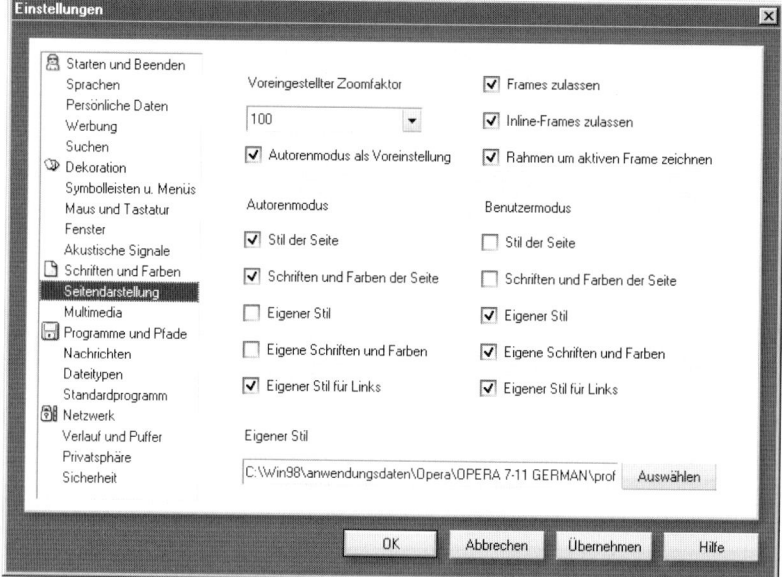

Weitere Optionen für den Benutzermodus, die die Auswahl der entsprechenden Darstellungen regeln, sind über das Auswahlmenü neben dem Nutzersymbol in der Adressleiste (siehe Abb. 5-5) oder über das Menü Ansicht→Stil auszuwählen.

Die folgenden Einstellungen, die bei der Überprüfung der in Klammern angegebenen BITV-Anforderungen bzw. -Bedingungen helfen, können im Benutzermodus ausgewählt werden:

Anforderung 1
Anforderung 10

1. Emulate text browser: Zeigt die Seite nur mit textorientierten Inhalten (Anforderungen 1 und 10).

Anforderung 2
Bedingung 6.1

2. Accessibility layout: Bietet eine Ansicht der Seite, so wie sie von sehbehinderten Menschen gewählt werden könnte (Anforderung 2, Bedingung 6.1).

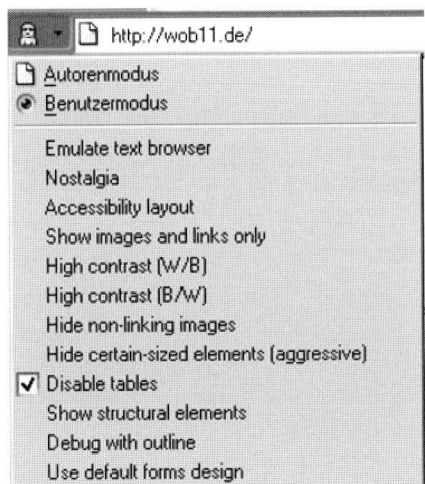

Abb. 5-5

Optionen des Benutzermodus in Opera

3. Show images and links only: Versteckt den normalen Text der Seite (Bedingungen 1.1 und 13.1). *Bedingung 1.1* *Bedingung 13.1*

4. High contrast (W/B)/(B/W): Zeigt eine sehr kontrastreiche Ansicht der Seite, schwarze Schrift auf weißem Hintergrund bzw. umgekehrt, so wie sehbehinderte Menschen sie wählen könnten. (Anforderung 2, Bedingung 6.1) *Anforderung 2* *Bedingung 6.1*

5. Hide non-linking images: Blendet alle Bilder aus, die nicht zur Navigation eingesetzt werden. Kann in Kombination mit Punkt 3 gewählt werden. (Bedingung 1.1) *Bedingung 1.1*

6. Disable tables: Liefert eine linearisierte Ansicht von Tabellen (Bedingung 5.3). *Bedingung 5.3*

7. Show structural elements: Zeigt die strukturell ausgezeichneten (X)HTML-Elemente an (vgl. Abschnitt 2.7.3).

8. Debug with outline: Markiert wichtige Elemente der Seite mit Hilfe von Rahmen (Anforderung 3). *Anforderung 3*

Neben dem Ersetzen der dokumenteneigenen Stylesheets bietet Opera die Möglichkeit über die »Schnelleinstellungen« weitere Bedingungen zu überprüfen. Erreichbar sind diese entweder über das Menü Datei→Schnelleinstellungen oder über die F12-Taste. Mögliche Schnelleinstellungen, die bei der Überprüfung der in Klammern angegebenen BITV-Anforderungen bzw. -Bedingungen helfen:

1. Pop-up-Fenster zulassen: Sollte ausgewählt werden, damit beim Testen der Seite auffällt, wenn die Seite Pop-up-Fenster verwendet (Bedingung 10.1). *Bedingung 10.1*

2. Animation von GIF-Bildern aktivieren: Sollte zugelassen werden, damit die Verwendung dieser Bilder auf der Seite beim Testen auffällt (Anforderung 7). *Anforderung 7*

Bedingung 1.1   3. Eingebettete Audiosequenzen aktivieren: Sollte gewählt sein, um Alternativen zu möglicherweise vorhandenen Audioausgaben überprüfen zu können (Bedingung 1.1).

Bedingung 8.1   4. Java aktivieren: Erlaubt bzw. verhindert, wenn die Funktion deaktiviert ist, die Ausführung von Java-Applets (Bedingung 8.1).

Anforderung 8   5. Plug-ins aktivieren: Erlaubt bzw. verhindert, wenn die Funktion deaktiviert ist, die Benutzung von Plug-ins (Anforderung 8).

Bedingung 6.3   6. JavaScript aktivieren: Erlaubt bzw. verhindert, wenn die Funktion deaktiviert ist, die Ausführung von JavaScript (Bedingung 6.3).

7. Cookies aktivieren: Sollte ausgewählt sein, da einige Seiten Cookies zur Verbesserung der Zugänglichkeit einsetzen.

8. Als Opera ausgeben: Gibt gegenüber Server an, dass die Seiten mit Opera besucht werden.

Bedingung 1.1   Weitere Tests werden von Opera über den Dialog zur Einstellung der Seitendarstellung unterstützt. Dieser ist entweder über Datei→Einstellungen→Seitendarstellung oder die Tasten Alt+P erreichbar (siehe Abb. 5-5). Über diesen Dialog kann die Unterstützung von Frames deaktiviert werden. Wird die Seite anschließend neu geladen, kann der NOFRAMES-Bereich der Seite überprüft werden und beurteilt werden, ob der Zugang ohne Frames-Unterstützung möglich ist (Bedingung 1.1).

Bedingung 13.1   Zur Überprüfung, ob alle Linkbezeichnungen der Seite isoliert gelesen eindeutig das Verweisziel beschreiben (Bedingung 13.1), bietet Opera neben der Einstellung »Show images and links only« des Benutzermodus eine weitere hilfreiche Funktion an. Mit der Tastenkombination »Strg+J« oder über das Menü Ansicht→Links wird ein Dialog angezeigt, der alle Linkbezeichnungen der Seite und die dazugehörigen Adressen auflistet.

Bedingung 1.1   Für die Überprüfung der Alternativtexte von Grafiken (vgl. Bedingung 1.1) bietet Opera die Möglichkeit über die Taste »G« bzw. das Kamerasymbol in der Symbolleiste schnell zwischen einer Ansicht mit Bildern und einer ohne Bilder, in der die eventuell. vorhandenen Alternativtexte angezeigt werden, zu wechseln.

Microsoft Internet Explorer zur Überprüfung der Barrierefreiheit

Der Microsoft Internet Explorer bietet über die »Eingabehilfen« sowie über »Schriften« und »Farben«, die im Einstellungsdialog »Internetoptionen« auf der Registerkarte »Allgemein« zu finden sind, verschiedene Möglichkeiten zur Einstellung der Darstellung von Webauftritten. Mit Hilfe der drei Eingabehilfen-Optionen Farbangaben, Schriftartangaben und Schriftgradangaben ignorieren und der zusätzlichen Möglichkeit ein eigenes Stylesheet zu verwenden bzw.

eigene Farben und Schriften über die entsprechenden Dialoge direkt auszuwählen, kann die Browser-Darstellung von Webauftritten an den Wünschen und Bedürfnissen der Nutzer angepasst werden. Da dies häufig verwendete Einstellung sind, sollte eine Überprüfung stattfinden, ob diese Einstellungen ohne Probleme auf die Seite anwendbar sind.

Der Microsoft Internet Explorer bietet außerdem einige weitere nützliche Möglichkeiten, Webseiten zu testen, die allerdings nicht Teil des Browsers sind, sondern erst in den Browser integriert werden müssen.

Ein sehr nützliches Hilfsmittel zum Testen von Webauftritten ist die Browser-Erweiterung Web Accessibility Toolbar (siehe Abb. 5–6). Über den Webauftritt http://www.nils.org.au/ais/web/resources/toolbar/ kann eine zusätzliche Werkzeugleiste in den Internet Explorer integriert werden.

Web Accessibility Toolbar: http://www.nils.org.au/ais/web/resources/toolbar/

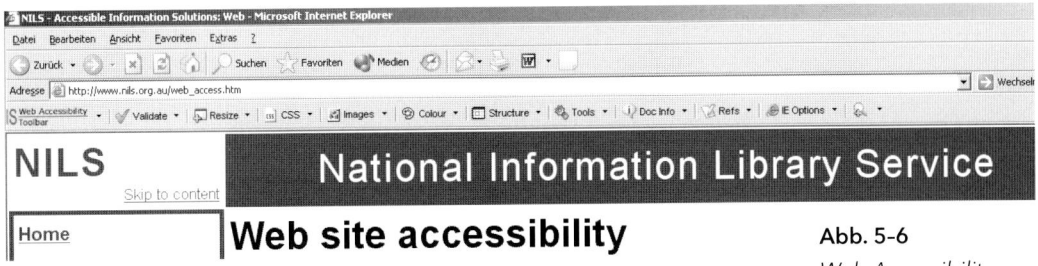

Abb. 5-6
Web Accessibility Toolbar

Nach Auswahl einer der elf, im Folgenden kurz beschriebenen Schaltflächen, werden jeweils zahlreiche Optionen zum Testen angeboten.

Im Menü »Validate« sind verschiedene Verweise zur Überprüfung von HTML, CSS und Links zu finden. Es findet sich auch ein Link zum Korrekturwerkzeug Tidy. Wird einer der Einträge ausgewählt, wird die Adresse der aktuellen Seite sofort an den entsprechenden Online-Validator weitergegeben und das Ergebnis des Tests wahlweise im aktuellen bzw. in einem neuen Fenster angezeigt.

Anforderung 3

Mit Hilfe der Optionen im Menü »Resize« kann die Fenstergröße so verändert werden, wie sie bei entsprechender Bildschirmauflösung dargestellt würde. Hierbei wird die Größe des aktuellen Browser-Fensters auf die Größe angepasst, die bei der entsprechenden Bildschirmauflösung maximal möglich wäre. Die Eingabe anderer Fensterabmessungen ist ebenfalls möglich.

Anforderung 9
Bedingung 3.4

Über das Menü »CSS« können einige Tests bezüglich der korrekten Verwendung von Stylesheets durchgeführt werden. Ebenfalls hier zu finden ist eine Option zum Auffinden von veralteten HTML-Elementen.

Bedingung 11.2

Bedingung 1.1

Das Menü »Images« enthält drei Tests, die sich auf die Bedingung 1.1 beziehen. Alternativtexte und die dazugehörigen Bilder können einzeln, innerhalb der Seite oder in einer separaten Liste betrachtet werden, um beurteilen zu können, ob Inhalt und Funktion der Bilder ausreichend beschrieben ist.

Anforderung 2

Das Menü »Colour« bietet drei Funktionen zur leichteren Überprüfung der Anforderung 2. Die aktuelle Seite kann in einer Graustufenansicht betrachtet werden, die verwendeten Farben können in einem neuen Fenster aufgelistet werden und über einen Verweis kann ein Online-Service zur Kontrastanalyse in Anspruch genommen werden.

Anforderung 3
Anforderung 5
Anforderung 12
Bedingung 6.4
Bedingung 9.3

Hinter dem Menüpunkt »Structure« verbergen sich Funktionen zum Einblenden unterschiedlicher Strukturelemente, die zum Beispiel zur Auszeichnung von Datentabellen, Abkürzungen, Überschriften, Listen, Formularelementen und Frames verwendet werden müssen (vgl. Anforderungen 3, 5, 12). Außerdem kann der Einsatz logischer und geräteunabhängiger Event-Handler überprüft werden (Bedingung 6.4, Bedingung 9.3).

Anforderung 2
Anforderung 3
Anforderung 9

Im Menü »Tools« finden sich Verweise auf Online-Werkzeuge, die in Abschnitt 5.2.3 behandelt werden. Einige nützliche Funktionen zur Analyse des Quellcodes und die Möglichkeit Simulationen des Webauftritts zu betrachten sind ebenfalls berücksichtigt. Zu den hilfreichen Simulationen zählt insbesondere die vorübergehende Deaktivierung der Maus. Weitere Simulationen sind beispielsweise die Nutzung der Seite ohne Plug-ins, die Ansicht des Webauftritts bei verschiedenen Farbfehlsichtigkeiten und Sehbehinderungen.

Bedingung 13.1
Bedingung 13.2

Unter »Doc Info« sind die Metadaten überprüfbar, die in Bedingung 13.2 gefordert werden und semantische Informationen zum Angebot anbieten sollen. Auch die in Bedingung 13.1 geforderte Verwendung eindeutiger Linkbezeichnungen oder die Anzeige verlinkter PDF-Dokumente kann hier geprüft werden.

»Refs« enthält Verweise auf verschiedene Nachschlagewerke, einschließlich der Richtlinien und Spezifikationen des W3C.

508 Compliant Demo
Tool: http://www.
508compliant.com/
Tools.htm

Im Menü »IE Options« können bestimmte Techniken auf einer Webseite ein- und ausgeschaltet werden. Hierzu zählen Grafiken, JavaScript und ActiveX. Weiter sind hier schnelle Zugriffsmöglichkeiten auf die Eingabehilfen des Internet Explorers gegeben.

Hinter dem Symbol »Magnify« verbirgt sich eine Bildschirmlupe. Ein weiteres Hilfsmittel zur Überprüfung der Barrierefreiheit ist das 508 Compliant Demo Tool, das direkt vom Webauftritt http://www.508compliant.com/Tools.htm aus in die Favoriten des Internet Explorers importiert wird. Ist dies geschehen, befindet sich im Menü »Favoriten« der Ordner »Accessibility«, der 3 Einträge enthält. Durch die Auswahl einer dieser Favoriten, wird die entsprechende Funktion auf die aktuell im Browser-Fenster angezeigte Seite angewendet. Die normale Ansicht der Seite erreicht man wieder, indem die Seite neu geladen wird. Zur Auswahl stehen die folgenden drei Funktionen:

1. IMGs missing ALTs: Zeigt an, welche Bilder kein alt-Attribut besitzen (Bedingung 1.1).

    Bedingung 1.1

2. Kill Style Sheets: Ansicht der Seite ohne das dokumenteneigene Stylesheet (Bedingung 6.1)

    Bedingung 6.1

3. Greyscale the page: Zeigt die Seite in einer Graustufenansicht (Anforderung 2).

    Anforderung 2

Mozilla-Erweiterungen

Verschiedene Erweiterungen zur Überprüfung der Barrierefreiheit in Mozilla-Browsern sind »Checky«, »Web Developer« und die »Preferences Toolbar«.

Nach erfolgreicher Installation der Checky-Erweiterung sind die zusätzlichen Funktionen über das Kontextmenü auswählbar, das über die rechte Maustaste oder die Anwendungstaste erreichbar ist (vgl. Abb. 5-7).

Über den Webauftritt http://extension-room.mozdev.org/ kann der Browser Mozilla um Funktionen zum Test von Webauftritten erweitert werden.

Abb. 5-7
Checky-Funktionen über das Kontextmenü

Die meisten Funktionen beziehen sich auf die Überprüfung des korrekten (X)HTML. Daneben bietet Checky zahlreiche nützliche Verweise auf unterschiedliche Werkzeuge, die beim Aufruf über die Checky-Erweiterung den Vorteil bieten, dass die Adresse der aktuell betrachteten Seite sofort an den Online-Service übertragen wird und das Ergebnis direkt verfügbar ist.

Ebenfalls nützlich ist die zusätzliche Symbolleiste »Web Developer«. Diese bietet über die Auswahlmenüs Deaktivieren (Disable), Formulare (Forms), Grafiken (Images), Verschiedenes (Miscellaneous), Hervorheben (Outline), Größenverstellung (Resize), Validierung (Validation), Quellcode betrachten (View Source) und Optionen (Options) viele nützliche Hilfsmittel zur Überprüfung der Zugänglichkeit einer Seite. Viele Funktionen sind vergleichbar mit denen der Web Accessibility Toolbar. Zur Analyse von Formularen und Grafiken werden jedoch erweiterte Funktionen angeboten.

Etwas weniger Funktionen bietet die unter http://prefbar.mozdev.org verfügbare Preferences Toolbar, die dafür jedoch sehr übersichtlich gestaltet ist. In der zusätzlichen Werkzeugleiste wird ständig angezeigt, ob aktuell Bilder, Farben und Java aktiviert oder deaktiviert sind. Der Cache kann schnell geleert und Animationen über Flash leicht verhindert werden. Die Werkzeugleiste kann individuell angepasst, und um einige Funktionen erweitert werden.

Weiterführende Informationen und Verweise:

- Browser-Archiv, http://browsers.evolt.org/
- Linkliste zu Tipps und Tools,
  http://wob11.de/links/tipps_testtools.html
- Werkzeug-Linkliste, http://bf-w.de/verweise/tools.html

5.2.3   Automatische Werkzeuge

Bei der Suche nach noch vorhandenen Barrieren in einem Webauftritt gibt es Unterstützung durch zahlreiche kleine Programme und automatische Werkzeuge. Diese Werkzeuge lassen sich in drei Klassen einteilen: Test-, Korrektur- und Filter- bzw. Transformationsprogramme. Bei den Testprogrammen können zusätzlich drei Kategorien unterschieden werden, die davon abhängen, welche Tests das Programm genau durchführt (vgl. Abb. 5-8). Es gibt allgemeine Testprogramme, die im Gegensatz zu spezialisierten Testprogrammen versuchen, möglichst viele verschiedene Barrieren zu finden. Und neben den allgemeinen und speziellen Testtools die dritte Gruppe der Dienste, die ständig einen Webauftritt überprüfen. Zu diesen gehören zum Beispiel Monitoring-Werkzeuge, die Veränderungen der Webangebote beobachten, um die Änderungen zu überprüfen.

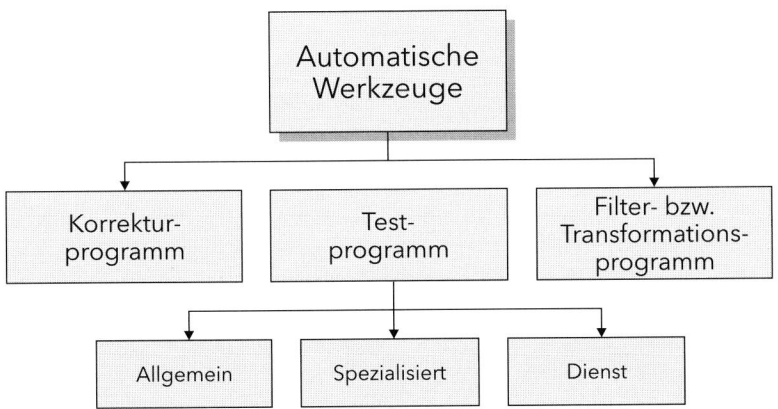

Abb. 5-8

Übersicht verschiedener Arten von automatischen Werkzeugen

Da die BITV fast identisch ist mit den WCAG1, können zahlreiche Programme genutzt werden, die in unterschiedlichsten Ländern entwickelt worden sind. Viele Programme bieten die Möglichkeit die Prioritätsstufen der WCAG1 oder die amerikanische Section 508 zu überprüfen. Hier sollte immer mindestens Priorität 1 und 2 der WCAG1 gewählt werden, um die Anforderungen der Priorität I der BITV überprüfen zu können.

Bei den Test- und Korrekturprogrammen existieren online nutzbare Werkzeuge und Versionen, die lokal eingesetzt werden können. Häufig können Werkzeuge online für einzelne Webauftritte kostenlos genutzt werden, während die Desktop- bzw. Serverversionen des gleichen Werkzeugs gekauft werden müssen. Einige Werkzeuge arbeiten ausschließlich auf einzelnen Webseiten, andere bieten die Möglichkeit, vollständige Webauftritte automatisch zu überprüfen. Während viele Programme eigenständig eingesetzt werden können, werden inzwischen auch einige Erweiterungen für verschiedene weit verbreitete Autorensysteme wie Macromedia Dreamweaver oder Microsoft FrontPage angeboten.

Die folgende Übersicht listet einige der existierenden automatischen Werkzeuge auf. Anschließend werden die unterschiedlichen Klassen von Werkzeugen mit Hilfe von Beispielen erläutert. Weitere automatische Werkzeuge sind über die Links und weiterführenden Informationen am Ende des Abschnitts zu finden.

Name	Art	Sprache	Kommentar
AccMonitor	Testwerkzeug, Dienst	Englisch	kostenpflichtiger Monitoring-Dienst für Webangebote
AccVerify	allgemeines Testwerkzeug	Englisch	kostenpflichtige eigenständige Version oder Erweiterung für einige Autorenwerkzeuge
A-Prompt	Korrekturwerkzeug	Deutsch	schrittweise Anleitung zur Korrektur unterschiedlicher Barrieren, kostenlos nutzbar
Clear Language and Effectiveness Tool (CLAD)	spezialisiertes Test-werkzeug	Englisch	Nach Angabe einiger Eigenschaften des zu prüfenden Textes wird der Schwierigkeitsgrad der Lesbarkeit grob ermittelt (optimiert für Englisch).
Colorblind Webpage Filter	spezialisiertes Testwerkzeug	Englisch	Simulation verschiedener Farbfehlsichtigkeiten
Juicy Studio	spezialisiertes Testwerkzeug	Englisch	Lesbarkeitstest für Webseiten (optimiert für Englisch)
Lynx Viewer	Filter- bzw. Trans-formationswerkzeug	Englisch	erzeugt eine Ansicht einer Seite, so wie der Text-Browser Lynx diese darstellen würde
Tidy	Korrekturwerkzeug	Englisch	kostenloses Tool, das fehlerhaften HTML-Code korrigiert, als Erweiterung von Autorenwerkzeugen nutzbar
UseableNet LIFT (-NNG)	Korrekturwerkzeug	Englisch	kostenpflichtige Erweiterung für Macromedia Dreamweaver und MS Frontpage
Validome	spezialisiertes Testwerkzeug	Deutsch	Validator für (X)HTML-, WML- und XML-Dokumente mit übersichtlichen Erläuterungen.
Vischeck	spezialisiertes Testwerkzeug	Englisch	simuliert verschiedene Arten von Farbfehlsichtigkeiten
W3C Mark-up-/CSS-Validatoren	spezialisierte Testwerkzeugen	Englisch Deutsch	Testen die korrekte Verwendung von (X)HTML bzw. CSS kostenlos online
Watchfire Bobby 5.0	allgemeines Testwerkzeug	Englisch	listet mögliche Barrieren auf, Nutzung online kostenlos
WAVE Accessibility Tool	spezialisiertes Testwerkzeug	Englisch	Schwerpunkt auf manuell zu beurtei-lenden Punkten, kostenlos online nutzbar

Allgemeine Testwerkzeuge

Allgemeine Testprogramme versuchen, möglichst viele Barrieren zu finden. Die Barrieren, die von den Programmen entdeckt werden können, sind unabhängig vom verwendeten Werkzeug häufig die gleichen, da nur ein Teil der Anforderungen und Bedingungen der BITV automatisch überprüfbar ist. Große Unterschiede gibt es in der Art, wie übersichtlich die Programme die Ergebnisse präsentieren. Bei allen hier vorgestellten Programmen ist als Testeinstellung Priorität 1, 2 und 3 der WCAG1 gewählt worden.

Das Testwerkzeug Watchfire Bobby ist kostenlos online unter http://bobby.watchfire.com/bobby/ für einzelne Seiten nutzbar. Das Testergebnis ist eine Ansicht der getesteten Seite ohne Skripte und Stylesheets, dafür mit den beiden Symbolen Fragezeichen und blauer Bobby-Hut mit Rollstuhlsymbol aufbereitet. An Stellen, die mit dem blauen Bobby-Hut gekennzeichnet sind, ist eine Barriere der Priorität 1 der WCAG 1.0 entdeckt worden. Stellen, die mit einem Fragezeichen gekennzeichnet sind, müssen noch einmal manuell beurteilt werden, bevor entschieden werden kann, ob es sich um eine Barriere der Priorität 1 handelt. Beide Symbole führen von der Stelle, an der das Problem auftritt, direkt über einen Link zu einer Erläuterung der Barriere weiter unten auf der gleichen Seite. Diese Erläuterungen sind aufgeteilt in Bereiche für jede gewählte Prioritätsstufe.

Jeder Bereich enthält zunächst eine Auflistung der automatisch entdeckten Fehler, dann folgen Nutzertests, die eine Selbsteinschätzung durch den Prüfer erfordern. Am Ende der Abschnitte stehen allgemeine Richtlinien, die zur Erreichung der entsprechenden Priorität erfüllt sein müssen. Durch Auswählen der Barrieren gelangt der Nutzer zu weiteren Texten, die erklären, wie dieser Punkt manuell überprüft werden kann, warum er wichtig ist und eventuell auch wie dieser behoben wird mit einem Verweis zu den WCAG-Richtlinien. Da die Erläuterungen sehr kurz gefasst sind, sind hier weder alle Lösungsmöglichkeiten zu finden, noch ist es immer für alle Personen verständlich, wieso etwas eine Barriere darstellt.

Ein Beispiel für ein allgemeines Testwerkzeug, das nicht nur eigenständig genutzt werden kann, sondern auch als Erweiterung zu weit verbreiteten Autorenwerkzeugen, ist AccVerify. Dieses Werkzeug ist zum Beispiel als Erweiterung für Microsoft Frontpage erhältlich. Informationen zum Tool und den Autorenwerkzeugen, mit denen es kombinierbar ist, sind unter http://www.hisoftware.com/access/newvIndex.html zu finden. Das Tool enthält genauso wie Watchfire Bobby Nutzertests und automatische Tests. Außerdem bietet es zahlreiche Möglichkeiten, die Ergebnisse darzustellen. Neben ausführlichen Berichten werden unter anderem Statistiken beim Test von mehr als einer Seite angeboten.

Spezialisierte Testwerkzeuge

Spezialisierte Testwerkzeuge versuchen sich auf einen oder einige wenige Bedingungen der BITV zu beschränken. Der Vorteil dieser Werkzeuge ist, dass sie den Test dieser wenigen Punkte meist besser umsetzen, als allgemeine Testwerkzeuge bzw. andere Werkzeuge diese Bereiche beim Testen nicht berücksichtigen, da die Punkte, auf die die Werkzeuge spezialisiert sind, häufig sehr komplex sind.

WAVE:
http://www.wave.
webaim.org/

Ein sehr anschauliches, grafisch aufbereitetes Ergebnis liefert das kostenlos, online nutzbare Testwerkzeug WAVE 3.0 Web Accessibility Tool. WAVE ist spezialisiert auf die Punkte der BITV, die eine Beurteilung durch den Nutzer erfordern. In dem Webauftritt http://www.wave.webaim.org/ kann entweder eine URI angegeben werden oder eine lokal gespeicherte Datei zur Überprüfung übermittelt werden. Eine dritte Möglichkeit ist die Integration einer zusätzlichen Symbolleiste, die für unterschiedliche Browser angeboten wird. Mit Hilfe von roten, gelben, grünen und hellblauen Symbolen wird das Ergebnis der Analyse der aktuellen Seite angezeigt (vgl. Abb. 5-9):

- Rote Symbole kennzeichnen Stellen, an denen eine Barriere entdeckt worden ist.
- Gelbe Symbole kennzeichnen Warnungen, also Stellen, an denen möglicherweise ein Problem vorliegt.
- Grüne Symbole kennzeichnen Elemente, die die Zugänglichkeit unterstützen und so noch einmal auf Korrektheit überprüft werden können.
- Hellblaue Symbole kennzeichnen Strukturelemente, die an bestimmten Stellen eingesetzt werden müssen bzw. auf korrekte Verwendung überprüft werden können.

Abb. 5-9
Darstellung einer
Webseite mit WAVE

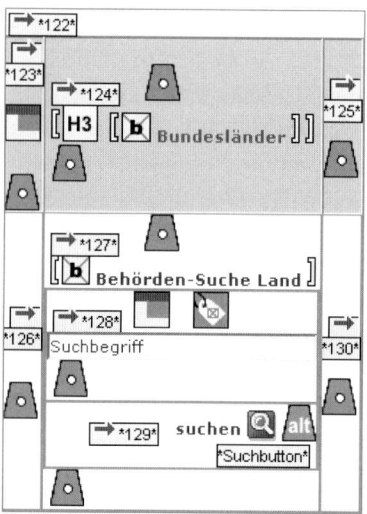

Für die sehr komplexe Bedingung der BITV, dass auf Webseiten für jegliche Inhalte die klarste und einfachste Sprache zu verwenden ist, die angemessen ist (vgl. Bedingung 14.1), gibt es ebenfalls einige Testprogramme. Diese Programme bauen jedoch auf Formeln der Lesbarkeitsforschung auf, die eine grobe Einschätzung der Lesbarkeit einer Seite geben. Die gute Lesbarkeit eines Textes ist Voraussetzung für die Verständlichkeit eines Textes, ist jedoch noch nicht ausreichend zur Beurteilung, ob wirklich die einfachste, dem Inhalt angemessene Sprache eingesetzt worden ist. Ein anderes Problem ist, dass die bisher verfügbaren Werkzeuge bislang nur für die englische Sprache entwickelt worden sind. Ein Beispiel für ein Werkzeug, das englische Texte überprüft, ist das Clear Language and Effectiveness Tool (CLAD), das online unter http://www.eastendliteracy.on.ca/clearlanguageanddesign/readingeffectivenesstool/ genutzt werden kann. Hier muss der Nutzer selbst Angaben zu seinem Text machen, zum Beispiel die Anzahl der Sätze, die mehr als eine bestimmte Wortanzahl besitzen oder die Anzahl der Wörter, die mehr als drei Silben besitzen. Anschließend berechnet das Tool den Schwierigkeitsgrad der Lesbarkeit. Ein anderes Testwerkzeug, das direkt in einem Webauftritt zu arbeiten versucht, ist unter http://www.juicystudio.com/fog/ zu finden. Deutsche Texte können mit Hilfe der Lesbarkeitsstatistik von Microsoft Word (ab Word 2000) ausgewertet werden, die als Teil der Rechtschreibe- und Grammatiküberprüfung angeboten wird. Es wird allerdings keine Einschätzung des Textes gegeben, sondern lediglich eine statistische Analyse angezeigt, die vom Nutzer anschließend selbst, zum Beispiel mit weiteren Berechnungsformeln der deutschen Lesbarkeitsforschung, eingeschätzt werden muss.

Bedingung 14.1

Ein auf die Verwendung von Farben spezialisiertes Testtool ist »Vischeck« (vgl. Anforderung 2). Vischeck versucht drei Arten von Farbfehlsichtigkeit zu simulieren. Es kann kostenlos online unter http://www.vischeck.com/ oder als Erweiterung für Adobe Photoshop eingesetzt werden. Die Simulationen der Webseite müssen anschließend vom Nutzer daraufhin beurteilt werden, ob die Kontraste noch ausreichend sind und alles so zu erkennen ist, wie beabsichtigt. Ein anderes Werkzeug zur Simulation von Farbblindheit ist das unter http://colorfilter.wickline.org/ verfügbare »Colorblind Webpage Filter«.

Anforderung 2

Auf die Überprüfung der Einhaltung von Standards spezialisiert sind die beiden über http://www.w3.org/QA/tools/ verfügbaren W3C-Validatoren für Cascading Style Sheets (CSS) und Auszeichnung in (X)HTML, MathML und SVG. Nach Angabe einer URI, Übermittlung einer lokal gespeicherten Datei oder direkten Angabe eines CSS in einem Textfeld, erfolgt eine Überprüfung. Das Ergebnis wird in Listenform unterschieden in Fehler und Warnungen angezeigt, mit der Angabe der genauen Stelle, an der das Problem aufgetreten ist.

Ein weiterer Validator findet sich auf www.validome.de. Dieser zeichnet sich unter anderem durch Übersichtlichkeit und Verlinkung von deutschsprachigen Erläuterungstexten aus dem bekannten SelfHTML aus.

Dienste zum Test von Webauftritten

In diesem Bereich sind bisher noch die wenigsten Testwerkzeuge verfügbar. Ein Beispiel ist das so genannte Monitoring-Werkzeug AccMonitor (http://www.hisoftware.com/access/monitor.html). Dies beobachtet ständig einen vorgegebenen Webauftritt oder Bereiche davon und meldet Warnungen in Bezug auf Barrieren, die durch Aktualisierungen des Webangebots entstehen zum Beispiel per E-Mail.

Korrekturwerkzeuge

Korrekturwerkzeuge können einige automatische Korrekturen durchführen und bei nicht automatisch korrigierbaren Barrieren dem Nutzer schrittweise helfen, die notwendigen Korrekturen durchzuführen.

Das Programm A-Prompt ist auf der CD-ROM bereitgestellt.

Das einzige zurzeit verfügbare deutschsprachige Test- und Korrekturwerkzeug ist A-Prompt. Das Tool steht kostenlos in der jeweils aktuellen Version unter http://wob11.de/publikationen/programme.html zum Download zur Verfügung bzw. ist in der aktuellen Version auf der CD-ROM vorhanden. A-Prompt ermöglicht dem Nutzer, schrittweise in einzelnen Dateien die Barrieren zu korrigieren. Gerade für Webdesigner, die sich mit dem Thema Barrierefreiheit noch nicht ausführlich beschäftigt haben, bietet dieses Programm detaillierte Anleitungen in den Dialogen und Hilfetexte zu jedem Korrekturschritt (vgl. Abb. 5-10).

HTML-Tidy: http://www.w3.org/ People/Raggett/tidy/

Ein auf XHTML spezialisiertes, kostenloses Korrekturprogramm ist HTML-Tidy. Dieses Tool kann im Gegensatz zu den W3C-Validatoren auch korrigieren und in Kombination mit unterschiedlichen Autorenwerkzeugen genutzt werden.

Weitere Korrekturwerkzeuge, die in Kombination mit Autorenwerkzeugen arbeiten, sind Lift bzw. die Lift Nielsen Norman Group Editon (NNg) für Macromedia Dreamweaver und FrontPage. Diese Erweiterungen zur Überprüfung und Korrektur von Barrieren bzw. zusätzlichen Usability-Anforderungen erzeugen während der Erstellung eines Webauftritts Berichte, die auf Probleme hinweisen. Diese können dann mit Hilfe eines in das Programm integrierten Assistenten behoben werden.

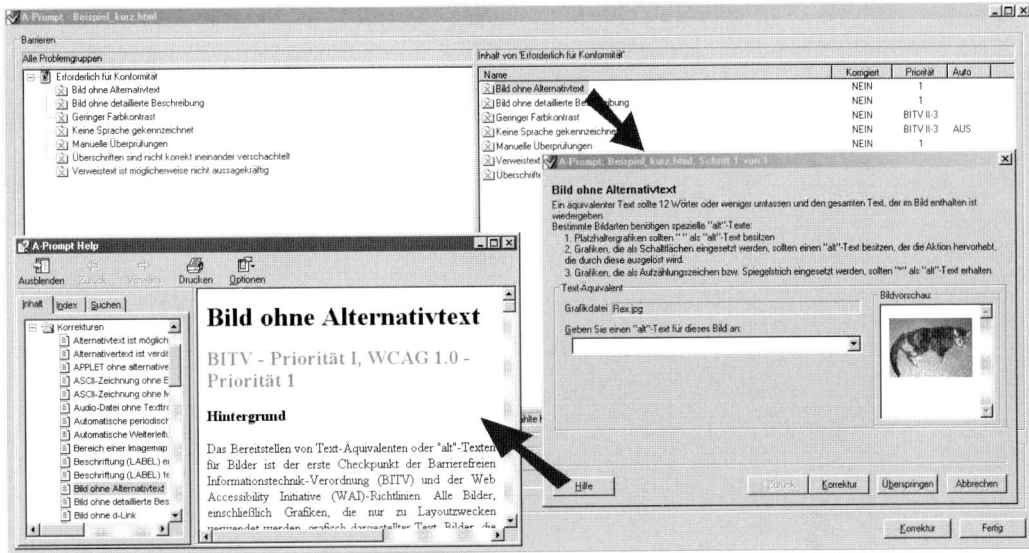

Filter- und Transformationswerkzeuge

Filter- bzw. Transformationswerkzeuge verändern eine Seite oder ergänzen einen Browser oder ein Computerhilfsmittel. Obwohl diese Werkzeuge eigentlich nicht für den Test von Webauftritten entwickelt worden sind, können einige sehr gut zum Testen eingesetzt werden. Diese Werkzeuge können zum Beispiel in den Browser integriert sein (vgl. Abschnitt 5.2.2). Ein Beispiel dafür sind die Kontrastmodi im Opera-Browser.

Ein weiteres Beispiel für ein Filterwerkzeug ist der Webformator. Dieses Programm zeigt genau das an, was der Microsoft Internet Explorer (Windows) an die MSAA-Schnittstelle (vgl. Kapitel 4 des Buchs) ausliefert und somit Screenreadern an Informationen zur Verfügung stellt. Eine plattformunabhängige Alternative ist der Lynx-Viewer auf http://www.delorie.com/web/lynxview.html. Hiermit wird die Darstellung einer Seite mit dem Text-Browser »Lynx« simuliert.

Links und weiterführende Informationen:

- W3C WAI Evaluation and Repair Tools Working Group, http://www.w3.org/WAI/ER/
- Using Automated Tools to Improve Web Site Usage by Users with Diverse Abilities, Melody Y. Ivory, Jennifer Mankoff, and Audrey Le. In: IT&Society, Special Issue on Web Navigation Skills, 1(3):195-236, Winter, 2003, http://webtango.ischool.washington.edu/pubs/its03/itsoc03.pdf

Abb. 5-10
A-Prompt mit benutzergeführtem Korrekturdialog

Der Webformator befindet sich auf der CD-ROM.

▓ Aktuelle Übersicht über Tipps und Tools, http://wob11.de/loe-
sungen/tippstools.html

5.2.4 Qualitätssiegel für Barrierefreiheit auf Webauftritten

Im Web werden verschiedene Symbole eingesetzt, um die Besucher
eines Webangebots darauf aufmerksam zu machen, dass bei der
Gestaltung Anforderungen der Barrierefreiheit berücksichtigt worden sind. Häufig in englischsprachigen Webauftritten zu finden ist
ein allgemeines Symbol des *National Center for Accessible Media*
(NCAM) für Barrierefreiheit, das die Zugänglichkeit durch ein auf
einer Weltkugel befindlichen Schlüsselloch darzustellen versucht.

Eine andere Möglichkeit, um auf die Bemühungen in Bezug auf
Barrierefreiheit hinzuweisen, ist die Verwendung von Symbolen, die
verschiedene Testwerkzeuge anbieten.

Das W3C stellt verschiedene Symbole zur Verfügung, zum Beispiel
für validiertes (X)HTML. Speziell für die Einhaltung der WCAG1 stellt
das W3C Logos für die drei Konformitätsstufen zur Verfügung, die
frei verwendet werden dürfen.

Dass ein Betreiber von Webauftritten gerne auf seine Bemühungen zur Barrierefreiheit hinweisen möchte, ist verständlich. Ob die
Kennzeichnung mit Hilfe eines der hier beschriebenen Logos der
richtige Weg ist dies zu tun, ist jedoch fraglich. Die Logos von einzelnen Testwerkzeugen sind mit Vorsicht einzusetzen, da der beschei-
nigte Konformitätsgrad nur für die durch das Werkzeug automatisch
testbaren Anforderungen der Barrierefreiheit gilt und die manuellen
Tests, auf die die Werkzeuge meist hinweisen, häufig nicht mehr
durchgeführt werden bzw. die Hinweise auf weitere erforderliche
Tests im Ergebnisbericht übersehen werden. Bevor nach der Durchführung von automatischen Tests nicht also auch diese wichtigen
manuellen Tests durch erfahrene Tester und vielleicht gegebenen-

falls auch eine ausreichende bestimmte Anzahl Nutzer überprüft worden ist, sollten diese Logos also besser nicht eingesetzt werden.

Die Probleme mit der Kennzeichnung von Webauftritten durch die unterschiedlichsten Symbole zeigen, dass ein einheitliches Testverfahren und eine deutliche Kennzeichnung des Stands der Barrierefreiheit eines Webangebots für mehr Klarheit in diesem Bereich sorgen könnte. Das Aktionsbündnis für barrierefreie Informationstechnik (vgl. Kapitel 6) erarbeitet daher zurzeit Empfehlungen zu diesem Thema. Aktueller Stand der Diskussion ist die Empfehlung eines dreistufigen Testverfahrens, das unnötige Kosten durch zu ausführliche Tests auf Seiten, die noch große Barrieren enthalten vermeidet. Die Tests sollten immer von externen unabhängigen Testern durchgeführt werden. Nur qualifizierte Tester, die in einem ständigen Austausch mit anderen Testern und Vertretern der Behindertenverbände stehen, können vergleichbare Tests auf der Grundlage bewährter Testverfahren sicherstellen.

> Das AbI-Rahmenkonzept sieht die folgenden Stufen vor:
>
> 1. Vorprüfungstest
> 2. BITV-Test
> 3. Hauptprüfung

Einzelheiten zu den Testempfehlungen sind über das Informationsportal des Aktionsbündnisses http://wob11.de verfügbar. Die Hauptprüfung eines Webauftritts könnte als Grundlage für eine Zertifizierung genutzt werden. Werden große Teile des Angebots verändert, würde das Zertifikat seine Gültigkeit verlieren und der Betreiber des Angebots hätte die Selbstverpflichtung, das Angebot erneut einer Hauptprüfung unterziehen zu lassen. Die Gültigkeit des Zertifikats müsste außerdem, vergleichbar mit einer TÜV-Plakette für Autos, zeitlich beschränkt sein. Wichtigster Punkt bei einer Zertifizierung von Webangeboten ist jedoch die Verpflichtung des Anbieters, eine Eigenverantwortung für die Sicherstellung der Barrierefreiheit zu übernehmen.

5.3   Testen von grafischen Programmoberflächen

Die Ausführungen in Abschnitt 5.3 sind den » Leitlinien zur Entwicklung zugänglicher Software« von IBM entnommen. Die Übersetzung der Leitlinien durch das Forschungsinstitut Technologie-Behindertenhilfe erfolgte mit freundlicher Genehmigung der IBM nach http://www-3.ibm.com/able/guidelines/software/accesssoftware.html (© Copyright 2001, 2002 IBM Coporation).

Für die Richtigkeit des Inhalts wird keine Haftung übernommen. Die Verwendung der Information erfolgt auf eigenes Risiko.

Die vollständigen Leitlinien befinden sich auf der CD-ROM.

Zugänglichkeit sollte ein Bestandteil des Produkttests sein, um sicherzustellen, dass Menschen mit Behinderungen das Programm nutzen können. Testen Sie, nachdem das Programm erstellt wurde, ob das Produkt die Anforderungen an die Zugänglichkeit erfüllt. Verschiedene Methoden stehen zur Verfügung, um nachzuprüfen, ob das Programm für Menschen mit Behinderung zugänglich ist; siehe auch die einzelnen, spezifischen Tests zu jedem Checkpunkt. Die Werkzeuge zum Test von Zugänglichkeit sind nachfolgend umrissen.

Die Methoden

- Test der Tastaturbenutzung. Die Maus sollte niemals während des Zugänglichkeitstests benutzt werden.
- Testen Sie, indem Sie einen Screenreader benutzen.
- Testen Sie, indem Sie die Testmethoden anwenden, die für jeden Checkpunkt vorgesehen sind.
- Testen Sie, indem Sie eine Bildschirmlupe verwenden.
- Testen Sie unter Verwendung von Testwerkzeugen für Zugänglichkeit, beispielsweise Inspect Objects (Microsoft® Active Accessibility 2.0 Software Development Kit: http://www.microsoft.com/downloads/details.aspx?FamilyId=3755582A-A707-460A-BF21-1373316E13F0&displaylang=en). Mit Inspect kann bestimmt werden, ob ein Problem mit der Zugänglichkeit vorliegt oder mit dem Screenreader. Wenn Ihre Applikation richtig programmiert ist, aber der Screenreader die Applikation nicht liest, dann benutzen Sie Inspect, um zu überprüfen, ob die richtigen Informationen für den Screenreader verfügbar sind. Wenn Inspect die richtigen Informationen in den Feldern für Name, Wert, Rolle und Zustand liefert, aber der Screenreader die Informationen nicht liest, dann betrifft es wahrscheinlich den Screenreader und ist kein Problem Ihrer Applikation.

Beteiligen Sie Menschen mit Behinderungen an Beta- und Nutzbarkeitstests des Produktes.

5.3.1   Tastaturzugriff

> **Checkpunkt 1.1:** Bieten Sie alternativ auch Tastaturbefehle für alle Operationen an.

Legen Sie die Maus (oder ein anderes Zeigergerät) zur Seite und benutzen Sie jedes Feature Ihrer Software mit der Tastatur. Sehen Sie in den Richtlinien für Benutzerschnittstellen nach, welche Standardtasten für die jeweilige Plattform getestet werden sollten. Folgende Tastaturoperationen sollten mindestens getestet werden:

- Bewegen Sie den Eingabefokus zur Menüleiste und zum Systemmenü.
- Stellen Sie die kontextabhängigen Menüs dar.
- Navigieren Sie zu allen Menüs und Menüpunkten einschließlich der Menüleiste, des Systemmenüs und der kontextabhängigen Menüs und selektieren Sie diese.
- Überprüfen Sie, ob jede Funktion der Werkzeugleiste mit der Tastatur ausgeführt werden kann.
- Navigieren Sie zu jeder Kontrolle oder »Hot Spot« in Client-Bereichen eines Fensters oder in einer Dialogbox und bedienen Sie diese.
- Navigieren Sie zu Sektionen oder Ausschnitten des Applikationsfensters.
- Wechseln Sie den Eingabefokus zwischen nichtmodalen Dialogen und dem Applikationsfenster.
- Selektieren Sie Text und Objekte im Client-Bereich eines Fensters.
- Überprüfen Sie, ob Funktionen, die durch direkte Handhabung mit der Maus durchgeführt werden können, auch für die Tastatur verfügbar sind. Wenn beispielsweise die Größe eines Objektes mit der Maus durch Drag & Drop verändert werden kann, dann sollte es ebenso möglich sein, die Größe durch einen Eintrag in einem Dialog oder einem Eigenschaftsblatt einzustellen.

Jede zusätzliche Verbesserung der Tastaturunterstützung durch die Software sollte ebenfalls überprüft werden.

> **Checkpunkt 1.2:** Vermeiden Sie Konflikte mit Zugänglichkeitsoptionen der Tastatur, die Bestandteil des Betriebssystems sind.

Windows

▦ Einrastfunktion der Tasten

1. Öffnen Sie die Systemsteuerung und wählen Sie die Eingabe-hilfen aus. Wählen Sie auf der Registerkarte Tastatur die Ein-stellungen für die Option ›Einrastfunktion‹ aus und klicken Sie auch auf ›Tastenkombination aktivieren‹. Betätigen Sie die Schaltfläche Übernehmen und dann die Schaltfläche OK.
2. Wechseln Sie zurück in Ihre Applikation.
3. Aktivieren Sie die Einrastfunktion mit dem Tastatur-Kurzbefehl (fünfmal die Umschalttaste betätigen).
4. Benutzen Sie nur einen Finger, um in Ihrer Applikation zu na-vigieren. Überprüfen Sie, ob Sie alle Funktionen, die das Be-tätigen mehrerer Tasten erfordern (z. B. Strg-P zum Drucken), mit nur einem Finger aufrufen können.

▦ Anschlagverzögerung

1. Öffnen Sie die Systemsteuerung und wählen Sie die Eingabe-hilfen aus. Wählen Sie auf der Registerkarte Tastatur die Ein-stellungen für die Option ›Anschlagverzögerung‹ aus und aktivieren Sie die Option ›Tastenkombination aktivieren‹. Akti-vieren Sie die Option ›Wiederholte Tastenanschläge igno-rieren‹. Betätigen Sie die Schaltfläche Übernehmen und dann die Schaltfläche OK.
2. Wechseln Sie zurück zu Ihrer Applikation
3. Aktivieren Sie die Anschlagverzögerung mit dem Tastatur-Kurzbefehl (halten Sie die rechte Umschalttaste 8 Sekunden lang gedrückt).
4. Gehen Sie in Ihrer Applikation zu einem Texteingabefeld. Drücken Sie eine Buchstabentaste und halten Sie diese ge-drückt. Überprüfen Sie, ob nur ein Buchstabe auf dem Bild-schirm erscheint.

▦ Statusanzeige

1. Öffnen Sie die Systemsteuerung und wählen Sie die Eingabe-hilfen aus. Wählen Sie auf der Registerkarte Tastatur die Ein-stellungen für die Option ›Anschlagverzögerung‹ aus und ak-tivieren Sie die Option ›Tastenkombination aktivieren‹.
2. Wechseln Sie zurück in Ihre Applikation.
3. Aktivieren Sie die Statusanzeige mit dem Tastatur-Kurzbefehl (halten Sie die Num-Taste 5 Sekunden lang gedrückt). Über-prüfen Sie, ob ein Ton ausgegeben wird, wenn die Feststell-, Num- oder Rollen-Taste gedrückt werden.

Tastaturmaus

1. Öffnen Sie die Systemsteuerung und wählen Sie die Eingabehilfen aus. Wählen Sie auf der Registerkarte Maus die Einstellungen für die Option ›Tastaturmaus‹ aus und aktivieren Sie
   die Option ›Tastenkombination aktivieren‹.
2. Wechseln Sie zurück in Ihre Applikation.
3. Aktivieren Sie die Tastaturmaus mit dem Tastatur-Kurzbefehl
   (linke Alt-Taste + linke Umschalttaste + Num-Taste). Überprüfen Sie, ob sich der Mauszeiger mit den Pfeiltasten bewegen
   lässt.

Kontrast

1. Öffnen Sie die Systemsteuerung und wählen Sie die Eingabehilfen aus. Wählen Sie auf der Registerkarte Anzeige die Einstellungen aus und aktivieren Sie die Option ›Tastenkombination aktivieren‹.
2. Wechseln Sie zurück in Ihre Applikation.
3. Aktivieren und deaktivieren Sie die Kontrastoption mit dem
   Tastatur-Kurzbefehl (linke Alt-Taste + linke Umschalttaste +
   Drucktaste).

Unix

Einrastfunktion der Tasten

1. Lesen Sie in der AccessX-Benutzerdokumentation nach, wie
   der Tastatur-Kurzbefehl für die Einrastfunktion aktiviert wird.
2. Wechseln Sie zurück in Ihre Applikation.
3. Aktivieren Sie die Einrastfunktion mit dem Tastatur-Kurzbefehl. Benutzen Sie nur einen Finger, um in Ihrer Applikation zu
   navigieren. Überprüfen Sie, ob Sie alle Funktionen, die das
   Betätigen mehrerer Tasten erfordern (z.B. Strg-P zum Drucken), mit nur einem Finger aufrufen können.

Repeat Keys

1. Lesen Sie in der AccessX-Benutzerdokumentation nach, wie
   der Tastatur-Kurzbefehl für Repeat Keys aktiviert wird.
2. Wechseln Sie zurück zu Ihrer Applikation.
3. Aktivieren Sie die Repeat-Keys-Funktion mit der Tastenkombination (beide Umschalttasten 8 Sekunden lang gedrückt
   halten). Gehen Sie in Ihrer Applikation zu einem Texteingabefeld. Drücken und halten Sie eine Buchstabentaste. Überprüfen Sie, ob nur ein Buchstabe auf dem Bildschirm erscheint.

▨ Toggle Keys

1. Lesen Sie in der AccessX-Benutzerdokumentation nach, wie die Toggle Keys Funktion aktiviert wird.
2. Wechseln Sie zurück in Ihre Applikation.
3. Es muss ein Ton ausgegeben werden, wenn die Feststell-, Num- oder Rollen-Taste gedrückt wird.

▨ Tastaturmaus

1. Lesen Sie in der AccessX-Benutzerdokumentation nach, wie die Tastaturmaus aktiviert wird.
2. Wechseln Sie zurück in Ihre Applikation.
3. Überprüfen Sie, ob sich der Mauszeiger mit den Pfeiltasten bewegen lässt.

Macintosh

▨ Einrastfunktion der Tasten

1. Schalten Sie die Einrastfunktion im Easy Access Control Panel ein.
2. Wechseln Sie zurück in Ihre Applikation.
3. Aktivieren Sie die Einrastfunktion mit der Tastenkombination (fünfmal die Umschalttaste betätigen). Überprüfen Sie, ob Sie alle Funktionen, die das Betätigen mehrerer Tasten erfordern (z. B. Strg-P zum Drucken), mit nur einem Finger aufrufen können.

▨ Slow Keys

1. Schalten Sie die Slow-Keys-Funktion im Easy Access Control Panel ein.
2. Wechseln Sie zurück in Ihre Applikation.
3. Gehen Sie in Ihrer Applikation zu einem Texteingabefeld. Drücken Sie eine Buchstabentaste und halten Sie diese gedrückt. Überprüfen Sie, ob nur ein Buchstabe auf dem Bildschirm erscheint.

▨ Tastaturmaus

1. Schalten Sie die Tastaturmaus im Easy Access Control Panel ein.
2. Wechseln Sie zurück in Ihre Applikation.
3. Aktivieren Sie die Tastaturmaus mit der Tastenkombination (Befehls-Taste + Umschalttaste + Entf-Taste). Überprüfen Sie, ob sich der Mauszeiger mit den Pfeiltasten bewegen lässt.

5.3.2 Informationen über Objekte

> **Checkpunkt 2.1:** Bieten Sie eine optische Fokusanzeige an, die den Änderung des Eingabefokus zwischen den interaktiven Objekten folgt. Diese Fokusanzeige muss programmtechnisch für die assistive Technik zugänglich sein.

1. **Tastatur**: Benutzen sie ausschließlich die Tastatur und navigieren Sie durch das Programm, insbesondere durch Menüs, Dialoge, Formulare und Eigenschaftsfelder. Überprüfen Sie, ob die Fokusanzeige gut sichtbar und leicht zu identifizieren ist, wenn Sie sich mit der Tabulator- oder Pfeiltaste zum nächsten Objekt bewegen.

2. **Assistive Technik**: Überprüfen Sie durch einen Test mit einem Screenreader oder einer Bildschirmlupe, ob der Fokus von der assistiven Technik erkannt wird. Überprüfen Sie, wenn Sie mit einem Screenreader testen und im Programm mit der Tastatur navigieren, dass der Screenreader das Element, das den Fokus hat, ausliest. Wenn Sie eine Bildschirmlupe verwenden, überprüfen Sie, ob die Lupe dem Fokus folgt und das entsprechende Fenster in der vergrößerten Ansicht dargestellt wird.

> **Checkpunkt 2.2:** Liefern Sie semantische Informationen über Objekte der Benutzerschnittstelle. Wenn ein Programmelement aus einem Bild besteht, dann muss die Information, die im Bild dargestellt wird, auch als Text verfügbar sein.

Nachweis der Objektinformation:

▦ Überprüfen Sie mit einem Screenreader ob alle Objektinformationen gesprochen werden. Objekte beinhalten Tasten, Kontrollkästchen, Optionsfelder und Menüs. Wenn Sie mit der Tabulator- oder Pfeiltaste zu einem Objekt navigieren, sollte der Screenreader den Objektnamen und den Objekttyp (z.B. Kontrollkästchen für Update-Suche) und den Zustand des Objektes (z.B. ausgewählt oder nicht ausgewählt) ansagen, um diesen Checkpunkt zu erfüllen.

▦ Überprüfen Sie die Windows-Software mit Mircosoft Inspect Objects, wenn Sie einen Screenreader benutzt haben, die Objektinformationen aber nicht gelesen wurden. Inspect kann dazu benutzt werden, zu überprüfen, ob Objekte zugänglich sind. Da der Test mit Inspect sehr arbeits- und zeitaufwändig ist, sollte er nur dort verwendet werden, wo ein Screenreader die Informatio-

nen nicht liest. Wenn Sie die Maus über einem Objekt positionieren, zeigt Inspect die folgenden Informationen:

- **Name**: Alle Objekte müssen die Eigenschaft ›Name‹ unterstützen. Beispielsweise ist der Text auf einer Taste deren
  Name, während der Name eines Listenelementes oder eines
  Eingabefelds der Text ist, der der Kontrolle zugeordnet ist. Bilder, die keinen Namen visualisieren, sollten in ihrem Eigenschaftsfeld für Name einen äquivalenten Text enthalten.

- **Funktion**: Alle Objekte müssen die Eigenschaft ›Funktion‹
  unterstützen. Die Funktion beschreibt das Objekt. Die Funktion kann beispielsweise Optionsfeld, Taste, Kontrollkästchen
  usw. sein.

- **Zustand**: Alle Objekte müssen die Eigenschaft ›Zustand‹
  unterstützen. Der Zustand beschreibt den Status des Objektes, zum Beispiel kann ein Kontrollkästchen angewählt, ein
  Taster anwählbar oder fokussierbar sein.

- **Wert**: Nicht alle Objekte unterstützen die Eigenschaft ›Wert‹.
  Die Eigenschaft ›Wert‹ repräsentiert die visuelle Information,
  die das Objekt beinhaltet. Der Wert eines Eingabefeldes ist
  beispielsweise der Text in der Kontrolle. Ist das Eingabefeld
  leer, ist sein Wert null.

▨ Überprüfen Sie die äquivalenten Texte für Programmelemente
mit einem Screenreader oder Microsoft Inspect Objects. Wenn
Sie mit einem Screenreader testen, muss dieser die Textinformation über das Bild lesen. Wenn Sie mit Inspect testen, muss das
Textäquivalent für das Bild unter ›Name‹ oder ›Value‹ angezeigt
werden.

> **Checkpunkt 2.3:** Beschriften Sie Kontrollen, Objekte, Icons und Bil-
> der. Wenn ein Bild zur Kennzeichnung von Programmelementen
> benutzt wird, muss die Bedeutung des Bildes in der gesamten Appli-
> kation einheitlich sein.

▨ Führen Sie Inspect Objects aus. Überprüfen Sie, ob die Felder für
Name, Funktion und Wert verfügbar sind, wenn Sie die Maus
über ein Objekt bewegen. Die Eigenschaft ›Name‹ ist ein Text,
der dazu dient, Objekte für den Benutzer zu bestimmen, zu finden oder anzuzeigen. Alle Objekte müssen die Eigenschaft
›Name‹ unterstützen. Der Text auf einer Taste beispielsweise ist
ihr Name, während der Name für ein Listenelement oder Eingabefeld der Text einer zugeordneten statischen Textkontrolle ist.
Selbst grafische Objekte, die keinen Namen anzeigen, sollten

äquivalente Texte haben, die ihre Eigenschaft ›Name‹ festlegen. Die Eigenschaft ›Funktion‹ beschreibt, welche Art von Benutzerschnittstellenelement ein Objekt ist. Alle Objekte müssen die Eigenschaft ›Funktion‹ unterstützen. Die Eigenschaft ›Wert‹ zeigt die Informationen an, die das Objekt enthält. Der Wert eines Eingabefeldes ist beispielsweise der Text, den es enthält. Nicht alle Objekte unterstützen die Eigenschaft ›Wert‹. Für einen Menüpunkt ist die Eigenschaft ›Wert‹ nicht definiert.

- Führen Sie das Programm mit einem Screenreader aus und überprüfen Sie, ob alle Textstellen im Client-Fenster vorgelesen werden.

> **Checkpunkt 2.4:** Wenn elektronische Formulare benutzt werden, dann sollten diese Formulare den Menschen, die assisitive Technik benutzen, erlauben, auf die Informationen, Feldelemente und Funktionen zuzugreifen, die zum Ausfüllen und zur Abgabe des Formulars notwendig sind, einschließlich aller Anweisungen und Hinweise.

- Führen Sie das Programm mit einem Screenreader aus und überprüfen Sie, ob alle Informationen in dem Formular vorgelesen werden.
- Füllen Sie das Formular aus, indem Sie nur die Tastatur benutzen.
- Führen Sie Inspect Objects aus. Überprüfen Sie, ob die Felder für Name, Funktion und Wert verfügbar sind, wenn Sie die Maus über ein Objekt bewegen. Die Eigenschaft ›Name‹ ist ein Text, der dazu dient, Objekte für den Benutzer zu bestimmen, zu finden oder anzuzeigen. Alle Objekte müssen die Eigenschaft ›Name‹ unterstützen. Der Text auf einer Taste beispielsweise ist ihr Name, während der Name für ein Listenelement oder Eingabefeld der Text einer zugeordneten statischen Textkontrolle ist. Selbst grafische Objekte, die keinen Namen anzeigen, sollten einen äquivalenten Text haben, der ihre Eigenschaft ›Name‹ festlegt. Die Eigenschaft ›Funktion‹ beschreibt, welche Art von Benutzerschnittstellenelement ein Objekt ist. Alle Objekte müssen die Eigenschaft ›Funktion‹ unterstützen. Die Eigenschaft ›Wert‹ zeigt die Informationen an, die das Objekt enthält. Der Wert eines Eingabefeldes ist beispielsweise der Text, den es enthält. Nicht alle Objekte unterstützen die Eigenschaft ›Wert‹. Für einen Menüpunkt ist die Eigenschaft ›Wert‹ nicht definiert.

5.3.3   Sounds und Multimedia

> **Checkpunkt 3.1:** Bieten Sie eine Option zur visuellen Anzeige aller akustischen Signale.

Windows

▦ Darstellungsoptionen

1. Öffnen Sie die Systemsteuerung und gehen Sie zu den Eingabehilfen. Wählen Sie auf der Seite für akustische Signale (Sound) die Option ›Darstellungsoptionen aktivieren‹ aus.
2. Wechseln Sie wieder zur Applikationssoftware.
3. Führen Sie eine Aktion aus, die die Software dazu bringt, eine akustische Systemmeldung auszugeben. Überprüfen Sie, ob die Software neben einer akustischen Meldung auch einen visuellen Hinweis ausgibt.

▦ Tondarstellung

1. Öffnen Sie die Systemsteuerung und gehen Sie zu den Eingabehilfen. Wählen Sie auf der Seite für akustische Signale (Sound) die Option ›Tondarstellung aktivieren‹.
2. Wechseln Sie wieder zur Applikationssoftware.
3. Führen Sie eine Aktion aus, die die Software veranlasst, einen Ton auszugeben. Überprüfen Sie, ob die Software neben einer akustischen Warnung auch einen visuellen Hinweis erzeugt. Wenn die Software diesen Test besteht, besteht sie auch diesen Checkpunkt und Sie brauchen Optionen der Applikation, die visuelle Hinweise anzeigen, nicht zu testen. Die folgende Liste zeigt Möglichkeiten, visuelle Hinweise zu geben:
   * Ein Nachrichtenfenster für die Warnung
   * Eine Statusmeldung im Textfeld der Taskleiste, die anfangs blinkt, um die Aufmerksamkeit des Benutzers zu erregen.
   * Eine Textnachricht in einem Statusfenster
   * Ein Dialogfeld

▦ Benutzeroptionen, um visuelle Hinweise darzustellen.

1. Wenn der Test der Option ›Tondarstellung‹ erfolgreich war, brauchen Sie diesen Test nicht durchzuführen.
2. Wenn die Software keine visuelle Warnung ausgegeben hat, obwohl ›Tondarstellung‹ aktiviert war, muss sie dem Benutzer eine Option bieten, um akustische Meldungen visuell anzuzeigen. Bietet sie diese Möglichkeit nicht, erfüllt sie auch diesen Checkpunkt nicht.

3. Wenn die Software eine entsprechende Option beinhaltet, schalten Sie sie ein und führen Sie einen Test durch, der die Software veranlasst, eine akustische Warnung auszugeben. Überprüfen Sie, ob für jede akustische Warnung auch eine visuelle Nachricht von der Software ausgegeben wird.

Macintosh

▨ Visuelle Warnungen

1. Öffnen Sie das Control Panel und gehen Sie zur Sound Option. Klicken Sie auf den Alert-Reiter und schalten Sie die Lautstärke für Alert Volume und Main Volume aus, indem Sie die Lautstärkeregler ganz nach links drehen. Für Main Volume können Sie auch die Mute-Taste verwenden.
2. Wechseln Sie wieder zur Applikationssoftware.
3. Führen Sie einen Test durch, der die Software veranlasst, eine akustische Warnung auszugeben. Überprüfen Sie, ob die Menüleiste blinkt, wenn eine Warnung ertönt.

> **Checkpunkt 3.2:** Bieten Sie zugängliche Alternativen für wichtige Audio- und Videosequenzen.

▨ Überprüfen Sie, ob die Informationen im Hörbeitrag als Texttranskription oder als Untertitel verfügbar sind.
▨ Überprüfen Sie, ob die Informationen im Video durch Text oder einer gesprochenen Beschreibung des Videos zugänglich sind.

> **Checkpunkt 3.3:** Bieten Sie dem Benutzer eine Möglichkeit, die Lautstärke einzustellen.

▨ Überprüfen Sie, ob die Software eine Option bietet, um die Lautstärke einzustellen, oder ob sie sich mit den Systemeinstellungen regeln läßt.
▨ Stellen Sie die Lautstärke ein und überprüfen Sie, ob Warnungen und Meldungen auch unter lauten Bedingungen zu hören sind.

5.3.4   Anzeige

> **Checkpunkt 4.1:** Erzeugen Sie Text durch normale Systemfunktionsaufrufe oder eine API, die die Interaktion mit assistiver Technik unterstützen.

- Testen Sie mit einem Screenreader, ob alle Texte im Client-Fenster gesprochen werden.
- Testen Sie Windows-Applikationen mit Microsoft Inspect Objects, wenn Sie sie mit einem Screenreader getestet haben und der Text nicht gelesen wurde. Da Tests mit Inspect sehr arbeits- und zeitaufwändig sind, sollte es nur dort benutzt werden, wo Screenreader die Informationen nicht lesen. Wenn Sie die Maus über dem Text positionieren, zeigt Inspect die folgenden Informationen über den Text an:
  - **Name**: Für die meisten Applikationen wird der Text auf dem Bildschirm im Eigenschaftsfeld für den Namen angezeigt. Bewegen Sie zum Beispiel die Maus über den Text »Checkliste für Software-Zugänglichkeit von IBM«, so sollte das Eigenschaftsfeld den Wert »Checkliste für Software-Zugänglichkeit von IBM« haben, um diesen Checkpunkt zu erfüllen.
  - **Wert**: Einige Applikationen zeigen die Textinformation im Eigenschaftsfeld für den Wert an anstatt im Eigenschaftsfeld für den Namen. Wenn Sie Ihre Maus über den Text bewegen und die Textinformation wird im Eigenschaftsfeld ›Wert‹ angezeigt, ist der Checkpunkt erfüllt.
- Wenn sowohl das Eigenschaftsfeld ›Name‹ als auch ›Wert‹ null sind, ist der Checkpunkt nicht erfüllt.
- Wenn das Programm einen Infodialog besitzt, testen Sie mit der Tastatur, ob sie zu jedem Objekt im Infodialog navigieren können, wie etwa zur Schaltfläche OK oder Schließen. Benutzen Sie anschließend einen Screenreader, um den Infodialog zu lesen.

Checkpunkt 4.2: Benutzen Sie Farbe als eine Ergänzung und nicht ausschließlich, um Informationen zu übermitteln oder Aktionen anzuzeigen.

- Machen Sie eine Kopie vom Bildschirm und drucken Sie sie auf einem Schwarz-Weiß-Drucker aus. Überprüfen Sie, ob alle Informationen transportiert werden.

Checkpunkt 4.3: Unterstützen Sie Systemeinstellungen für starken Kontrast für alle Bedienelemente der Benutzerschnittstelle und des Client-Bereiches.

- Überprüfen Sie die Software, um sicherzustellen, dass sie die Anforderungen an die Zugänglichkeit erfüllt. Es gibt verschiedene Methoden, um zu überprüfen, ob ein Programm High-Contrast-Einstellungen unterstützt.

░ Wenn das Programm die Systemeinstellungen für High Contrast automatisch übernimmt:

1. Öffnen Sie die Systemsteuerung und anschließend den Dialog »Anzeige«. Wählen Sie dort die Registerkarte »Darstellung«. Wählen Sie aus der Liste »Schema« ein High-Contrast-Schema wie etwa Kontrast #1 (gelb auf schwarz) aus. Betätigen Sie dann die Schaltflächen Übernehmen und anschließend OK.

2. Wechseln Sie wieder in die Applikation.

3. Überprüfen Sie, ob das Programm das neue Kontrastschema für die Kontrollen der Benutzerschnittstelle und den Client-Bereich übernommen hat. Die meisten Fenstertexte, einschließlich des Hauptfensters (Client, Dokument), sollten nun gelb auf schwarz sein. In diesem Beispiel haben Titelleiste und Menüs unterschiedliche Farben. Sie können die Farben von »Kontrast #1« kontrollieren, indem Sie das Schema im Dialog Anzeige, Registerkarte Darstellung, auswählen.

░ Wenn das Programm eine Option bietet, die Systemeinstellungen für High Contrast zu übernehmen:

1. Aktivieren Sie die Option zum Benutzen der Systemeinstellungen für High Contrast.

2. Überprüfen Sie, ob die Steuerelemente der Benutzerschnittstelle und der Client-Bereich im High-Contrast-Schema dargestellt werden. Die meisten Fenstertexte, einschließlich des Hauptfensters (Client, Dokument), sollten gelb auf schwarz sein. In diesem Beispiel haben Titelleiste und Menüs unterschiedliche Farben. Sie können die Farben von »Kontrast #1« kontrollieren, indem Sie das Schema im Dialog Anzeige, Registerkarte Darstellung, auswählen.

░ Testen Sie mindestens zwei High-Contrast-Einstellungen um sicherzustellen, dass das Programm nicht von einer bestimmten Einstellung abhängt.

░ Wenn das Programm weder die High-Contrast-Einstellungen automatisch übernimmt noch dem Benutzer eine Option bietet, Systemeinstellungen für High Contrast zu wählen, erfüllt es diesen Checkpunkt nicht.

Checkpunkt 4.4: Wenn kundenspezifische Farbanpassung durch das Programm unterstützt wird, bieten Sie vielfältige Farbeinstellungsmöglichkeiten, damit eine Reihe von Kontrastniveaus erzeugt werden können.

▨ Testen Sie die benutzerdefinierten Farbeinstellungen der Applikation und stellen Sie sicher, dass mindestens drei Kombinationen mit einem High-Contrast-Farbschema zur Verfügung stehen. Beispiele für High-Contrast-Farbschemata sind weiß auf schwarz, schwarz auf weiß und gelb auf schwarz.

Checkpunkt 4.5: Übernehmen Sie die Systemeinstellungen für Schriftart, Größe und Farbe für alle Steuerelemente der Benutzerschnittstelle.

1. Überprüfen Sie, ob Schriftart und Größeneinstellung von der Software übernommen werden (Windows).
2. Öffnen Sie die Systemsteuerung und anschließend den Dialog Anzeige. Wählen Sie auf der Registerkarte Darstellung aus der Liste Schema das Schema »Windows-Standard (groß)« aus. Betätigen Sie die Schaltfläche Übernehmen und anschließend die Schaltfläche OK.
3. Überprüfen Sie, ob das Programm die Bedienelemente der Benutzerschnittstelle nach dem neuen großen Fontschema darstellt. Das beinhaltet Menüs, Titelleisten, Symbole, Fensterrahmen und Bildlaufleisten. Der Text in den Dialogboxen wird nicht im neuen Fontschema dargestellt, da dies nicht vom Betriebssystem unterstützt wird.
4. Überprüfen Sie, ob die Farbeinstellung von der Software übernommen wird (Windows).
5. Öffnen Sie die Systemsteuerung und gehen Sie zur Anzeige-Einstellung. Wählen Sie aus der Liste Farbe auf der Registerkarte Darstellung eine Farbe, z.B. Lila. Betätigen Sie die Schaltfläche Übernehmen und anschließend die Schaltfläche OK.
6. Überprüfen Sie, ob die Software das neue Farbschema anzeigt. Dies gilt für Menüs, Titelleisten, Symbole, Fensterrahmen und Bildlaufleisten.

Checkpunkt 4.6: Bieten Sie eine Option an, die Animationen in einer nicht animierten Form darstellt.

▨ Testen Sie die Software, um sicherzustellen, dass alle Animationen angehalten werden können und trotzdem transportiert werden.

5.3.5   Zeitgesteuerte Inhalte

Checkpunkt 5.1: Bieten Sie die Möglichkeit, die Reaktionszeit auf zeitlich begrenzte Hinweise einzustellen oder ermöglichen Sie die Fortdauer des Hinweises.

- Überprüfen Sie, ob wichtige Nachrichten angezeigt werden, bis sie quittiert werden, oder ob der Benutzer benachrichtigt wird, bevor die Nachricht ausgeblendet wird, damit er die Gelegenheit hat, mitzuteilen, dass mehr Zeit benötigt wird.
- Überprüfen Sie, ob die Software für den Fall, dass Hinweise nicht fortdauernd angezeigt werden, eine Option zur Verfügung stellt, um die Reaktionszeit einzustellen.

Checkpunkt 5.2: Vermeiden Sie die Verwendung von blinkendem Text, blinkenden Objekten oder anderen blinkenden Elementen.

- Fügen Sie dem Programm eine Option hinzu, die das Blinkintervall misst und den Wert anzeigt.

5.3.6   Dokumentation

Checkpoint 6.1: Bieten Sie die Dokumentation in einem zugänglichen Format an.

- Überprüfen Sie, ob mindestens eine Version der Dokumentation die Anforderungen an Zugänglichkeit erfüllt. Wenn die Dokumentation beispielsweise in HTML und PDF verfügbar ist, muss nur eine Version der Dokumentation die Zugänglichkeitsanforderungen erfüllen. Benutzen Sie von den folgenden Methoden die entsprechenden, um zu überprüfen, ob mindestens eine Version der Dokumentation die Zugänglichkeitsanforderungen erfüllt.
- Testen Sie die Dokumentation mit einem Screenreader, wenn die Dokumentation ein ASCII-Text ist oder im Format der Windows-Hilfe vorliegt.
- Wenn die Dokumentation in HTML vorliegt, dann benutzen Sie Computerhilfsmittel wie den IBM Home Page Reader, um zu überprüfen, ob die Dokumentation die IBM Web Accessibility Checklist erfüllt.
- Wenn die Dokumentation in einem mit Adobe Acrobat 4 erstellten PDF-Format vorliegt:

▥ Wenn die Datei nur im Intranet (innerhalb der Firewall) verfügbar ist und Sie mit einem älteren Screenreader testen, muss die Datei zuerst in einen Text oder in HTML unter Verwendung des Adobe-Konvertierungstools umgewandelt werden. Das umgewandelte Dokument kann mit einem Screenreader und dem Adobe-Acrobat–Access-Plug-in getestet werden. Das Plug-in ist unter http://www.adobe.com/support/downloads/5efe.htm erhältlich. Mehr Informationen über das Adobe-Konvertierungstool erhalten Sie unter http://access.adobe.com/onlinetools.html.

▥ Wenn die Datei nur im Intranet (innerhalb der Firewall) verfügbar ist und Sie mit JAWS ab Version 3.71 oder Windows-Eyes ab Version 4.1 testen, müssen Sie die Datei nicht in Text oder HTML umwandeln. Das Dokument kann mit den Screenreadern getestet werden, die die unter http://www.adobe.com/products/acrobat/alternate.html erhältliche, zugängliche Version des Acrobat Reader 5 benutzen. Um PDF-Dateien mit einem Screenreader zu lesen, müssen Sie die Einstellungen für die Zugänglichkeit im Acrobat Reader verändern. Wählen Sie im Acrobat Reader Bearbeiten→Grundeinstellungen. Wählen Sie Optionen aus und stellen Sie sicher, dass die Option »PDF in Browser anzeigen« nicht markiert ist. Benutzen Sie Strg-Bild AUF und Strg-Bild AB um von Seite zu Seite zu blättern, nachdem ein Dokument im Acrobat Reader geöffnet ist.

▥ Wenn das Dokument im Web (außerhalb der Firewall) verfügbar ist, benutzen Sie den IBM Home Page Reader, um das Dokument zu testen, indem Sie die Home Page Reader Option für die automatische Konvertierung von PDF nach HTLM aktivieren. Wählen Sie aus dem HPR-Menü Einstellungen→Verschiedenes und markieren Sie die Option »PDF in HTML umsetzen«.

▥ Wenn das PDF-Dokument nicht zugänglich ist, haben Sie die Möglichkeit, eine Dokumentation in einer der anderen zugänglichen Formate zu erstellen oder die Datei in ein zugängliches Tagged-PDF-Format unter Verwendung des Adobe-Make-Accessible-Plug-ins zu konvertieren. Das Plug-in ist kostenlos, aber Sie benötigen Adobe Acrobat 5, um das Plug-in nutzen zu können. Das Plug-in kann von http://access.adobe.com/onlinetools.html heruntergeladen werden. Eine Anleitung zur Benutzung des Make Accessible Plug-ins finden Sie in dem Dokument »How to Create Accessible Adobe PDF Files«.

▥ Wenn die Dokumentation in einem mit Adobe Acrobat 5 erzeugten PDF-Format vorliegt, testen Sie das Dokument mit dem Adobe Acrobat Accessibility Checker und anschließend mit dem Acrobat Reader 5 in Verbindung mit einem Screenreader. Die zugängliche Version des Acrobat Reader 5 kann von http://www.adobe.com/products/acrobat/alternate.html heruntergeladen werden.

Der Accessibility Checker ist Bestandteil von Adobe Acrobat 5 und erkennt Zugänglichkeitsprobleme in Tagged-PDF-Dokumenten. Mehr Informationen über die Verwendung des Accessibility Checker finden Sie im Dokument »How to Create Accessible Adobe PDF Files« von Adobe. Benutzen Sie den Accessibility Checker, um folgende Punkte zu überprüfen:

- Es gibt zu allen Bildern Alternativtexte.
- Es gibt Erklärungen zu allen Formularfeldern.
- Die Sprache des Dokuments ist festgelegt.
- Der gesamte Dokumenteninhalt ist in der Dokumentenstruktur enthalten.
- Das Dokument verfügt über eine zuverlässige, mit Acrobat Capture 3.0 erstellte Zeichenkodierung.
- Der Accessibility Checker kann nicht automatisch alle Zugänglichkeitselemente eines PDF-Dokuments überprüfen. Deshalb müssen Sie das Dokument auch mit einem Screenreader überprüfen.

JAWS von Freedom Scientific ab Version 3.71 und Window-Eyes von GW Micro ab Version 4.1 unterstützen die neuen mit Adobe Acrobat 5 erzeugten PDF-Dokumente direkt, ohne die Umwandlung der PDF-Datei in Text oder HTML. Die PDF-Datei muss mit Acrobat Reader außerhalb eines Browsers gelesen werden, um diese Unterstützung nutzen zu können. Damit die PDF Datei vom Acrobat Reader gelesen wird, müssen die Einstellungen des Acrobat Readers für die Zugänglichkeit verändert werden. Wählen Sie Bearbeiten→Grundeinstellungen im Acrobat Reader. Wählen Sie Optionen aus und stellen Sie sicher, dass die Option »PDF in Browser anzeigen« nicht ausgewählt ist. Benutzen Sie Strg-Bild AUF und Strg-Bild AB, um von Seite zu Seite zu gehen, nachdem das Dokument im Acrobat Reader geladen ist.

IBM Home Page Reader 3.0 und ältere Versionen von JAWS und Window-Eyes Screenreader unterstützen keine Tagged-PDF-Dateien, die mit Acrobat 5 erstellt wurden, oder bestehende PDF-Dokumente, die mit dem Make-Accessible-Plug-in konvertiert wurden. Diese Dokumente müssen mit der neuesten Version von JAWS oder Window-Eyes getestet werden, um diese Checkpunkt zu erfüllen. Tagged-PDF-Dokumente die mit dem Adobe-Konversionstool umgewandelt wurden, sind nicht in dem Maße zugänglich, wie das Originaldokument, das mit Acrobat 5 generiert wurde.

▓ Weitere Informationen über das Erstellen und Testen von zugänglichen PDF-Dokumenten finden Sie bei Adobe unter http://access.adobe.com.

> **Checkpunkt 6.2:** Sorgen Sie für eine Dokumentation der Zugänglichkeitsfunktionen einschließlich des Tastaturzugriffs.

▓ Wenn das Programm nicht den üblichen Tastenzugriff benutzt oder die im Betriebssystem vorhandenen Zugänglichkeitsoptionen nicht unterstützt, dann müssen die Maßnahmen für Zugänglichkeit dokumentiert werden. Öffnen Sie die Programmdokumentation und überprüfen Sie, ob ein Kapitel die Punkte für Zugänglichkeit in dem Produkt behandelt.

▓ Wenn das Programm außergewöhnliche Tastenzugriffe bietet, dann stellen Sie sicher, dass diese Tastaturbefehle dokumentiert sind.

▓ Wenn das Programm ungewöhnliche Optionen der Zugänglichkeit bietet, dann stellen Sie sicher, dass diese Optionen dokumentiert sind.

▓ Wenn das Produkt »Wie macht man ...«-Hinweise oder Pop-up-Hilfen bietet, dann stellen Sie sicher, dass neben der Anleitungen für die Mausbenutzung auch eine Beschreibung vorhanden ist, wie man die Aufgabe mit der Tastatur erledigen kann.

5.4   Nutzertests

Nutzertests sind Tests, die mit behinderten Menschen durchgeführt werden. Dabei testen Menschen mit Behinderungen einen Webauftritt mit ihren speziellen Computerhilfsmitteln, zum Beispiel einem Screenreader, und wenden dabei ihr übliches Surfverhalten an.

5.4.1   Bedeutung von Nutzertests

Es gibt verschiedene Gründe, warum Nutzertests sinnvoll sind. Der vielleicht wichtigste Grund ist der, dass trotz vieler Werkzeuge und professionellen Prüfern die Gebrauchstauglichkeit für den Nutzer letzten Endes nur durch den Nutzer selbst beurteilt werden kann. Auch wenn die technische und beurteilte Barrierefreiheit nach den anzuwendenden Richtlinien und Standards umgesetzt wird, so lassen sich immer noch weitere Barrieren finden, die auf technische Besonderheiten von Computerhilfsmitteln, individuelle Einstellungen oder gewohnte Verhaltensweisen zurückzuführen sind.

Viele Webauftritte und Anwendungen sind auch heute nicht einmal auf der technischen Ebene barrierefrei, obwohl mittlerweile den meisten Akteuren bekannt sein müsste, dass Gleichstellungsgesetze die Barrierefreiheit in der Informationstechnik mit eindeutigen Fristen und Regeln vorschreibt. Programmierer schöpfen weder die Möglichkeiten von HTML und CSS noch wird die MSAA-Schnittstelle ausreichend bedient, Grafikdesigner gehen von einem gesunden Auge aus und berücksichtigen die Gebrauchstauglichkeit – das eigentliche Ziel der Informationstechnik – nur am Rande und die Verantwortlichen für IT-Projekte sind sicherlich froh über alles das, was von alleine läuft. Deshalb sind während des Entstehungsprozesses eines Webauftritts oder einer Anwendung Kontrolle und auch ständige Überzeugungsarbeit notwendig, um Barrierefreiheit zu erreichen. Neben den verschiedenen Werkzeugen und Prüfungsangeboten der Dienstleister sind Nutzertests besonders hilfreich, um die tatsächliche Barrierefreiheit zu beurteilen.

Nutzertests haben den Vorteil, dass sie diejenigen, um die es geht, einbeziehen. Damit wird eine Kontrolle glaubwürdiger. Barrierefreiheit ist ein Prozess und muss an mehreren Punkten der Entwicklung eines Webauftritts oder einer grafischen Programmoberfläche angewandt werden.

Nutzertests sind auch wichtig, weil Regeln und Kriterien immer nur Hilfsmittel sind. Auch die Anforderungen und Bedingungen in der BITV sind es. Sie stellen ein Regelwerk dar, das denen, die für einen Webauftritt verantwortlich sind, helfen soll, ihr Webangebot barrierefrei zu gestalten. Aber in der Praxis treten Fragen und Unklarheiten auf, manchmal sind Kompromisse notwendig. Hier können Nutzertests weiterhelfen.

Die WCAG1 – die Grundlage der BITV – wurden unter der Beteiligung behinderter Menschen erarbeitet. Sie müssen in der Praxis überprüft und der schnellen technischen Entwicklung angepasst werden. Vielleicht werden manche Barrieren von alleine verschwinden, weil moderne Software besser im Sinne von behinderten Menschen damit umgehen kann. Sicher werden aber auch neue Barrieren entstehen. Es ist deshalb wichtig, Betroffene an den Entstehungsprozessen zu beteiligen.

5.4.2 Durchführung von Nutzertests

Eine Möglichkeit ist, eine möglichst repräsentative Gruppe mit Menschen, die unterschiedliche Behinderungen haben, einzusetzen und diese Gruppe verschiedene Aufgaben durchführen zu lassen. Die Art und Weise, wie die Aufgaben gelöst werden und welche Barrieren auftreten müssen dokumentiert werden. Der Nachteil dabei ist, dass man eine relativ große Gruppe zusammenstellen muss, um verschiedene Behinderungsarten abzudecken.

Eine weitere Möglichkeit ist, dass behinderte Nutzer, die »Experten in eigener Sache« sind, eingesetzt werden. Dies ist sinnvoll, da dies Nutzer sind, die Computerhilfsmittel einsetzen. Die Nutzer sollten einen ständigen Erfahrungsaustausch mit anderen Prüfern betreiben. Sinnvoll ist auch, dass sie in ein Team eingebunden sind, in dem Menschen mit verschiedenen Behinderungen arbeiten. Ein behinderter Tester und das Testteam sollten gute Kenntnisse auf folgenden Gebieten haben:

- Kenntnisse darüber, wie behinderte Menschen die Informationstechnik nutzen, welche Hilfsmittel sie dabei einsetzen, wie die Hilfsmittel funktionieren und wie sie bedient werden.
- Kenntnisse darüber, welche Funktionen und Einstellungsmöglichkeiten in den Betriebssystemen und der Software von behinderten Menschen genutzt werden, um Barrieren auszugleichen.
- Kenntnisse darüber, welche speziellen Techniken behinderte Menschen bei der Nutzung des Computers aufgrund ihrer Behinderung einsetzen.
- Kenntnisse darüber, welche Behinderungsarten bestehen und gleichzeitig sich auf die Nutzung des Computers auswirken.
- Grundkenntnisse über die Techniken, die im Web und in der Programmierung allgemein eingesetzt werden.

Wenn der Benutzer eines Screenreaders Elemente eines Webauftritts überprüft, ob diese korrekt und vollständig wiedergegeben werden, ist es notwendig, dass eine zweite Person kontrolliert (4-Augen-Prinzip), denn: Wenn etwas nicht barrierefrei ist und der Screenreader bestimmte Elemente nicht liest, hat der Benutzer keine Möglichkeit festzustellen, welche Information fehlt.

Die »Experten in eigener Sache« müssen sich aber ihrer Rolle bewusst sein. Sie testen nicht für sich, sondern stellvertretend für einen bestimmten Kreis behinderter Menschen. Es ist also nicht von Bedeutung, ob ein blinder Tester aufgrund seiner Erfahrung einen Frame-Namen »Navi« versteht. Entscheidend ist, ob ein durchschnittlicher blinder Nutzer, eine solche Abkürzung sofort und einwandfrei versteht. Von Bedeutung ist natürlich auch, dass sich der Tester darüber klar ist, welche Kenntnisse er besitzt und welche nicht. So wird ein blinder Nutzer wahrscheinlich kaum feststellen können, welche Barrieren von Menschen mit Lernbehinderung erlebt werden.

5.5   Projektdurchführung

In diesem Abschnitt soll beispielhaft die barrierefreie Umgestaltung des Webauftritts des fiktiven Unternehmens »CentralStore« beschrieben werden. Es wurde kein reales Unternehmen gewählt, weil eine »echte« Projektdurchführung niemals so problemlos vor sich gehen kann, wie es hier gezeigt wird. Es geht in diesem Abschnitt nicht vorrangig um Techniken der Gestaltung oder um notwendige Tests, sondern darum, ein Gefühl für die Projektdurchführung zu vermitteln und aufzuzeigen, welchen Herausforderungen sich der Initiator eines solchen Projekts stellen muss. Vielleicht können die angebotenen Argumentationen bei der Durchsetzung und Durchführung eines Projektes helfen.

5.5.1   Ausgangspunkt

Das Unternehmen CentralStore ist ein kleiner Versand für Computer-Hardware mit acht Mitarbeitern. Hiervon sind zwei im IT-Bereich tätig. Meine Kollegin kümmert sich um die Server und die grundlegende Infrastruktur, ich bin zuständig für den Webauftritt.

In verschiedenen Foren hatte ich das Thema »Barrierefreiheit« entdeckt, was mich derart begeisterte, dass ich eine kleine Präsentation zum Thema zusammenstellte und diese in unserem allwöchentlichen Meeting vorstellte. Leider schlug mir allgemeine Skepsis entgegen. Am Ende der Diskussion einigten wir uns darauf, dass ich eine genaue Analyse unseres Webauftritts vornehmen und feststellen sollte, was denn der geschäftspolitische Nutzen sei.

5.5.2   Planung und Analyse

Das erste Treffen hatte mir verdeutlicht, dass die Recherche außerordentlich gründlich sein musste. Schließlich wollte ich meine Kollegen von den Vorteilen des Projekts »Barrierefreier Shop« überzeugen.

Warum ein E-Shop barrierefrei sein sollte/Zielgruppenanalyse

Als erstes begab ich mich ins Web und suchte die Seite des statistischen Bundesamtes auf. Ich wurde gleich fündig: Laut einer Statistik gab es in Deutschland Ende 2001 6.711.797 Menschen mit einem nachgewiesenen Grad der Behinderung von 50 % und darüber. Hierunter zählen:

- Rund 155.000 Blinde sowie weitere 500.000 Sehbehinderte, wobei hier nicht alle im Alter erblindeten Menschen erfasst sind.

- Über 1,1 Millionen Menschen mit Verlust, Teilverlust oder Funktionseinschränkung von Gliedmaßen. Hinzu kommen etwa 16.000 Querschnittsgelähmte.
- 260.000 Menschen mit Störungen der geistigen Entwicklung
- Etwa 236.000 Gehörlose oder Hörbehinderte, wobei die Altersschwerhörigkeit noch nicht mit in dieser Zahl eingerechnet ist.

Weiterhin ist zu berücksichtigen, dass ca. 8 % der männlichen Deutschen farbenblind sind oder zumindest zwei bestimmte Farben nicht voneinander unterscheiden können.

Selbst wenn man bedenkt, dass nicht alle hier aufgeführten zur Zielgruppe eines E-Shops gezählt werden können, zum Beispiel weil auch die unter 18-Jährigen erfasst sind und nicht alle Menschen mit Behinderungen das Web nutzen, zeigen diese Zahlen doch, dass es sich hier um eine große Anzahl potenzieller Kunden handelt. Seitens der Behinderten kann hier mit einer hohen Akzeptanz gerechnet werden, da Online-Angebote wie unser Shop für sie eben auf Grund ihrer Einschränkungen hochinteressant sein dürften.

Als zweite Zielgruppe für den barrierefreien Shop sollte die »Generation 50+« , die so genannten »Silver Surfers«, genannt werden. Dadurch dass viele Menschen über 50 wegen körperlicher Beeinträchtigungen, und sei es nur wegen einer Altersweitsichtigkeit, beim Surfen im Web eingeschränkt sind, ist auch für sie ein barrierefreier Zugang von Vorteil. Bisher nutzen laut einer Untersuchung des Deutschen Zentrums für Alternsforschung (DZFA) von 2003 etwa 26 % dieser Altersgruppe das Web, im Gegensatz zu ca. 53 % im Bundesdurchschnitt. In absoluten Zahlen bedeutet dies, dass es sich hierbei um eine Gruppe von ca. 7,4 Millionen Nutzern handelt. Hinzu kommt, dass in dieser Altersgruppe die zu erwartenden Zuwachsraten an Internetnutzern deutlich höher liegen als in den anderen. So wird in der Umfrage festgestellt: »Von den zum Vorjahr 1,9 Millionen hinzugekommenen Onlinern entfallen 1,5 Millionen auf die Gruppe 50plus«. Als Drittes fielen mir noch die Nutzer von mobilen Geräten, wie zum Beispiel PDAs ein, die wir mit einer barrierefreien Gestaltung erreichen könnten. Leider fand ich hierzu keinerlei Statistiken, doch war es für mich klar, dass diese Gruppe ein sehr großes Potenzial bietet.

Insgesamt zeigt diese Zielgruppenanalyse, dass es sich bei der Gestaltung eines barrierefreien Webauftritts nicht um einen Luxus zur Bedienung einer Minderheit handelt, sondern um das Erschließen einer großen potenziellen Kundengruppe.

Beginn der Analyse des vorhandenen Webauftritts

Da ich mir auf einer Messe die Arbeitsweise von Sprachausgaben und Vergrößerungssystemen angeschaut hatte, waren mir einige Aspekte der Barrierefreiheit, wie zum Beispiel die Auszeichnung von Grafiken mit Alternativtexten, nicht neu. Die erste Überprüfung unseres Webauftritts überraschte mich aber trotzdem, denn ich stellte fest, dass man den Auftritt allein mit Sprachausgabe und Tastatur nicht bedienen konnte. Ich hatte mich in die BITV eingearbeitet, hierbei allerdings festgestellt, dass ich mit meiner Analyse nicht alle Barrieren auf unserem Webauftritt würde erfassen können. Hierzu ist die BITV zu umfangreich. Außerdem kann man durch die Benutzung eines Screenreaders zwar einige Schwierigkeiten aufdecken, aber naturgemäß nur diejenigen, auf die Screenreader-Benutzer in einem Webauftritt stoßen. Andere Einschränkungen würden so unbeachtet bleiben.

Bei meinen Recherchen war ich auf das Projekt »Barrierefrei Informieren und Kommunizieren« (BIK) gestoßen, von dem seit Anfang 2004 ein Test zur Prüfung der Zugänglichkeit angeboten wird. Da dieser Test relativ preisgünstig war und ich wusste, dass dessen Ergebnis in jedem Fall vollständiger sein würde, als ich es jemals zustande brächte, beauftragte ich kurzerhand BIK zur Analyse unseres Webauftritts. Das Ergebnis, das ich einige Tage später erhielt, war so, wie es sich bei meiner Prüfung schon abgezeichnet hatte: »Fazit: Die getesteten Seiten können nicht als barrierefrei im Sinn der BITV bezeichnet werden. Das bedeutet aber nicht, dass die Seite für behinderte Menschen gänzlich unzugänglich ist. Um die Zugänglichkeit zu verbessern, besteht Handlungsbedarf bei der Kennzeichnung aller grafischen Elemente mit Alternativtexten, dem Einsatz von CSS auch für das Layout (z. B. als Ersatz für verschachtelte HTML Tabellen), Verwendung von relativen Angaben in der Definition der Schriftgrößen, Strukturierung der Dokumente mit Hilfe von Überschriften- oder Listenelementen, Kennzeichnung und Strukturierung der Formularelemente sowie Gewährleistung der Funktionalität des Webauftritts bei abgeschaltetem JavaScript.«

Aufwandsschätzung und Kostenanalyse

Mittlerweile konnte ich mir eine recht gute Vorstellung davon machen, was zur barrierefreien Umgestaltung unseres Shops getan werden musste. Meine erste Überlegung war, dass der Webauftritt komplett neu programmiert werden müsste. Dies wäre mit sehr hohen Kosten verbunden gewesen und damit hätte ich das Projekt wahrscheinlich nicht vor meinem Chef vertreten können. Bei der

Bestandsaufnahme stellte ich fest, dass ja eigentlich »nur« das Front-end, also diejenigen Bereiche des Webauftritts, die von unseren Kunden gesehen werden, angepasst werden müssten. Die komplette Datenbank mit den Inhalten, das Shopsystem mit seinen Funktionen und das Redaktionssystem, über das die Inhalte im Webauftritt eingepflegt werden, könnten im Großen und Ganzen bestehen bleiben.

Weiterhin beanspruchen barrierefreie Webauftritte wesentlich weniger Code als »herkömmliche, da sie auf Formatierungen über CSS zurückgreifen und diese um Einiges kompakter sind, als ›sperriges HTML‹, bei dem alle Formatierungen bis hin zu Farben und Schriftgrößen direkt in den Quelltext geschrieben werden«. Ein Anbieter, von dem ich gelesen hatte, konnte durch eine barrierefreie Umgestaltung sein monatliches Traffic-Aufkommen um etwa ein Drittel reduzieren.

Entwicklung eines Konzepts zur barrierefreien Gestaltung des Shops

Das Testergebnis war zwar im ersten Moment recht entmutigend, doch hatten die dargestellten Probleme einen großen Vorteil: Sie waren lösbar.

Anhand der BIK-Tests konnte ich mich an die Entwicklung von Vorgaben machen. Diese sollten auf der einen Seite als Überzeugungshilfe meinen Kollegen gegenüber und als Diskussionsgrundlage dienen. Auf der anderen Seite sollten sie die Vorgaben zur Umgestaltung für die beauftragte Agentur sein.

In den Vorgaben stellte ich im ersten Teil meine Zielgruppenanalyse dar, fasste das zusammen, was ich über die Computernutzung durch Menschen mit Behinderungen erfahren hatte und zeigte deren Schwierigkeiten mit unserem eigenen Auftritt auf. Im weiteren Verlauf ging ich auf die einzelnen Punkte aus dem BIK-Testergebnis ein. Den Abschluss bildeten meine Überlegungen zu den Kosten.

5.5.3   Diskussion der Vorgaben

Während der vergangenen zwei Wochen hatte ich meine Kollegen schon so für das Thema interessieren können, dass mein Chef das Projekt »Barrierefreier Shop« schließlich freigegeben hatte. Der Auftragsstellung an die Agentur, die die Anpassungen übernehmen sollte, stand im Prinzip nichts mehr im Wege. Im Vorfeld mussten meine Vorgaben jedoch noch intern diskutiert werden. Während des ersten Treffens des Projektteams »Barrierefreier Shop« gingen wir die Punkte nacheinander durch.

Im Folgenden möchte ich einige der wichtigsten Diskussions-punkte aufgreifen.

Alt-Texte sind nicht genug

Von dem Nutzen von Alternativtexten hatte ich meine Kollegen schnell überzeugt, allerdings hatte ich in den Vorgaben gefordert, noch umfassendere Beschreibungen einzufügen. Sicherlich, zur Beschreibung des Piktogramms des Warenkorbs reicht der Alterna-tivtext »Warenkorb«, doch für die Artikel, bei denen es auf das Ausse-hen ankommt bzw. wo die Funktionalität bisher nur im Bild erkenn-bar war, sollten meiner Meinung nach weitere Beschreibungstexte eingefügt werden. Hierfür gibt es ja bekanntlich zwei Möglichkeiten: die Beschreibung des Bildes über das longdesc-Attribut im img-Ele-ment oder die Beschreibung durch einen »Untertitel«. Unser Marke-ting-Manager hielt hier die Beschreibung über das longdesc-Attribut für wesentlich sinnvoller. Seiner Meinung nach würden die »anderen 98 % unserer Kunden« durch die langen Texte nur vom »Kauf-Mich-Button« abgelenkt. An dieser Stelle hielt ich dagegen, dass das long-desc-Attribut derzeit leider noch nicht von allen Hilfsmitteln unter-stützt würde und dass auch beispielsweise ältere Leute oder Men-schen mit mobilen Geräten unter Umständen Probleme mit dem Erkennen von Fotos hätten. Zur Beschreibung von Artikelfotos ent-schieden wir uns für die Beschreibung direkt unter dem entspre-chenden Bild. Für das Logo wählten wir zusätzlich zum Alternativtext eine Beschreibung über das longdesc-Attribut.

Skalierbarkeit

Auf den bisherigen Seiten war die Schrift auf eine Größe von 11 Pixel festgelegt, und dies sollte nach dem Wunsch unseres Marketing-Managers auch in jedem Fall bestehen bleiben. »Hierdurch schaffen wir den Wiedererkennungswert für unsere Kunden. Wenn wir die Schrift skalierbar gestalten, sieht die Seite in jedem Browser anders aus und wir können nicht mehr genau sagen, wie sie bei dem jeweili-gen Kunden mit seiner Konfiguration dargestellt wird.« Wenn man die Schrift auf einen Wert von 0.8 em festlegt, entspricht sie in den meisten Browsern der Größe von 11 Pixel, hat aber den Vorteil, dass sie bei Bedarf über die Browser-Einstellungen vergrößert werden kann.

Warum noch Tabellen?

Als wir beim Punkt »Tabellen« in meinen Vorgaben angelangt waren, musste ich mich zum ersten Mal nicht mit Argumenten durchsetzen. Für den Marketing-Manager machte die Programmierweise keinen

Unterschied, da sie sich nicht aufs Layout auswirkt. Meine Kollegin aus der IT fragte: »Das heißt, wir dürfen jetzt keinerlei Tabellen mehr auf der Seite verwenden?« Meine Antwort hierauf war recht einfach: »Es dürfen lediglich keine Tabellen mehr zum Layout verwandt werden, also zum Beispiel um die Links oder das Logo zu positionieren. Unsere Preisliste können wir aber durchaus weiterhin in einer Tabelle darstellen. Hierbei handelt es sich ja auch um tabellarische Daten. Wichtig ist hier, dass die Spalten dann auch mit den entsprechenden Elementen ausgezeichnet werden.«

Pop-ups – wozu?

Dies war in der Diskussion ein hart umkämpfter Punkt. Unser Marketing-Manager war der Meinung, dass Pop-ups unbedingt nötig seien. Ich argumentierte, dass die Zahl von Browsern mit Pop-up-Blockern steige, dass sehgeschädigte Nutzer unter Umständen das Öffnen eines neuen Fensters nicht mitbekämen und dass ein Pop-up zwangsläufig JavaScript erfordere, was einige Nutzer aus Sicherheitsgründen deaktiviert hätten. Wir einigten uns an dieser Stelle auf einen Kompromiss: Sich selbst öffnende Pop-ups sollten nicht mehr verwandt werden, wir wollten Links auf ein Pop-up mit einem Hinweistext versehen und weiterhin sollte im neuen Fenster ebenfalls ein Hinweistext angebracht werden, der über das neue Fenster informiert.

Farben für alle

Noch so ein schwieriger Punkt: meine Feststellung, dass unsere Navigations-Buttons nicht ausreichend kontrastreich seien, führte zu einer sehr »angeregten« Diskussion um den Wiedererkennungswert unseres Webauftritts. Ich verwies auf meine Zielgruppenanalyse, in der ich geschrieben hatte, dass ca. 8% aller Männer farbfehlsichtig seien. Und eben diese 8% würden wir durch eine Beibehaltung unserer Navigationsbuttons von vornherein ausschließen.

»Mehr«-Links sind weniger

Beim Thema »Navigation« war mir wichtig, zu zwei Punkten die Zustimmung meiner Kollegen zu erhalten: In jedem Fall wollte ich erwirken, dass wir nicht zu viele Links auf eine Seite platzierten, da sowohl motorisch Behinderte als auch Blinde mit der Tastatur navigieren, indem sie mit der Tabulatortaste von Link zu Link springen. Bei einer großen Anzahl Verweise würde dies sehr zeitaufwändig werden. Außerdem würde dies schnell sehr unübersichtlich – und zwar nicht nur für Menschen mit Behinderungen.

Der zweite Punkt war die Beschriftung der Verweise. Auf unserem bisherigen Auftritt waren beispielsweise die Links zu den Angeboten lediglich mit »mehr ...« beschriftet. Für Sehende reicht diese Beschriftung aus, doch Sehgeschädigte arbeiten, um Zeit zu sparen, gern mit einer Linkliste, über die sie alle Links einer Seite angezeigt bekommen und auswählen können. Aus diesem Grund ist es sinnvoll, alle Links mit aussagekräftigen Beschriftungen zu versehen. »Aber wie sieht denn das aus, so lange Verweise? Das soll doch alles ganz kurz und knackig sein?« Da ich mit diesem Einwand gerechnet hatte, hatte ich hierfür schon eine Lösung vorbereitet. Jedes Angebot enthielt eine Überschrift, in der es ganz kurz vorgestellt wurde. Es war nun eine reine Sache der Programmierung, diese Überschrift im title-Attribut des Verweises und zu Beginn des »mehr ...«-Verweises noch einmal zu wiederholen. Und damit sich unser Marketing-Manager nicht mehr beschweren konnte, wurde diese Überschrift unsichtbar dargestellt. So kann sie ausschließlich von Screenreadern und Browsern, die keine CSS-Unterstützung bieten, angezeigt werden. Der »Otto-Normal-Surfer« sieht vom langen Verweistext nichts.

5.5.4 Durchführung: Meilensteine und Stolpersteine

Die Diskussion war abgeschlossen und ich hatte nur bei wenigen Punkten Kompromisse eingehen müssen. Jetzt ging es an die Programmierung der Templates. Meiner Meinung nach waren alle Stolperstellen ausgeräumt, da ich glaubte, an alles gedacht zu haben. In einigen Bereichen hatte ich mich getäuscht. Dies wurde mir allerdings erst klar, als ich die ersten Entwürfe der beauftragten Agentur sah. An dieser Stelle möchte ich noch eines hervorheben: Die barrierefreie Umgestaltung unseres Shops war für unsere Agentur das erste Projekt, bei dem sie mit diesem Thema in Berührung kam.

HTML-Elemente dienen der Strukturierung, nicht dem Design

Über den ersten Entwurf, den ich erhielt, freute ich mich zu Anfang: Es gab nur noch drei Frames auf der Seite und ich zählte auf der Startseite 14 Überschriften und drei Zitate mit dem blockquote-Element. Blockquote? Zitieren wollten wir doch eigentlich nichts! Zu meinem Leidwesen musste ich auch feststellen, dass die Überschriften zum Design benutzt worden waren. Zwar wurden die Überschriften in einigen Bereichen auch als Überschriften eingesetzt, doch waren sowohl die Navigationslinks, als auch beispielsweise die Überschrift des Suchformulars als <h4> formatiert. Mit den Zitaten waren die Funktionslinks im Kopfbereich, also »AGB«, »Newsletter« und »Über uns« ausgezeichnet. Ich versuchte den Entwicklern zu erklären, dass

durch HTML-Elemente eine logische Strukturierung erreicht werden
könne und fühlte mich auch verstanden. Trotzdem gab es während
der Durchführung noch einige Probleme. Die Entwickler fügten an
einigen Stellen Konstruktionen wie `<div class="roteUeber-`
`schrift">Überschrift</div>` ein und mussten erst darauf hingewiesen
werden, dass es sich an dieser Stelle um eine logische Überschrift
handele. Erkannt hatten sie dies anscheinend auch, denn sonst hätte
die Klasse anders geheißen ...

Valider Code

Dies war noch so ein Stolperstein. Ich wurde gefragt: »Wozu braucht
man denn überhaupt validen Code? Ich schreibe seit zehn Jahren
HTML und bisher sind meine Seiten in allen Browsern dargestellt
worden! Und außerdem: Bei validem Code darf man nur so wenig!«
An dieser Stelle verwies ich darauf, dass Browser valide Seiten
wesentlich schneller aufbauen würden, wenn sie sich das »Entwirren«
ersparen könnten. Unser Marketing-Manager brachte hierzu ebenfalls noch ein ganz gutes Argument: »Wenn unsere Besucher Probleme bei der Darstellung unserer Seiten haben, können wir uns von
nun an immer darauf zurückziehen, dass unsere Seiten valide sind. Es
ist nicht unser Problem, sondern das des Kunden, der ein Programm
nutzt, das dem Standard entsprechende Seiten nicht korrekt
anzeigt.« Dieses Argument ist dem Nutzer gegenüber zwar nicht
sonderlich freundlich, doch wenn immer mehr Webauftritte gemäß
den Standards umgesetzt werden, werden die Browser-Hersteller
bei der Entwicklung vielleicht auch mehr darauf achten.

Neue Wege: CSS-Design ist anders als Tabellendesign

Im ersten Entwurf fand ich Konstruktionen wie:

```
<div class="linkerKasten">
  <div class="linkerKastenHintergrundbild">
     <div class="blaueUeberschrift">Suchen</div>
  </div>
</div>
```

Längere Zeit zerbrach ich mir den Kopf darüber, wie diese Konstruk-
tion zustandekommen konnte, bis mich eine Kollegin aus der IT darauf brachte: »Die denken noch in Tabellen.« In der Klasse `linkerKas-`
`ten` wird lediglich die Größe des Feldes definiert, in `linkerKasten-`
`Hintergrundbild` wird der Hintergrund eingefügt und dort hinein
kommt schließlich die Überschrift. In dem Moment, wo sie mir dies
sagte, wurde mir das Vorgehen auch klar: Die hier gezeigte Kon-
struktion ist zwar valide, aber zu aufwändig. Ein einfaches

```
<h4 class="blaueUeberschriftHintergrundbild">Suchen</h4>
```

erfüllt den gleichen Zweck. Sicherlich, die Klasse `blaueUeberschrift-Hintergrundbild` war dadurch wesentlich umfangreicher, dass hier nicht nur die Schrift, sondern auch Containergröße und Hintergrundbild definiert werden mussten, doch wurde dies durch eine enorme »Code-Ersparnis« gerechtfertigt. Außerdem waren damit auch die Klassen `linkerKasten` und `linkerKastenHinterrundbild` überflüssig.

Fertigstellung des Grundgerüsts

Nach diesen und ähnlichen Schwierigkeiten konnte das umgebende Grundgerüst, das die nicht veränderbaren Bereiche unseres Webauftritts enthält, fertig gestellt werden. Die Arbeiten an den Vorlagendateien zur Formatierung der Inhalte aus der Datenbank waren ebenfalls abgeschlossen. Als letzte Aufgabe blieb mir noch, die Inhalte aus der Datenbank anzupassen. Dies war kein besonders großer Aufwand, da wir durch unser CMS die Inhalte »fast HTML-frei« ablegen konnten.

5.5.5   Qualitätssicherung und Projektabschluss

Geschafft! Trotz einiger Widrigkeiten während der Umsetzung konnte ich den neu gestalteten Webauftritt zum Testen freigeben. Ich bat meine Kollegen, dass jeder noch einmal unter seinem speziellen Blickwinkel auf die von ihm betreuten Seiten schauen sollte. Termingerecht konnten wir mit unserem neuen Auftritt online gehen.

Am folgenden Tag beauftragte ich BIK, unseren Webauftritt erneut auf Barrierefreiheit zu testen. Wir einigten uns auf den Test der Startseite, der Produktseite eines TFT-Displays und die neu hinzugekommene Gesamtübersicht. Eine Woche später hielt ich das Ergebnis in den Händen. 94,5 von 100 Punkten und damit für uns sehr zufrieden stellend.

Ich ließ das ganze Projekt von der Idee bis zur Freigabe noch einmal vor meinem geistigen Auge Revue passieren. Meine Recherche zum Thema Barrierefreiheit, der Test durch BIK, die Vorgaben und die Diskussion darüber und schließlich die Umsetzung selbst. Als sehr wesentlich hat sich herausgestellt, dass ich mich mit der BITV beschäftigte und dass ich HTML und CSS beherrsche. So konnte ich der Agentur in einigen kniffligen Situationen weiterhelfen.

Im nächsten Projekt würde ich in jedem Fall detailliertere Vorgaben schreiben. Ich war davon ausgegangen, dass ich hier alle Eventualitäten berücksichtigt hatte. Doch dies stellte sich während der Umsetzung als unrichtig heraus. So hatte ich zum Beispiel vergessen vorzugeben, dass der Code auf unseren Seiten valide zu sein hätte, was während der Durchführung zu einigen Diskussionen führte. Zwar stand in den Vorgaben, dass unsere neue Seite den Kriterien der BITV zu entsprechen habe, doch war dies scheinbar nicht genug.

Insgesamt habe ich die Beobachtung gemacht, dass die Probleme und Schwierigkeiten auch damit zusammenhingen, dass die Umstellung eines Webauftritts auf Barrierefreiheit nicht nur neue technische Probleme aufwirft, sondern auch ein Umdenken auf verschiedenen Ebenen erfordert und eine scheinbare Verschiebung der gewohnten Prioritäten.

So kam zu den bisherigen Kriterien eines erfolgreichen Webauftritts wie ansprechende optische Gestaltung, werbewirksame Texte und kompaktes HTML noch das Kriterium der Zugänglichkeit für alle Benutzergruppen hinzu. Dies führte in der Praxis nicht selten dazu, dass es zwischenzeitlich allen Beteiligten vorkam, als sollten sie eine Quadratur des Kreises bewerkstelligen.

... und alle sind zufrieden

Vier Wochen später trafen wir uns zu einer abschließenden Besprechung zum Thema »Barrierefreier Shop«. Wir hatten den Termin so spät gewählt, damit wir schon die ersten Reaktionen unserer Kunden einbeziehen und erste Schlüsse aus der Umgestaltung ziehen konnten. Meine Kollegin aus der IT teilte mit, dass bei konstanter Besucherzahl und konstanten Seitenaufrufen der Traffic auf unserem Server bereits merklich zurückgegangen sei, was unseren Controller natürlich sehr freute. Der Marketing-Manager stellte fest, dass kleine Designänderungen, wie die Änderung einer Farbe jetzt im Handumdrehen funktionierten, denn durch die Trennung von Inhalt und Layout wirkt sich eine Änderung der CSS-Datei sofort auf den kompletten Webauftritt aus. Natürlich war auch ich glücklich, denn das Ergebnis der BIK-Tests zeigten mir, dass sich meine Anstrengungen gelohnt hatten.

Die Kundenreaktionen waren fast durchweg positiv. So hatten wir zwar die Beschwerde eines Kunden, der sich über die Darstellung unserer neuen Seiten in Netscape 4 ärgerte, doch weitere Mails bewiesen uns, dass wir auf dem richtigen Weg seien:

»Ich bin zum Glück nicht behindert, aber ich nutze Ihre neuen Seiten sehr viel lieber als die bisherigen. Die Oberfläche ist viel besser lesbar, die Seiten laden viel schneller und ich kann sie sogar von unterwegs aus nutzen. Bravo!«

6 Schlusswort

Barrierefreiheit ist keine geheime Kunst, sondern die Motivation, die die Erfindung des Webs erst ermöglichte. Es ging darum Informationen unabhängig von Zugangsort, -zeitpunkt und -software bereitzustellen. Behinderung ist dabei nur ein Aspekt.

Was bedacht werden muss, damit ein Webauftritt auch tatsächlich für alle Menschen zugänglich ist, erscheint zunächst umfangreich. Wer sich jedoch die Inhalte dieses Buchs zu Herzen nimmt und die Barrierefreiheit in der Informationstechnik anstrebt, wird feststellen, dass viele Aspekte relativ leicht umzusetzen sind. Es gibt kaum eine Technik, die nicht mit üblichen Werkzeugen realisiert werden kann.

Die Schnittstelle zur Gebrauchstauglichkeit ist beim Thema »Barrierefreiheit« nicht zu übersehen. Die Berücksichtigung der Standards zur Software-Ergonomie sollte im Sinne eines jeden Anbieters sein, wenn die Benutzer von einem Informationsangebot profitieren sollen. Dass hierbei eine Menge Barrierefreiheit erzeugt wird, lässt Vorteile für den Informationsanbieter auch auf den behinderten Nutzer überspringen, wodurch die Ausgrenzung bestimmter Nutzergruppen abgebaut wird.

Einige Internetagenturen weisen die Dienstleistung »Barrierefreiheit« als Sonderposten in ihren Angeboten aus. Diese werden teilweise mit sehr hohen Summen veranschlagt und erscheinen unverhältnismäßig. Der geübte Designer darf sich dabei die berechtigte Frage stellen, warum solche Posten gesondert aufgeführt werden, bedarf es doch für wesentliche Aspekte der Barrierefreiheit lediglich einer sauberen Programmierung. Manche Aspekte jedoch, wie barrierefreie Kontraste und Farben, müssen im Designprozess berücksichtigt werden. Was die Verständlichkeit der Inhalte angeht, so fällt dieser wichtige Bereich der Barrierefreiheit in die Verantwortung von Redakteuren und nicht der Entwickler von Templates. Barrierefreiheit kostet nicht viel – weder bei Erstellung noch bei der Pflege von Webauftritten. Auch das Testen bewegt sich in einem sehr akzeptablen finanziellen Rahmen.

Was jedoch eine Investition erfordert, ist die Aneignung von Wissen, welches in den entsprechenden Ausbildungen zu Konzeptionierern, Designern, Programmierern oder Redakteuren vermittelt werden müsste. Hieran mangelte es in den ersten Jahren nach Erlass der BITV. Die Kosten für die Qualifizierung der Mitarbeiter in Internetagenturen dürfen nicht als Zusatzleistung auf die Kunden abgewälzt werden. Diese notwendigen Schulungsmaßnahmen sind als normale Investitionen zu sehen, die sich in der Zukunft bezahlt machen.

Die Barrierefreiheit bringt auch dem Anbieter eines Informationsangebots große Vorteile: Barrierefreie Webauftritte lassen sich schneller laden, leichter pflegen und einfacher bedienen. Davon profitieren wiederum nicht nur die Anbieter, sondern auch die Nutzer – mit oder ohne Behinderung.

Dabei darf nicht vergessen werden, für wen die Barrierefreiheit besonders wichtig ist. Die Verbreitung der Informationstechnik bringt für behinderte Menschen einerseits enorme Chancen zur beruflichen Integration mit sich. Andererseits entsteht dort, wo die Barrierefreiheit nicht umgesetzt ist, eine digitale Spaltung: Menschen bleibt aufgrund von Behinderung oder auch nur wegen leichten Einschränkungen im Sehen oder in der Motorik der Zugang zu Informationen verwehrt. Eine barrierefreie Informationstechnik ermöglicht ihnen jedoch diesen heute so bedeutsamen Zugang. Informationsanbieter müssen deswegen auf diese Personen inmitten der Gesellschaft Rücksicht nehmen. Immerhin geht es um Millionen von Menschen, die arbeiten und, ganz nebenbei, auch einkaufen müssen.

Seit Inkrafttreten der BITV im Jahr 2002 sind zahlreiche Empfehlungen zur Barrierefreiheit in Deutschland veröffentlicht worden. Beispielsweise erarbeitete der Deutsche Verband digitaler Wirtschaft Empfehlungen für E-Shops und vergab 2004 erstmals einen Preis für die Barrierefreiheit. Die Aktion Mensch hat zusammen mit der Stiftung Digitale Chancen umfangreiche Kriterien für den BIENE-Award veröffentlicht. Ausführliche Informationen zum Prüfen von Webauftritten wurden unter anderem für den BITV-Test im Rahmen des Projekts »Barrierefrei Informieren und Kommunizieren« veröffentlicht.

Im Jahr 2004 wurden einige Verordnungen zur barrierefreien Informationstechnik auf Landesebene erlassen. Die Regelungen für die Barrierefreiheit können somit auch auf Verwaltungen der Länder und Kommunen angewandt werden. Hierdurch wird neben der Reduzierung der Aufwendungen zur Unterhaltung von Webauftritten im öffentlichen Bereich auch ein wesentlicher Beitrag zur Gleichstellung von Menschen mit Behinderungen in unserer digitalen Gesellschaft geleistet.

A   Informationen zur Autorenschaft

A.1   Die Autoren der einzelnen Abschnitte

Dieses Buch wurde zu weiten Teilen von Jan Eric Hellbusch geschrieben. Viele Abschnitte wurden von Co-Autoren beigetragen. Im Einzelnen handelt es sich um folgende Teilbereiche:

	Vorwort des Herausgebers	Prof. Dr.-Ing. Christian Bühler
Kapitel 1		
Abschnitt 1.2.3	Kontraste und Vergrößerung	Jan Eric Hellbusch + Susanne Lutz
Abschnitt 1.2.4	Textabschriften und Gebärdensprache	Ralph Raule + Stephan Rothe
Abschnitt 1.2.5	Verständlicher Text	Brigitte Luckhardt
Abschnitt 1.2.6	Eingabegeräte: Mehr als Maus und Tastatur	Martin Rogge
Abschnitt 1.3	Bedeutung der Informationstechnik für Menschen mit Behinderungen	Stefan Berninger
Abschnitt 1.4.1	Softwareergonomie	Karsten Warnke
Abschnitt 1.4.3	BGG und BITV	Birgit Scheer
Abschnitt 1.4.6	Usability und Barrierefreiheit	Birgit Scheer
Kapitel 2		
Abschnitt 2.2	Kontraste, Farben und Schriftbild	Susanne Lutz
Abschnitt 2.3.1	Allgemeine Aspekte der Verständlichkeit	Prof. Dr.-Ing. Christian Bühler

Kapitel 2		
Abschnitt 2.3.2	Das Rückgrat eines Webauftritts: die Navigation	Prof. Dr.-Ing. Christian Bühler + Jan Eric Hellbusch
Abschnitt 2.3.3	Verständliche Texte durch einfache Sprache	Brigitte Luckhardt
Abschnitt 2.3.4	Informationen in Gebärdensprache	Stephan Rothe + Ralph Raule
Abschnitt 2.7.2	Datentabellen	Beatrix Jost
Abschnitt 2.7.3	Strukturelemente	Beatrix Jost
Abschnitt 2.7.4	Validierung	Beatrix Jost
Kapitel 3		
Abschnitt 3.1.2	Untertitel für Filme im Web	Stephan Rothe
Abschnitt 3.2	Macromedia Flash	Monika Kirsch
Abschnitt 3.3	Portable Document Format (PDF)	Darius-Nikolaus Krupinski
Kapitel 4		
Kapitel 4	Grafische Programmoberflächen	Thomas Mayer
Kapitel 5		
Abschnitt 5.1	Vorteile der Barrierefreiheit für den Anbieter	Tomas Caspers
Abschnitt 5.2	Testen von webbasierten Techniken	Birgit Scheer
Abschnitt 5.3	Testen von grafischen Programmoberflächen	Thomas Mayer
Abschnitt 5.4	Nutzertests	Stefan Berninger
Abschnitt 5.5	Projektdurchführung	Beatrix Jost

A.2   Angaben zu den Autoren

Co-Redaktion

Tomas Caspers ist seit Anfang der 80er Jahre, als er zum ersten Mal eine Datenverbindung per Akustikkoppler zustande brachte, ständig online unterwegs. Schon früh erkannte er den Wert standardkonformer Webentwicklung und beschäftigt sich seitdem mit CSS und den Techniken zur Barrierefreiheit. Caspers gehört zum »dirty dozen« der Gründer des Web Standards Project. Neben der Beratung für große und mittelständische Unternehmen und Behörden setzt er seine verfügbare Zeit für die Pflege und Erweiterung des Webauftritts zur Initiative »Einfach für Alle« (EfA) der Aktion Mensch ein. Zu seinen meistgelesenen Publikationen gehören die Serie »BITV für Alle« und das tägliche Weblog zur Barrierefreiheit.

http://www.webstandards.org
http://www.einfach-fuer-alle.de

(Abschnitt 5.1)

Co-Autoren

Stefan Berninger (Web for All, Projekt für Barrierefreiheit im Internet im Vbl e.V.) hat Geschichte und Germanistik an der Universität Mannheim studiert. Wegen einer Muskelerkrankung sitzt er im Rollstuhl und ist in der Bewegung der Arme und Hände stark eingeschränkt. Zur Eingabe am Computer benötigt er eine spezielle Tastatur. Im August 2000 hat er das Projekt »Web for All« in Heidelberg initiiert. Seitdem hat er zum Thema »Barrierefreiheit im Internet« Artikel veröffentlicht, Schulungen durchgeführt und an mehreren Kongressen als Referent teilgenommen.

http://webforall.info

(Abschnitt 1.3 und 5.4)

Christian Bühler ist Institutsleiter des Forschungsinstituts Technologie-Behindertenhilfe (FTB) der Evangelischen Stiftung Volmarstein, das gleichzeitig An-Institut der Fernuniversität Hagen ist. Er leitet das Aktionsbündnis für barrierefreie Informationstechnik (AbI). Bühler studierte Elektrotechnik und Regelungstechnik. Sein Tätigkeitsschwerpunkt umfasst zurzeit insbesondere die Themen Technologie und Behinderung, Universelles Design und Barrierefreiheit. Er vertritt Deutschland in verschiedenen EU-Gremien und wirkt in zahlreichen Fachgesellschaften und -ausschüssen auf nationaler und internationaler Ebene mit.

http://www.ftb-net.de

(Abschnitte 2.3.1 und 2.3.2)

http://www. netbank.de

Beatrix Jost (NetBank AG) ist als Produktmanagerin »Barrierefreies Internet« für den Webauftritt der NetBank AG verantwortlich, der unter anderem mit dem Deutschen Multimedia Award 2004 ausgezeichnet worden ist. Die sehbehinderte Informatikkauffrau hat bereits mehrere Webprojekte durchgeführt und das Handbuch »Apache Webserver USA« ins Deutsche übersetzt.

(Abschnitte 2.7.2 bis 2.7.4 sowie Abschnitt 5.5)

http://www. soundsites.de

Monika Kirsch (soundsites [multimedia kompakt]) ist Projektmanagerin für Multimedia und konzipiert komplexe, Datenbank-gestützte Webanwendungen – darunter zum Beispiel Redaktionssysteme, die auch Sehbehinderte und Blinde bedienen können. Sie ist auch Mitbetreiberin des Webauftritts www.flashfueralle.de.

(Abschnitt 3.2)

http://www. blindenverband.de

Darius-Nikolaus Krupinski (Projekt »Barrierefrei informieren und kommunizieren«) ist BIK-Berater beim Blinden- und Sehbehindertenverband Niedersachsen. Seine Ansprüche nach Barrierefreiheit in allen elektronischen Medien kann er mit einem umfangreichen Wissen in puncto Software-Entwicklung verknüpfen. Dieses Know-how erwarb er in seinem Studium der Informatik und vor allem in seinen Tätigkeiten als Datenbankprogrammierer sowie als Betreuer und Entwickler von Informationssystemen und digitalen Netzwerken.

(Abschnitt 3.3)

http://webforall.info

Brigitte Luckhardt (Web for All, Projekt für Barrierefreiheit im Internet im VbI e.V.) ist Mediengestalterin und stellvertretende Projektleiterin von Web for All. Neben der Durchführung von Webseitentests und Schulungen ist sie Mitautorin des E-Government-Handbuchs des Bundesamts für Sicherheit in der Informationstechnik (BSI, 2003).

(Abschnitte 1.2.5 und 2.3.3)

http://www.fzbs.de

Susanne Lutz (Projekt »Barrierefrei informieren und kommunizieren«) ist BIK-Beraterin beim Förderzentrum für Blinde und Sehbehinderte in Berlin. Erfahrungen in den Neuen Medien sammelte die Architektin als Content- und Projektmanagerin im Bereich E-Learning sowie als Mediendesignerin. Derzeit berät sie die Behörden der Bundes- und Landesverwaltung und Anbieter von Webangeboten bei der Umsetzung der BITV. Sie arbeitet an der Entwicklung der Schulungskonzepte zum Thema Barrierefreiheit, unter anderem im Arbeitskreis »Schulung« von AbI, und führt Workshops und Seminare hierzu durch. Sie wirkt ebenso im AbI-Arbeitskreis »Test« mit.

(Abschnitt 1.2.3 und 2.2)

Thomas Mayer (Projekt »Barrierefrei informieren und kommunizie- *http://www.bsvh.org*
ren«) ist BIK-Berater beim Blinden- und Sehbehindertenverein Ham-
burg (BSVH). Nach seinem Studium der Kommunikationstechnologie
ist er seit Mitte der 90er Jahre in den Online-Medien tätig gewesen
und übernahm Aufgaben im Bereich Webpublishing und Programmierung. Er konzipierte und entwickelte bereits mehrere komplexe
Webauftritte, arbeitet im AbI-Arbeitskreis »Test« mit und ist Experte
in Sachen »Barrierefreie CD-ROMs«.

(Kapitel 4 und Abschnitt 5.3)

Ralph Raule ist Mitbegründer des Gebärdenwerks in Hamburg, wel- *http://www.*
ches sich auf die Erstellung von Gebärdensprachfilmen und die Bera- *gebaerdenwerk.de*
tung bei multimedialen Inhalten spezialisiert hat. Zudem vertritt der
Diplom-Kaufmann in Themenbereichen wie Web oder Multimedia
die Interessen der Deutschen Gesellschaft zur Förderung Gehörloser
und Schwerhöriger e.V. und setzt sich für die gehörlosen Menschen
im Sinne des Deutschen Gehörlosen-Bundes ein.

(Abschnitte 1.2.4 und 2.3.4)

Martin Rogge (Integratives Multimedia-Center »Käpt'n Browsers *http://www.*
MMC«, Technischer Jugendfreizeit- und Bildungsverein – tjfbv e.V.) ist *barrierefrei-*
als stellvertretender Projektleiter unter anderem für Konzeption und *kommunizieren.de*
Organisation der Schulungen von Menschen mit und ohne Behinde-
rungen sowie die Durchführung von Beratungen zum Thema »Barrierefreies Webdesign« verantwortlich. Seine langjährigen Erfahrungen
bei Käpt'n Browsers MMC führten zur Herausgabe von »Barrierefrei
kommunizieren – Behinderungskompensierende Techniken und
Technologien für Computer und Internet« (2. Auflage Februar 2004).

(Abschnitt 1.2.6)

Stephan Rothe hat als Heilerzieher über 10 Jahre im Rahmen der Ein- *http://www.stero.de*
gliederungshilfe Menschen mit Behinderungen betreut. In dieser
Zeit hat er sein Interesse am Computer und am Web mit sehbehin-
derten, blinden und motorisch behinderten Menschen geteilt.
Gemeinsam erlebte digitale Barrieren weckten bereits frühzeitig das
Interesse daran, wie diese vermieden werden können. Seit Veröffent-
lichung der BITV ist er als selbstständiger Accessibility-Berater und
Entwickler tätig.

(Abschnitte 1.2.4, 2.3.4 und 3.1.2)

http://wob11.de **Birgit Scheer** (Forschungsinstitut Technologie-Behindertenhilfe – FTB) ist Software-Expertin im Bereich des barrierefreien Internet und Teamleiterin für das Aktionsbündnis für barrierefreie Informationstechnik (AbI). Die Arbeitsschwerpunkte der Diplom-Informatikerin liegen in den Bereichen der Qualitätssicherung beim Test von Webauftritten, der Technologieberatung für barrierefreies E-Government und der Erarbeitung von Schulungsmaterialien. Sie ist Mitautorin des E-Government-Handbuchs des Bundesamts für Sicherheit in der Informationstechnik (BSI, 2003).

(Abschnitte 1.4.3, 1.4.6 und 5.2)

*http://www.
dvbs-online.de*
http://www.bsvh.org **Karsten Warnke** ist Initiator und Koordinator des Projekts »Barrierefrei informieren und kommunizieren« (BIK). Er leitete 10 Jahre lang den gemeinsamen Fachausschuss für IT-Systeme der deutschen Blinden- und Sehbehindertenverbände und trug das Thema »Web« in diese Verbände hinein. Warnke ist 2. Vorsitzender des Deutschen Vereins der Blinden und Sehbehinderten in Studium und Beruf (DVBS) und Vorstandsmitglied des Blinden- und Sehbehindertenvereins Hamburg (BSVH). Der sehbehinderte Diplom-Soziologe war Mitarbeiter in Projekten, die sich mit der Gestaltung von Webauftritten und mit Computerhilfsmitteln befassten.

(Abschnitt 1.4.1)

Beispiele für die CD-ROM

*http://www.
bik-online.info* **Detlef Girke** ist Berater im Projekt »Barrierefrei Informieren und Kommunizieren«, Beratungsstelle Hamburg. Der Diplom-Ingenieur der Nachrichtentechnik spezialisierte sich zunächst auf die professionelle Studiotechnik. Weitere Berufserfahrungen sammelte er im Projektmanagement bei der Umgestaltung von Funkhäusern der öffentlich-rechtlichen Rundfunkanstalten. Er wirkt mit im Arbeitskreis »Öffentlichkeitsarbeit« von AbI und ist Mitglied im fachlichen Beirat des BIENE-Awards. Aufgrund einer Sehbehinderung gehört die barrierefreie Informationstechnik naturgemäß zu seinen Fachgebieten.

*http://www.xplain.de/
themen/barrierefrei* **Jörn Hofer** ist Senior Web-Developer bei der Xplain GmbH. Er ist seit über sechs Jahren für namhafte Unternehmen wie den Otto Versand, Commerzbank und auch den NDR tätig. Sein Leistungsspektrum umfasst unter anderem die Template-Erstellung für Redaktionssysteme, komplexe JavaScript-Entwicklungen für Intranet-Anwendungen sowie die Beratung und Umsetzung im Bereich Barrierefreiheit.

B   Text der BITV

B.1   Verordnung zur Schaffung barrierefreier Informationstechnik nach dem Behindertengleichstellungsgesetz (Barrierefreie Informationstechnik-Verordnung – BITV)

vom 17. Juli 2002

Auf Grund des § 11 Abs. 1 Satz 2 des Behindertengleichstellungsgesetzes vom 27. April 2002 (BGBl I S. 1467) verordnet das Bundesministerium des Innern im Einvernehmen mit dem Bundesministerium für Arbeit und Sozialordnung:

§ 1   Sachlicher Geltungsbereich

Die Verordnung gilt für:

1. Internetauftritte und -angebote,
2. Intranetauftritte und -angebote, die öffentlich zugänglich sind, und
3. mittels Informationstechnik realisierte grafische Programmoberflächen, die öffentlich zugänglich sind,

der Behörden der Bundesverwaltung.

§ 2   Einzubeziehende Gruppen behinderter Menschen

Die Gestaltung von Angeboten der Informationstechnik (§ 1) nach dieser Verordnung ist dazu bestimmt, behinderten Menschen im Sinne des § 3 des Behindertengleichstellungsgesetzes, denen ohne die Erfüllung zusätzlicher Bedingungen die Nutzung der Informationstechnik nur eingeschränkt möglich ist, den Zugang dazu zu eröffnen.

§ 3   Anzuwendende Standards

Die Angebote der Informationstechnik (§ 1) sind gemäß der Anlage zu dieser Verordnung so zu gestalten, dass

1. alle Angebote die unter Priorität I aufgeführten Anforderungen und Bedingungen erfüllen und
2. zentrale Navigations- und Einstiegsangebote zusätzlich die unter Priorität II aufgeführten Anforderungen und Bedingungen berücksichtigen.

§ 4   Umsetzungsfristen für die Standards

1. Die in § 1 dieser Verordnung genannten Angebote, die nach Inkrafttreten dieser Verordnung neu gestaltet oder in wesentlichen Bestandteilen oder größerem Umfang verändert oder angepasst werden, sind gemäß § 3 dieser Verordnung zu erstellen. Mindestens ein Zugangspfad zu den genannten Angeboten soll mit der Freischaltung dieser Angebote die Anforderungen und Bedingungen der Priorität I der Anlage zu dieser Verordnung erfüllen. Spätestens bis zum 31. Dezember 2005 müssen alle Zugangspfade zu den genannten Angeboten die Anforderungen und Bedingungen der Priorität I der Anlage dieser Verordnung erfüllen.
2. Angebote, die vor Inkrafttreten dieser Verordnung im Internet oder im Intranet (§ 1 Nummer 2) veröffentlich wurden, sind bis zum 31. Dezember 2003 gemäß § 3 dieser Verordnung zu gestalten, wenn diese Angebote sich speziell an behinderte Menschen im Sinne des § 3 Behindertengleichstellungsgesetz richten.
3. Soweit nicht Absatz 2 gilt, sind die Angebote, die vor Inkrafttreten dieser Verordnung im Internet oder Intranet (§ 1 Nummer 2) veröffentlicht wurden, bis zum 31. Dezember 2005 gemäß § 3 dieser Verordnung zu gestalten.

§ 5   Folgenabschätzung

Die Verordnung ist unter Berücksichtigung der technischen Entwicklung regelmäßig zu überprüfen. Sie wird spätestens nach Ablauf von drei Jahren nach ihrem Inkrafttreten auf ihre Wirkung überprüft.

§ 6   Inkrafttreten

Diese Verordnung tritt am Tag nach ihrer Verkündung in Kraft.

B.2   Anlage (Teil 1)

Dieses Dokument enthält keine Vorgaben zur grundlegenden Technik, die für die Bereitstellung von elektronischen Inhalten und Informationen verwendet wird (Server, Router, Netzwerkarchitekturen und Protokolle, Betriebssysteme usw.) und hinsichtlich der zu verwendenden Benutzeragenten. Die Anforderungen und Bedingungen beziehen sich allein auf die der Nutzerin, dem Nutzer angebotenen elektronischen Inhalte und Informationen.

Die Anforderungen und Bedingungen dieser Anlage basieren grundsätzlich auf den Zugänglichkeitsrichtlinien für Webinhalte 1.0 (Web Content Accessibility Guidelines 1.0) des World Wide Web Consortiums vom 5. Mai 1999.

Die in Teil 1 dieser Anlage enthaltenen, bei ihrem ersten Auftreten im Text durch Unterstreichung kenntlich gemachten, grundlegenden technischen Fachbegriffe sind in Teil 2 dieser Anlage (Glossar) erläutert.

Priorität I

			siehe auch Seite
Anforderung	**1**	**Für jeden Audio- oder visuellen Inhalt sind geeignete äquivalente Inhalte bereitzustellen, die den gleichen Zweck oder die gleiche Funktion wie der originäre Inhalt erfüllen.**	18, 55, 100, 215, 219, 235, 248, 306
Bedingung	1.1	Für jedes Nicht-Text-Element ist ein äquivalenter Text bereitzustellen. Dies gilt insbesondere für: Bilder, grafisch dargestellten Text einschließlich Symbolen, Regionen von Imagemaps, Animationen (z.B. animierte GIFs), Applets und programmierte Objekte, Zeichnungen, die auf der Verwendung von Zeichen und Symbolen des ASCII-Codes basieren (ASCII-Zeichnungen), Frames, Scripts, Bilder, die als Punkte in Listen verwendet werden, Platzhalter-Grafiken, grafische Buttons, Töne (abgespielt mit oder ohne Einwirkung des Benutzers), Audio-Dateien, die für sich allein stehen, Tonspuren von Videos und Videos.	45, 56, 72, 122, 232, 235, 248, 268, 303, 307, 307, 308, 308, 308, 310, 311
	1.2	Für jede aktive Region einer serverseitigen Imagemap sind redundante Texthyperlinks bereitzustellen.	45, 62, 64
	1.3	Für Multimedia-Präsentationen ist eine Audio-Beschreibung der wichtigen Informationen der Videospur bereitzustellen.	18, 45, 122, 122, 232, 235, 239, 273
	1.4	Für jede zeitgesteuerte Multimedia-Präsentation (insbesondere Film oder Animation) sind äquivalente Alternativen (z.B. Untertitel oder Audiobeschreibungen der Videospur) mit der Präsentation zu synchronisieren.	45, 122, 122, 219, 225, 232, 235, 239, 273

Anforderung	2	Texte und Grafiken müssen auch dann verständlich sein, wenn sie ohne Farbe betrachtet werden.	47, 73, 74, 102, 188, 232, 235, 249, 306, 307, 310, 310, 311, 317
Bedingung	2.1	Alle mit Farbe dargestellten Informationen müssen auch ohne Farbe verfügbar sein, z.B. durch den Kontext oder die hierfür vorgesehenen Elemente der verwendeten Mark-up-Sprache.	45, 277
	2.2	Bilder sind so zu gestalten, dass die Kombinationen aus Vordergrund- und Hintergrundfarbe auf einem Schwarz-Weiß-Bildschirm und bei der Betrachtung durch Menschen mit Farbfehlsichtigkeiten ausreichend kontrastieren.	44, 45, 47, 84, 188
Anforderung	3	Mark-up-Sprachen (insbesondere HTML) und Stylesheets sind entsprechend ihrer Spezifikationen und formalen Definitionen zu verwenden.	56, 156, 174, 201, 236, 307, 309, 310, 310
Bedingung	3.1	Soweit eine angemessene Mark-up-Sprache existiert, ist diese anstelle von Bildern zu verwenden, um Informationen darzustellen.	45, 61, 65, 85, 151, 202, 221
	3.2	Mittels Mark-up-Sprachen geschaffene Dokumente sind so zu erstellen und zu deklarieren, dass sie gegen veröffentlichte formale Grammatiken validieren.	45, 212, 256
	3.3	Es sind Stylesheets zu verwenden, um die Text- und Bildgestaltung sowie die Präsentation von mittels Mark-up-Sprachen geschaffener Dokumente zu beeinflussen.	45, 47, 58, 58, 150, 156, 178, 201
	3.4	Es sind relative anstelle von absoluten Einheiten in den Attributwerten der verwendeten Mark-up-Sprache und den Stylesheet-Property-Werten zu verwenden.	46, 47, 139, 141, 148, 200, 232, 309
	3.5	Zur Darstellung der Struktur von mittels Mark-up-Sprachen geschaffener Dokumente sind Überschriften-Elemente zu verwenden.	45, 100, 203
	3.6	Zur Darstellung von Listen und Listenelementen sind die hierfür vorgesehenen Elemente der verwendeten Mark-up-Sprache zu verwenden.	45, 204
	3.7	Zitate sind mittels der hierfür vorgesehenen Elemente der verwendeten Mark-up-Sprache zu kennzeichnen.	45, 207
Anforderung	4	Sprachliche Besonderheiten wie Wechsel der Sprache oder Abkürzungen sind erkennbar zu machen.	
Bedingung	4.1	Wechsel und Änderungen der vorherrschend verwendeten natürlichen Sprache sind kenntlich zu machen.	45, 130, 236, 251
Anforderung	5	Tabellen sind mittels der vorgesehenen Elemente der verwendeten Mark-up-Sprache zu beschreiben und in der Regel nur zur Darstellung tabellarischer Daten zu verwenden.	153, 195, 254, 310

Bedingung	5.1	In Tabellen, die tabellarische Daten darstellen, sind die Zeilen- und Spaltenüberschriften mittels der vorgesehenen Elemente der verwendeten Mark-up-Sprache zu kennzeichnen.	45, 195
	5.2	Soweit Tabellen, die tabellarische Daten darstellen, zwei oder mehr Ebenen von Zeilen- und Spaltenüberschriften aufweisen, sind mittels der vorgesehenen Elemente der verwendeten Mark-up-Sprache Datenzellen und Überschriftenzellen einander zuzuordnen.	45, 196
	5.3	Tabellen sind nicht für die Text- und Bildgestaltung zu verwenden, soweit sie nicht auch in linearisierter Form dargestellt werden können.	45, 153, 194, 307
	5.4	Soweit Tabellen zur Text- und Bildgestaltung genutzt werden, sind keine der Strukturierung dienenden Elemente der verwendeten Mark-up-Sprache zur visuellen Formatierung zu verwenden.	45, 155, 194
Anforderung	**6**	**Internetangebote müssen auch dann nutzbar sein, wenn der verwendete Benutzeragent neuere Technologien nicht unterstützt oder diese deaktiviert sind.**	166, 169, 177, 215, 231, 234
Bedingung	6.1	Es muss sichergestellt sein, dass mittels Mark-up-Sprachen geschaffene Dokumente verwendbar sind, wenn die zugeordneten Stylesheets deaktiviert sind.	45, 128, 160, 208, 306, 307, 311
	6.2	Es muss sichergestellt sein, dass Äquivalente für dynamischen Inhalt aktualisiert werden, wenn sich der dynamische Inhalt ändert.	45, 163, 172, 177, 178, 237
	6.3	Es muss sichergestellt sein, dass mittels Mark-up-Sprachen geschaffene Dokumente verwendbar sind, wenn Scripts, Applets oder andere programmierte Objekte deaktiviert sind.	45, 65, 104, 168, 169, 171, 177, 178, 184, 186, 231, 308
	6.4	Es muss sichergestellt sein, dass die Eingabebehandlung von Scripts, Applets oder anderen programmierten Objekten vom Eingabegerät unabhängig ist.	45, 174, 176, 177, 263, 310
	6.5	Dynamische Inhalte müssen zugänglich sein. Insoweit dies nur mit unverhältnismäßig hohem Aufwand zu realisieren ist, sind gleichwertige alternative Angebote unter Verzicht auf dynamische Inhalte bereitzustellen.	45, 164, 172, 177, 178, 234, 237
Anforderung	**7**	**Zeitgesteuerte Änderungen des Inhalts müssen durch die Nutzerin, den Nutzer kontrollierbar sein.**	73, 99, 166, 215, 253, 307
Bedingung	7.1	Bildschirmflackern ist zu vermeiden.	45, 281
	7.2	Blinkender Inhalt ist zu vermeiden.	45, 178, 281
	7.3	Bewegung in mittels Mark-up-Sprachen geschaffener Dokumente ist entweder zu vermeiden oder es sind Mechanismen bereitzustellen, die der Nutzerin, dem Nutzer das Einfrieren der Bewegung oder die Änderung des Inhalts ermöglichen.	45, 178, 178

Bedingung	7.4	Automatische periodische Aktualisierungen in mittels Mark-up-Sprachen geschaffener Dokumente sind zu vermeiden.	45, 97, 179, 180, 234
	7.5	Die Verwendung von Elementen der Mark-up-Sprache zur automatischen Weiterleitung ist zu vermeiden. Insofern auf eine automatische Weiterleitung nicht verzichtet werden kann, ist der Server entsprechend zu konfigurieren.	45, 180
Anforderung	8	**Die direkte Zugänglichkeit der in Internetangeboten einge-betteten Benutzerschnittstellen ist sicherzustellen.**	166, 234, 248, 308
Bedingung	8.1	Programmierte Elemente (insbesondere Scripts und Applets) sind so zu gestalten, dass sie entweder direkt zugänglich oder kompatibel mit assistiven Technologien sind.	45, 118, 176, 234, 234, 308
Anforderung	9	**Internetangebote sind so zu gestalten, dass Funktionen unab-hängig vom Eingabegerät oder Ausgabegerät nutzbar sind.**	104, 166, 166, 309, 310
Bedingung	9.1	Es sind clientseitige Imagemaps bereitzustellen, es sei denn die Regionen können mit den verfügbaren geometrischen Formen nicht definiert werden.	45, 62
	9.2	Jedes über eine eigene Schnittstelle verfügende Element muss in geräteunabhängiger Weise bedient werden können.	45, 176, 253, 263
	9.3	In Scripts sind logische anstelle von geräteabhängigen Event-Handlern zu spezifizieren.	45, 174, 310
Anforderung	10	**Die Verwendbarkeit von nicht mehr dem jeweils aktuellen Stand der Technik entsprechenden assistiven Technologien und Browsern ist sicherzustellen, so weit der hiermit verbun-dene Aufwand nicht unverhältnismäßig ist.**	69, 304, 306
Bedingung	10.1	Das Erscheinenlassen von Pop-ups oder anderen Fenstern ist zu vermeiden. Die Nutzerin, der Nutzer ist über Wechsel der aktuellen Ansicht zu informieren.	45, 97, 105, 307
	10.2	Bei allen Formular-Kontrollelementen mit implizit zugeordne-ten Beschriftungen ist dafür Sorge zu tragen, dass die Beschrif-tungen korrekt positioniert sind.	45, 191, 270
Anforderung	11	**Die zur Erstellung des Internetangebots verwendeten Techno-logien sollen öffentlich zugänglich und vollständig dokumen-tiert sein, wie z.B. die vom World Wide Web Consortium ent-wickelten Technologien.**	165, 177, 215
Bedingung	11.1	Es sind öffentlich zugängliche und vollständig dokumentierte Technologien in ihrer jeweils aktuellen Version zu verwenden, soweit dies für die Erfüllung der angestrebten Aufgabe ange-messen ist.	45, 63, 119, 212, 221, 256
	11.2	Die Verwendung von Funktionen, die durch die Herausgabe neuer Versionen überholt sind, ist zu vermeiden.	45, 93, 309

Bedingung	11.3	Soweit auch nach bestem Bemühen die Erstellung eines barrie-refreien Internetangebots nicht möglich ist, ist ein alternatives, barrierefreies Angebot zur Verfügung zu stellen, dass äquiva-lente Funktionalitäten und Informationen gleicher Aktualität enthält, soweit es die technischen Möglichkeiten zulassen. Bei Verwendung nicht barrierefreier Technologien sind diese zu ersetzen, sobald aufgrund der technologischen Entwicklung äquivalente, zugängliche Lösungen verfügbar und einsetzbar sind.	44, 45, 104, 153, 164, 164, 173, 233
Anforderung	12	**Der Nutzerin, dem Nutzer sind Informationen zum Kontext und zur Orientierung bereitzustellen.**	96, 102, 310
Bedingung	12.1	Jeder Frame ist mit einem Titel zu versehen, um Navigation und Identifikation zu ermöglichen.	45, 68
	12.2	Der Zweck von Frames und ihre Beziehung zueinander ist zu beschreiben, soweit dies nicht aus den verwendeten Titeln ersichtlich ist.	45, 68, 69, 138
	12.3	Große Informationsblöcke sind mittels Elementen der verwen-deten Mark-up-Sprache in leichter handhabbare Gruppen zu unterteilen.	45, 48, 100, 127, 192
	12.4	Beschriftungen sind genau ihren Kontrollelementen zuzuord-nen.	45, 97, 192, 270
Anforderung	13	**Navigationsmechanismen sind übersichtlich und schlüssig zu gestalten.**	49, 96, 100, 123
Bedingung	13.1	Das Ziel jedes Hyperlinks muss auf eindeutige Weise identi-fizierbar sein.	45, 48, 97, 105, 125, 126, 232, 236, 307, 308, 310
	13.2	Es sind Metadaten bereitzustellen, um semantische Informatio-nen zu Internetangeboten hinzuzufügen.	45, 135, 310
	13.3	Es sind Informationen zur allgemeinen Anordnung und Kon-zeption eines Internetangebots, z.B. mittels eines Inhaltsver-zeichnisses oder einer Sitemap, bereitzustellen.	45, 97, 132
	13.4	Navigationsmechanismen müssen schlüssig und nachvollzieh-bar eingesetzt werden.	45, 105
Anforderung	14	**Das allgemeine Verständnis der angebotenen Inhalte ist durch angemessene Maßnahmen zu fördern.**	96, 111, 133, 135, 175
Bedingung	14.1	Für jegliche Inhalte ist die klarste und einfachste Sprache zu verwenden, die angemessen ist.	18, 45, 48, 96, 99, 106, 111, 165, 317

Priorität II

Anforderung	1	Für jeden Audio- oder visuellen Inhalt sind geeignete äquivalente Inhalte bereitzustellen, die den gleichen Zweck oder die gleiche Funktion wie der originäre Inhalt erfüllen.	18, 55, 100, 215, 219, 235, 248, 306
Bedingung	1.5	Für jede aktive Region einer clientseitigen Imagemap sind redundante Texthyperlinks bereitzustellen.	45, 62, 64
Anforderung	2	Texte und Grafiken müssen auch dann verständlich sein, wenn sie ohne Farbe betrachtet werden.	47, 73, 74, 102, 188, 232, 235, 249, 306, 307, 310, 310, 311, 317
Bedingung	2.3	Texte sind so zu gestalten, dass die Kombinationen aus Vordergrund- und Hintergrundfarbe auf einem Schwarz-Weiß-Bildschirm und bei der Betrachtung durch Menschen mit Farbfehlsichtigkeiten ausreichend kontrastieren.	44, 45, 47, 86, 188
Anforderung	4	Sprachliche Besonderheiten wie Wechsel der Sprache oder Abkürzungen sind erkennbar zu machen.	
Bedingung	4.2	Abkürzungen und Akronyme sind an der Stelle ihres ersten Auftretens im Inhalt zu erläutern und durch die hierfür vorgesehenen Elemente der verwendeten Mark-up-Sprache kenntlich zu machen.	45, 81, 112, 209
	4.3	Die vorherrschend verwendete natürliche Sprache ist durch die hierfür vorgesehenen Elemente der verwendeten Mark-up-Sprache kenntlich zu machen.	45, 130, 251
Anforderung	5	Tabellen sind mittels der vorgesehenen Elemente der verwendeten Mark-up-Sprache zu beschreiben und in der Regel nur zur Darstellung tabellarischer Daten zu verwenden.	153, 195, 254, 310
Bedingung	5.5	Für Tabellen sind unter Verwendung der hierfür vorgesehenen Elemente der genutzten Mark-up-Sprache Zusammenfassungen bereitzustellen.	45, 199
	5.6	Für Überschriftenzellen sind unter Verwendung der hierfür vorgesehenen Elemente der genutzten Mark-up-Sprache Abkürzungen bereitzustellen.	45, 199
Anforderung	9	Internetangebote sind so zu gestalten, dass Funktionen unabhängig vom Eingabegerät oder Ausgabegerät nutzbar sind.	104, 166, 166, 309, 310
Bedingung	9.4	Es ist eine mit der Tabulatortaste navigierbare, nachvollziehbare und schlüssige Reihenfolge von Hyperlinks, Formularkontrollelementen und Objekten festzulegen.	45, 167, 184, 232, 263
	9.5	Es sind Tastaturkurzbefehle für Hyperlinks, die für das Verständnis des Angebots von entscheidender Bedeutung sind (einschließlich solcher in clientseitigen Imagemaps), Formularkontrollelemente und Gruppen von Formularkontrollelementen bereitzustellen.	45, 138, 168

Anforderung	10	Die Verwendbarkeit von nicht mehr dem jeweils aktuellen Stand der Technik entsprechenden assistiven Technologien und Browsern ist sicherzustellen, so weit der hiermit verbundene Aufwand nicht unverhältnismäßig ist.	69, 304, 306
Bedingung	10.3	Für alle Tabellen, die Text in parallelen Spalten mit Zeilenumbruch enthalten, ist alternativ linearer Text bereitzustellen.	46, 155, 165
	10.4	Leere Kontrollelemente in Eingabefeldern und Textbereichen sind mit Platzhalterzeichen zu versehen.	46, 187
	10.5	Nebeneinanderliegende Hyperlinks sind durch von Leerzeichen umgebene, druckbare Zeichen zu trennen.	46, 128
Anforderung	11	Die zur Erstellung des Internetangebots verwendeten Technologien sollen öffentlich zugänglich und vollständig dokumentiert sein, wie z.B. die vom World Wide Web Consortium entwickelten Technologien.	165, 177, 215
Bedingung	11.4	Der Nutzerin, dem Nutzer sind Informationen bereitzustellen, die es ihnen erlauben, Dokumente entsprechend ihren Vorgaben (z.B. Sprache) zu erhalten.	44, 45, 46, 165, 230
Anforderung	13	Navigationsmechanismen sind übersichtlich und schlüssig zu gestalten.	49, 96, 100, 123
Bedingungt	13.5	Es sind Navigationsleisten bereitzustellen, um den verwendeten Navigationsmechanismus hervorzuheben und einen Zugriff darauf zu ermöglichen.	45, 80, 101, 171
	13.6	Inhaltlich verwandte oder zusammenhängende Hyperlinks sind zu gruppieren. Die Gruppen sind eindeutig zu benennen und müssen einen Mechanismus enthalten, der das Umgehen der Gruppe ermöglicht.	45, 127, 154
	13.7	Soweit Suchfunktionen angeboten werden, sind der Nutzerin, dem Nutzer verschiedene Arten der Suche bereitzustellen.	45, 132, 133
	13.8	Es sind aussagekräftige Informationen am Anfang von inhaltlich zusammenhängenden Informationsblöcken (z.B. Absätzen, Listen) bereitzustellen, die eine Differenzierung ermöglichen.	45, 115, 205
	13.9	Soweit inhaltlich zusammenhängende Dokumente getrennt angeboten werden, sind Zusammenstellungen dieser Dokumente bereitzustellen.	45, 136
	13.10	Es sind Mechanismen zum Umgehen von ASCII-Zeichnungen bereitzustellen.	45, 127
Anforderung	14	Das allgemeine Verständnis der angebotenen Inhalte ist durch angemessene Maßnahmen zu fördern.	96, 111, 133, 135, 175
Bedingung	14.2	Text ist mit grafischen oder Audio-Präsentationen zu ergänzen, sofern dies das Verständnis der angebotenen Information fördert.	45, 56, 96, 99, 100, 103, 116, 228, 230, 233
	14.3	Der gewählte Präsentationsstil ist durchgängig beizubehalten.	45, 49, 96, 100

B.3   Anlage (Teil 2) – Glossar

Applet
Kurz für »Application«. Meist in der Programmiersprache Java verfasstes, in ein Internetangebot eingefügtes Programm.

ASCII-Zeichnungen
»American Standard Code For Information Interchange«; ein Zeichensatz, der es erlaubt, nummerischen Werten (Bytes) Zeichen der gebräuchlichen Schriftsprache zuzuordnen. ASCII-Zeichnungen sind Bilder, die durch die Kombination von Zeichen und Symbole des ASCII-Zeichensatzes entstehen (z. B. Emoticons).

Assistive Technologien
Software oder Hardware, die speziell entwickelt wurde, um behinderten Menschen bei ihren täglichen Aktivitäten zu helfen. Assistive Technologien sind z. B. Rollstühle, Lesegeräte, Geräte zum Greifen usw. Gängige assistive Technologien im Bereich der Vermittlung von Internetinhalten sind Screenreader, Bildschirmlupen, Sprachgeneratoren und Spracheingabe-Software, die in Verbindung mit grafischen Desktop-Browsern (neben anderen Benutzeragenten) eingesetzt werden. Assistive Hardware-Technologien sind u.a. alternative Tastaturen und Zeigegeräte.

Attributwert
Befehle in Programmiersprachen können zusätzliche Angaben zur Beschreibung des Befehls in Form von Attributen enthalten. Diese Attribute können durch Wertangaben näher bestimmt werden.

Ausgabegerät
Stellt der Nutzerin, dem Nutzer die verarbeiteten Daten zur Verfügung. Beispiele für Ausgabegeräte sind Monitore, Drucker, Lautsprecher oder Braille-Zeilen.

Benutzeragent
Software zum Zugriff auf Internetinhalte; dies umfasst grafische Desktop-Browser, Text-Browser, Sprach-Browser, Mobiltelefone, Multimedia-Player und manche assistive Software-Technologien, die in Verbindung mit Browsern verwendet werden, wie etwa Screenreader, Bildschirmlupen und Spracherkennungssoftware.

Benutzerschnittstellen
Ermöglichen Eingaben der Nutzerin, des Nutzers und legen deren Darstellung fest.

Browser
Programm, dass den Zugriff auf und die Darstellung von Angeboten im Internet erlaubt.

Button
Mittels Grafiken dargestellte Schaltflächen.

Client, clientseitig

Softwareprogramm in Netzwerken, in der Regel auf dem lokalen Computer der Nutzerin, des Nutzers, das von Servern bereitgestellte Dienste in Anspruch nimmt. Clients fordern entweder Daten von Servern an (z. B. Browser) oder versenden Daten an Server (z. B. E-Mail). Clientseitig ist eine Funktionalität dann, wenn sie auf dem Client ausgeführt wird.

Dynamische Inhalte

Sammelbegriff für verschiedenartige Mechanismen, Inhalte während ihrer Anzeige dynamisch zu ändern, entweder automatisch oder durch Einwirken der Nutzerin, des Nutzers.

Eingabegerät

Ermöglicht die Interaktion mit dem elektronischen Medium. Beispiele für Eingabegeräte sind Tastaturen, Computer-Mäuse, Blindenschriftgeräte, Kopfstäbe oder Mikrofone.

Event-Handler

»Ereignis-Behandler«, werden meist als Attribute in Befehlen der HTML-Programmiersprache notiert und lösen bei Aktivierung durch die Nutzerin, den Nutzer eine vordefinierte Reaktion, in der Regel ein weiteres Programm (z. B. ein Script) aus.

Frames

Definierbare Segmente, die den Anzeigebereich eines Browsers aufteilen. Jedes Anzeigesegment kann eigene Inhalte enthalten.

GIF

»Graphics Interchange Format«; ein Dateiformat zur Darstellung von Grafiken. Animierte GIFs enthalten in einer Datei mehrere Grafiken, die nacheinander angezeigt werden und dadurch den Eindruck von Bewegung vermitteln.

HTML

Siehe »Mark-up-Sprache«

Hyperlink

Verweis in einem elektronischen Dokument auf ein beliebiges Verweisziel. Das Verweisziel kann sich in jeder über den elektronischen Datenaustausch erreichbaren Quelle befinden.

Imagemaps

Verweis-sensitive Grafiken; Grafiken, die in Regionen mit zugeordneten Aktionen unterteilt wurden. Die Betätigung einer aktiven Region löst eine Aktion aus.

Linearisierte Tabelle

Ein Verfahren der Tabellendarstellung, bei der die Inhalte der Zellen zu einer Folge von Absätzen werden. Die Absätze erscheinen in derselben Reihenfolge, in der die Zellen im ursprünglichen Dokument definiert sind.

Mark-up-Sprache

»Auszeichnungssprachen«; Kategorie von Programmiersprachen, die z.B. HTML (Hyper Text Mark-up Language) oder XML (Extensible Mark-up Language) umfasst. Auszeichnungssprachen basieren auf der in der ISO-Norm 8879 festgelegten SGML (Standard Generalized Mark-up Language). Sie dienen, in ihren spezifischen Anwendungsgebieten, zur logischen Beschreibung von Inhalten, zum Datenaustausch oder zur Definition weiterer Auszeichnungssprachen.

Metadaten

Informationen über die verwendeten Daten oder Inhalte.

Multimedia

Die Verbindung mehrerer Medien wie Text, Bild, Ton oder dreidimensionaler Simulation zu einer geschlossenen elektronischen Präsentation.

Natürliche Sprache

Gesprochene, geschriebene oder durch Zeichen dargestellte Sprachen wie Deutsch, aber auch Gebärdensprache oder Blindenschrift.

Pop-ups

Neu erscheinender Anzeigebereich bzw. Fenster. Durch die Nutzerin, den Nutzer in der Regel nicht zu steuernder Prozess.

Script

In einer speziellen Programmiersprache (»Script-Sprache« wie z.B. JavaScript) verfasstes Programm.

Server, serverseitig

Softwareprogramm, das auf einem Hostrechner ausgeführt wird und in Netzwerken anderen Rechnern, auf denen Clientsoftware ausgeführt wird, Dienste (z.B. Websites, E-Mail) zur Verfügung stellt. Serverseitig ist eine Funktionalität dann, wenn sie auf dem Server ausgeführt wird.

Sitemap

Gesamtübersicht über den Aufbau eines Internetangebots.

Stylesheet, Stylesheet-Property-Wert

CSS (Cascading Stylesheets) ist eine Ergänzungssprache zu HTML, die die Spezifizierung der Präsentation eines Dokumentes ermöglicht. Sie erlaubt das beliebige Formatieren einzelner HTML-Elemente oder das Definieren zentraler Formate in Dokumenten. Property-Werte enthalten Wertzuweisungen für die festgelegten Formate.

Tabellarische Daten

Tabellen, die dazu verwendet werden, logische Beziehungen zwischen Daten zu repräsentieren, enthalten tabellarische Daten. Den Gegensatz hierzu bilden Tabellen, die nur der Formatierung bzw. Text- und Bildgestaltung von Dokumenten dienen.

Stichwortverzeichnis

**barrierefrei informieren
und kommunizieren**

Das Projekt BIK engagiert sich für die Zugänglichkeit von
Intranet- und Internetangeboten sowie CD-ROMs für ALLE.
Barrierefreiheit an Arbeitsplätzen auf Basis der Barrierefreien
Informationstechnik-Verordnung (BITV) steht dabei im
Vordergrund.

BIK ist ein Gemeinschaftsprojekt deutscher Blinden- und
Sehbehindertenverbände und der DIAS GmbH. BIK wird aus
Mitteln der Ausgleichsabgabe vom Bundesministerium
für Gesundheit und Soziale Sicherung gefördert.

Innerhalb des Aktionsbündnisses barrierefreies Internet
erarbeitet BIK ein mehrstufiges Testverfahren.

Für die Gestaltung anwenderfreundlicher
Informationstechnik bieten wir:

- Beratung
- Unterstützung
- Information
- Schulung
- Entwicklung von Prüfverfahren
- Durchführung von Tests

Kontakt:
BIK-Projektkoordination
Dipl. Soz. Karsten Warnke
warnke@bik-online.info
http://www.bik-online.info
Tel.: +49 (0)700- 00 92 76 53

**Beratung und Tests
für Barrierefreiheit in den neuen Medien**